中国交通建设监理协会 2022 年度学术论文集

中国交通建设监理协会 主编

东南大学出版社
·南京·

图书在版编目(CIP)数据

中国交通建设监理协会 2022 年度学术论文集 / 中国交通建设监理协会主编. — 南京：东南大学出版社，2023.3
 ISBN 978-7-5766-0278-4

Ⅰ.①中… Ⅱ.①中… Ⅲ.①道路工程-施工监督-中国-文集 Ⅳ.①U415.1-53

中国版本图书馆 CIP 数据核字(2022)第 200505 号

责任编辑：杨　凡	责任校对：韩小亮	封面设计：顾晓阳
特约编审：陈克锋	特约摄影：赵广亮	责任印制：周荣虎

中国交通建设监理协会 2022 年度学术论文集

编　　者	中国交通建设监理协会
出版发行	东南大学出版社
社　　址	南京市四牌楼 2 号(邮编：210096　电话：025-83793330)
经　　销	全国各地新华书店
印　　刷	南京玉河印刷厂
开　　本	889 mm×1194 mm　1/16
印　　张	19.5
字　　数	642 千字
版　　次	2023 年 3 月第 1 版
印　　次	2023 年 3 月第 1 次印刷
书　　号	ISBN 978-7-5766-0278-4
定　　价	99.00 元

本社图书若有印装质量问题，请直接与营销部调换。电话(传真)：025-83791830

编委会

主　　　任：崔玉萍
副 主 任：刘文杰　李明华　程志虎　李　良
　　　　　刘长健　李英平　苏胜良　陈少文
　　　　　徐革胜　吕翠玲
委　　　员：梅　君　张雪峰　桑雪兰　章剑青
　　　　　朱先明　梅　祺　宋春涛

执行主编：陈克锋
副 主 编：崔　云
参编人员：王　威　卢慧萍　于建泉　郭　楣
　　　　　尹家有　蔡雨桐　施丹婷　姜久明

出版支持单位

中国公路工程咨询集团有限公司
广西交通建设监理行业协会
中咨公路工程监理咨询有限公司
江苏华宁工程咨询有限公司
江苏苏科建设项目管理有限公司
黑龙江远升工程咨询有限公司

行业发展迎来第二春(代序)

在经历了20年的风雨砥砺之后,中国交通建设监理检测行业发展迎来了第二个春天。

20年,一颗种子可以长成参天大树,繁花似锦、硕果累累;20年,一块石头能够汲取日月精华和鸟语花香,从混沌中拔节,具备山的气质和挺拔;20年,一条小溪已经奔流远方,浪花挽着浪花汇入江河湖海,深知使命是前行不是抵达……

20年来,中国交通建设监理协会带领广大会员单位协同共进,成为交通建设的主力军。会刊《中国交通建设监理》作为重要的文化阵地和窗口,交流科技信息和先进经验,展示人物与团队风采,做强正面宣传,培育积极健康、向上向善的行业文化,用社会主义核心价值观和优秀文化滋养人心,功莫大焉。

20年来,几代交通建设监理人披荆斩棘、栉风沐雨,成为我国交通基础设施建设的"质量卫士",其中文化成果云蒸霞蔚、气象万千。一批有思想、有胸襟、有情怀的作者勤于思考、不断总结,在繁忙的工作之余提起笔来,创作了数量众多的优秀科技论文,为我们研究行业发展提供了重要参考。

时间奔流不息,如果不能及时筛选,并通过书籍等形式固定下来、传播开去,这些优秀文章很容易就被新的作品覆盖或湮没。为此,在热烈庆祝中国交通建设监理协会成立20周年之际,我们发出征集启事,并将优秀论文汇编出版,此举得到了各级领导的高度认可和会员单位的积极响应。

回顾过往,20年的坚持和努力,都是为了给当代工程监理史寻找较为准确的精神坐标和刻度,为正在走向良性循环的中国交通建设监理检测行业发展留下有力见证,更是替未来交通历史研究者提供典型案例和成功样本。

协会遴选论文时力求选出代表性作品,力求体现行业发展一脉相承的关系,同时注重作品的创新价值,力求满足广大读者的阅读期待。因此,除了汇编征集到的优秀论文外,我们还精选了部分曾刊发在《中国交通建设监理》杂志的优秀作品,力求展现行业发展走过的风雨历程和结出的科技果实。相信《中国交通建设监理协会2022年度学术论文集》能够经受时间的检验,得到读者的认同。

优秀的文章不仅反映行业发展轨迹,还具有示范、引导和推动作用。本书是承载我国交通建设监理检测行业科技文化成果的重要载体,也是传递行业精神、汇聚力量的重要途径。此次对我国交通建设监理检测事业发展成果进行总结与梳理,可以进一步推介行业转型发展经验,凝聚广大从业者干事创业的坚定信心,鼓励大家勇当交通强国建设的开路先锋,具有重要的意义和价值。

需要特别强调的是,本书是在喜迎党的二十大召开的时代背景下,为庆祝中国交通建设监理协会成立20周年而汇编出版的。在祖国伟大复兴的征程中,各行各业奋勇争先、一往无前,已经汇聚成改革发展的时代潮流。我们希望这些优秀文章能够发挥它应有的作用,也期待读者批评指正。

凤凰涅槃的工程监理制,青春壮丽的魅力中国,我们共同参与建设,并一起见证。20年的盛典盛满光明,也盛满激情,让我们昂首阔步,再奏凯歌。

崔玉萍

中国交通建设监理协会理事长

目　录

第一篇　行业管理

标题	作者	页码
一体化咨询服务的实践与体会	朱先明　蒋飞平　王纯国　王灿彬　高建坤	/2
如何做全过程工程咨询服务指挥长	冷正富	/6
新时期交通监理高质量发展的思考	习明星	/8
"代建＋监理"一体化建设管理制度体系架构与探讨	庄永强　谢智潮　陈少华	/11
公路"代建＋监理"一体化模式的廉政监管	王凯　王欣	/17
一种新型公路建设模式下的监理履职思考	蒋理珍	/20
可持续发展的工程项目管理的应用研究	陈志奇	/23
浅谈交通建设监理行业的发展	谭建军	/27
关于监理行业人才现状及问题的思考	陈毫	/31
监理在工程质量控制中的地位与作用	李隆斌	/34
职业操守与质量控制	王鹏程　王祥云	/37
工程监理知识库构建应用研究	陈东升　魏建国　周密	/40
突破人才制约瓶颈	杨秀生	/43
"七化"助力高质量发展	曾长根	/45
促进监理企业可持续性发展的相关探讨	夏明海	/47
监理企业数字化转型困境与选择	施超	/52
企业高质量发展的四项举措	卢夏琼	/56
国有企业"互联网＋党建"模式的应用分析	徐向洋　刘一帆	/58
企业转型升级模式分析	周志言	/61
新形势下工程监理企业发展的约束和挑战	陈东升　魏建国　周密	/65
监理机构设置及队伍建设	徐俊宏	/69
祁婺高速"交旅融合"	吴犊华　刘振丘	/73
思想文化建设的三大途径	穆树林　程鸿	/77
监理项目中存在的问题及对策	朱曙光	/79
提升工作本领及格局四法	谷冠中	/85
项目监理机构需要品质管理	汪涛	/86
施工现场疫情防控的思考与建议	王娟　刁景华　田田	/90
优秀总监要把好"三道关"	李国新	/93
怎样成长为优秀总监	向永贵	/95
建立计量工作台账的技巧和策略	杨克芳	/97
监理对原地面复核工作的重要性	袁思斌	/100
评优考核提升监理日志填写质量	翟立宁	/102
工程安全监理4M1E	朱先明　蒋飞平	/104
工地安全管理现状及对策	向斌	/109

工程安全防护设施的作用与质量控制　　　　　　　　　　　　　　　　　　　　　　李　跃/111
安全文化建设途径　　　　　　　　　　　　　　　　　　　　　　　　　　　　　　陈　东/113
安全监理要腿勤眼尖　　　　　　　　　　　　　　　　　　　　　　　　　　　　　陈如忠/115

第二篇　公路技术

高速公路改扩建工程实践分析　　　　　　　　　　　　　　　　　　　　　　　　　黄永发/118
高速公路红黏土路基填筑施工技术及改进　　　　　　　　　　　　　　　　　　　　梁红波/123
高速公路建设项目工程划分及信息化对接研究　　　　　　　　　　　　　　　　　　崔宇鹏/126
高速公路养护专项施工新材料新工艺的应用　　　　　　　　　　　　　　　　　　　杨列全/131
高速公路改扩建工程不断交施工交通组织模式探讨　　　　　　　　　　　　　　　　崔宇鹏/134
公路软土路基处理技术及监理重点　　　　　　　　　　　　　　　　　　　　　　　裴晓磊/140
BIM 技术在监理行业中的运用　　　　　　　　　　　　　　　　　　　　　　　　　杨　帆/143
信息化技术在荣乌高速"代建＋监理"一体化管理中的应用　　　　　　　　　　　　崔宇鹏/146
冲击碾压技术在高速公路施工中的有效应用　　　　　　　　　　　　　　　　　　　蔡文晖/149
多雨地区高速公路双层排水沥青路面关键技术研究
　　江西交通咨询有限公司、江西省交通投资集团有限责任公司、广昌至吉安高速公路建设项目办公室/152
风积沙路基压实质量控制与快速检测　　　　　　　　　　　　　　　　　　　　　　白永兵/157
路基工程事前监理的细节与思考　　　　　　　　　　　　　　　　　　　张全山　魏卓颖/160
市政道路工程施工管理及质量控制　　　　　　　　　　　　　　　　　　舒明旺　徐　钧/163
新技术条件下改建公路线形设计的探索与应用　　　　　　　　　　丁瑞锋　王　瑜　王绥庆/166
改性乳化沥青纤维同步碎石封层技术及应用　　　　　　　　　　　　　　武越锋　李开朗/170
灌入式半柔性抗车辙路面施工及应用　　　　　　　　　　　　　　　　　张征征　张学锋/172
高品质厂拌热再生沥青混凝土施工及应用　　　　　　　　　　　　　　　张学锋　张征征/175
混凝土箱梁步履式顶推技术分析　　　　　　　　　　　　　　　　　　　　　　　　陈广寒/178
海绵城市道路分部工程施工工艺控制　　　　　　　　　　　　　　　　　　　　　　罗志祥/181
如何降低天然气管道爆炸对路域环境的影响　　　　　　　　　　　张征征　于善海　高仲圆/188
沥青路面材料的质量控制　　　　　　　　　　　　　　　　　　　　　　　　　　　张　梅/191
沥青路面就地热再生工艺　　　　　　　　　　　　　　　　　　　　　　马丽娇　李延艳/194
水泥搅拌桩施工控制要点　　　　　　　　　　　　　　　　　　　　　　　　　　　康　斌/197
台阶尺寸对直立式现浇泡沫轻质土拓宽路堤稳定性的影响　　　　　　　　　　　　　张　民/199
液态粉煤灰台背回填施工工艺与技术控制　　　　　　　　　　　　　　　　　　　　李建广/202
一种探测直螺纹套筒内钢筋连接质量状态方法的分析　　　　　　　　　　　　　　　柴　峰/205
国省道公路中修养护施工精细化管理　　　　　　　　　　　　　　　　　　　　　　王　磊/208

第三篇　桥梁技术

海上大跨径箱梁整孔预制、安装监控要点　　　　　　　　　　　　姜　河　侯红丽　霍续涛/212
27 m 拉森钢板桩沉桩施工技术探讨　　　　　　　　　　　　　　　　　　　　　　陈晓维/215
富翅门大桥混凝土表面涂装质量控制　　　　　　　　　　　　　　　　　　　　　　陈广寒/218
桥梁施工监理问题探讨　　　　　　　　　　　　　　　　　　　　　　　张全山　魏卓颖/220
桥梁预制拼装工艺监理经验分析　　　　　　　　　　　　　　　　　　　　　　　　王占成/223
桥梁桩基预应力高强混凝土 PHC 管桩的施工管理　　　　　　　　　　　　　　　　王文凯/225

变截面连续箱梁支架设计与验算　　　　　　　　　　　　　　　　　任德顺　袁经学/228
混凝土梁锚下预应力检测与控制　　　　　　　　　　　　　　　　　　　　白永兵/232
新旧桥梁拼宽湿接缝锌基牺牲阳极防腐原件的应用　　　　　　　　　汪　洋　罗玉芳/234
主塔基础承台大体积混凝土水化热监控与实施　　　　　　　　　　　　　　陈广寒/237
公路桥梁混凝土养护常见问题与养护方法　　　　　　　　　　　　　　　　阎世龙/241

第四篇　隧道技术

大直径盾构掘进重大风险的监理控制　　　　　　　　　　　　　　　　　　金玛黎/246
旋入式静压工法在基坑围护中的应用　　　　　　　　　　　　　　　　　　陈晓维/248
基于收敛—约束法的软岩隧道施工安全分析　　　　　　　　　　　　　　　舒明旺/250

第五篇　水运技术

新型施工工艺成本规制方法研究　　　　　　　　　　　　　　　　　陈择明　张忠谊/254
防波堤断面修复施工监理实例分析　　　　　　　　　　　　　　　　　　　刘　羽/257
海湾环境监测预警能力建设与应用　　　　　　　　　　　　　　　　　　　杨全武/260
BIM技术在港口工程施工进度管理中的应用　　　　　　　　　　　　　　　许　荣/263
人工渔礁的选型与施工　　　　　　　　　　　　　　　　　　　　　　　　杨全武/265
双排圆木桩土围堰的构筑及稳定性验算分析　　　　　　　　　宋光猛　陈庆爽　张　彦/268
京杭运河台儿庄复线船闸基岩固结灌浆施工技术　　　　　　　　　　孙培声　程绍鹏/271
南通港吕四作业区码头陆域电缆排管施工技术　　　　　　　　　　　　　　陈晓维/275
水上施工的安全监理　　　　　　　　　　　　　　　　　　　　　　　　　陈　燕/277

第六篇　房建技术

钢板桩支护基坑淤泥"底涌"处理技术　　　　　　　　　　　　　　段启超　左　彪/280
无支护深基坑开挖淤泥"底涌"处理措施　　　　　　　　　　　　　杨玉珍　吕毅鹏/283
澳门口岸停车库工程机电安装监理要点　　　　　　　　　　　　　　　　　陈晓维/285
卫生间沉箱排水施工技术　　　　　　　　　　　　　　　　　　　　陈驰飞　董艳平/287

第七篇　试验检测

路基压实度检测方法及问题探讨　　　　　　　　　　　　　　　温志强　徐丽娜　赵润先/290
高抗裂强骨架水泥稳定碎石设计方法　　　　　　　　　　　　　　　　　　贾伟忠/292
隧道衬砌地质雷达检测技术研究　　　　　　　　　　　　　　　　　　　　王井才/295
基于VBA的桥梁静载试验数据处理方法　　　　　　　　　　　　　　何晓东　于海涛/297

第一篇

行业管理

一体化咨询服务的实践与体会

江苏苏科建设项目管理有限公司
朱先明　蒋飞平　王纯国　王灿彬　高建坤

多专业合并的综合咨询服务可以充分利用各专业优势，在统一调度下形成合力，提高咨询服务的质量，提升服务品质。本文通过对青海省道103线西宁至甘禅口段一体化咨询服务的实践总结，梳理项目一体化咨询服务的特点，为一体化咨询服务、"项目管理+N"、全过程工程咨询等管理模式提供参考，推动管理模式创新。

一、项目概况

依托苏交科集团股份有限公司的综合咨询服务能力，通过招标程序，江苏苏科建设项目管理有限公司参与了青海省道103线西宁至甘禅口段路面病害整治和生态恢复工程的施工监理工作。该项目将监理、中心试验室、技术服务作为一个咨询服务合同发包。在项目运行中，咨询服务机构又作为建设单位现场管理机构的技术质量部、安全环保部参与现场管理，称为"一体化项目管理组"。江苏苏科建设项目管理有限公司担任其中的监理工作，苏交科集团股份有限公司道路所承担中心试验室、技术服务（含技术咨询）的工作。

该项目全长91.7 km，建设内容主要为路基、路面病害整治，沥青面层施工，排水系统完善，边坡生态恢复等。施工第一合同段（K0+000－K33+000）段采用二级公路设计标准，施工第二合同段（K33+000－K91+749.039）段采用三级公路设计标准，施工第二合同段大部分段落位于山区，海拔在2260～3280 m，是路面病害整治和生态恢复工程的重点。

二、项目实践

该项目在实施过程中的咨询服务模式无先例可循，既包含大部分项目管理工作，又包含监理服务、试验检测、技术咨询，后续又增加了环境设计、安全咨询、培训等工作内容。由此，咨询服务项目组被称为"一体化项目管理组"。

1. 一体化管理者的组织管理。"一体化项目管理组"由苏交科集团股份有限公司道路所牵头成立，由道路所负责组建中心试验室、技术服务团队，江苏苏科建设项目管理有限公司组建监理服务团队，并作为建设单位现场项目办的技术质量部和安全环保部。后续苏交科集团股份有限公司环境所、景观所、桥梁所、新材料也加入服务团队，或提供技术支持。

由于团队成员来自苏交科集团股份有限公司不同部门和项目组，因此团队组建初期，在管理理念、工作配合、沟通协调等方面存在一些不协调问题。但是在同一企业文化的引领下，在同一管理制度框架下，团队成员很快就跨过了磨合期，达成共识，形成团队合力，进入各自工作角色，分工合作，沟通融洽，积极开展各项工程咨询服务工作。

建设单位将与施工有关的各项管理工作都交由"一体化项目管理组"负责，建设单位主要负责前期工作、资金管理以及较高层面的合同管理，工程的质量、安全、进度、环境、投资、合同、档案信息等管理工作都交由"一体化项目管理组"管理负责。

2. 质量、安全管理。（1）项目组严格按照质量、安全管理要求，督促施工单位规范质量、安全管理体系建设，在项目实施过程中做好监督和检查，确保施工单位质量、安全保证体系运转有效。

(2) 严格管理原材料质量,对进场材料按规范要求分批次检测,不合格材料决不允许用于工程。规范配合比试验,尤其是在沥青面层配合比方面,充分发挥苏交科在沥青路面领域的技术优势,根据该项目高寒、水损害、重载车等特点,优化配合比设计,提高混合料各项性能指标,延长路面使用寿命。

(3) 由道路所组建监理与技术服务的试验室,充分发挥苏交科集团股份有限公司试验检测参数多、试验能力强的优势,对工程成品进行了多参数质量检测,指导优化各项路面性能参数。

(4) 三级公路的路幅仅有 8.5 m,路面工程施工过程的保通压力极大。项目组根据交通现状优化施工次序,采用阶梯形错位施工组织形式等技术措施,既保证了社会车辆基本正常通行,又保证了双幅路面的搭接部位质量。

(5) 督促施工单位做好施工作业过程和边通车边施工的安全管理,做好作业区的临时交通隔离和警示,规范施工作业过程,避免发生施工活动本身及其与路面交通的交叉安全事故。

3. 该项目充分发挥了苏交科集团股份有限公司的技术优势,针对建设单位提出的工程技术服务需求,项目组都能利用苏交科集团股份有限公司全产业链资源平台整合提供。

(1) 由于该项目是对既有道路进行改造、提升,在正式施工前,交通并未中断,道路的损坏仍在延续、变化。项目组进场后,随即与参建单位一起对既有道路开展补充调查,共同对全线进行检查、检测,就新发现的病害,协调建设单位及设计单位做补充、优化设计,并提出了咨询服务单位的建设性意见。

(2) 沿陡峭山坡盘旋而上的十二盘,全为连续调头弯,道路转角小、弧度大,该处老路为水泥路,设计采用水泥混凝土路面白改黑工艺,先对水泥混凝土板块做注浆、换板、防渗水等处理,再摊铺沥青混凝土路面。项目组在原设计基础上,提出了增加抗滑、降噪等绿色生态化的建议,让道路融入环境,成为全线的一道风景。

(3) 既有道路及边坡防护工程的损坏有两方面原因,一方面是重载交通流量的因素,另一方面主要是水的因素,合理、有效地疏排水对延长道路的使用寿命极为关键。项目组在研究施工图的基础上,提出增设排水边沟等优化建议,让大流量的雨水、融雪水疏排更合理,减少了对生态坡面的冲刷,从而提高生态防护工程的稳定性。

(4) 老路改造基本没有调整道路纵向线形。原拟采用在路沿石上走雪橇的找平方式,项目组提出改用挂钢丝绳找平,选用性能更好的摊铺机,优化配合比设计,提高路面抗变形能力等措施,以此提高道路平整度水平,提升行车舒适性。

(5) 经过对小桥桥位附近地形、地质的研判发现,可能存在不良地质情况。项目组邀请集团桥梁所负责人到现场指导,桥梁所负责人提出改移桥位的建议并被采纳。燕宁新材料参与了十二盘彩色路面的施工,在道路美化、提高舒适性、安全警示等方面提供了具体方案。西甘公路不仅仅是一条重要的干线公路,还被打造成生态、景观、旅游公路。苏交科景观所在景观设计方面提出了一些改进和优化建议,提升了道路的景观视觉效果。

(6) 为提升工程质量管理水平,项目组利用优势资源,组织了试验检测、水稳施工、沥青路面、施工管理等多次专业培训,加深了施工管理人员和专业技术人员对施工技术和质量安全的理解,以及对规范化施工的认识,促进了项目管理和质量控制水平的提高。

(7) 苏交科集团股份有限公司环境所承担了项目的环境监理、环境咨询及部分环境设计工作,负责收集、解读和落实国家和地方涉及环境管理的政策性文件;监测道路沿线及粒料拌和站、物料堆集场所、村庄附近的噪声、污水、大气、固废排放等;参与环境科研课题活动;负责监督检查环境设计的施工,及时发现问题、督促解决落实等。

(8) 技术服务组根据施工进展,及时提供技术支持,提出技术建议,并按期整理技术服务报告,让建设单位领导了解现场质量、安全、进度、施工管理状态等情况,为决策提供支持。

4. 依托苏交科集团股份有限公司的技术和科研能力,相关人员针对该项目进行了多项课题研究。

(1) 根据十二盘连续调头弯、大坡度、小转角,以及既有道路为水泥路面的情况,小组展开了水泥混凝土路面白改黑技术及彩色路面技术的课题研究,对确保路面下承层质量、保证行车安全性、环境融合等展开研究,并形成技术成果。

(2)项目地处高海拔山区,常年气温偏低,加上混合料运输距离远、运输时间长,为保证混合料的摊铺、碾压性能,对泡沫沥青温拌技术开展研究。经试验检测,采用泡沫沥青温拌工艺施工的路面,在压实度、动稳定度、低温破坏应变、残留稳定度、渗水等方面都达到了热拌沥青混合料的性能指标要求,降温效果可达25 ℃,为低温环境及特殊情况下的沥青路面施工提供了可行性方案。

(3)作为青海省第一个实施路域生态系统修复的公路项目,该项目的生态修复工程是实现景观、旅游、生态公路的重要一环。原有道路边坡水土流失、损毁严重,需要综合运用生态防护和工程防护相结合的措施,修复路域生态,并持续长久。针对项目所在地高寒高海拔、降水量少、蒸发量大等气候特征,及水土流失、泥石流、高陡坡等地质环境等综合因素,探索植被生态和施工工艺适应性研究,如野生植物种类的适应性选择及种植、集中式生物系统(CBS)生态修复技术等,其研究成果和方法可以为其他类似项目提供借鉴。

三、一体化咨询服务成效

将施工监理、中心试验室、技术服务(含技术咨询)多项咨询服务打包,成立一个咨询服务项目组,同时纳入建设单位现场办公室管理体系,承担项目办的技术质量管理和安全环保管理工作,是咨询服务综合化的创新尝试,在青海乃至全国都属首次。

在建设单位的大力支持和其他建设各方的共同配合下,咨询服务机构内部各专业相互配合、沟通融洽、交流充分、流程简化,管理效率得到极大提升,其管理、技术、咨询、监督的能力得到了充分发挥,项目运行体现了规范化、标准化、技术化,得到了上级领导及工程建设各方的高度认可。

在工程建设各方的共同努力下,项目未发生与施工有关的责任安全事故,质量管理得到了建设单位的充分认可,并获得了建设单位给予的质量管理奖励。

通过项目建设,生态植被得到了恢复并稳固,路域生态系统成功恢复,大片裸露的边坡如今成了青山,提高了当地的旅游品牌价值。北山十二盘更是成为网红打卡地,成为绿色、生态、环保、旅游、安全示范路。

四、一体化咨询服务体会

(1)一体化打包的咨询服务模式为建设单位提供了更综合化的专业咨询服务,减少了建设单位逐个发包的工作量以及在各咨询单位之间协调的精力,也减少了各咨询服务机构之间相互协调和沟通的工作量。建设单位提出管理和咨询需求,具体工作都由咨询服务机构落实,建设单位只需要检查结果的有效性,或在方案之间做出选择,大量的沟通、比选、上传下达工作由咨询服务机构完成,体现了咨询服务一体化的优势。

(2)咨询管理一体化后,各专业所发现或遇到的问题,将在充分的沟通与研究基础上,得到最优解决方案;一体化咨询服务机构属于同一个组织,在一起工作、生活,日常交流更频繁、更顺畅,各专业提出的问题、创新的亮点,都会成为茶余饭后的话题,碎片化时间也得到了充分利用。各种解决方案一起碰撞、延展和升华,信息沟通充分,有利于得到最优解决方案,且能缩短意见统一的时间,还能形成各专业齐抓共管的良好形态,更利于执行,杜绝推诿扯皮现象的发生,提升咨询服务品质。

(3)有利于促进咨询服务机构尤其是监理机构专业能力的提升。总体而言,与专业技术服务人员相比,监理在一些技术的专业度和深度方面还存在差距,但同时监理在施工管理经验、管理权限方面又更具优势。咨询管理打包后,尤其在被赋予一定的业主权限情况下,各专业在同源企业文化的基础上沟通交流,能够相互促进、相互提升、优势互补,促进咨询服务质量。

(4)单一专业咨询服务管理的内部管理流程较为简洁,但专业机构之间的信息沟通也会存在隔阂,经常要通过建设单位传递。不同专业的人合署办公,虽然需要一定的磨合期,但在同一企业的文化引领和内部统一调度下,专业间的信息流转更快、流程时间更短,可消除或大幅度减少相互推责现象,有利于工程更好地推进。

（5）有利于充分发挥大型综合咨询服务企业的专业优势和资源整合优势，通过一个咨询服务机构就可以满足项目多样化的咨询服务需求，得到综合化的专业服务，对于专业技术复杂、品质要求较高的大型项目尤其适用，这也是推行全过程工程咨询的要义所在。

五、结语

综合化的工程管理咨询服务有利于减少建设方在工程专业化管理方面投入的精力，有利于各专业咨询类别间的相互促进与提升，简化工作流程，减少中间环节，提高工作效率及整体性，促进提升工程品质，有利于大型综合咨询服务企业在复杂大型项目，或对专业深度要求比较高的项目中发挥专业化资源聚集的优势，与交通建设高质量发展、百年平安品质工程创建、弘扬工匠精神相契合，是值得推广的创新类型。

如何做全过程工程咨询服务指挥长

浙江公路水运工程监理有限公司　冷正富

全过程工程咨询服务是工程管理发展到一定阶段的客观要求,是一个新生事物,需要我们在实践中不断学习、研究,探索出一条适合我国国情的全过程工程咨询服务管理模式。

做好全过程工程咨询,关键在于建设一支高素质的管理队伍,因此必须将思想觉悟高、法治意识强、专业素质好、业务能力出众的人员充实到全过程工程咨询管理队伍中来,确保全过程工程咨询服务科学合理实施。

作为浙江首个交通全过程工程咨询项目——浙江省道03线诸暨项目指挥部的指挥长,笔者认为,要成为一名合格的指挥长,必须积极培养"三种能力"、提升"三种素质"、强化"三种意识"。

一、培养"三种能力"

指挥长作为全过程工程咨询服务指挥部的领头人,必须具备良好的综合能力,即必须具备较强的组织协调能力,同时作为创新性业务的开拓者,还必须具有过硬的技术能力和创新能力。

1. 培养全过程工程咨询组织协调能力

全过程工程咨询串联了工程勘察、设计、施工、监理、项目管理等各环节,指挥长既要协调处理好各专业部门的集成关系,也要协调好参与建设各方的关系,是交通工程项目建设的"主心骨"。指挥长是全过程工程咨询服务工作的组织者,是团结、带领指挥部全体人员完成咨询服务合同中各项职责和任务的核心人物。作为指挥长,必须团结指挥部全体人员,调动每个团队成员的积极性,激发他们的工作热情和潜力。指挥长要善于用人、识人。知人善任是指挥长必备的素质,在指挥部组织机构中尤其要选对各部部长,带头人若选不好,会影响一大部分人,进而影响项目的整体形象。交通工程作为线形工程,指挥部工作千头万绪,涉及工程建设的方方面面,作为工程建设的"指挥棒",指挥长必须善于协调、敢于协调,组织各方有条不紊、协同作战。

2. 培养全过程工程咨询专业技术能力

指挥长必须是"一专多能"的复合型人才,既要有一门专业技术,还要掌握与所咨询项目相关的多门知识,比如法律、经济、政策等方面的知识。如果指挥长没有"一专",没有深厚的专业技术功底,在技术上就没有充分的发言权,就难以服众,难以形成项目咨询的核心。作为指挥长,没有可能也没有必要成为所有专业技术的专家,但是要想在项目中运筹帷幄,需对项目咨询中所涉及的专业知识均有所了解,争取达到"一专多能"。这个"能",不仅反映在解决工程技术问题的"理论"上,还要同样注重在解决工程实施过程中出现的问题,积累丰富的工作实践经验。指挥长的专业胜任能力是全过程工程咨询服务工作质量的重要保障,只有这样,才能做到"尽咨询职责、替业主把关、为施工服务、树单位形象"。

3. 培养全过程工程咨询创新学习能力

全过程工程咨询是我国工程建设领域的新生事物,指挥长作为负有核心领导责任的关键少数,必须具有很强的创新意识,善于发现问题、分析问题、解决问题。指挥长首先必须是先行者,在指挥部内要集思广益,发挥、调动指挥部每个成员的创新潜力,积极探索适合全过程工程咨询的新方法、新技术、新模式,对团队创新保持开放、包容的态度。此外,指挥长还要善于学习、勤于学习,要鼓励团队积极学习全过程工程咨询理论知识,强化团队学习、培训制度,积极引进吸收国际先进管理经验,掌握全过程工程咨询发展方向,深耕我国全过程工程咨询管理的方式方法,使团队能够胜任全过程工程咨询工作的管理需要。

二、提升"三种素质"

1. 提升政治思想素质

指挥长思想素质的高低是其他各种必备素质的基础。因此,在咨询工作中要求指挥长具备更高的政治思想素质。首先,指挥长要始终坚持党的领导,坚决拥护党中央各项决策部署,积极投身交通强国建设,具有较高的政策理论水平。同时,作为一名专家型领导,指挥长在对待每一项具体工作时要尽职尽责。其次,指挥长在处理各种矛盾、协调各方关系时,一定要公平、公正、公开,要站在公正的立场上,不偏袒一方、压制另一方,不维护一方、损害另一方,并且不应接受承建单位的任何馈赠,也不应存在其他不正当的手段与行为。

2. 提升理论业务素质

全过程工程咨询指挥长应具备应有的专业胜任能力和业务能力。作为咨询服务工作质量的最后把关人,指挥长的专业分析判断能力应该更高,在办公室应想到存在的主要问题,下现场应发现或看到问题的存在,并有解决的办法,预见、判断其后果如何。因此,指挥长必须具备扎实的理论基础知识。

指挥长的工作是综合性的,除了专业技术问题外,日常需要指挥长处理的绝大部分问题包含经济问题、合同问题、单位与单位之间以及人与人之间的协同配合问题。解决这些问题需要指挥长具有较扎实的理论基础和相关知识,不但要懂技术,而且要懂经济、懂管理、懂法律。同时,指挥长应当具备较丰富的实践经验。

全过程咨询指挥部工作的重点内容是为建设单位实现工程质量、安全、环保、进度和投资的五大控制。五大控制的重点在于做好预防性控制,亦称事前控制,即在事件发生前做好预测并采取相应措施,防止影响工程质量、安全与环保、工程进度及造成工程造价索赔的事件发生。

3. 提升职业道德素质

作为工程建设职业人员,咨询服务人员要站稳自己的职业岗位,必须有良好的职业道德,以提高社会对我们的信任度。特别是指挥长,更要做职业道德的忠诚人。指挥长要坚持客观公正、秉公办事,在履行其职业责任时必须保持正直的态度,保持客观的立场,对待利益相关方不偏不倚,避免可能的利益冲突。所以说,要做好全过程工程咨询服务指挥长的工作,指挥长必须具有良好的职业道德。

三、强化"三种意识"

1. 要强化法律意识

全过程咨询指挥部工作的中心是合同管理。在工程实施过程中,除了大量的技术与经济类的问题之外,主要就是合同纠纷问题。作为指挥长,不仅要懂技术、懂经济,还要有相当的能力,做到懂合同、懂法律,按合同的约定执行,依法律公平、公正地处理问题。指挥长要善于统筹项目整体,对项目的风险未雨绸缪,全程掌握,有合理的方法应对。

2. 要强化廉政意识

指挥长要始终绷紧廉政这根弦,不仅自己要做廉洁奉公的表率,更要带领团队做廉洁奉公的表率。在项目推进过程中,要始终坚持廉政无小事,管好自己的团队。要坚持党风廉政建设与企业生产经营工作同部署、同落实、同检查、同考核,做到责任明确、考核到位、追究有力,着重构建"不敢腐、不想腐、不能腐"的教育预防机制。

3. 要强化团队意识

指挥长要抽出时间深入基层,了解一线人员的工作,在工作中关心人,在生活上照顾人,并在能力范围内解决他们的实际困难,让每位成员在团队中感受到家的温暖,同时帮助各成员在团队中找准自我定位,强化责任感和归属感。

新时期交通监理高质量发展的思考

江西交投咨询集团有限公司　习明星

本文回顾了监理的发展历程和发展的迫切需求,深刻分析了行业面临的发展环境和趋势,提出了监理行业应贯彻新发展理念应对这些趋势,实现监理高质量发展的思路。

一、监理的发展历程

高级人才不足导致市场拓展不力,业务不足导致企业发展后劲缺乏,技术力量不足导致合同履约不够,履约不力导致企业形象不佳等问题困扰着监理发展,但这些问题是怎么形成的?想找到答案需要回顾一下监理的历程。

1. 20世纪80年代末,起源于鲁布格,引进菲迪克(FIDIC)

"鲁布格冲击"是我国现代工程项目管理制度与工程建设监理制度的肇始,建立了以菲迪克合同为蓝本的业主、咨询工程师和承包商三角关系。1988年7月,建设部颁发了《关于开展建设监理工作的通知》,开始了监理试点。

2. 独立第三方,话语权重,地位高,运用菲迪克

1996年,监理进入全面推行阶段,素质极高、经验丰富的技术人员才能承担监理工作。监理依据合同和菲迪克条款,在工程质量、建设工期、建设资金使用等方面,作为独立第三方实施监督。

3. 市场化推进,业主委托方,地位降低,修改菲迪克

市场化需要,公开招标选择监理单位,监理按照招标文件中的业主委托范围开展监理工作,平等或独立的地位有所动摇,话语权与地位逐渐下降,人员整体素质也开始降低,菲迪克合同条款开始中国化。

4. 恶性循环,业主辅助方,地位降低,淡化菲迪克

业主专业人才逐渐增多,监理的作用越来越不明显,监理费越来越低,监理服务质量下降,进入了"业主像监理、监理像施工、施工像业主"的怪圈,合同条款不见菲迪克踪影。

5. 代建与全过程,政府巡检,新地位,回归高端

至今,工程监理制引进我国34周年。俗话说,三十而立,但监理成了个还没长大的孩子。怎么办?我们应鼓励监理企业投入信息化、智能化服务手段,鼓励推行代建、全过程、政府巡检等模式,确立监理新地位,相对独立地工作,回归高端智力服务,实现高质量发展。

回望过往的奋斗路,眺望前方的奋进路,必须把监理的历史回顾好,把面临的发展趋势和环境分析好,牢记监理初心使命,推进新时期监理高质量发展。

二、新时期监理行业发展环境的变化

当前,社会在发生深刻的变革,发展环境对各行各业都有着深远的影响,必须适应发展趋势和变革潮流,才不会被淘汰。

1. 装配化智能建造

把空中的放在地上做,把水中的放在陆上做,把野外的放在家里做,建设工程的大型化、标准化、工厂化、装配化是趋势。机械化换人、自动化减人、智能化无人,最大程度地运用机械化施工,综合应用BIM技术搭建智慧管理、智能建造平台,实现业务管理数字化、信息展示可视化、建造过程智能化、指挥决策智慧化。技术发展趋势给监理的工作方式、重点都会带来深远影响,一些简单重复的监理工作会逐步被信

息化、智慧化或远程、实时、自动监控、自动预警、自动采取措施所代替。

2. 优胜劣汰竞争

建筑市场的目的是更规范、更出色地完成项目建设任务,而不是必须执行什么制度,所以,建筑市场竞争未来是以目的来展开的。监理所承担的工作内容怎么出色完成是监理制度的核心,至于谁来完成,以什么名义、模式完成,可以有更加开放的思路。"证照分离"的改革背景下,必须具有单位资质、人员资格传统的监理肯定也会因此发生变化。另外,随着我国市场化、全球化程度的加深,国外咨询机构进入国内市场,竞争与淘汰机制势必更加凶猛。想不被市场淘汰,监理企业必须培养人才、提升实力以适应竞争。

3. 全过程工程咨询

从2017年开始,"全过程工程咨询"就频繁出现于各大重要政策文件中,各地都在逐步试点推广。全过程工程咨询是项目管理思维连贯实现管理更专业更高效的需求,是时代和行业发展的方向与趋势,更是国际通行做法。未来的监理工作作为全过程工程咨询的一个阶段,可以仍由监理从业者承担,但未必是唯一选项。所以,社会上出现了融合管理、协同管理完成监理工作,工程保险、责任担保来代替监理工作的声音。

4. "放管服"政策

国家深化"放管服"激发市场主体发展活力工作的推进,市场将对资源配置起决定性的作用,原来的事前管理(设置门槛)将向强化事中、事后监管(动态管理)转变。也就是说,监理虽然是建设市场的基本制度之一,但执行程度和认可程度将会由市场决定,而不是制度说了算,深化"放管服"会根据是否有利于激发市场去"放"。那么,监理如何提高信誉,适应事中、事后监管,在市场中争得更多的话语权和认可度,是行业有没有市场地位的关键。

5. 项目综合价值链

传统项目管理的核心任务是以投资、进度、质量为目标控制,而这已经不符合社会发展规律。如果一个项目在投资、进度、质量都达标的情况下,使用后效益很差,那么这不是成功的项目。项目成功与否并不在于项目是否交付、是否得到相关方验收,而是在于项目交付时相关方对可交付成果的价值感知与价值认同,以及项目投入运营后为组织和社会创造的价值。所以,监理的服务,投资决策、运营管理的咨询服务将越来越重要。

三、新发展理念推动交通监理高质量发展

新时期,新理念是行业发展的"指挥棒"。监理行业必须提高统筹贯彻新发展理念的能力和水平,对不适应、不适合甚至违背新发展理念的认识要立即调整、行为要坚决纠正、做法要彻底摒弃。社会在由追求速度规模向更加注重质量效益转变,各种交通方式从相对独立发展向更加注重一体化融合发展转变,从依靠传统要素驱动向更加注重创新驱动转变,监理行业必须把握大趋势,顺势而为,重视高质量发展的问题。

1. 创新:适应装配化智能建造的新要求

必须开发或运用"智慧监理"系统去创新监理工作手段,适应数字化、信息化和智能化等智能建造趋势,让监理工作赶上信息新时代的要求;必须运用物联网、互联网技术创新监理方法,适应标准化、工厂化、大型化等装配施工趋势,实现集约化监理。创新是引领监理行业发展的第一动力,发展动力决定发展速度、效能和可持续性。

2. 协调:保持优胜劣汰竞争的大优势

工程咨询是智力型的技术服务行业,所以人才是关键。但需要什么专业的人才,组建什么样的团队,企业要协调好。要与业务需求相协调,监理不仅需要质量安全、进度费用控制人才,还要有投资决策、运营管理咨询人才;要与服务质量需求相协调,监理不仅是现场管理者,更是业主的好军师、智囊团。所以,需要专家级的人才。要从当前监理人才储备不平衡、不协调、不可持续的突出问题出发,处理好单个项目

和企业全局、当前和长远、重点和非重点的关系,谋划人才结构和组建高水平团队,提升综合咨询实力和核心竞争力,提高监理在工程技术服务大市场中的占有率。

3. 绿色:倡导全过程咨询的大方向

传统碎片化、专业化的工程服务市场竞争激烈、各自为政,管理思维不连贯,还有很多重复的职能或工作,管理存在内耗。这样也导致了业主、设计、监理、施工等之间由"并肩作战"演变为"隔岸观火"。不折腾的管理就是绿色管理,所以全过程咨询、EPC等新兴集成化的工程服务是行业的发展方向,也是绿色管理所需。监理业务要往上下游延伸,推行代建、"代建+监理一体化"和全过程工程咨询模式,这是咨询服务行业的趋势,也能实现向绿色管理转换。全过程工程咨询符合国际惯例,所以也能培育参与国际竞争的全咨企业。

4. 开放:适应"放管服"下的大市场

高标准深化"放管服""证照分离"改革,进一步放宽市场准入门槛。也就是说,各种工程技术服务类别可能更加相融互通,你中有我,我中有你,监理应该以开放的思维看待这个现状,开放协商、深化交流合作才是正道。那种凭关系接业务的思想不能再有,应凭借实力、核心竞争力公平参与竞争、承揽业务。"守着资质保饭碗"的认知要立即调整,资质已经不是香饽饽,挂靠、出卖资质的行为要坚决纠正,要更加重视信用评价,加强人才培养,切实履约。"先有业务,后有队伍"的做法也要彻底摒弃,必须改变拼价格、拼人数、无差异的低端粗放型经营方式,要有开放的经营思维,提供客户满意的服务,达到最好的信用评级。不要指望别人帮助你,要指望别人需要你,这样才能在日益竞争的大市场中站稳脚跟。

5. 共享:确保项目综合效益的大价值

注重项目全生命周期的整体综合效益,让人民群众有更多获得感,让项目的使用价值得到更充分的体现,这就是以人民为中心的"共享"发展理念,监理工作应该围绕项目综合效益开展工作。一是建设过程中的目标要更高远,除质量安全费外,对周边生态环境的影响、对社会和人民生活的干扰和影响都是必须关注的。二是围绕项目"投、建、营"一体目标的思维,更加重视监理服务升级,确保项目综合效益最佳。对现有监理服务重新定义,引入模块化、标准化、流程化的服务理念,加强用户需求研究、关注用户体验,变"被动应答"为"主动讲述",制定界面明确、逻辑严密的服务清单,完成定制化、专业化、职业化的服务升级。

四、结语

在当今国际化、全球化、信息化的大背景下,置身于百年未有之大变局中,工程监理咨询行业遭遇了生存与发展的严重威胁,更遭遇了信念、信任和信心上的危机和迷茫。通过分析趋势拨开前方迷雾,凭借更新理念来找准发展途径。笔者认为:未来的监理一定是立足于工程建设领域高质量发展的初心,以符合市场需求为基本要求,贯穿工程全过程,辅以先进的技术手段,由复合型的高级工程管理人才引领,由专业的技术人才共同推动的全新监理,全面回归高端技术咨询服务。

"代建＋监理"一体化建设管理制度体系架构与探讨

福建路信交通建设监理有限公司
庄永强　谢智潮　陈少华

根据交通运输部《关于全面深化交通运输改革的意见》(交政研发〔2014〕242号)、《关于深化公路建设管理体制改革的若干意见》(交公路发〔2015〕54号)、《公路建设项目代建管理办法》(交通运输部令2015年第3号)等文件可知,国家鼓励公路建设行业试行项目"代建＋监理"一体化建设模式。

福建省发展和改革委员会、交通运输厅等七部门联合发布的《福建省关于支持工程建设领域企业转型发展的七条措施》(闽发改法规〔2015〕455号)鼓励符合条件的监理企业进入代建市场,开展代建工作。为了应对工程建设领域中传统监理企业遇到的行业恶性竞争、监理定位不准和监理人才流失严重等各种问题,在上级各部门推行试点政策的大力支持下,福建路信交通建设监理有限公司积极探索公路工程建设项目"代建＋监理"一体化建设模式,组建改革智囊团队,聘请资深专家,结合工程实际,组织编写了"代建＋监理"一体化管理制度和管理手册,为一体化模式的实施奠定了理论基础。

经过多年的"代建＋监理"一体化项目建设管理实践,一体化模式管理制度已初步形成体系,主要有以下内容。

一、工程质量管理办法

为加强代建项目办对公路工程建设的质量管理,强化管理人员的质量意识,规范工程质量管理,确保代建的工程项目质量可靠,参照国家相关法律、法规、规章和强制性技术标准,制定工程质量管理办法。主要内容包括:

1. 明确质量目标。明确了质量控制总目标:按照建设"优质工程、廉洁工程、环保工程、和谐工程"的要求,以"六个一流"(一流的项目管理、一流的施工材料、一流的施工设备、一流的施工工艺、一流的作业环境、一流的施工监控)为抓手,以机械化、集约化、专业化、信息化为支撑,全面推行公路工程建设标准化管理,确保国内一流项目质量,并细化了具体工作目标。

2. 建立质量管理体系。为实现工程质量管理目标,围绕质量目标而建立的工程质量管理体系,主要包括承建方的自控和"代建＋监理"一体化的监控,明确了施工方应建立的质量管理制度、代建方需承担的质量管理责任。

3. 明确质量控制程序。通过对分项工程开工审批、工序质量检查认可、施工过程检查控制、现场工程质量检查、中间交工证书签认、中间计量表签认共六道主要程序的严格把关,有效进行工程质量控制。

4. 建立质量控制措施。在分项工程开工前要认真做好开工审批,做好施工管理人员、材料、机械设备、试验仪器的核实,检查施工单位技术交底情况等;施工过程中采取加强现场检测试验和检查监督,惩劣奖优等措施,对原材料质量、施工工艺进行严格控制;完工后严格进行检验签证把关,凡是质量、资料不合要求的工程一律不给予签证,实行"一票否决"。

5. 明确质量责任划分。用制度的方式明确了项目办的总体质量责任,并详细列出了项目办的总工办、工程监理部、中心试验室等部门的质量责任,同时明确了设计单位、施工单位和材料设备采购单位的质量责任。

6. 规定质量缺陷与事故处理程序、质量违约处理以及工程质量检查和评比奖励办法。

二、工程进度计划管理办法

进度管理是运用系统科学的方法针对项目建设期各阶段的工作内容、工作程序、持续时间和衔接关系编制工作计划,并付诸实施的过程管理。为加强工程建设项目进度计划管理,使工程进度得到有效控制,促进工程建设全面、均衡、有序进行,确保工程建设进度在既定的总工期内完成,制定工程进度管理办法。主要包括:进度计划管理机构及职责,进度计划管理,进度计划的编制,进度计划的上报和审批,进度计划的检查、调整和控制等内容。

三、工程计量支付实施细则

为加强对公路工程建设的投资控制管理,规范计量支付程序,明确项目办和项目部双方计量支付的职责和权限,使工程计量支付工作标准化、规范化、程序化,保证计量支付的时效性、准确性,制定了工程计量支付实施细则。主要包括:计量人员的工作职责,计量原则、依据及范围,工程计量单元,计量方法,计量的主要资料及要求等内容。计量支付报送整体工作流程如图1所示:

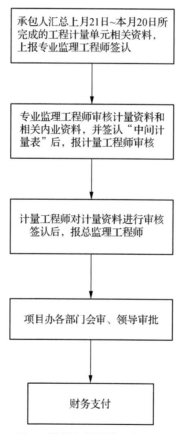

图1 计量支付报送工作流程

四、工程设计变更管理办法

为加强项目办对工程建设项目的管理,规范设计变更行为,严格控制投资,提高工程建设质量,规范变更申报流程,使工程变更管理规范化、程序化,保证变更资料的时效性、准确性,按照财政投资项目和高速公路项目,分别制定变更管理办法,并确定了变更原则、变更范围和规定的变更内容(图2)。

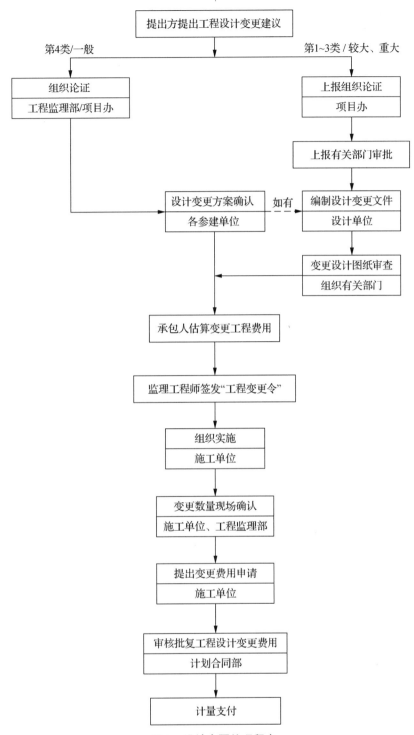

图 2 设计变更处理程序

五、工程建设安全管理办法

安全生产管理是工程项目建设日常管理工作的重要组成部分。管理办法明确了安全生产组织机构、安全保证体系,指出了各参建单位的安全职责范围,建立健全安全生产会议制度、安全教育培训制度、安全检查和隐患整改制度、安全生产技术交底制度、特种作业人员管理制度等各项安全生产管理制度。其中,建设工程安全保证体系见图3。

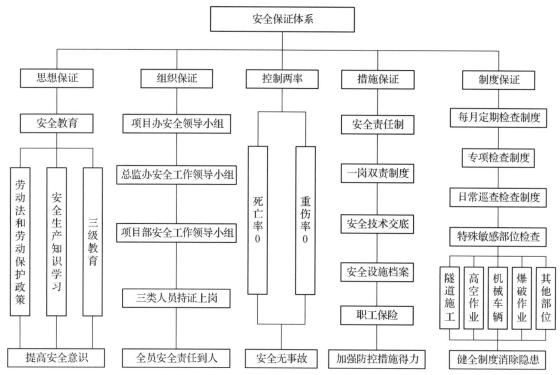

图 3　建设工程安全保证体系框图

六、工程环境保护和水土保持管理办法

依据《环境保护法》《水土保持法》《建设项目环境保护管理条例》《交通建设项目环境保护管理办法》等相关法律、法规,制定了代建项目的环境保护和水土保持办法。主要包含环境保护目标,施工准备阶段环保水保管理,临时工程建设环保水保措施,取、弃土场设置,施工过程的环保水保管理,环保水保监管,交工验收时环境影响报告的验收管理等。

七、违约处理实施细则

为确保项目工程质量、进度、安全、环保和投资控制目标的顺利实现,规范参建单位和参建人员的行为,根据项目合同的约定以及相关文件的规定,明确了违约处理实施细则。主要内容包括合同违约处理,工程质量违约处理,试验检测违约处理,工程进度违约处理,安全生产违约处理,环境与水土保持违约处理,工程计量、变更违约处理以及档案管理的违约处理。

八、试验管理办法

为规范项目试验检测管理工作,确保试验室各项试验检测工作科学规范,保证试验检测数据真实、准确、客观、公正,依据《公路水运工程试验检测管理办法》等相关法律法规,并结合项目工程特点,制定试验管理办法。试验检测范围包括对工程原材料、构配件、成品、半成品、设备以及实体工程(单项工程、隐蔽工程等)进行的质量指标采集和测试。项目办需建立项目中心试验室,并明确其主要职责,严格试验室建设管理,建立外委试验检测管理制度。明确试样取样、留存管理,数据处理及数据溯源,信息化管理工作要求。

九、工程内业资料管理实施细则

建设工程内业资料管理工作是工程项目管理的重要组成部分,内业资料是工程建设全过程的真实记录,必须保证其全面性、准确性、真实性、可追溯性特征。根据交通运输部《公路工程质量检验评定标准》(JTG F80/1—2017)等有关文件以及档案管理部门的有关规定和要求,结合属地交通主管部门要求,制定内业资料管理实施细则。细则详细规定了管理原则、管理机构、管理制度、档案硬件要求、人员要求、资料收集范围、各项技术要求等。

十、工程项目会议制度

为加强对项目的建设管理,确保项目工程安全、进度、质量、资金及合同等相关工作有序开展,制定了工程项目会议制度,包括项目办行政办公例会,项目办专题会,安全生产分析会,工程质量、进度、费用分析会,技术专题研讨会,工地会等,规定了会议的准备流程、签到制度、会议纪要制度等。

十一、资金监督管理办法

为了促进公路工程项目资金的有效监管,控制资金流向,确保工程资金专款专用,同时为规范建设项目农民工工资支付管理,预防和化解欠薪问题,维护农民工合法权益,根据《劳动法》《保障农民工工资支付条例》等规定,制定了资金监督管理办法,明确了监管机构、监管内容、监管职责,形成了信息公开、用工登记、工资支付等制度,并强化了监督检查。

十二、工地党建管理办法

为紧紧围绕"交通强国""美丽中国"战略目标,深入践行"创新、协调、绿色、开放、共享"新发展理念,充分发挥工地基层党组织在公路建设全过程的领导核心、战斗堡垒作用和党员先锋模范作用,制定了"代建＋监理"一体化项目的工地党建管理办法。

深入贯彻落实福建省高速公路建设总指挥部《关于将高速公路建设工地党建工作纳入标准化管理体系的通知》(闽高路工〔2017〕163号)精神,将支部建在工地上、让党旗飘在岗位上,充分发挥"一个支部一座堡垒、一个党员一面旗帜"的作用,围绕项目建设中心任务,促进党建工作与工程建设深度融合,推进项目标准化管理体系全覆盖、再提升。

目标要求是"6432"工作模式,即"六有""四亮""三化"和"双融"。其中,"六有"指有机构、有人员、有场所、有制度、有载体、有经费,"四亮"指亮身份、亮党旗、亮承诺、亮作为,"三化"指属地化、协同化、信息化,"双融"指融入建设标准化管理体系、融入地方社会发展与治理体系。

实施范围需结合具体项目公路建设特点,按照"因地制宜、分类推进"原则,在符合条件的项目工地先行实施。

十三、廉政管理办法

为进一步加强工程项目建设管理廉政工作和反腐倡廉工作,切实规范建设各方和从业人员的廉洁行为,紧紧围绕生产经营中心工作,把落实廉政建设责任制与生产经营和业务管理结合起来,同部署、同检查、同考核,有效预防和遏制工程建设过程中腐败现象的滋生,保障工程项目建设健康推进,保障建设资金的安全、有效使用,根据各级政府有关廉政工作的规定,实行廉政建设责任制,特制定"代建＋监理"一体化项目廉政管理办法。

根据《廉政合同》的总体要求，项目办及各参建单位领导班子要加强对实行廉政建设责任制工作的领导，成立廉政建设领导小组。领导小组具体负责廉政建设及廉政合同的落实，组织实施廉政教育，明确各类人员在工程建设中的廉政要求、行为规范及相应责任。主要内容包括：廉政教育制度、工作人员廉政规范、廉政责任制度、廉政监督制度、廉政谈话制度、廉政追究制度和廉政合同回访制度。

十四、考核管理制度

为进一步加强项目建设管理质量，规范项目建设管理工作，充分调动和发挥项目参建管理人员工作的主动性和积极性，建立有效的激励约束机制和绩效管理制度，奖优罚劣，引导项目建设管理模式改革发展，持续提高建设管理水平，实现对工程质量、安全、成本、进度、环（水）保的有效控制，根据国家有关法律法规和省、市主管部门的有关规定，结合项目建设管理的实际情况制定制度。制度要适用于"代建＋监理"一体化管理模式下建设单位对代建单位的考核、代建单位对项目办的考核以及项目办对施工的考核。考核依据主要是交通运输部现行的公路工程施工技术规范、规程、质量检验评定标准，以及代建合同、施工合同等文件。

十五、其他管理制度

在"代建＋监理"一体化建设管理模式实施过程中，还有"'代建＋监理'一体化人员设备履约制度""应急管理制度"等，这些制度将不断完善并发挥约束指导作用。

公路"代建+监理"一体化模式的廉政监管

江西省交通投资集团有限责任公司　王　凯　王　欣

高速公路建设项目是腐败案件多发的重点领域,传统高速公路廉政监管模式在监管一体化项目上难以直接套用,亟须探索完善该模式下的廉政监管体系。本文以江西祁婺高速公路"代建+监理"一体化项目为例,对比传统建设管理模式和"代建+监理"一体化管理模式在机构设置、工作流程等方面的不同,分析可能产生的廉政风险,提出了"代建+监理"一体化模式的风险防控措施与廉政监管要求。

一、"代建+监理"一体化模式廉政监管的特点

(一)权力更加集中

"代建+监理"一体化模式下,代建单位统一负责项目建设管理和监理工作,组织架构相对精简,减少了独立的社会监理这个中间层,管理决策权相对集中,项目管理人员既拥有施工管理职能,又能掌控现场监管工作,手中拥有较大的自由裁量权。因此,在整合机构、提高项目建设效率的同时,必须建立相应的权力制约监管机制。

(二)管理环节更多

"代建+监理"一体化项目除了要围绕项目投资、工程质量、工程进度、现场安全等目标实行监管以外,管理跨度也更加广泛,基本囊括了项目建设全过程,廉政风险增大并传递给了代建、施工单位等市场主体。而代建单位虽然经市场竞争引入,但由于现场管理、资金核算支付等工作直接由代建单位一线人员参与主导,因而廉政风险较大。

(三)人员要求更高

传统项目中监理企业的主要职能是对工程质量和工程安全进行监督,其工程技术人员主要是质量和安全方面的技术人员,而代建项目的管理需要工程技术、财务、管理等各专业的人才。在监管一体化管理模式下,项目管理人员既拥有项目管理职能,同时又能掌控现场监管工作,手中拥有较大的权力,管理过程中出现的腐败不易被发现。

这就要求代建机构管理人员既要具备突出的综合能力,又要高度廉洁自律。目前,很多监理企业的人才还不能达到以上标准,因而影响了代建项目的建设效果。

综上所述,常规项目管理措施不能直接套用于代建项目,要规避投资、安全、廉政等方面的风险挑战,要明确新的风险点,提出针对性的监管措施。

二、祁婺高速公路廉政监管措施

祁婺高速公路项目立足于项目特点,着眼于重点环节,探索创新"代建+监理"一体化项目廉政监管模式,取得了突出成效。

(一)施工图设计管理阶段的定测、详勘、外业验收环节

常规项目管理模式下,建设单位直接对接设计单位,并可根据需要推行地勘监理制、设计咨询制等。

而"代建＋监理"一体化项目的代建单位本身具备监理和咨询职能,在出现设计深度不足、不够精细等情况时,缺乏第三方的监督制约。

祁婺高速公路项目将设计监理和咨询职能剥离,引入专业咨询管理团队,协助抓好设计管理。项目办不断加强对设计工作的咨询、审查力度,建立勘察设计方案评估机制,决策全过程受控留痕,第一次实现了设计单位现场建工地实验室,保证了地勘质量。

(二) 工程现场管理阶段的日常巡视、现场检查、检测环节

常规项目管理模式下,建设单位一般委托第三方检测单位对工程项目进行检测,加之有监理单位的监督旁站检查,不易出现编造或改动检测数据、故意隐瞒质量问题等情况。而"代建＋监理"一体化项目的代建单位是现场唯一的管理方,由于缺乏多方的监督,一旦现场管理人员与检测单位、被检测单位或人员勾连串通,就会出现降低检查检测标准等情况。

祁婺高速公路项目着力加强对第三方检测的监督管理,提前协调项目接管单位参与项目现场监督管理,有效消除代建单位作为现场唯一管理方的廉政风险;对检测单位的检测质量和廉政情况进行定期考核,并将考核结果与其信用档案挂钩;建立随机突击检测、抽查复检、检测复议等制度,检查点由检查小组到达现场后临时确定,检查结果当场公布,并将结果报项目建设管理机构和代建单位。

(三) 工程评定、交工阶段的评定验收与复检环节

常规项目现场由监理工程师、建设单位技术负责人共同对工程质量开展评定,工程项目按规定程序进行现场验收,并按验收规范进行复检。而"代建＋监理"一体化项目由于管理职能、机构与人员的合并,在出现降低评判标准、虚报工程质量合格率等问题时缺乏监管,且复验可能流于形式。

祁婺高速公路项目制定了严格的预验收制度和措施,形成了多人验收决策机制;主动将接管单位纳入验收流程体系,形成互相监督的良好机制,并加强代建单位人员管控,建立代建、监理单位和监理人员的信用档案,对其进行信用评级,并与投标资格挂钩;逐步建立所有监理从业人员的信用档案,与市场准入挂钩;对弄虚作假的一般监理实行合同违约金制度;引入智慧监理系统辅助验收、复检,留存验收档案资料备查。

三、关于制度与机制的完善建议

在公路工程"代建＋监理"一体化项目实施过程中,除要遵照公路项目管理一般的通用性法规、制度、标准外,还应遵守关于工程项目代建的相关规定。在工程代建市场未形成规模的情况下,特别要选择信誉好、业绩优的代建单位,更要在制度机制方面完善相应措施,加强监管。针对可能出现的廉政风险和廉政问题,本文结合祁婺高速公路"代建＋监理"一体化项目的经验,为监管一体化项目的廉政风险的预防与管控提出一些建议。

(一) 加强管理考核,提高队伍素质

建设管理单位要主动介入人员选拔,要提高对人员资格的要求,要求代建单位配备"信得过,能战斗"的优秀人才。主要监管人员要求持有相关职业资格证,其他监管人员注重实际工作能力考核,以有项目管理、监理或施工经验者优先。同时,对所有监管人员实行优胜劣汰,动态管理,定期组织业务能力考核,对不符合要求的监管人员要及时清退,以此全面提高监管人员的综合素质。对项目管理人员要经常性开展廉政教育,营造"不想腐"的良好氛围,打造廉洁高效的代建项目管理团队。

(二) 做好权力制约,强化执纪问责

为防止由于机构合并后权力集中而导致腐败滋生,应进一步细化代建和监管条例,从权力的分配出发对权力进行制约,与参建单位签订"项目反商业贿赂协议",建立业主和承包人的权力相互监督和相互

制约的机制。要打破各项目参与主体之间的信息壁垒,通过各项数据的互联互通,对权力进行跟踪检查。对代建单位自有人员或自聘人员存在的廉政问题,可以充分运用监督执纪手段进行问责处理。对协作单位或第三方咨询、检测等单位违反廉政问题的管理、技术人员,应实施一票否决制,勒令退场,并建议行业主管部门纳入不良信用黑名单。

(三)聚焦重点领域,动态监控廉情

充分利用信息化手段提升项目监督管理水平,建立完善信息数据监督系统,通过廉政监管系统与项目管理系统实现无缝对接,主动梳理工作风险点,全面实现针对岗位、权力运行流程、风险态势的动态监控,在审批流中设置"退回、不予计量、不予受理"等敏感词句,自动校验,通过内部数据量化评估模型分析,自动采集廉情,生成廉政监督报告,对廉政风险点及时预警和处理,从而实现对风险点的精准监督,提升监督工作效率。

(四)对接管养单位,加强现场管理

监理在现场管理、验收交付等流程中,主动对接管养单位,提前介入,能够有效填补现场监管、风险防控的空白,实现互相监督互相制约机制,使得项目实现无缝对接,后期运营管理更加顺畅。

四、结语

江西省祁婺高速公路"代建+监理"一体化项目的成功实践表明,通过设置科学合理、设计严密的廉政监管措施,公路"代建+监理"一体化模式廉政风险完全可防、可控。下一步,祁婺高速公路项目将结合代建项目特点,继续创新完善工作机制,注重坚持事前预防、全程监督、制度创新,逐步建立起公路"代建+监理"一体化模式廉政风险同步防控工作的长效机制,实现"工程优质、干部优秀"的项目建设目标,充分展现出"代建+监理"一体化模式的制度优势。

一种新型公路建设模式下的监理履职思考

湖南省交通建设工程监理有限公司　蒋理珍

投资主体多元化的大背景下,投资人担当施工方或总承包方已成为新常态。三方关系中,业主与承包人之间存在着密切的共同利益关联,监理工程师如何精准定位,从项目参与者到建设管理核心,摆正位置、找到发力点才是关键所在。

一、前言

近几年,随着BT、BOT、PPP、BOT＋EPC等公路建设模式的兴起,公路建设迎来了跨越式大发展。以贵州为例,2011－2018年期间,通车里程从全国中下游位置迅速跃升至国内前列。新模式迎来发展的新机遇,同时也给监理行业带来新的挑战。随着业主方多年的建设管理经验积累,"自管模式"替代社会监理呼之欲出,投资人为降低财务成本,以施工利润回流的方式冲抵资金压力,对计量支付、工程变更条款做了大量的修订,监理工程师投资控制方面的权力被削弱。

在这种新形势下,如何发挥监理在质量、安全管控方面的核心作用,是摆在监理从业者面前的新课题。

二、"BOT＋EPC＋股权转让"建设模式介绍

"BOT＋EPC＋股权转让"模式即政府允许某一企业(机构)在一定时间内通过股权转让筹集资金,进行公共基础建设和运营,而企业(或机构)在公共基础建设过程中采用总承包施工模式施工,当特许期限结束后,企业(或机构)将该设施向政府移交。

近几年,国内多条高速公路实行"BOT＋EPC＋股权转让"的建设模式,如湖南的醴(陵)娄(底)、永(州)新(宁)等高速公路,广西的六(景)宾(阳)、荔(浦)玉(林)等高速公路,贵州的剑(河)黎(平)等高速公路。这些项目的大股东通过投资人招商途径取得投资经营权之后,为降低企业贷款率,对项目进行了再次招商,邀请其他投资人参与项目投资,即为"BOT＋EPC＋股权转让"建设模式。

新模式主要有四个特征:一是项目公司骨干力量由大股东组成,合伙人部分参与建设管理工作;二是项目公司与大股东同属某一集团,人事变动比较方便,其主要管理人员还可能存在身份重叠;三是取得特许经营权的大股东,大多是施工总承包方,合伙人以分包人的角色介入工程建设,二者均有通过经营活动盈利的目的;四是通过再次招商加入的企业普遍为大型国企,实力雄厚,行业影响和社会影响都比较广。

三、新旧模式的对比分析

(一)建设控制指标的变化质量、进度、投资三大控制相互关联、相互影响,其关系的处理一直是项目管理的核心。

以往政府投资模式下,以总概算不突破为前提条件,项目管理的目标往往表现为图1(三维模式)。

集团公司身份转变为投资人之后,其项目管理目标向效益转变,可能表现为图2(二维模式)。

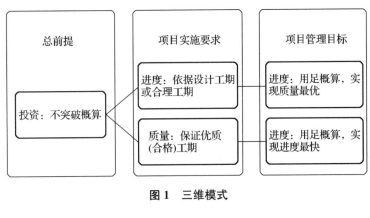

图 1　三维模式

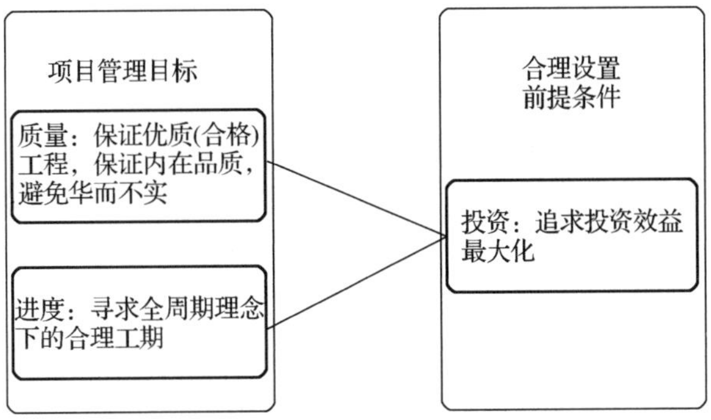

图 2　二维模式

（二）业主、监理、承包人三方关系的变化。菲迪克条款《设计采购施工（EPC）/交钥匙工程合同条件》（俗称"银皮书"）中有一个明显的特点，就是合约中没有工程师（即监理工程师）这个专业监控角色和独立的第三方，所以不再是菲迪克条款《土木工程施工合同条件》（俗称"红皮书"）条件下的三角关系。《工程建设监理规定》明确指出建设工程（除非常特殊工程如军事设施外）都要接受监理，以维护国家利益、社会公共利益以及业主合法权益。为此，国内有的"BOT+EPC"建设模式下，业主的侧重有明显变化，由通过总监办加强对承包人的三大控制，转变为通过总承包部实现投资效益最大化，其管理新特点还有待探讨，但其依赖的基本监理程序不变。模式变化归因是总价合同下的投资效益为核心的理念。

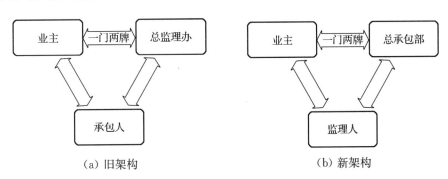

图 3　新旧两种构架对比

四、新模式对监理工作的期望与要求

在投资效益最大化的驱动下，控制指标和三方关系发生改变，监理工程师为适应市场需求，必须在管理边界、管理方式等方面做出改变。

（一）"共同受监"是形势所需，监理工程师应理解并执行大股东在承担总承包角色时，希望将小股东承担的分包单位纳入监理工程师的管辖范围，构成所谓的"共同受监"，以分担施工主体责任。从工程管理的角度看,"纵向到底"的管理深度是有利于工程建设的,却也容易导致监理工作强度的增加以及监理人与业主、总承包与分包之间责权利不清晰的问题。

（二）服务于工程,方能厘清监理思路。监理工作属于服务行业,是一项以智力付出为主的技术服务工作。在监理理论形成过程中,服务的对象是谁？这个问题一直没有确切答案。笔者认为,从监理工作独立性的性质看,监理工程师既不单独服务于业主,也不单独服务于承包人,而是服务于工程实体。监理工作应直面具体的工程内容,其出发点是确保产品的社会公益属性。

（三）求同存异找到发力点,才能有所作为。无论新旧建设模式,牵涉到社会公益的质量、安全,都是从业者的底线。何况对投资人而言,建设期的质量保障不仅仅是企业形象问题,而且与工程本身的后期运营支出息息相关,这笔账不难算。可以看出,业主、监理、承包人三者之间的共同点是保证产品具有质量、安全、环保等社会公益性功能。以质量、安全为抓手抓工程管理,是新模式下监理工程师的发力点。

（四）坚持确保质量、安全的底线思维,找准质量安全目标这个共同点,以工程实体为服务对象,就很好地解决了"少东家难管"的问题,也为大股东期望的"共同受监"指明了方向。

1. 法律和行业规范的层级关系要求确保质量和安全

工程监理的首要依据是法律法规。工程从业人员的所有行为中,遵纪守法是遵守合同的前提。比如《建筑法》《建设工程质量管理条例》《建设工程安全生产管理条例》等法律文本,对监理程序、检验验收程序、质量安全事故的处罚措施等都有明文规定。同时,监理服务合同、施工合同也是在遵守法律规定的基础上制定的,监理工程师应当做守法楷模,不碰红线,不踩底线,率先垂范。

2. 质量、安全是共同追求

前言所述,"BOT＋股权转让"新模式的出台,是投资多元化的新方向,是企业的一种投资行为,与质量、安全并无矛盾。一个收费还贷的公路项目,对于投资方而言,建设期内的质量保障有利于减轻运营期的养护支出,建设期的安全保障有助于减轻社会责任压力、提升形象；同样,施工方对质量、安全也有类似的义务。

因此,监理工程师在抓质量、安全方面既有法律支持,也会得到从业者的积极响应。

3. 强化合同管理,以人为本管控工程

无论新老建设模式,工程建设始终是人的行为,监理工作归根结底还是强调对从业者的管理。以合同为准绳,对相关从业者的资质、业绩、行为能力的管控和约束,与直面工程实体并不矛盾,前者是过程和前提,后者是目标和结果。

五、结语

"BOT＋EPC＋股权转让"的建设模式还存在一些灰色领域,有待行业主管部门进一步明确责任,规范从业人员的行为。但对监理行业而言,无论新旧模式,监理程序并无改变,监理对象还是工程实体,质量、安全的主旋律并没有随模式改变而唱衰。在遵守国家法规、监理规范的前提下,新形势下的监理工程师应牢记合同使命,大胆行使职权,全心全意狠抓质量、安全。

可持续发展的工程项目管理的应用研究

湖南天福项目管理有限公司 陈志奇

一、前言

作为国民经济支柱产业的建筑业涉及社会的各个方面,建筑业在项目管理中应做到可持续发展,与项目所处的环境实现和谐发展。从可持续发展的角度看,项目是由生态系统与经济系统相互联系、相互作用而成的具有生态经济功能与立体网络结构的生态经济复合系统,其中对项目可持续性的影响因素包括项目的经济效益、资源利用情况、可改造性、环境状况、科技进步情况、可维护性等方面。因此,要从这些方面出发对经济活动与生态进行统筹管理,来营造和谐的自然环境、社会环境、生态环境。

二、可持续发展的项目管理的含义

可持续发展的工程项目管理是将工程项目作为自然、社会、经济的复合系统,站在更高的层次即项目所处的整个社会经济的层次管理项目,应用新的生产方式,实现项目的成本工期质量及社会经济的系统目标,解决项目的环境与发展问题,实现项目的可持续发展。

工程建设项目不是孤立存在的,它属于整个社会,在考虑成本、工期、质量的同时,我们也必须要考虑社会效益,必须站在维护全社会公共利益的高度去建设一个项目,即社会责任。可持续发展的项目管理的前提条件是改变工程项目参与者的观念和意识,使他们更多地考虑公共利益,承担社会责任,将谋求社会的共同发展和平衡作为己任。

可持续发展的项目管理的意义如下:首先,工程项目建设更多地考虑公共利益,将有利于改善企业与实施现场所在地政府与居民的关系,促进项目的建设,实现项目建设的良性循环;其次,可以帮助企业树立在环境和资源保护方面的良好形象,取得社会效益的同时为企业带来长远的经济利益;再次,公众的环境意识和对建设项目的环境影响重视程度普遍提高,在建设法律法规中体现该要求已成为世界性的潮流与主题,工程项目管理实现可持续发展成为适应此趋势的必然选择。在未来工程项目管理中,若不能实现可持续发展,就意味着更大的项目风险。

三、可持续发展的项目管理的目标系统

可持续发展的项目管理的对象不但包括项目本身,还包括项目所处的微观环境和中观环境,就是说作为可持续发展的管理者在进行管理的时候,要将与工程项目外部关联的所有元素全部纳入考虑和管理范围。因此,可持续发展的项目管理实际上是将工程项目放在微观或中观的区域内,应用现代的生产技术,实现项目的成本、质量、进度和社会、经济的系统目标,从而解决项目的环境与发展问题,实现项目和社会的可持续发展。

(一) 基本目标(质量、进度、成本)

质量、进度、成本是基础性的目标,是出自工程项目自身,是任何成功的项目所必须具备的。业内人员对建设期工程质量、费用、时间三大目标之间的关系已经研究了很多,三大目标之间的内部联系十分复杂。随着建设项目目标时间跨度的增大和内涵的扩展,上述三大目标之间的关系会更加复杂。

(二) 质量目标

质量目标追求工作质量,工程质量,最终项目功能、产品或服务质量的统一性,更着眼于工程技术系统的整体功能、技术标准、安全性等。

1. 设计质量。包括设计标准、系统的均衡性和协调性、设计工作质量、技术标准、可施工性等。
2. 工程施工质量。包括材料质量,设备质量,施工质量体系,各分部工程质量,施工过程的健康、安全和环境保护,工程总体质量。
3. 运营质量。包括工程的使用功能、产品或服务质量、运营和服务的可靠性、运营的安全性、可维修性。

(三) 费用目标

费用目标应综合考虑建设项目的整个周期的相关费用和收益。整个周期的费用目标可分解为:

1. 整个周期费用:建设总投资、运营(服务)成本、维护成本、单位生产能力投资、社会成本、环境成本等。
2. 收益:运营收益、年净收益、投资回报率等。

(四) 时间目标

对现代建设项目整个周期的管理,时间目标增加了许多新的内容,不仅包括建设期、投资回收期、维修或更新改造的周期等,还要考虑如下因素:

1. 工程的设计寿命。设计寿命是由建筑的结构、材质等确定的工程寿命。
2. 服务寿命。服务寿命由工程能否满足预订的服务需求确定,包括:

(1) 物理服务寿命。工程的各个组成部分在满足预订服务需求前提工下的物理寿命,与设计寿命有直接关系。

(2) 经济服务寿命。经济服务寿命由两个因素决定:① 在各个部分满足预定服务功能需求的前提下其维修价值小于重建价值,经济服务寿命会随着工程的更新改造、产品转向而变化;② 市场决定的寿命,由于市场的衰退、科学技术的进步,导致项目产品或服务失去市场,工程失去价值。

(3) 项目产品或服务的市场周期。包括市场发展期、高峰期、衰败期。

(五) 项目的社会影响分析

项目的社会影响分析指分析预测项目可能产生的正面影响(通常称为社会效益)和负面影响。主要有项目对所在地区居民收入的影响,对所在地区居民生活水平和生活质量的影响,对所在地区居民就业的影响,对所在地区不同利益群体的影响,对所在地区弱势群体利益的影响,对所在地区文化教育、卫生的影响,对当地基础设施、社会服务容量和城市化进程等的影响,对所在地区少数民族风俗习惯和宗教的影响。通过以上分析,对项目的社会影响做出评价。

(六) 项目与所在地区互适性分析

互适性分析主要是分析预测项目能否为当地的社会环境、人文条件所接纳,以及当地政府、居民支持项目存在与发展的程度,考察项目与当地社会环境的相互适应关系。

1. 分析与项目直接相关的不同利益群体对项目建设和运营的态度以及参与程度,选择可以促使项目成功的各利益群体的参与方式,对可能阻碍项目存在与发展的因素提出防范措施。
2. 分析预测项目所在地区的各级组织对项目建设和运营的态度,对项目可以给予的支持和配合。需要由当地提供交通、电力、通信、供水等基础设施条件,以及饮食、蔬菜、肉类等生活供应条件和医疗、教育等社会福利条件。
3. 分析预测项目所在地区现有技术、文化状况能否适应项目建设和发展。对于那些主要为发展地方经济、改善当地居民生产生活条件而兴建的水利项目、公路交通项目、扶贫项目,应分析当地居民的教育水平能否适应项目要求的技术条件,能否保证实现项目既定目标。通过项目与所在地的互适性分析,就当地社会对项目的适应性和接受程度做出评价。

(七) 社会风险分析

项目的社会风险分析是对可能影响项目的各种社会因素进行识别和排序,选择影响面大、持续时间长,并容易导致较大矛盾的社会因素进行预测。分析可能出现这种风险的社会环境和条件,通过分析社会风险因素,对项目可能带来的社会风险做出评价。

环境与发展目标和可持续发展是项目管理的最终目标。它主要反映建设项目的社会责任和历史责任,是建设项目综合价值的体现。与环境协调发展和可持续发展也是互相联系的,没有与环境协调,就不可能有可持续发展。这些目标应分解到具体的项目阶段和各个组织单元,以对项目的各个阶段和项目组织单元进行目标管理。

在项目管理中环境保护意识的建立是可持续发展得以全面实现的强大保障,随着项目环境的变化和人们环保意识的不断加强,可持续发展战略正在赋予项目竞争力新的内涵。

可持续发展正在被项目管理者接受,正在强有力地影响和改变着市场。具有敏锐目光的项目管理者认识到,可持续发展已成为塑造新形象、调整产品结构、开发新的利润增长点的绝好机会。因此,以可持续发展思想为基础,认真审视和分析项目面临的环境,对项目发展战略和管理思想进行创新是十分必要的。

四、可持续发展的项目管理的实施

(一) 资源管理

项目资源管理主要指项目运营所需原材料和项目废弃物的处理和再利用的管理,以及项目报废后资源的再利用情况。

原材料的可再生性和对环境的影响直接关系到项目的可持续性。由于项目的废弃物处理和利用关系到项目对环境的影响,关系到项目的存在与可持续发展能力,所以项目的可持续发展必须考虑项目的废弃物利用和处理状况,并对其做出评价,通过它进一步评价项目是否具有持续发展能力。

(二) 环境管理

对环境的管理包括对自然环境、社会环境、生态环境等方面的管理。

1. 对自然环境的管理

对自然环境的管理是指可持续发展的项目管理要能够防止或减少项目造成的环境污染,如光污染,噪声污染,废气、污水污染等,项目应与周围自然环境具有相容性、协调性。管理措施包括在项目的可行性研究阶段就要确定可持续发展主题;在项目的设计、施工阶段,要采用绿色环保的施工技术和材料;在项目的使用阶段,要对产生的废弃物采用分类、无害处理。只有当项目达到污染治理的标准,并且与周围自然环境相协调,项目才具有持续发展的可能。

2. 对社会环境影响的管理

对社会环境影响的管理包括对周围居民生活的影响管理、对社会文化的影响管理、对社会经济环境的影响管理等。管理的措施包括保证项目与社会文化相容;与人们的生活习惯相协调;与经济发展相吻合,并具有一定的前瞻性。一个项目只有符合社会文化要求,不影响居民生活,与经济发展协调,才有存在的可能和继续发展的必要。

3. 对生态环境影响的管理

项目处在一定的环境中,都或多或少地对生态环境产生影响,对生态环境影响的管理需要各个参与方的共同努力,尤其是政府部门应该通过相应的法律、法规明确规定对生态环境的保护,同时对破坏者给予严厉的处罚,对主动进行保护的给予奖励。同时要培养全社会的环保意识,使环保的观念深入人心,形成全社会爱护环境、保护环境的风气。

(三) 技术管理

技术管理主要考虑两个方面:项目设计的先进性和技术本身的先进性。项目的设计要具有科学性、超前性,并有发展余地。设计时除了要考虑人们现在的生活需要,还要考虑未来需要,使项目具有一定前瞻性,能与以后的经济、技术、文化发展相衔接。

设计的先进性还表现在尽可能利用已有的新技术、新材料、新工艺,并具有一定的超前性,为以后发展留出接口。技术本身的先进性主要指项目实施技术和运营技术的先进性。项目的技术先进性表现在先进技术成果的应用上,表现在为以后技术发展留出的接口上,项目技术先进性使项目能经得起时间考验,同时具有可持续发展前景。

(四) 项目参与人员的管理

作为整个项目建设的核心主体,项目参与人员在实施建设过程中的每个动作都会对项目本身产生直接的作用,直接对项目的可持续发展产生影响。项目可持续发展的资源管理、环境管理和技术管理都直接依赖于项目参与人员的实施。

行业主管部门有必要在项目参与人员上岗之前对其进行相关的政策法规培训,对其进行技术指导,提高素质,并在项目的实施过程中不定期地进行检查,使可持续发展观深深植根于建设者的头脑中。

五、结语

实施可持续发展的项目管理的目的是做到经济发展与保护资源、保护生态环境的协调一致,做到整个社会的可持续发展。因此,可持续发展战略在项目管理活动中将越来越被管理者所重视,所起的作用也将越来越大。不可能与某一具体施工承包企业的施工技术管理能力完全相符;从生产要素单价水平上看,也不反映企业综合生产经营能力在市场竞争中的地位,计价也是不合理的。

合理的工程计价应该使价格具有企业的个性、符合企业的个别成本,使价格体现市场竞争的实际情况,把市场信息反馈给施工承包企业,有助于施工承包企业知己知彼,不断提高自身素质,增强实力。

由于工程量清单计价模式能够反映市场的供求关系,把工程所具有的定价权交给承包方,并通过市场竞争决定工程价格,从而对双方产生真正的激励作用,在招投标过程中投标方能讲究投标策略,努力提高技术水平和管理水平。

综上所述,工程量清单计价模式下招投标的作用机制在于招投标过程中相互影响和相互促进,他们共同推进工程量清单计价模式的发展与完善,推动与国际惯例加速接轨。作为政府行政主管部门和造价管理部门,应制定和完善各种制度,为机制的产生和作用的发挥创造一个合适的空间。而承包商"工程报价权"的回归和"合理低价中标"的评标原则的确立,进一步增加了工程量清单计价的合理性。

浅谈交通建设监理行业的发展

湖南和天工程项目管理有限公司　谭建军

工程监理制度及监理的作用得到充分肯定，并通过深化改革继续推进。然而，在转型发展过程中，监理行业依然存在诸多困惑和难题。本文从行业发展实际出发，进行了深入探讨，并提出了一些对策。

一、对公路监理企业内部管理措施的探讨

（一）公路工程监理工作概述

从1992年在全国范围内全面推行工程监理制以来，我国工程监理制度已基本形成，并在保证公路工程建设质量、安全、投资和进度等方面发挥了重要作用，公路工程监理制度及监理的作用得到了充分肯定，并通过深化改革继续推进。

（二）建立健全内部管理制度和制定完善的绩效考核制度

1. 监理企业应建立健全内部管理制度，制定监理人员职业道德、岗位职责、工作纪律及廉政、质量、安全、环保、内业资料、综合治理等各项管理制度，明确监理人员违纪、违规处罚条例。

2. 结合相关制度，由公司工程部每季度组织对各监理办监理工作开展情况进行考核，根据考核结果对在建项目的质量、安全、环保、进度、费用、合同、廉政管理等取得的突出成绩及存在的问题分别进行奖罚。

3. 鼓励先进，鞭策后进，直接与经济效益挂钩，充分调动监理人员的工作积极性。

二、监理企业对人才的管理培养

（一）人力资源策划管理培训

首先，明确策划管理培训的目的是什么，需要解决什么问题，能达到什么效果。其次，明确培养的范围、对象及培养采取的方法、步骤和内容。策划管理培训主要是外树形象、内强素质，最终达到激励员工、提高员工积极性和主动性的目的。可采取以下措施：

1. 思想培养

一般是指思想品德和职业道德，一个人是否具有良好思想品德和职业道德对工作起着决定性的作用。思想品德和职业道德的训练只是一个方面。这里特别强调训练是思想认识方面，要统一认识，统一到公司的目标宗旨和发展方向上来，形成一股绳，团结一致，共同奋斗。

2. 行为标准培养

主要是指言语举止、着装的标准化、规范化。语言的表达自然流畅，不偏不倚，文明用语，没有小动作和大的动作，以免引起别人误会。"请""谢谢"等礼貌用语必须记住。上班时间必须穿工作服，如发现有工作人员不穿工作服，发现一个查处一个，并进行经济处罚。这种培训必须结合公司规章制度，共同贯彻，以小喻大，抛砖引玉，从行为规范隐喻其他方面。

3. 职业化训练

职业化训练是造就一个人从普通到优秀的过程。职业化是一种工作状态的标准化、规范化和制度

化,即要求人们把社会或组织交代下来的岗位任务,专业地完成到最佳,准确扮演好自己的工作角色,强化训练职业意识。

4. 技术、规范的强化

作为监理人员,拥有丰富的工程方面的技术知识和工程经验是十分必要的。

首先,监理人员要具有非常渴望这方面知识和经验的意愿,也就是个人主观能动性。

其次,有好的书籍、好的老师。好的老师就是聘请高等院校高级教师,高等院校的硕士、博士、高级教师是教学与调研相结合的高端人才,思路开阔,往往站在学术的最前沿,非常具有指导性。

最后,集中培训或有针对性地分类培训。在工作之余的闲暇时间,可以组织一些集中培训,在实践中进行有针对性的培训。

5. 综合素质的培养

这里的综合素质是指学识、技能、品格、交际能力、应变能力等,也是综合素质所涵盖的一些方面。品格、交际能力、应变能力是综合素质应该强调的部分。这三个方面的提升,不是一场培训就能解决的,培训只是提供了方向,需要的是在今后实践中积累成长。

(二) 人力资源策划管理培训的考核

有培训,就有考核,作为公司的一项基本制度,必须贯彻始终。这也是公司管理制度当中的一项基本制度,就像全过程工程质量管理当中的 PDCA,计划、执行、检查、行动。

考核就是检查培训的结果,如结果不行,就需考虑下一步如何改进,以便形成循环。

三、交通工程监理企业的现实困境与措施建议

(一) 当前公路工程监理企业存在的问题

首先是体制问题。由于我国许多公路监理企业是由政府交通建设主管部门成立,在产权、机构、政企管理等方面存在一些不严格现象,在市场竞争中缺乏活力和竞争力。因此,在如何通过加强监管,推动公路监理工作与市场管理良性发展方面存在一些迫切需要解决的问题。

其次是收费标准和人员待遇问题。由于公路工程监理行业普遍存在收费较低的情况,整个公路工程监理行业在待遇上与发达国家相比相对较低。与施工企业技术人员的薪酬相比,更是相差甚远,同一项目的施工技术人员在薪酬上往往比监理人员高出50%以上。也正因如此,大部分监理企业留不住人才。

再次是监理人员的使用和管理问题。公路工程项目实行质量责任终身制,因监理人员地位不高、权力较小、责任较大,开展监理工作时,一定程度上受业主决策的牵制,影响监理工作的积极主动性。

(二) 交通工程监理企业的现实困境

1. 没有正确认识交通工程监理

交通工程建设的施工单位和业主方都没有正确认识交通工程监理,而这个问题也是在应用交通工程监理时最严重的问题。虽然监理单位是业主单位委托的,但是它的工作内容和标准并不是由业主单位来规定,而是必须根据国家规定,对整个工程的质量、安全进行全面监控,把监理工作的重要作用展现出来。

2. 监理工作人员的综合素质不达标

监理工作的效果直接取决于监理工作人员,与监理工作人员的专业知识素养、道德素养等综合素质密切相关。监理工作中,一些人员综合素质不合格,导致监理工作存在较多失误,无法有效监控交通工程施工过程,而这些问题足以导致交通工程的质量降低,并产生安全隐患。

3. 没有完善的监理体制

目前,我国的监理体制不够完善,在监理工作流程和验收方面都还存在缺陷。在我国现行的监理制度中,三方(业主方、施工方、监理方)并没有相对应的明确责任划分,因此,当一些问题发生以后就没有明

确的规章制度来寻找责任方,就会互相推卸责任。

(三) 对交通工程监理企业解决现实困境的措施建议

1. 正确认识交通工程监理

在交通工程施工过程中,要让施工方和业主方对监理工作有正确的认识。整个施工过程中最重要的就是保证工程的质量安全,而这也是监理工作人员的重要职责。监理方的权限是由业主方授予的,但是监理方的工作必须要根据国家相关规定来进行,不能由业主方制定。当监理方开展工作时,业主方应积极配合,以此来保证交通工程质量达到标准。

2. 培训监理工作人员

只有对监理工作人员进行专业的培训,才能最大限度地保证交通工程中监理工作的有效性。专业的监理培训不仅能够提高监理工作人员的专业素养,还能使他们更好地承担起监理的责任。培训结束后,要对他们进行监理工作知识、规范的考核。只有达到考核标准,才能展开实际的工作。

3. 完善监理体制

在开展交通工程监理工作时,必须建立一套完善的监理体制,制定一套合理的工作方案,而且要对整个方案进行阶段区分,每个阶段都要对交通工程进行检验,并对一些重点环节进行重点监控。要对业主方、施工方和监理方制定责任体系,以强化监理工作人员的责任意识。

四、监理在施工现场监督管理中存在的问题及相关建议

(一) 当前建设监理在施工现场监督管理中存在的问题

1. 部分低价中标的监理企业为节约成本,招聘一些刚毕业的学生作为现场监理,更有甚者用实习生充数。这些职场"小白"实践经验少,对法规不熟悉,对现场出现的技术问题不能提出处理意见和方案,在现场没有说服力,也没有威信,无法代表建设单位管理好在建工程,不能要求履行职责。

2. 现场监理更换频率高。现场监理人员的流动性很大,有的工程一个施工周期会调换多个监理人员,不利于对工程进行全过程跟踪管理,存在管理上不连贯、脱节的现象,甚至象征性地委派几名监理人员到场监理,履行验收签字的义务,给工程带来较大的质量安全风险。

3. 有的监理公司名义上是外地"某某监理有限公司",且资质都是甲级,但实际操作、运转的人员都是当地人,"一套班子多个牌子"的情况较多,给工程造成了安全质量隐患。

4. 监理人员事前、事中控制的能力偏差,关键部位、关键工序的监理旁站监督不到位,并且缺少主动性。等到施工现场分部验收或隐蔽工程验收时,才发现施工现场经常出现的问题未得到有效的控制。

(二) 解决现有问题的建议

1. 合理收费标准是规范监理的基础,它能为项目实际监理创造必要的物质基础。制定合理的监理收费标准,制止不正当竞争。只有在确保监理公司正常利润的情况下,才能保障现场监理的工资的合理性,从而提高现场监理管理和监督现场的积极性与责任感。

2. 在监理合同上明确约定:现场监理及总监代表更换幅度不能超过某个百分比,并报备业主同意和主管部门同意,对于频频更换现场监理和总监代表的违约行为合同中要有相应的违约条款,以此促使监理企业保持现场监理人员相对稳定,减少因人员不稳定给工程造成的质量安全风险。

3. 杜绝挂靠现象,在招投标环节把关,在做招标文件时在有关条款中制定一些约束条件。

4. 严格把关现场监理人员进场,除满足投标资格要求外,还要求现场监理必须通晓建设法规,了解工程计价,熟悉现场施工,熟悉相关的建筑材料检测规范、施工规范。

五、监理企业与行业主管部门信息沟通及信用评价的相关建议

1. 做好与行业主管部门的沟通联系,发挥桥梁纽带作用。对上级主管部门等交办的行业调查、意见咨询等任务应主动配合,认真完成,及时上报;上级主管部门下发的重要通知等信息,应通过微信或内部网站及时推送,告知监理人员;监理合同额、项目类型、资质情况及监理收费情况等信息,要及时上报主管部门;根据主管部门的要求,做好企业的信用体系建设。

同时,要加强与省交通建设监理协会的联系,积极参加监理协会开展的各项交流活动,配合主管部门做好行业调查、团体标准制订等工作。在有条件时,组织单位到省内外先进监理企业开展调研、学习和交流,开展合作,拓宽眼界,打造自己的品牌。

2. 加强信用建设,将信用体系建设作为工作重点。重视信用体系建设,定期向行业主管部门汇报,与业主单位沟通,及时关注公布的不良信用记录;召开座谈会,邀请行业主管部门参加,帮助企业掌握信用评价征信办法,同时了解企业对于信用评价办法在具体实施中遇到的问题及困惑,更好地推动企业信用体系建设;争取开展包括合同履约、工商、税务、法律法规等在内的多层次、全方位信用体系建设培训,了解和掌握各信用评价标准、征信办法和渠道,引导企业尽快融入社会诚信的大建设中。

此外,还要紧密联系省交通建设监理协会及周边省市监理协会,实行联动机制,响应交通运输部关于加强交通运输行业信用体系建设的精神,增强监理从业人员的归属感,加强对监理行业的自律建设。

关于监理行业人才现状及问题的思考

湖南天福项目管理有限公司　陈　毫

尽管行业在不断发展,但目前监理行业在国内的作用、口碑、人才队伍,与国外监理行业的差别越来越大。虽然行政部门多次就强制监理的范围、人才培训考核的权责、省级专业监理工程师的考核方式等方面进行调整,但并未取得明显的效果。造成这一现状的原因很多,笔者认为,主要还是监理行业从业人员的综合素质与国外同行比较相对偏低。只有打造、吸引一批与监理发展战略格局相适应的人才队伍,才会促进监理行业水平的整体提升。

一、正视监理行业的人才现状

监理行业的人才现状不容乐观。在获得执业资格的人员中,真正从事监理的恐怕只有50%左右,相当一部分人都处于"挂证"状态。近年来交通运输部、住房和城乡建设部、水利部严厉打击"挂证"行为,严格执行关于监理、造价、建造、设计、勘察等建设类注册证书必须归集到一个单位注册、社保缴纳必须与注册单位一致等规定,也只是降低了挂靠的比例,未彻底解决问题。要想从根本上解决"挂证"问题,还需要完善管理措施,达到培养、留住人才的目的。

在实际从事监理工作的群体中,并不是所有人都能胜任监理工作。很多现场从业者没有监理注册资格证,仅有地方监理协会发的资格证。这一部分人50岁以上的居多,受教育经历和专业培训经历不完善,知识陈旧。但他们大多有丰富的一线工作经验,能够熟练应对工地的工作,只是因为年龄偏大,对合同、法律、项目管理等知识接受得慢,无法通过考试。

监理行业的人才现状是:年龄偏大和年龄偏小的居多,中年中坚力量以半路出家的人员为主;受过正规培训的群体,多数还在企业高层从事领导工作,在一线从事监理实际工作的很少。相对于施工、设计、造价咨询等相关行业来说,监理的薪酬不占优势,无法吸引其他行业的优秀人才加盟。

由于监理行业利润低,经营者为了降低成本,聘用了大批的大专毕业生作监理员或者专业监理工程师。但这些毕业生水平参差不齐,愿意投身监理行业的普遍专业素质不过硬,经过简单的培训就上岗,仅仅为了旁站充数。受过正规专业培训并有实践经验的复合型人才是最有培养前途的群体,但也是最不稳定的群体。这一类人中好多人干了几年就被房地产公司高薪挖走了,造成该行业留不住中高级人才的现象。一毕业就开始作监理的监理员大多缺乏设计、施工、造价咨询等工作的磨炼,很难成长为一个专业技术基础深厚的总监。

二、监理行业的性质决定了人是主导因素

监理行业是技术密集型产业,人是主要因素,工资支出也是企业经费的主要部分,其他生产资料费用方面的支出很少。与劳动力密集型的施工企业、资金密集型的房地产行业不同,他们都需要投入大量的生产资料,并通过加强管理提高效率受益;劳动者的劳动并不直接体现出来,而是间接地通过产品质量表现出来。监理的劳动没有实物劳动成果,主要是在监理人员的劳动过程中直接体现出来。

公司的业务主要由无数个相对独立的项目组成,项目之间的关联性不大,管理的重心在项目与项目间层面的作用相对较轻。项目管理方面的法律、法规和管理模式相对成熟,监理劳动的形式更多地表现为技术与管理咨询服务,更需要发挥个人的主观能动性。从提高人才素质入手,会起到事半功倍的效果。

三、重点提升总监素质

鉴于目前监理行业的现状,要全面提高监理的素质存在困难,但总监在监理业务活动中起主导作用,因此要把总监素质的提升作为突破口。

由于现在主要是施工阶段监理,大部分总监都是施工出身的,习惯于从施工一线的工作中直接获得知识,忽视理论学习,许多知识只是经验的简单积累,知识结构单一,缺乏系统性,也不重视总结、学习、提高;多数人基本不懂设计,无法把自己的经验上升到设计和理论分析的层面。经验积累到一定程度,没有一个质的跨越,就无法做到理论、设计和施工实践之间的融会贯通,就提不出高屋建瓴的建设性意见。

要积极引导有设计经验的人才从事监理工作。虽然他们缺乏施工经验,但很快就会得到弥补。因为施工就像社会科学方面的知识,任何一个年龄段都是可以学习的,而设计和专业理论更像自然科学知识,年轻的时候若没有严格的训练,中年以后是很难弥补的。

因此,国家要在政策和制度上进行引导,规定大型项目总监的任职资格,吸引一批优秀的设计和研究型人才从事监理工作。虽然实际工作经验少一些,但是可以通过与有实践经验的总监代表或者专业监理工程师搭档来解决这个问题。总监可以专心提供更高层次的技术服务,以赢得社会和业主的信任,提升行业形象。

四、注重人才阶梯培养

在监理过程中充分发挥骨干人才的"传、帮、带"作用,帮助、指导年轻员工立足岗位成才,加强对新员工、一线技能操作岗位员工和转岗人员的技术、技能培养,熟悉和认同企业文化与理念,不断提高员工专业岗位技能水平,培养年轻员工吃苦耐劳、敢于担当的精神,多组织年轻监理员、专监参加企业培训,着重项目观摩、实际技能的监理培训,扩大监理业务培训范围,畅通职业通道建设。着力培养一批懂技术、会管理、善经营的复合型人才,搭建企业人才梯队,促进企业健康快速发展。

五、为人才提供发展平台

倡导企业对工程项目施工过程中存在的技术与管理难题重点关注,进行立项攻关,组织以总监为核心的项目团队做到"难题立项在现场,研发在现场,落实在现场"。真正让大家感受到监理的技术咨询作用,在监理工程的过程中,总结、提炼先进技术及施工工艺,确保中大型监理工程项目出成果、出经验、出人才。

企业应以工程项目为载体,以提升现场管理能力、满足技术人员创新能力需要为目的,积极为员工搭建平台。通过科技进步与管理创新的积累,在工程项目中的技术攻关能力与人员管理水平方面促进人才队伍成长。

六、形成多种监理模式互补竞争的格局,满足市场和人才发展需求

经过这些年的探索,现行的综合资质、专业资质等行业管理规定的相应配套制度基本完善,业主、施工和社会各方基本适应,应该继续发展下去,满足现阶段项目建设的需求。但为适应市场不同客户群的需求,让监理从业人员有广阔的发展空间,应提倡新的监理发展模式。

目前很多监理企业使用项目部运营模式:由项目总监与公司签订内部协议,独立自主经营。面对严峻的市场下行压力,积极探索企业内部体制和机制改革,打破吃"大锅饭"的传统思想,建立市场化的工资分配机制,充分调动员工积极性。

当然,这种模式应定位于三级建设工程项目,并限制在一定金额以内。以专业资质作为目前监理业

务的主流,继续侧重于施工阶段监理,为这种类似于事务所形式的项目开展模式提供尝试的发展空间。观察市场客户的需要,选择不同的监理开展方式。让各种人才能在其中找到自己的发展空间,改变以前施工监理专业结构单一、综合咨询服务水平低的不利局面。

七、发展信息化建设,强化企业转型

住房和城乡建设部2016年印发了《2016—2020年建筑业信息化发展纲要》,要求在"十三五"时期,国家全面提高建筑业信息化水平。为在BIM信息化监理服务方面实现新突破,提高企业应对市场多变的能力,加强信息化在企业标准化管理中的带动作用,倡导企业成立BIM信息化工作机构。

一是制定方案。制定推进BIM技术信息化实施方案。二是明确机构,落实责任。分解实施责任,建立考核制度,明确BIM推进原则、实施步骤、合作单位,建立BIM工作室。三是统一规划,分步实施。形成行业规范、有序、有效的建筑专业BIM信息化框架和体系,提高工作效率,提升经济效益,全面提升监理行业信息化管理水平和外在形象。除工程专业人才外,注重引进BIM等信息技术专业人才,培育精通信息技术和业务的复合型人才,强化各类人员在信息技术方面的应用培训,提高全员信息化应用能力,推动监理行业信息化发展,在探索中谋划转型,在转型中谋求发展。

八、充分认识并努力实现监理的价值以获得社会认可

设计的成果有设计图纸,造价的成果有预决算书,咨询的成果有项目可行性研究报告,施工的成果是项目实体,而监理的工作成果是什么?劳动价值如何体现?即使在监理业内也有不同的认识,理论上存在一些争议,而对社会上普通的人们来说更是难以理解了。在他们的眼里"监理就是监工的、检查质量的"。长期以来我们对自己的工作成果、劳动价值都不能准确清晰地阐述,如何让社会理解、接受我们?

因此,监理行业首先要统一认识,对自己存在的价值给出清晰的答案,然后积极地向社会宣导,尤其要向业主、施工方宣传。我们要实现自己的价值,最终还是要以全面提升自己的综合素质为基础,并在工作中展现具体的劳动成果,让全社会认可,为监理工作的开展创造一个良好的环境,促进监理企业转型发展。

九、职业道德建设

职业道德建设是各行各业都关注的问题。对承担重要社会责任、攸关公共安全的监理来说,职业道德建设尤为重要。国家关于监理企业方面的法律、道德建设尤为重要。国家关于监理企业方面的法律、法规和管理措施比较多,监督的力度也相对到位,但关于个人执业方面的管理措施较少,即使有也形同虚设。由于监理活动主要集中于项目层面,监理人员流动性大,企业对监理人员的管理比较困难,有的基本处于失控状态。因此,应把个人的职业道德建设放在首位,增强个人的责任意识。技术水平和管理能力仅仅是做好监理工作的基础,除此之外还要有良好的职业道德,这样才会赢得业主和社会的信任。职业道德提升了,社会地位也会随之提高,才能有益于引导后续人才陆续加入监理行业,增强行业发展后劲。

监理在工程质量控制中的地位与作用

广州南华工程管理有限公司　李隆斌

监理在工程质量控制中的地位与作用在法律层面有着明确的规定。但近年来，在进一步完善工程建设体系而开展的改革进程中，社会上对监理的地位与作用存在一定的认知偏差，导致部分监理人员在工作中无所适从。本文就监理在工程质量控制中的地位与作用进行探讨，以进一步正本清源。

一、法律法规对监理在工程质量控制中的定位

我国工程建设四项基本制度是开展工程建设管理的基础制度，包括项目法人责任制、招投标制、工程监理制和合同管理制。"推行建筑工程监理制度"是国家意志的体现，工程监理是国家工程建设体系的重要一环。监理的工作在工程建设中的作用与其他主体同等重要。

法律上赋予监理对工程质量的认可权和否定权。《工程建设质量管理条例》规定："未经监理工程师签字，建筑材料、建筑构配件和设备不得在工程上使用或者安装，施工单位不得进行下一道工序的施工。未经总监理工程师签字，建设单位不拨付工程款，不进行竣工验收。"

我国建设工程质量控制体系实行"政府监督、社会监理和企业自检"三个层次，监督主体是工程质量监督机构（质量监督站），社会监理主体是建设单位依法委托的监理企业，企业自检是施工单位自身质检系统。这其中，社会监理承上启下，在工程质量控制中起中心作用。

二、监理质量控制与承包人质量自控的区别与边界

当前部分人员存在一些错误认知，认为质量是靠施工单位干出来的，监理管与不管结果一样。这种认知与其对监理质量控制与承包人质量自检的本质区别与边界没有分清有关，也与施工单位具有某些优势，在话语体系中权重更大有关。

事实上，监理方的质量控制与施工方的质量控制，内涵是完全不同的。它们的区别可以从两方面进行界定，其一是工作内容，其二是工作岗位职责。

1. 监理的质量验收是在施工单位自检（包括施工操作人员的自我检查、工序交接检查与施工单位专职质检员的质量验收检查）合格的基础上进行的，是对施工单位自检的监督与认可。同时，施工自检程序也贯穿于监理规范与施工合同的条文中，是最被普遍接受与认可的工程验收程序。

然而，我们应该正视一个现象：目前在一定范围内存在施工单位的自身管理控制体系与施工过程层面脱节的现象，造成施工单位的自检流于形式，或干脆省略了此道管理程序。这一问题不仅在中小型施工企业内普遍存在，在大型龙头施工企业内也普遍存在。其产生的原因很复杂，但目前建筑企业内普遍存在的"以包代管"经营管理模式和企业"过度成本管理"是产生这一现象的重要原因。为保障工程施工质量，需要做的基础性工作是把施工方的质量自检控制体系真正健全而有效地运行起来，同时通过监理等外部干预来监督施工方质量自检体系的完善与有效运行。

2. 监理方对施工方完成的施工产品的检查和验收，不免除或减轻施工方应承担的责任。这一原则在施工合同中应予以明确。这也应是所有委托咨询服务行业的基本职业惯例之一。从中可以看出，当工程出现质量问题时，监理方承担的责任范围是否正确履行了防控质量风险所应履行的监理职责以及根据合同约定承担履职不力或履职失职的责任。施工方则对质量问题承担直接生产责任，并对质量问题负有进行修复或赔偿的责任。此规定可以有效地防止监理方被承包企业"绑架"，即使因某种原因对承包人工

作给予认可,但事后发现不足仍可以要求承包人更正,从而强化监理在质量控制中的地位。

3. 企业自检的局限性。企业自检毕竟是内部行为,缺乏外部的干预与强制性,与企业管理思路、经营方针密切相关,也与企业质量管理执行层面的执行力有关。工程项目质量控制具有隐蔽性、连续性,与投入成本密切相关。如果失去外部深度参与、无法形成制约,可能"业主付的是奥迪的价格,承包人交付的是普通桑塔纳的质量"。因此,工程建设质量保证体系内必须有受委托方的深度参与,这就需要社会监理发挥中枢作用。

三、监理质量控制与政府质量监督的区别与边界

1. 政府质量监督是执法行为,具有强制性。监理质量控制基于合同和法律法规,是服务性质的社会行为,不具有强制性,但部分工作是质量监督的延伸,具有部分的强制功能。

2. 政府质量监督工作重点在于重点部位的质量检测,如基础、主体结构、使用功能的安全指标等,目的在于保证工程施工的质量与安全。质量监理不仅包括全过程、全方位的质量控制,还要考虑优质优价,平衡业主的质量、进度与费用相统一的利益最大化诉求。此外,监理方的质量管理内容更细化,内容包括设立现场监理机构,开工条件核查,开展巡视、旁站、测量、平行抽检、日常质量控制工作等。

3. 政府质量监督管理的往往是本地区、本行业的工程项目建设,范围比较宽广,其人力与精力有限,而工程施工是一个连续的、隐蔽性较强的活动,政府质量监督往往需借助监理单位现场控制作为其质量监督工作的延伸。

四、监理的质量控制本质上属于业主方的质量管理

业主方对质量管理更多的是从全寿命、宏观上进行规划,包括对影响全寿命的质量因素进行分析,做好项目建设的全部规划,选择更好的设计、施工和监理单位,在合同中明确质量责任,对工程建设中的重大方案、施工组织设计进行审定,对施工过程中的重大事项进行审批。

而业主方对施工具体活动的质量控制是通过监理合同委托监理单位实施的。因此,监理的质量控制本质上属于业主方的质量管理,项目监理机构在授权范围内全面控制施工单位的质量活动,在施工质量的控制中处于业主单位与承包人之间的中心地位。

同时,对国有投资项目来说,其出资人的实质性代表缺失,往往也需要引入受委托方进行具体的质量监督管理活动。

五、加强监理在质量控制中的中心地位

为适应社会主义市场经济发展的需要,工程建设各项制度与时俱进施行改革,这是国家发展和社会进步的必然结果。缩小实行强制监理的建筑工程范围正是工程监理市场发展到一定程度的结果。取消强制监理范围,变为自主抉择,让真正有服务需求的业主成为监理委托方,愿意为优质服务支付成本,全力支持监理的质量控制工作,有利于工程监理市场的良性发展,有利于进一步加强监理在质量控制中的中心地位。新形势下,监理行业也需要进一步完善自身工作。

1. 延伸监理业务范围,开展一体化监理业务

目前,监理业务大多止于施工阶段,在可行性研究阶段、设计阶段与运行阶段没有发挥实质性作用,导致监理参与度不足,存在感不强,对质量的把控作用受限。因此,应进一步延伸监理业务范围,重点是向前期阶段拓展,开展一体化管理、提供全过程质量控制服务,打通监理质量控制上下游环节,加强工程建设参与度。

2. 提升监理队伍素质与能力

当前,监理队伍普遍人员结构不合理,进入行业较早的人员履历丰富、学习劲头不足;刚入行的人员

实践经验不足，培训不够；而年富力强、经验丰富、知识技术紧跟时代的中年骨干数量较少。监理质量控制是理论与实践紧密结合的科学，质量控制与施工工艺及检测手段密切相关，既需要丰富的管理经验，也需要吸收最新的工艺技术、监测手段等前沿科技，尤其是大数据、可视化的今天，对质量控制手段提出了更高要求。因此，提升监理队伍建设成了迫切需要，包括引入专业人才进入行业，对人员进行系统培训，完善人才队伍结构，以适应新时期质量控制对监理人员素质与能力的要求。

3. 扭转社会认知偏差

当前，社会对监理行业存在一定的认知偏差。原因一方面是制度不够完善，工程建设领域各种利益交错，监理成为较容易被误解的一方；另一方面也与监理自身存在各种问题有关。一个行业尤其是咨询服务行业，从出现到成熟需要漫长的过程，要通过几代人的努力，监理人要端正作风，从我做起；同时，要强化监理行业协会影响力，扩大话语权，让社会更清晰地看到监理对工程质量控制的关键作用与中心地位。

职业操守与质量控制

贵州省公路开发有限责任公司　王鹏程
贵州陆通工程管理咨询有限责任公司　王祥云

工程监理制与项目法人责任制、招标投标制、合同管理制构成了具有中国特色的工程建设基本制度。30多年的实践证明，我国工程监理制度走出了一条以监理工程师为基础，以监理企业为主体，国家强制性监理与企业市场化运作相结合的职业化发展道路，并积累和总结出了六方面的经验。

一是坚持把市场经济体制下国家监督管理体系转化为建设工程强制性监理与企业市场化运作相结合。二是坚持把工程项目监督管理的职责从"投资、建设、管理、使用"四位一体的自建式管理模式中分离出来，形成相互制约机制。三是坚持以监理工程师为基础，以监理企业为主体，实行社会化、市场化、职业化，履行法律职责。四是坚持把工程项目的过程监理作为基本建设法定建设程序。五是坚持强化监理企业诚信制度和社会责任。六是坚持积极研究探索工程监理理论，有效地引导工程监理实践工作，及时总结监理实践经验，不断完善监理理论体系。

在工程项目建设中，监理人员对控制工程质量、工程进度、工程投资、安全生产、环境保护发挥了较好的作用，保证了建设工程的顺利进行。但在发展过程中，也出现了一些监理人员不守诚信、不廉洁执业的问题。比如，不严格执行劳动纪律，缺位严重；不认真履行岗位职责；将不合格的工程、材料、设备、构配件签字认定为合格；人员知识匮乏，业务水平低，不能有效管控；更有监理人员与施工单位串通，损害业主利益等行为。类似上述不诚信及违规的做法，直接影响了监理企业的诚信度，影响了监理工作的社会认可度。

一、监理企业和从业人员职业价值观亟待确立

价值观是指人们对客观事物的重要性的评价和看法。价值取向、价值追求凝结为一定的价值目标，价值尺度和准则成为人们判断事物有无价值及价值大小的评价标准。价值观对人们的定向思维起着非常重要的作用。价值观决定人的自我认识，直接影响和决定人们的理想、信念、生活目标和追求方向的性质，所以监理从业人员的价值观念是职业认识的重要思维理念和对职业敬业精神的基础，是其对职业的社会地位、社会意义等的综合认知和评价，直接影响从业人员对待工作的态度。

职业价值观表现了职业适应性培养对职业目标的追求和向往，明确自身的职业价值，将自身的适应能力发挥得更为出色，有效提升自己的职业适应性。它是人生目标和人生态度在职业选择方面的具体表现，也是一个人对职业的认识态度以及他对职业目标的追求和向往。

只有那些经过价值判断被认为可取的，才能转换为行为，并以此为目标引导人们的取舍行为。价值观反映的是人的认知和需求状况。

监理受业主委托开展监理服务，是投资、进度、质量、安全、环保监督的重要角色。监理不仅要为业主服务，更多的是为社会、为国家、为人民履行监督职责。社会责任是对工作目标的价值追求，表明人们通过工作所要追求的理想。

监理价值观支配着监理人的选择心态、行为以及信念和理解等，支配着他们对职业的认知，明白事物和对自己职业发展的意义，以及自我了解、自我定位、自我设计等。

监理价值观同时也为监理个人的职业行为提供充足的理由。因此，价值观对监理人员行为的影响是很重要的，因为它是监理人员应对各种行为、态度和动机的基础。同时，它也影响监理人员的直觉和判断。监理从业人员选择了监理职业后，对职业的认识和态度以及对职业目标的追求和向往形成了自身的

理念,逐步形成职业价值观,从而促使监理更加严守监理理念。

对监理从业人员的价值观教育和形成,是监理人员职业道德、理念的最基本要求,也是对监理从业人员职业要求的一个标准。只有树立了正确的监理职业道德和职业操守,才能保证监理工作的质量,才能有效履行社会职责。

二、工程质量控制是监理的重要工作之一

坚持质量第一,推动质量变革,增强质量优势,建设质量强国,实现高质量发展,已经成为大家的共识。管理控制好质量,不仅关乎产品本身的质量问题,也是关乎安全和生产、企业效益、企业形象和企业的发展,以及国民经济持续发展的大事。现代质量管理不仅要有完善的质量制度和管理办法,也要对质量管理的全员进行职业道德的思想教育。职业道德情操和责任心是保证质量的基本前提。

有人说"质量是做出来的",也有人说"质量是管出来的"。笔者认为两者缺一不可,必须同时进行,双管齐下。毋庸讳言,现在大多企业广泛使用外包工队进行具体的施工操作,而外包工队大量使用劳务工人已是不争的事实。

就目前劳务工人的技术水平而言,整体技术水平不高。相对于从技术专业学校毕业又跟着师傅实习锻炼几年再通过各种考试上岗的专业技术工人来讲,劳务工人的专业知识、操作技能相差较大。所以,对劳务工人的教育培训尤其重要,主要包含两方面:一是技术技能的培训,二是职业道德和敬业思想的教育培训。

三、职业道德和质量的关系

做好质量控制,最基本的就是每一位质量控制的参与者都要有一定的职业素养和职业道德,即责任心。我们要树立正确的职业道德思想。监理工作不仅仅是为了挣钱,更要考虑产品质量安全、企业的利益和信誉,考虑产品质量对运营使用的安全影响。如果因工作不到位,影响了企业利益,毁损了企业形象,甚至造成了质量问题或事故,监理从业者的良心会受到谴责。大家都有职业道德,质量问题就可以从人的思想源头进行控制。

四、强化参与者的质量控制意识

质量控制的三种意识是三检制的思想升华和拓展。要执行好三检制度,就需要我们强化教育,培养相关的思想和意识。

自检意识。产品质量归根结底是制造加检验控制出来的。生产质量控制的秘诀是:让每个人做好自己的产品。要求所有参与者对自己的产品要进行自我检验,只有自我检查达到合格的产品,才可以流向下道工序,在自检中发现的不合格品,要做好分类并把它转化为合格品。管理者要针对每个岗位、每个工序制定具体翔实的检查项目、检查标准、检测方法、缺陷等级,要求每位参与者熟悉掌握自己的岗位职责,必须关注哪些是不合格项,让大家认识到只有每个岗位都把好了产品质量关,工程才会是合格品。监理工程师要随时跟踪进行常态的巡视检查,及早发现和处理问题。

互检意识。上道工序完成后,要求员工必须进行复检和补位处理,经监理签字确认后,才可以进入下一工序。一个班组就是一个集体,只有做到整个线上的所有环节都符合产品质量标准要求,工程才能合格。强化参与者的互检意识和团队意识,才能产生品牌意识。

专检意识。做好自检和互检的工作后,质量管理者要加强专职检验员的质量管理和控制意识。作为专职检验员,应该有更强烈的质量控制意识,严格做好产品质量的检验工作,把握质量控制的动向。对监理控制的项目和检验控制节点,还要向监理工程师报验,必须取得监理工程师的认可。

五、三种控制过程的实施和监理控制

三种控制是指在生产过程的三个阶段进行质量控制的过程管理措施。只有严格紧跟和执行过程控制，才可能控制工程质量，保证工程品质。

首检控制（事前）。工程开工前，必须要求班组长、生产技术工人和质检员对投入生产的物料、零部件进行仔细核实、检查；确认使用的设备性能是否稳定完好。小批量生产的产品，通过检验首件产品来确认是否合格，工艺是否合理，工期是否可控。合格后总结经验、制定生产作业指导书，让全体参与人员全面学习领会后，才能继续批量生产。工程产品不合格时，要查找原因，直至合格后才能继续生产。

巡检控制（事中）。生产过程中，质检员要对产品进行认真检查，要用不得少于80％的精力关注生产中的薄弱环节。如新员工、技术较差的工人、技术难度高的环节、容易疏忽和经验性较差的环节、关键设备、关键岗位等，都是需要随时关注和控制的要点。质量管理人员、监理工程师要随时进行观察和巡视检查，及时发现问题及时处理。

交验检查控制（事后）。完工交验时，要重点控制最后的工程进展，避免忽略控制环节，交工时进行认真细致的检查，确认满足交工要求条件后才能验收。

六、制定合理的检查控制要求和设定检查控制点

按目前执行的相关技术规范和标准的要求及实际施工控制过程的需要，制定检查控制点及质量控制要求，是质量控制的一项必要措施。对没有完善质量检查控制要求的工艺、工序，需要具体的管理者制定相关的质量管理和检查用表，供施工过程检查和记录使用。

七、加强劳务工人的技术教育和培训

目前，工程建设市场广泛使用劳务工人已是不争的事实，工程建设单位、工程施工单位也无力扭转这一现象。由于劳务工人的流动性、工作的不稳定性，工程建设市场的高技术劳务工人特别是工匠型的劳务工人更是少之又少。所以，我们可以利用技术交底的时间进行专业性的知识教育、安全教育，并对质量控制要点进行讲解，说明要求，并进行严格的程序控制，使他们尽快掌握相应的生产技术技能。

由于劳务工人的流动性较大，因此我们必须对劳务工人进行常态化职业道德的思想教育和技术技能的培训。只有提高基础产业工人队伍的职业素质和生产技能，才能有效保证工程的品质。

工程监理知识库构建应用研究

育才-布朗交通咨询监理有限公司
陈东升　魏建国　周　密

工程监理行业属于知识型行业,随着当前知识经济下信息化、数字化、集成化的发展,知识已成为最重要的第一要素。知识库是针对某一(或某些)领域问题求解的需要,由一个行业内的组织者建立的面向行业内企业服务的知识集群,在这个知识库中,搜集、整理、组织、存储了各类与行业发展和企业竞争密切相关的知识和信息,并且提供各种应用手段来有效地传播、共享和利用这些知识。工程监理行业也要充分认识监理知识库构建的必要性,把握和引领新形势,谋求新发展。

近年来,交通运输部对工程建设提出了更高的要求,颁布了包括施工标准化、品质工程、平安工地、绿色公路等在内的一系列新的指导意见,各省份交通主管部门及建设单位也出台了多种版本的项目管理手册,对工程质量、安全做出了更高的要求。工程监理行业属于知识型行业,搞好监理工作,强化质量、安全管理,增加监理人员的知识储备,提升监理人员的素质是提高工程质量、安全的关键。

知识不仅是生产力的要素,更是经济发展的动力,只有实现了知识的积累和增值,企业才能够不断进行管理、产品研发、市场拓展和客户服务的创新,从而持续获得不断增强的核心竞争力。而构建企业知识库是能将知识进行有效管理及合理利用的重要手段。

一、监理知识库构建的必要性

在公路工程监理过程中,除了要求监理人员必须具备专业理论知识,严格按照监理工程规范的要求实施监理外,监理人员还必须具有丰富的工程建设实践经验。通过实际调研,我们发现一线监理人员普遍反映目前监理工作中存在以下困扰:

1. 建设资料分散零乱,查找起来费时费力。
2. 项目信息难以共享,成员重复劳作。
3. 缺乏一个供监理人员快速学习、查询、借鉴的资源平台。

监理所需的法律法规、政府政策性文件、设计规范、施工合同及监理合同、监理规范、施工与验收规范等知识存在于各种书籍、文件、电脑等各种媒体的记载之中,属于显性知识。

而隐性知识是存在于人大脑中的经验、直觉,反映的是能力和素质,是从长期的工程监理实践和观察中逐渐得到的,它不能像显性知识那样直接输到记载媒体中,属于非传统意义上的知识,如监理工程师丰富的工程经验。这些知识是蕴藏在各监理工程师脑中的经验、感觉、洞察力、诀窍、方法等,如果这些人员离职或调动,就会造成知识的流失,而新的监理技术人员由于不具备这种知识,就需要重新积累,不仅成本非常高,而且降低监理企业的施工监控质量。如果把这些团队、个人的经验进行挖掘、提炼,形成知识,通过企业的知识管理系统被组织共享,那么开展同类工作就不需要重新开始,新的监理人员也可以非常轻松、毫无障碍地进行知识的获取,快速进入工作角色,提高监理企业的效率。

二、监理知识库具备的功能

构建监理知识库,将知识由无形的产物转化为有形的资源,不仅能传承行业宝贵的知识财富,提升监理企业运行效率,还能增加企业核心竞争力,让企业在市场竞争中占据高地,是一家成功企业的管理诀窍。

1. 简洁明了

知识库作为一个内容管理平台,最基本的原则就是能让使用者看得懂,要尽量做到简约而不简单,保证使用者能尽快上手并投入使用。

对使用者来讲，简洁明了的知识库能无形中提高使用效率。作为企业的知识管理平台，更要保证能让每个员工顺利查阅，让其发挥实用价值。

2. 分类清晰

基于知识本身的复杂性，建立科学的分类体系，才能保证知识库被高效地利用。知识库存在的意义就是存储知识资源方便使用，应该条理清晰，一目了然，方便查阅。

3. 库内搜索

知识库作为整个企业的知识管理平台，存储的资料势必会随着时间逐渐增加。面对规模越来越大的"知识黑洞"，一个靠谱的库内检索工具就至关重要，通过设置关键字与标签，可以极大地优化用户的使用体验，提高企业整体效率。

4. 标准模板

为了规范知识库，需要建立统一标准的文档、表格、图片、短视频和课件模板，所有提交至知识库的知识需使用对应标准模板填写，以便管理。编辑器是知识建设的基础，优秀的编辑器带来的生产力的提升远不止事半功倍这么简单。

5. 随时更新

知识只有不断更新才能跟上时代需求的步伐。随着公路建设"四新"技术的不断推广应用，监理知识库要能做到随时更改、随时更新，保证信息数据的时效性。

6. 移动办公

不论在办公室还是施工现场，均可通过浏览器、客户端、移动端等多种方式，访问企业知识库，调用各种知识文件，打破时空的限制。

三、监理知识库的研究思路

监理知识库的研究思路见图1。

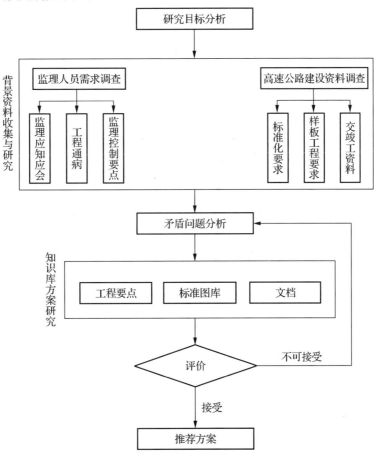

图1 监理知识库的研究思路

四、监理知识库内容建设

监理知识库通过在现行设计、施工、验收等相关标准和规范的基础上,总结业主在长期工程管理中积累的一些管理经验,监理企业在工程施工监理中积累的经验和技术窍门以及监理中易忽视的一些工艺流程,着重从工序、技术、工艺和管理的角度指导一线监理从业人员,旨在消除质量通病,提高监理管理水平。

监理知识库应基本包含以下几部分内容:

第一部分:路基篇,包括软基、三背回填、路基填筑、石方爆破、防护、排水等方面内容。

第二部分:路面篇,包括级配碎石垫层、水泥稳定碎石层、水泥混凝土面层、沥青混凝土面层、小型预制件等方面内容。

第三部分:桥梁篇,包括桩基、桥台身施工、承台、墩柱、盖梁、梁板预制、现浇梁、异型桥、防撞护栏、桥面系施工等方面内容。

第四部分:隧道篇,包括洞口、洞身开挖、初期支护与辅助工程、隧道防排水、仰拱与二次衬砌、路面混凝土基层、下面层、电缆沟等方面内容。

第五部分:交安篇,包括波形梁钢护栏、交通标志、交通标线、隔离设施、公路防眩设施、轮廓标等方面内容。

第六部分:安全篇,包括总则、驻地建设、临时用电、桥梁施工、高边坡施工、深基坑、路基施工、路面施工、特种设备、拌和场、预制场、高空作业、标志、标牌、路桥防护图例、隧道防护图例等方面内容。

第七部分:水运篇,包括通用工程、疏浚与吹填、码头与岸壁、防波堤与护岸、道路堆场、干船坞与船台滑道、航道整治、船闸、航标等。

第八部分:资料篇,包括监理规划、监理实施细则、监理日记、监理月报、质量缺陷与事故的处理文件、监理工作总结等。

五、结语

梳理公路工程施工监理人员现场工作手册,搭建数字化监理知识库,图文并茂地编制监理行业知识库实操性指导手册,嵌入监理信息化管理系统,利用智能终端设备辅助监理人员现场工作,用于新上岗监理人员的培训和监理人员日常技术交底,对提高监理人员现场管理水平、指导一线监理人员更好地开展现场监理工程是极具现实意义的。

突破人才制约瓶颈

山东恒建工程监理咨询有限公司　杨秀生

监理咨询类企业生存的核心一靠市场,二靠人才,两者缺一不可。多年来,因为受行业薪资待遇、社会地位、工作环境等多种因素叠加的影响,监理企业的后备军明显不足。在面临转型期的当下,在逐渐回归高端的进程中,如何破解监理人才招聘、培养、使用等方面的窘境？如何让人才引得来、用得好、留得住？

人才作为企业的核心竞争力量,将成为企业拥有更好发展的前提条件。随着监理工作逐步回归高端,行业对用人提出了更高素质的要求。在现实工作中,企业在人员招聘、培养、使用等环节上,都存在一些问题。

一、行业人才缺乏的原因

交通监理行业人才缺乏,主要原因有三个方面。

一是监理行业地位"被拉低"。相比勘察、设计等工程领域,监理工作处在最低端,工作环境不佳,工作较为辛苦,项目建设时间较长,承担的质量安全责任较大,一旦出了质量安全问题,监理人员难逃干系。现在,社会上有种声音,只要工程出了质量安全事故,首先打的是监理的板子。这样的社会认可度无法吸引优秀人才加入。

二是其他行业人才竞争激烈。国内基建市场空间很大,对人员需求也很强烈。加上全面加快建成小康社会和决战脱贫攻坚等重大政治任务,基建项目纷纷上马,造成人员极度短缺。很多企业开出了高薪等一系列诱人条件,造成了人员流动较大。

三是待遇过低。通过调查了解,同等工作条件下工薪低成为员工离职的普遍原因。工薪低,加上新生代年轻人普遍心态浮躁,所以很难留住人才。

二、应对人才短缺的途径

想化解困境,必须依赖两条途径:一是内部培养,二是外部引进。目前,内部培养和外部引进都存在一定问题,这一点必须引起重视,想方设法解决。

1. 内部培养

行业发展已有30多年的时间,很多企业随着监理制度的设立一同成长,企业发展处在相对稳定的状态,在人才输出方面已经形成固定格局,难有较大突破。混日子、求安稳、不思进取的思想已经扎根在人员脑海中,说到底是企业队伍建设出了问题,这只能通过整肃队伍、重肃纪律,发掘和树立好、坏两方面典型加以解决。

企业在内部培养上存在的主要问题包括以下几个方面:

基层培训较少或流于形式,难以引起员工重视。企业内部培训往往由企业统一组织或项目自行组织,缺少规划性、系统性,随意性较大,培训成效往往不佳。项目上的培训有时形式化,空闲时就组织一次,忙起来就难以兼顾,难以真正提升人员的素质和能力。

文化氛围不够,难以培养员工的忠诚度。监理的工作性质决定了监理人员分散在各个项目上,与企业距离感较强,员工对企业的印象仅仅是工作的地方,缺少强烈归属感。人的积极性来源于尊重,主人翁意识是员工责任感的基石,而参与才能产生主人翁意识,再加上基层工作较忙,项目上对员工的思想教育不够，人员的忠诚度很难培养。

考核机制不完善，造成员工工作积极性不高。人都有惰性，惰性会降低员工责任感。一些企业的考核及奖励制度不明确，没有标准，员工会产生惰性，造成团队整体工作质量下降。

2. 外部引进

现在，一般企业都有招聘制度，但缺乏系统性、连贯性。有些企业的招聘计划只是短期行为，没有从长远规划、思考，不能为企业系统引进和培养人才做好支持。在宣传方面，监理企业的宣传工作往往流于形式，没有从思想上引起重视，没有将企业的理念、战略、思想作为亮点向外部推广介绍。

三、应对人才短缺之策

解决人才窘境难题，从根本上可以总结为三点：所在企业有无升值空间，能不能实现抱负，能不能挣到钱。对员工而言，好的平台、好的规划、好的体系、好的制度、好的文化、好的待遇就是对企业最基础也是最直接的要求。引进人才并留住人才，是一个需要不断思考寻求答案的过程。

在人才招聘方面，要建立完善的人才招聘制度，使招聘工作有统一标准和具体流程。企业人力资源部门每年要提前梳理企业人员结构变化情况，制定长远招聘计划，并将人才职业规划考虑在内。对外宣传上，要注重企业发展战略、工作场所、文化氛围的介绍，突出监理工作性质和企业优势所在，以此吸纳人员加入。

在人才培养方面，要建立人才发展职业规划，注重平时培训，针对不同层次员工进行不同内容的培训。要明确岗位职责，明确岗位能力要求，让每一个员工熟知岗位职责，对照职责开展工作，知道自己努力的方向，帮助员工树立团队意识和责任意识，同时利用优秀员工的积极工作态度，树立标杆，对标对表，带领团队共同进步。

要建立科学合理的薪酬制度，建立正常的晋升制度，让员工在工作的同时看到上升空间，让优秀的人更加优秀。要建立激励机制，研究短期激励与长期激励相结合的方法，让有能力的人得到合理报酬。要加强企业对员工的人文关怀。因为工作性质，多数人员都随项目走动，在野外作业非常辛苦，也无法照顾家庭。如果企业能为员工提供更多的物质保障和精神鼓励，帮助解决家庭困难，就能有效增加员工的归属感，减少人才流失现象的发生。

"七化"助力高质量发展

湖南省交通建设监理有限公司　曾长根

湘祁二线级船闸开工以来，监理工作规范，工程建设质量安全控制有效，未发生一起质量与安全事故。质量、安全、环保、投资、进度控制效果明显，各项节点目标均已实现，工作开展顺利。

一、就地取材，自采自制自用，砂卵石等地材质量管控简单化

监理单位在株洲、大源渡项目施工监理过程中，针对下半年建筑施工高峰期砂卵石等地材量少、涨价、质量差等影响工程质量与进度的情况，建议项目业主在设计阶段与水利部门做好衔接，在招标时要求将航道疏浚开挖的疏浚料加工后用于混凝土工程。此举使得施工单位由对外购买砂卵石等地材变成就地取材、自采自制自用。质量管控由对外单位的不可控变成内部管理的可控，同时工程进度不受砂卵石等地材的影响，砂卵石等地材价格也比外购低，节约了工程建设成本。

二、生产集约化、检验集中化

在确定项目临建时，监理部提出了"生产集约化、检验集中化"的理念，要求项目部实现"四个集中"（混凝土集中拌和、钢筋集中加工、砂石料集中生产、构件集中预制）和"两室围绕"（监理试验室和施工单位试验室围绕在混凝土集中拌和、钢筋集中加工、砂石料集中生产、构件集中预制场周围）。此举不仅有利于生产集约化、检验集中化，方便了管理，也方便了业主征地与复垦。

三、施工组织设计审查现场化

施工组织设计是指导施工全过程中各项活动的技术、经济和组织的综合性文件，有着经济和管理的特性，需要监理单位在审查过程中转变图纸思维，改变办公室审查习惯，深入现场，综合考虑。如不宜完全把施工便道作为临时施工项目来对待，要考虑提升旅游交通、村民交通融合；如施工组织方案要以提高绿色建造水平，保护生态环境为目标。

湘祁二线级船闸设计有三个弃渣场，多条便道要维修加宽，并从村民屋前经过，加宽道路、运渣车辆经过时噪声、扬尘等均会产生不少矛盾，对以后的施工进度会有严重影响。监理部在审查施工组织设计时对此大有疑虑，经与业主、施工单位多次到齐人高的荒草丛及不见人影的灌木丛中勘测，提出合并弃渣场、在无居民的荒山重新开辟施工便道的方案，确保了工程进度，同时为业主节约了临时用地。

四、业主、监理、施工人员施工目标要同化

项目开工时，不仅监理人员素质参差不齐，施工、业主单位人员素质也高低不等，而整个项目管理要求高、土建施工与金属结构安装难度大等客观因素，使得实现高品质的精品工程不是一件容易的事情。在进场准备阶段就必须重视团队建设及人员培训工作，

确保业主、监理、施工人员施工目标同化。建设各方目标是一致的——所有的努力都是为了确保安全、高质量建设好项目。我们不要没有原则的"一团和气"，而要实现优势互补，实现1+1＞2的目标。

针对2020年初受疫情影响，熟练工人无法到岗导致质量波动的情况，监理部协同项目业主于4月份

组织开展以"全员全过程全方位参与,全力推进项目高质量发展"为主题的"质量提升月"活动,通过混凝土星级评定、作业班组技能比武、工艺标准化手册编制、农民工座谈会、专家讲座等"组合拳",深入推进质量通病专项治理,推动了项目高质量发展。

五、施工工艺创新化

作为监理人,既要当好业主的参谋,为施工单位提供建议和意见,又要发挥技术优势,提质增效保安全,更要鼓励和参与施工工艺创新。

监理部了解到混凝土振动搅拌技术在高速公路项目中运用较多,技术比较成熟,而全国水运项目一直沿用传统静力搅拌,便建议项目中采用一台振动搅拌机对比试用。通过对比试验发现:在相同配比、相同搅拌时间下,振动搅拌机生产的混凝土和易性较好,混凝土强度增长快,28 d 龄期混凝土强度较普通搅拌机生产的混凝土显著提升,在混凝土配比不变的情况下,平均提升混凝土强度 8% 左右。在保证混凝土设计强度的情况下,每立方混凝土节约水泥 3%。

六、全面贯彻施工标准化、精细化

监理部从第一道工序就开始抓质量,要求项目部上报首件工程精细化施工方案,并全过程监督施工。监理部先后开展了闸室中底板、边底板、输水廊道前墙等首件施工,邀请业主、设计、施工单位共同参加,重要的预埋件要求安装单位参加验收,事后进行现场实测与外观检查,开会讨论,确定最适合的施工工艺,形成样板工程,总结经验,形成书面材料存档,以引导后续同类工程的标准化施工,有效预防与纠正后续施工中可能产生的质量问题。在每一仓混凝土施工中,监理部都开展事前检查,拆模后现场实测与分析总结,再继续下一仓混凝土浇筑,形成循环递进提升的"N+"模式。

七、领导带班和夜间值班常态化

船闸工程施工,混凝土量大,一旦开仓,就要持续浇筑一天一夜或更长时间。监理部制定了夜间施工值班制度以及领导带班工作制度,无论白天还是黑夜,只要工地浇筑混凝土,就必须有监理在场。在寒冷的冬天,我们的监理人员披着大衣,握着手电筒,一上岗就是一个通宵,及时了解、记录施工情况,拍摄影像资料,保证施工质量。冷得受不了了,就原地跳几下取暖。炎热的夏天,在灯光照耀下蚊虫特别多,监理人员也要备受煎熬盯守现场,及时记录施工情况。

湘祁二线船闸监理部通过以上几项举措,做好了项目事前、事中、事后的质量与安全管控,真正成为质量安全的守护者,做到了"让公司放心,让业主满意"。

促进监理企业可持续性发展的相关探讨

湖南省交通建设工程监理有限公司　夏明海

21世纪以来，我国在高速公路、特大桥隧、水运建设等方面有了日新月异的变化，建造了诸如南水北调、三峡、港珠澳大桥、终南山公路隧道等世界一流的大型超高难度工程。自1988年推行监理制度，30多年来，我国监理行业随着国家基础建设的发展，也取得了举世瞩目的成绩。据不完全统计，全国交通运输行业公路监理企业逾千家。从湖南省情况来看，目前甲级企业17家、乙丙级企业17家。就数量而言，在全国处于中上游水平。总体来说，监理行业已成为加速我国交通建设事业发展和促进社会稳定的重要力量。

但随着监理企业数量的增多，国家对交通建设监理管理要求越来越严格和规范，而公路建设的投资规模和数量又日趋饱和，监理行业当前面临着深化改革和生存发展的历史挑战，监理企业面临的压力和竞争是空前的，加之部分企业之间的恶性竞争，导致出现监理收费偏低和监理招标过程中行为不规范等问题，如低于成本价竞争，出借监理资质，少数人员履职不到位引发监理服务质量与业主需求之间的矛盾，相关"责权利"不对等问题，使监理企业的可持续发展受到了严重的威胁，影响了行业信誉和健康发展，也影响了工程质量、安全和投资效益。同时，专业配置不合理，监理技术人员流动频繁，工程服务的知识特性体现不出来，监理企业社会、经济效益下降，阻碍了监理行业进一步的发展，影响了监理行业的社会地位。寻求监理企业的可持续发展，是当前监理行业需要深入探讨的问题。

一、行业分析

(一) 不利于监理发展的趋势循环

由于当前监理企业数量众多，大多数监理企业资质一般相对较低，从事监理工作的范围有所限制，为了生存与发展，在投标时进行恶性竞争，大打价格战，致使个别工程的监理收费标准大幅降低。这种以低价让利为特征的价格战仍是当前监理企业普遍运用的手段。部分企业为了承揽工程，低价中标，中标后为了追求利润又只好降低服务质量，这种做法破坏了监理的形象，损害了业主的利益，但最终受损的还是监理企业自身。结果就走入了这样一个恶性循环的怪圈之中：监理收费低→监理效益差→高素质水平的人员流失→竞相压价→监理收费更低。

湖南也是陷入这个循环当中的省份。主要特点可以概括为"一小二少三老四高五低六缺"。"小"就是公司规模普遍较小；"少"就是有证人员数量少；"老"就是人员结构年龄老；"高"就是项目监理人员配备要求过高；"低"就是监理费低；"缺"就是缺人，长期招不到合适的专业人才。这种情况在全国也有一定的普遍性，在这里就不再赘述。

(二) 监理的责任与压力俱增

近年来，国家在监理工作方面相继出台了一系列法律法规，在质量、安全方面赋予了监理较大的责任，对监理企业的工作要求越来越高，监理的责任也越来越大。随着交通系统管理向宏观管理的转变，相关职权进一步下放，部分工作职能和责任已逐步转移到监理协会和监理企业身上。同时，交通运输部及各省交通运输厅又陆续出台了一些针对监理企业及监理从业者的规范性管理文件，如《公路水运工程监理信用评价办法》《公路水运工程监理工程师登记管理办法》及所有监理企业必须重新进行从业登记等一系列管理办法，这些办法及规范的出台对企业和个人的相应要求更为严格。

(三）监理招标不完全公平

监理是一种专业服务，业主对监理工程师的信赖和支持是双方良好合作的基础，这种信赖和支持需要经过一定时间的合作才能取得，因此，国际上的监理服务往往通过委托的方式获得。和国外工程建设的过程相比，国内招标过程相对短暂，业主和监理的信赖关系很难在招标过程中建立。就国内的情况来说，目前已有部分省份对招、投标文件实行了电子化备案，并实行了网上投标，但还是存在形式上的不公平和招标行为不规范、暗箱操作和虚假招投标现象。个别业主内定中标企业，不优先考察监理单位的资质、人员的素质，而是以最低的监理收费标准为选择的标准，实际评标时过分强调商务标，工程规模、施工周期、监理人员素质和配置数量与监理费用不协调。同时，对于中标人来说，也需要相当一段时间的运作，才能建立和业主的信赖关系。

（四）"放、管、服"存在落差

传统建设项目中的业主习惯于管得很细，许多业主只委托监理单位进行施工阶段监理，且只负责施工阶段的质量控制，而不愿或很少把投资和进度管理交给监理。在监理制度的"质量、投资、进度"控制中，实际工作仅停留在质量控制上，而投资、进度的控制绝大多数只是一种形式，很多还停留在由项目业主说了算的阶段，没有体现出监理的公正性。部分业主对监理价值的认知也有欠缺。由于是委托关系，部分业主将自己与监理的合同关系等同于上下级关系，觉得监理应该完全听从业主管理、调遣，监理无法独立开展工作，形成"责任无限大，权利无限小""严重不对等"局面。同时由于对监理单位的授权不充分，恶意压价，"放管服"还不彻底，制订的相关行业技术标准、条例、服务标准、办法落实有欠缺，管理水平等方面基础差，地方保护、条线分割等原因，导致业务范围狭隘和利润更低，影响行业健康发展。

（五）存在的突出现象

目前的建设项目大部分都没有进行全过程的咨询监理，而只是局限在项目的施工阶段监理。监理人员接受施工监理委托后，工程马上开工，造成监理人员缺乏对一些影响因素的预见性。同时，现阶段监理市场环境还存在诚信体系不够完善、技术标准基础薄弱、基础设施建设项目投资主体日益多元化、PPP模式造成"项目公司大业主"和"施工项目部小业主"的现象，法治建设有待加强等情况，影响监理企业的发展。

以上情况必然导致监理企业资本积累过慢，影响企业和行业的发展。当前建设工程监理事业如何面对和保持可持续发展，是每一个监理企业应该思考的重要问题。

二、企业存在的问题

（一）忽视企业文化和品牌建设

企业文化和品牌建设影响企业长远发展，决定企业成败兴衰，共同为企业的战略目标服务，都是塑造企业影响力、控制力、领导地位的有力武器。同时，两者的建设都是缓慢和持久的。企业文化和品牌建设是监理企业的灵魂，关系到企业的生存和发展，是核心竞争力的重要体现。而较多监理企业急功近利，不重视这两方面的建设，没有形成一套具有自身特色的工作管理体系，不注重监理工作满意度的提高，导致在市场竞争中处于劣势。

（二）忽视科技创新与管理创新

缺乏强有力的科技支撑，企业做大做强后劲不足。目前，全过程咨询监理和智慧监理平台建设等一系列科技管理创新技术的运用还未普及，大多数监理企业还停留在施工监理的技术应用阶段，缺乏先进的管理理念和软硬技术条件。监理企业普遍缺乏专家型的核心团队，现场监理人员能力有限，只是被动执行规范进行检查，较少有能力向业主提出带有全局性、策略性、方案性的合理化建议和优化思路。企业往往在技术特性方面合理化建议不多,检测设备更新不积极,能省就省,用人海战术进行低成本运作。企业的依附性相对较大。监理费用通常采用单一化固定费率取费方式,缺少绩效收入,导致监理单位的监督管理观点对业主存在较大的依附性,监理企业核心竞争力不高、服务趋于雷同,直接影响到以智力密集型服务为特点的监理企业的可持续发展。

(三) 从业人员素质较低

培养具有一定协调能力、懂管理的全面人才,还需要进一步研究和实践。培训教材不适应当前监理培训的需要,不能真正反映当前先进的工程管理理论和实践成果,监理工程师的培养模式尚未摸索到适当的方式,同时,注册监理工程师少,监理人员专业也相对单一。我国工程监理人员的专业背景大多是土木、水利工程等,工程经济、造价、合同管理、法律、项目管理方面的人才匮乏。另外,监理人员素质相对较低、年龄偏高、数量偏少,注册监理工程师在整个监理从业人员中大约只占1/4。作为业主和施工单位之间的"桥梁",一些监理人员的协调、沟通能力有待提升,对事件的反应能力较差,服务意识不强,劳动效率不高。高层次、高素质的监理人员不多,直接制约了监理行业服务水平的提高,影响了监理工作质量和监理行业的发展。此外,高水平的总监队伍也相对缺乏。其一是总监的数量满足不了目前监理覆盖面的要求,总监在实际监理工作中到位情况不理想;其二是总监的总体业务水平不高,在工作中的核心地位无法体现。总监队伍的质量和数量制约了总监负责制的全面推行,成了制约监理水平提高的瓶颈。

(四) 监理队伍不稳定

由于监理费低,公司拿到工程后,首先考虑的就是控制成本,而最主要的手段就是减少人工费用。如此,就很难保证监理人员的到位率,而高素质监理人员的到位率就更低。实际到位的人员多为无证上岗,或者缺少从业经验的人员,致使监理职能不到位,高素质人才不多,服务质量降低。以湖南为例:按目前市场行情测算,监理人员每人每年综合单价为26.2万元,而近3年省内高速公路项目监理费每人每年综合单价远低于测算标准。每人每年综合单价中人工成本所占比例达到58.3%,而其他费用无法压缩,只能压低人员待遇。另从纵横向比较,与相类似行业——设计、勘察、施工单位的待遇相比,监理都处于行业末端,如:当前,一名试验检测工程师在交通监理单位的月工资在7 000~9 000元之间,但其跳槽到施工单位从事相同工作,则工资会涨到1.6~1.8万元之间。如此,使有实力的人看不到行业的前景。长此以往,会形成恶性循环,影响交通监理企业长期发展,无法形成企业人才梯队。

另外,由于责任加大,收入水平没有提高,也导致了监理队伍的不稳定。有不少监理人员在监理岗位工作一段时间,再也不愿从事监理行业,而改去担当项目管理、业主代表等其他角色。原因如下:一方面,国家设定了监理工程师较高的门槛,根据规范规定,担任专监以上的岗位需获得注册监理工程师证书,一个大学生需努力10年才能获此行业资格,4年通过中级职称,再有3年实践才能参加考试。而注册建筑师、结构工程师、造价工程师仅需5年时间。另一方面,在成为专监之后,监理工程师又向收入较高的地区和行业流动,如房地产开发公司、施工单位及沿海收益更高的地区或其他相关行业。

同时,制约机制未能充分发挥作用。还没有完全建立起良好的行业约束机制,监理人员的责权难以充分落实,相当一部分人员的流动性比较大。

三、监理企业的发展建议

针对当前监理市场的特点,监理企业在对自身的战略能力做一个全面的评估和明确的定位以后,需要建立正确有效的企业战略,并以发展的眼光对待制定的企业战略。

(一) 市场定位和开拓

企业的人、财、物有限,应该整合监理技术力量,优先做好某个地区的监理项目,以优质的监理服务得到业主的认可,谋求该区域的更多项目。而项目是监理企业的效益之源、人才之基、信誉之本。因此,要着力开拓市场,以项目为抓手,以发展为主题,首要解决三个问题,即项目的来源、投向和落地。

项目来源:可以发动企业各级员工及各方资源提供项目信息,充分利用资源共享平台,由经营部门牵头,建立项目管理、跟踪库,加强现代信息技术的运用,建立灵敏、准确的市场信息系统,掌握市场动态。

项目投向:一是在招标项目信息的跟踪与筛选上要保投入、有重点、讲策略,具体问题具体分析,有的放矢地开展投标工作,依托在监项目拓展市场;二是认真分析国家宏观调控政策,尤其是国家产业政策,对每一个项目的投标进行可行性分析、论证,做好风险评估,从风险预防、识别、评估、控制入手。

项目落地:做好资金保障、监理人员的保障和管理制度的保障,加大项目监管力度,在制度上完善,在形式上常态。

(二) 团队建设及人才管理

企业的最大核心竞争力来源于人才,监理企业要保持可持续发展、提升核心竞争力,其重要手段就是要引进人才和培养人才,特别是专家型管理团队的培养。目前监理企业人才结构偏重于施工现场管理人才多,复合型人才少,德才兼备的总监人才和监理骨干甚缺,应引进一些懂法、懂经济合同、懂管理、会协调的复合型优秀监理人才,特别是总监。要建立人才库,获得企业想要的人才,一是从市场上获取,平时注重人才的储备;二是充分发掘公司现有的人才资源,合理配置和培养本土人才;三是不断充实后备人才队伍,根据公司实际所需要的人才,经常与相关高校、人才网站、猎头公司等对接,通过严格的程序和锻炼培养,使公司形成具有阶梯性、不同层次、完备的人才有机整体。同时,建立长期的人才培养规划,并完善实践训练。针对不同层次的人制定相应的培训计划,系统地开展监理人员的培训工作,建立和完善多渠道、多层次、多形式、多目标的人才培养体系。公司每年在施工淡季要对职工进行集中培训,要求监理人员应该熟悉国家、地方和行业工程建设方面的法律、法规,特别要熟悉《公路工程施工监理规范》(JTJ G10—2016),如湖南的工作人员还要熟悉湖南省地方标准《公路工程监理规范》(DB43/T 1206—2016),懂得监理工作程序,并以此为主要内容,进行闭卷考试。实行"传、帮、带",指导新进人员熟练掌握监理工作手段,做到心中有数并能灵活运用。此外,还要多渠道地创造条件鼓励员工晋升职称,报考监理工程师或监理员。

(三) 项目管理

项目管理是监理企业的主营业务,需要做好以下几个方面。

一是加强技术管理和现场管理。这两方面的管理作为重中之重,简而言之就是"5、5、4、2、1",即五要素:人员、机械、材料、方法、环境;五控制:质量、安全、投资、进度、环保控制;四措施:经济、合同、组织、技术措施;两管理:合同、信息管理;一协调:沟通协调。要注重风险管理,实行监理责任落实制度,适当转移责任风险。

二是建立一套完整的适合公司实情的管理制度。要用制度管人管事,牢固树立"现场就是市场"的理念,通过管理来树信誉、创品牌、拓市场、提效益。同时建立、健全各级责任制,将总监理工程师负责制落实到位,认真解决监理工作不到位、监理责任不落实的问题。落实项目总监、专监和监理人员岗位责任制度,以及相应的考核与奖罚制度。具体有以下几点:

(1) 重视工作方法:监理工作方法是理论和实践相结合的产物,监理企业要想可持续发展,一定要通过独特的监理方法向业主提供优质的监理服务。(2) 过程讲程序:凡事有程序,不流于形式。工作中坚持"凡事有人负责,凡事有据可查,凡事有法可依,凡事有人监督"的原则。对施工过程要坚持按程序、按设计、按规范从严要求,在"进度、质量、投资、安全、环境控制"上为业主把好关,面对施工单位的管理水平、人员素质和技术能力的差异,监理应从实践出发进行监、帮结合,不仅要及时发现问题,还要及时解决问题,通过监理的帮助把不合格工程变成合格工程。

(四) 质量管理

通过全过程、全方位的质量控制,尤其是尽可能地做到主动控制、事前控制,充分整合各项资源,切实构建好"施工单位自控、监理单位复检、服务机构外检、行业监督单位抽查"四级质量监控体系。工作上通过推行标准化管理提升企业的质量水准,认真开展贯标活动,积极实行 ISO 9000 质量管理体系贯标认证工作。

（五）内部建设

一是敢于创新，加强智慧监理平台建设和信息化管理。公司在发展中，要与时俱进，进行科技创新、管理创新、理念创新等一系列创新，不断实现各方面的创新发展，使企业的发展更好地适应市场发展潮流。企业可以将互联网、人工智能、物联网等新一代信息技术深度融合应用于监理行业，改造、升级监理项目管理方式和企业内部管理，使数据互联共享，实现监督、管理、技术与工艺的信息化、数字化、智能化。依托可视化的视频监控系统，加强对项目的远程支持，提高现场管理能力，通过改变传统的监管模式，实现监管模式的创新，弥补现场管理力量的不平衡，加强总部对各项目的支持和管理。建立和完善企业的智能和信息管理信息系统，积极利用好信息资源平台，更好地维护监理公司的发展。

二是树立企业诚信管理理念。以诚信为本，加强企业信用评价管理。对外实事求是地从各方面宣传企业，树立企业良好的形象，以此提升企业的知名度和诚信度。对内严格实行公司自己的诚信信用库，形成公司和员工的诚信记录，包括信誉、业绩、能力评估和薪酬等方面的相关登记。

三是加强企业资质证书和营业执照的管理。要避免监理市场的恶性竞争，企业要从自身做起，杜绝其他监理企业或个人借用资质，临时凑人承接监理项目等不正当请求。以这种形式承接的监理项目普遍存在监理过程中以个人利益为主，规范化的监理工作无从谈起等现象，极大地损害监理行业的声誉。监理公司在发展中可以利用各方面的优势，采取积极的应对措施，不断完善监理公司的发展体制，提升公司的市场发展地位。

四、其他建议

（一）业主方的规范管理

监理工作能否顺利地进行，关键在于是否有一个素质良好的业主。政府部门应该加强执法检查和监督管理力度，并有必要通过相关制度、条款来约束业主的不规范行为。

（二）监理收费应合理

制定合理的监理收费标准，制止不正当竞争。建设行政主管部门应制定出与实际情况相符的监理收费标准，通过改变监理收费偏低的状况，使监理企业增加在工程项目上人力和设备的资金投入，从而提高监理的工作质量和工作效果。

（三）规范监理市场

针对当前监理企业众多的情况，有关部门应严把资格、资质审查关，建立有效的退出机制，确保将不符合要求的监理企业和监理人员清除出市场。针对监理市场准入还存在多头管理、多头审批，而监理企业和个人为了生存和发展，不得不接受多头申报、多头管理的问题，为了实现监理市场的健康发展，必须规范市场监管。另外，针对监理招投标工作的不规范行为，有关部门要加强对招标代理机构的管理，规范监理工程招投标工作，以信用评价作为充分必要条件，以此来净化招投标市场环境，避免监理企业在招投标过程中"围标""串标"，避免合同履约率的尴尬数据。同时，依据相关法律法规完善并加大对监理企业的违规处罚力度，严格查处违法挂靠的行为。

（四）切实加强监理行业协会的作用

监理协会一方面要为各级部门当好参谋，另一方面要为监理企业做好服务工作。对于个别监理企业恶性降低监理费用、搞不正当竞争的行为，要进行有效劝诫并建立诚信档案，加强对企业和人员的诚信管理。

在推行多元化发展战略的今天，监理企业只有适应当前形势，更新观念、勇于创新，才能实现更好、更快发展，才能助推监理行业的持续、稳定、健康发展，才能促进企业规模做大、实力做强、业务做精。

监理企业数字化转型困境与选择

西安方舟工程咨询有限责任公司　施　超

交通建设监理企业数字化转型的目的是提高企业运行效率，实现监理行业高质量发展。监理企业通过数字化转型，打通涵盖项目投标、生产规划、生产组织、生产实施、咨询服务和缺陷责任期服务在内的整个项目生命周期的数据流，实现设备资产和监理人员的有效管理和生产组织体系的优化，从而提升监理服务质量、降低项目生产成本、增强企业综合竞争力，实现提质降本增效。笔者结合交通建设监理企业数字化转型工作经验，简要分析目前交通建设监理企业数字化转型面临的困难和数字化转型的实现路径。

一、数字化转型存在的困难

1. 信息共享受阻，形成"双孤岛"效应

当前，工程各方均认识到信息化和数字化带来的优势，投资人、业主、设计、施工、监理、质监机构等各方均上线了相应的信息化管理系统，数据有了，但是受限于互联共享，逐步形成"双孤岛"效应。一是各企业内部自身运用的信息系统较多，各个系统之间并不能进行信息的共享，形成企业内部的"数据孤岛"现象。二是由于各单位软件不一致、数据接口不互通等原因，存在着各参建单位彼此间信息不能互通的"信息孤岛"现象。

"双孤岛"效应导致交通建设产业链上中下游的参建各方和政府监管部门无法交互汇总在设计、施工和监理等环节中产生的数据，造成信息传递缓慢和资源错配，不能协同一致行动形成合力，不能在工程建设过程中发挥信息化管理的优势，不利于开展高质量监理工作，特别是在风险识别、安全监管等方面存在严重滞后性。

2. 资金不足导致数字化转型步履艰难

当前，监理企业普遍存在收费低、收入低的情况，监理企业的整体利润水平较低，资金不足是制约监理企业数字化转型的焦点和难点。在数字化转型实践中，不管是采购服务还是自主开发，或者定制开发，都需要投入大量的经费，购买产品或服务起步都是数十万元，外包开发的整体投入也都是数十万至百万元，而监理企业本身利润率较低，很难将大量资金投入数字化建设中。

3. 监理行业数字化整体发展水平较低

从部分监理企业已经应用的数字化系统来看，存在应用范围窄、参与环节少、适用项目不多等情况，数字化应用层次不齐，行业整体水平较低。

据了解，目前少部分对信息化工作较重视的监理企业正在积极探索和实践数字化转型工作，且已经初步建立起统一的数字化框架，并打通人力资源、全面预算、项目管理、资产管理、法务管理、合同管理等子系统的数据壁垒，实现了统一工作入口、数据分级汇总、业务分级管理、报表集中展现、流程集中处理、体系一建设的信息化系统，初步实现了现代数字技术与企业管理相结合。

而大部分的监理企业数字化应用还处于比较初级的阶段。多是结合企业发展需求仅上线了如财务管理、OA协同办公等信息系统，上线的系统也未进行SSO单点登录或者数据打通，"数据孤岛"效应明显；在业务安全上也存在"裸奔"情况，未采用硬件防火墙、云防或VPN、SD－WAN等技术提升业务安全性。

4. 高层管理人员认识不足

监理企业的高层管理人员对数字化转型的理解不深入，对数字化的认知还停留在电子化、信息化层面，没有感受到转型的必要性和迫切性，认为转型只是对IT系统或者某个信息化系统进行一个升级。实际上数字化转型不是依靠一个IT系统就能完成,需要转型推动者的领导,自上向下逐步推进,逐步由电子化、信息化向数字化、智慧化升级。

二、数字化转型的实现途径

1. 评估企业当前数字化发展所处阶段

从历史及发展趋势上看,监理企业数字化进程大概可以分为以下几个阶段:

第一阶段:操作电子化。将纸质资料转为电子资料,以提高劳动生产率的过程。

第二阶段:流程信息化。以互联网、局域网等IT技术为载体固化业务流程实现规范审批。如OA系统、钉钉审批等在企业内部的应用。

第三阶段:管理数字化。应用IT技术整合企业人、财、物等资源要素信息,将数字技术、工程技术和管理技术深度融合,实现数字感知精准、分析处理高效、智能应用普遍的新型数字化企业。主要表现为运用WebService等IT技术,将多个业务系统进行数据打通,实现数据交换以及各业务子系统间、外部业务系统之间的信息共享和集成。

第四阶段:决策智慧化。在企业已有知识的基础上,能够智能创造、挖掘新知识,用于企业业务决策、企业日常管理等,形成自组织、自学习、自进化的企业管理体制。该阶段中,大数据分析、人工智能、专家系统的先进的思想将应用在企业管理领域。

2. 根据企业所处阶段,结合实际制定发展规划

第一,企业的管理者和规划的制定者必须认识到信息化建设和数字化转型可以快速提高企业管理水平、降低企业管理成本、提升企业竞争力,是比较优秀的管理手段和管理工具,但制定规划不能脱离企业实际,也不能期望可以一劳永逸解决企业发展的所有问题。

第二,监理企业数字化转型的规划必须与发展做好两个结合:一是与企业管理水平相结合,二是与企业业务实际相结合。管理水平较弱就不要指望一步到位,比如有的监理企业仅有一个财务管理软件,就想要大跨步直接开展业务财务一体化,肯定阻力重重难以推进,实施过程中的风险和困难大于收益。还有很多监理企业业务多元化,涉及试验检测、招投标、勘察设计等业务,那么在系统规划时就必须要考虑兼容性。

第三,目标要明确可行。目标可以分成长期和短期两个层级。长期可以看作战略目标,可以定得大一点,时间也可以长一点,五年、十年都可以,战略目标的目的是指明方向,少走弯路。如西安方舟工程咨询有限责任公司的数字化转型总目标就是通过数字化系统的建设,实现全公司上下一体,全面提升企业整体管控能力、数据管理执行能力、数据分析能力、公司核心竞争力、抵抗风险的能力。做到"管理制度化,制度流程化,流程一体化,业务协同化,数据会说话"。短期目标可以看作战术目标,要定得细致,可操作性强,先上什么系统、后上什么系统都要有计划。所以规划者和决策者一定要了解企业经营和管理情况,业务系统最终收效甚微,甚至失败,一般都是拟定规划时脱离企业发展实际所致。

3. 结合业务实际,总体规划、分步实施、循序渐进

围绕监理主责主业建立信息化系统,进而逐步扩展升级向数字化方向发展,这是比较理想的状态。

一是从上至下,形成共识。数字化建设是一项系统工程,涉及企业的所有部门、所有人员,不但需要顶层规划、顶层设计,还需要企业管理层大力支持、强力推动,同时还必须提升基层员工的参与感,让大家对转型有更多的期待,才能推进数字化转型不断深入。

二是先易后难,循序渐进。不管是某一子系统的业务模块,还是子系统本身,都应先易后难。比如,先上线基础较好且对规范管理效果立竿见影的财务系统、人力资源系统等,影响面小好实施。而子系统中的模块上线也是同理,监理业务系统中简报、月报等简单易行的先上线,涉及风险隐患排查整治的、KPI考核的则待时机成熟再逐步推进。

三是把握核心,关注重点。无论数据还是技术,都要服务于业务,业务又要紧紧围绕客户价值,监理最终的落脚点是为客户(业主)提供高价值的咨询服务,这是数字化转型的核心所在。

4. 结合企业实力，进行转型产品选型

当前主要有三种方式，分别是采购成品、自主研发和外包定制，笔者把这三种方式从企业最关心的开发费用、开发效率、功能及迭代、运营成本四个方面做了简要对比（见表1）。

表1 常见的三种信息化系统

类型	开发费用	开发效率	功能及迭代	运营成本
采购成品	初上线费用较低，但跨版本升级和个性化需求会产生费用	开箱即用，效率高	成品软件，功能已考虑大多数应用场景	无须开发团队，一般都有付费售后支持
自主研发	费用要求多，对后续资金要求非常高	全部代码从底层架构开始开发，开发效率非常低	自己组建团队，完全按需研发	企业配置相应的运维团队，专业素质要求高
外包定制	费用要求较多，对后续资金要求高	不需从底层架构进行开发，但大部分代码需重写，开发效率低	初版完全按需研发，但外包项目团队解散后，后续功能迭代非常麻烦	外包运维费用较高，若企业自行运维则需组建相应运维团队

通过行业应用来看，监理企业一般购买成品软件再辅以适当的二次开发（需求定制）是目前最常见、应用最广泛的方案。因为这种方案兼顾了企业的成本和个性化需求，能够帮助企业快速上线自己的业务系统，但这种方式的缺点是二次开发以后会影响厂商的原标准产品服务，如原厂商进行了功能升级，二次开发产品涉及代码问题，会影响标准产品升级。

近两年，各大第三方软件厂商都在大力研发并推出"低代码"平台，对 IT 新人非常友好，多采用所见即所得布局，开发简单且大多提供托管服务，不仅降低了软件开发、运维的成本，提升了沟通和实施效率，也降低了企业布局数字化的难度，不失为监理企业数字化转型入门的一个好选择。

5. 把握细节，加大投入，保障数字化转型顺利落地

数字化转型涉及企业管理的方方面面，一旦投入运行轻易不能停，这就需要规划者提早谋划、把握细节。

服务端是采用本地化部署还是采用公有云部署，两者在数据安全、成本、快速扩容方面各有优劣；用户终端方面，PC 端需要考虑各大浏览器兼容性，移动端的 App 和小程序不仅需要考虑员工的手机适配性，涉及隧道及偏远地区的还需要考虑网络问题；软件架构方面，既要符合需求，还要考虑负载和可靠性，重点还要考虑与其他系统接口的兼容性，是否需要中间件和其他系统进行数据交换；业务安全方面，是否考虑了异地备份，是否考虑软件防火墙和硬件防火墙及堡垒机，是否需要上 4A 系统等。这些细节提早考虑到位，后期能少走弯路，也能降低运维成本。

企业数字化转型是一个系统性工程，也是一个长期的过程，不是完成几个系统建设项目就可以轻而易举地达到想要的目标。在此期间，不仅要实现现有相关监理设备和装备的升级换代，实现信息系统的持续优化，还要不断开拓创新思维、提高创新能力、完善创新机制，而这都需要有持续的人财物投入、持续的精力关注、持续的环境营造，需要明确数字化实施的投入保障、政策保障、安全保障、风险控制等，保障数字化的有效落地。

6. 加强数字化团队建设和人才培养

近年来，许多监理企业已经建立了信息化工作团队，或成立技术开发部、研发部等部门，或收购、成立专业的信息化公司。但也有不少监理企业尚未将信息化团队纳入组织架构的范围，即使有信息化工作，也是纳入如综合部、行政部、经营部等职能部门中，将其作为一项具体工作开展。数字化转型是一项系统工作，建议企业将自身的数字化工作建设上升到企业整体发展的层面考虑。

不管采取何种方式开展数字化转型工作，人才都是影响数字化转型成败的核心要素之一。再好的软件，没有好的实施人员，也难以落地，而自研或者外包则需要有丰富经验的项目经理及开发人员。目前，市场上相关开发和运维人员的薪酬明显高于监理专业技术人员，这就要求监理企业在引进、培养数字化人才时，必须跳出"监理企业只培养工程技术人才"的思维定式，加大数字化人才培养力度，不仅注重引进信息 IT 专业人才，也要考虑在项目团队中配置懂 IT 技术的"一岗多能"人才，同时加大项目工程技术员工的 IT 技术培训。

三、率先变革才能获得先机

数字化转型的本质是为了提质、降本、增效。当前交通建设监理行业的变革正不断加剧,企业发展面临诸多不确定性,行业的加速变革也催生了新需求、新业态,这对监理企业的整体服务能力和综合服务水平都提出了更高的要求,在新一轮的产业革新中,只有抓住技术红利和创新先机,率先变革,把数字技术作为提升全要素生产率的重要手段,发挥数字技术对主业竞争力提升的放大、叠加、倍增作用,才能在激烈的市场竞争中获得先机,实现企业高质量发展。

企业高质量发展的四项举措

四川公路工程咨询监理有限公司　卢夏琼

高质量发展是 2017 年中国共产党第十九次全国代表大会首次提出的新表述,表明我国经济由高速增长阶段转向高质量发展阶段,中国社会发展进入了新时代。

2018 年全国交通运输工作会议指出,新时代我国经济发展阶段的历史性变化,必将对交通运输产生重大而深远的影响,交通运输已由高速增长阶段转向高质量发展阶段。因此,在新时代里,企业必须与时俱进,转变思想,顺应时代发展,只有从追求量的增长到更加注重质的提升,企业发展才能走得更稳更远。

笔者认为,新时代背景下企业高质量发展可以采取四项举措。

一、加强党建、党风廉政和企业文化建设

坚定正确的政治方向是企业健康长效发展的根本保障。

一是拧紧思想建设"总开关"。解决问题推动工作的关键在思想,所以必须加强党的建设,把干部职工的思想认识统一到党的思想和要求上来,统一到干事创业上来。自觉以习近平新时代中国特色社会主义思想为指引,深入推进"两学一做""不忘初心、牢记使命"等学习教育常态化、制度化,认真开展党的主题教育活动,让党的思想、政策和方针入脑入心,不断增强党员"四个意识",坚定"四个自信",做到"两个维护",让党的思想、社会正能量成为企业的主基调、主旋律。

二是落实党建主体责任,坚持"一岗双责",党建和业务工作两手抓,两手都要硬,促进党建工作和中心工作的深度融合,树立"围绕发展抓党建,抓好党建促发展"的思想意识。充分发挥党支部的战斗堡垒作用和党员的先锋模范作用,让企业基层党组织运行规范有序、推动工作坚强有力。

三是加强廉政风险防范,结合工作实际以内部审计、廉政巡察等发现的问题为具体任务,深入生产一线,解读党纪党规、通报典型案例、通报审计发现的问题清单,持续开展党员干部、公职人员"赌博敛财"问题专项整治,层层传导压力,着力解决职工身边的"四风"和腐败问题。

四是积极培育和践行社会主义核心价值观,加强企业文化建设,用文化凝聚发展合力。积极开展青年突击队活动、读书活动、歌咏比赛等多种形式的主题党日活动以及职工拔河比赛、篮球赛、女职工三八妇女节活动等群团活动,弘扬和发展社会主义核心价值体系,树立有正确价值观和共同信念的企业文化,团结和引领干部职工积极向上、主动作为,推动企业高质量发展。

二、筑牢高质量发展人才基础

高质量发展的推动,根本在人。企业必须高度重视人才队伍建设,要鼓励职工加强业务学习,钻研专业技术,考取职业资格证,并从制度上进行保障和激励。

人才是企业高质量发展的基础,按照"专业化、高素质"的总体要求,实现人才结构更加合理、注册人员更加充实、支持生产经营工作更加到位的人才核心竞争力目标。

一是多渠道引进人才。录用公司需求专业的优秀高校毕业生,引进同行业大单位的优秀专业技术人才,每年从公司外聘人员中择优转正优秀骨干人员。

二是强化人才培训提升。通过入职培训和参加内、外部培训,帮助员工更快地融入企业,提升专业技术知识和能力,每年组织开展公司内部技术培训至少 4 次,积极与同行业先进单位进行学术技术交流。

三是完善人才发展机制。完善激励政策措施,通过绩效目标管理传导压力,鼓励广大职工加强学习,

自我加压,积极考取执业资格证书;建立向高、精专业人才倾斜的政策导向,从薪酬待遇、个人发展等方面进行激励。

四是优化人才结构。加强企业人员的统筹管理和调配使用,建立相应的人才资源库;积极组织符合条件的员工申报交通工程中、高级职称,鼓励申报第二职称和参加公司需要的各类执业(职业)资格考试和专业学历深造。

五是加强对年轻干部的发掘和培养,建立后备干部梯队,完善选人用人机制,从品行好、能力强的核心骨干人才中选拔干部。

三、不断提升科研技术水平

质量技术的把控和科研水平的高低,是企业高质量发展的重要因素。

一是要充分发挥专业技术人才和专家的作用,加强对项目现场指导和质量技术把关,保障各项目高质量建设,为企业高质量发展奠定基础。

二是积极组织召开技术质量交流研讨会,主动思考总结,撰写技术论文,积极参加各级学术探讨交流活动。

三是加大对软硬件设施的投入,配置各类专业软件,新建试验检测试验室,引入专业试验检测设备,进一步提升企业自主生产能力。通过加强技术支持、科研激励和软硬件投入,为推进企业高质量发展点燃希望之火。

四、推进企业高质量纵深发展

改革和创新是企业高质量发展的永恒动力。

一是按照国有企业改革要求,健全企业法人治理结构,完善董事会、监事和经理层职责,建立权责明确、相互制衡的关系,完善股东、董事会、监事、经理层的设立。通过改革,逐步建立现代企业管理制度,为企业快速、高效发展扫除体制机制障碍。

二是深化对生产部门的考核机制,切实提高生产管理水平。以"项目质量年"为主题,重点完善对生产部门的考核,制定方案并严格落实执行,签订考核目标责任书,明确质量安全管理、成本控制、利润指标等各项考核指标,督促生产项目强化对工程品质的管理。

三是公开透明,民主当家,完善职工代表大会民主议事制度,充分发挥群众职工智慧,群策群力共谋企业高质量发展。

四是持续完善制度建设,研究拟制企业中长期发展规划。通过增强内控管理和制度保障,实现提质增效目标,并加强以"三标"体系为核心的制度文件的执行力度,推动管理的制度化、科学化,促进企业高质量发展。

在企业高质量发展前进的路上,虽然存在困难和阻力,但是党和国家一系列的发展战略、重大政策表明:我国发展劲头强劲,各项基础建设仍然是大有可为的黄金时期,我们要把思想和行动统一到中央重大判断和科学决策上来,抓住历史机遇,勇担历史使命,变压力为动力,化挑战为机遇,紧紧围绕交通强国战略部署,真正抓住和用好交通建设高质量发展的重要战略机遇期,全力以赴推进企业高质量发展。

国有企业"互联网＋党建"模式的应用分析

黑龙江省公路工程监理咨询有限公司
徐向洋　刘一帆

信息化时代,通过"互联网＋党建"的模式更好地发挥党组织的政治核心和战斗堡垒作用,是当前国有企业党组织所面对的重要课题。目前,我国学者对"互联网＋党建"模式的研究主要集中于发展历程、现状与技术应用层面,对结合国有企业工作实际的研究成果较少,因而,探讨"互联网＋党建"模式在国有企业的实践路径和功效作用具有一定的现实意义与应用价值。

一、新时期国有企业党建工作的现实困境与原因分析

1. 现实困境

新时期国有企业党建工作在一定程度上存在的问题与挑战主要包括四个方面:一是党的领导弱化、淡化、虚化、边缘化,管党治党不严;二是党的纪律松弛,"两个责任"履行不到位;三是选人用人存在不正之风;四是"四风"问题屡禁不止。

2. 原因分析

国有企业的党建工作之所以在新时期面临现实困境,原因包括客观和主观两个层面。

(1) 客观原因

客观原因在于国有企业追求经济效益的经营目标,与其政治使命共存于企业之内,因此传统国有企业党建工作在适应现代企业制度的过程中不可避免地需要融合与调整。

(2) 主观原因

主观原因有三个方面:一是组织建设方面,党管干部的传统与市场化的选人用人机制尚未有效地衔接;二是队伍建设方面,有些党务工作者的党建意识薄弱、组织观念淡薄,党员队伍的素质与能力不足;三是制度建设方面,党建机制体制创新滞后,缺乏灵活性。

二、国有企业应用"互联网＋党建"模式的实践路径

"互联网＋党建"模式应用于国有企业的实践路径可分为四个维度,即以"互联网＋教育"为主加强队伍建设、以"互联网＋宣传"为主加强活动建设、以"互联网＋服务"为主加强保障建设、以"互联网＋监督"为主加强党风廉政建设。

黑龙江省公路工程监理咨询有限公司隶属于黑龙江省交通投资集团有限公司,是后者权属二级企业,下设11个党支部,在"互联网＋党建"方面进行了多种尝试。

1. 以"互联网＋教育"为主加强队伍建设

黑龙江省公路工程监理咨询有限公司党委利用"瞩目"软件平台的多人远程即时视频会议功能,在新型冠状病毒肺炎疫情期间对各级党组织进行工作部署,并以线上交流的特殊形式,开展了线上组织生活、专题培训、研讨交流以及网络答题等活动,同各党支部的党员开展思想政治教育,在特殊时期提高了党员干部的思想认识,对各级党组织进行了集中统一协调,确保党员干部从思想上、认识上、行动上与党中央保持高度一致。

2. 以"互联网＋宣传"为主加强活动建设

黑龙江省公路工程监理咨询有限公司打造微信公众号"HHSACC"作为重点宣传平台,通过积极宣

传报道企业在科学谋划、经营管理、市场开拓、企业文化、党建工作等方面取得的成就,以及监理工作对工程建设、人民生活、经济发展的重要作用和意义,展现了监理人员的精神风貌,宣传了监理人员的先进事迹,提升了监理行业的社会认知度。尤其是在新冠肺炎疫情防控期间,微信公众号推出"防疫一线""疫情防控""党员心声""复工复产"等多个专题栏目,共发布了近50篇文章,全面宣传报道单位在疫情期间的防疫复工情况,送达人数超过1.5万人次,取得了良好的社会宣传效果。在移动互联时代以新媒体技术拓宽了受众渠道,提高了党员干部的归属感,使宣传思想文化阵地更加牢固,在构建企业文化的过程中提高了品牌传播力与影响力,同时兼顾做好新时代宣传思想文化建设工作。

3. 以"互联网+服务"为主加强保障建设

黑龙江省公路工程监理咨询有限公司针对因工程项目而成立的临时党支部、党小组,实行线上统一管理,通过线上缴纳党费、线上递交入党申请书与思想汇报、线上履行谈心谈话制度、线上办理组织关系转入转出等方式,强化了公司党委对各级党组织的政治领导功能。党委通过线上谈心谈话的方式,了解省外项目驻地建设中遇到的问题与困难,并积极解决,以"互联网+服务"的模式提高了党建工作的效率,有效改善了党的建设在企业被弱化、虚化、边缘化的问题。

4. 以"互联网+监督"为主加强党风廉政建设

黑龙江省公路工程监理咨询有限公司通过网络交流平台的网上公示、谏言征集、监督举报等功能,构建了"目标管理、过程监控、考核评价、台账汇总"一体化监督管理体系,促进业务工作高效化、透明化,不仅对企业人员任用与经费使用进行公开化、透明化管理,还结合线上线下双重监督,为遏制"四风"问题、从严管党治党提供便捷条件,极大地加强了企业党风廉政建设工作。

三、国有企业应用"互联网+党建"模式的积极意义

利用网络信息技术,推进"互联网+党建"的有机结合是国有企业顺应时代发展在新时期开展党建工作的大势所趋,国有企业应用"互联网+党建"模式的积极意义主要有以下三个方面:

1. 提升国有企业党建工作效率

国有企业开展党建工作时,在人员参与度上或多或少存在着时间、空间上的困难。媒体融合时代,信息具有碎片化、扁平化、即时化的特点,能够打破传统的分层分级的树状信息传递模式,实现信息即时传递和信息资源广泛共享,做到全员覆盖,从而节省了浪费在程序上的时间,也跨越了远程异地的空间距离。企业运用"互联网+党建"模式,能够以灵活的组织形式和严明的工作纪律,增强高效执行能力和统筹决策能力,促进基层党建工作效率的极大提升。

2. 提高国有企业党建工作质量

国有企业党组织需要起到政治核心和战斗堡垒的作用,党组织生活更是离不开党员的积极参与,因此丰富党建工作内容,拓宽群众基础,占领舆论阵地,是提高党建工作质量不可缺少的要素。"互联网+党建"的模式作为新兴技术手段下衍生的产物,在丰富内容的趣味性和增强党员的互动反馈方面起到积极作用,能够打通各级党组织和党员们的舆论场,实现国有企业党建工作质量的提高。

3. 创新国有企业党建工作形式

全面深化改革的背景下,国有企业在适应现代企业制度和市场化经营环境的过程中,存在着党建工作体制机制的创新滞后等问题,"互联网+党建"的模式为新时期国有企业党建工作在形式上的转型发展提供了新的契机,它建立了一种虚拟与实体相结合的创新形式,改变了党建工作形式化、样板化的弊端,在满足全员参与的基础上,为国有企业的发展注入了新的活力。

四、结语

从"实体阵地"走向"虚拟空间","互联网+党建"的模式以互联网思维开拓了党建的宣传渠道,以网络化、可视化的形态覆盖了更多的受众群体,更加突出了党的建设工作的政治引领功能和群众服务功能。

"互联网＋党建"的模式利用信息化、数据化、智能化的新兴技术手段，通过教育、宣传、服务和监督功能，加强了队伍建设、活动建设、保障建设和党风廉政建设，为有效解决国有企业党的建设弱化、淡化、虚化、边缘化问题提供了多重保障。国有企业在转型发展的改革路上，需要进一步坚持党的领导，充分应用"互联网＋党建"的创新模式，助推企业发展，实现党的建设工作与企业生产经营目标双丰收。

企业转型升级模式分析

江苏旭方工程咨询有限公司　周志言

2018年3月15日,住房和城乡建设部发布的《关于推进全过程工程咨询服务发展的指导意见(征求意见稿)》对发展"全过程工程咨询"做出了部署,国家的顶层设计和创新战略打破了过去政策规定的条块分割,为推动工程咨询行业提档升级,贴近市场需求,实现建设过程全信息收集、传递和控制带来了契机。与此同时,随着"互联网+"、大数据、建筑信息模型(BIM)技术的广泛应用,工程咨询的服务理念、方法、技术手段也开始悄然发生变化,这都要求工程咨询企业必须以先进的科学技术为支撑,顺应国家的顶层设计需求,逐步开展全过程工程咨询。因此有必要进一步理解"全过程咨询服务"理念,对工程项目管理需求以及监理行业发展现状进行分析,探讨适合工程项目管理需求的工程管理咨询服务模式,为工程监理企业转型升级提供可行的改革途径。

一、我国工程项目咨询服务需求现状分析

1. 工程项目咨询服务需求现状分析

工程项目的质量控制、成本控制、进度控制以及工程安全保证是工程建设的重要考量内容,降低成本、缩短工期一直是工程建设市场追求的目标,全过程工程咨询服务可以最优地实现此目标,因此,全过程工程咨询服务也是市场发展的必然趋势。

另外,监理企业的业务目前仅是施工阶段的工程监理,监理业务单一、监理市场竞争日益激烈导致市场行为不规范,监理费用逐步降低,部分项目业主的履约意识不强等原因导致监理行业成本高、利润低,这些促使监理企业必须开辟新的业务领域,增加服务范围。增强企业竞争力是企业生存发展的内在需求。

2. 工程监理行业发展现状分析

(1) 行业竞争模式单一

目前,我国监理行业的竞争不是服务质量的竞争,而是监理价格的竞争。但市场恶性竞争低价中标的现象普遍,这也导致监理单位因成本问题无法提供优质的监理服务,监理信誉下降,业主不信任监理,不情愿支付监理费,形成恶性循环。

(2) 监理业务单一

目前,我国公路工程监理大多局限于施工阶段的监理,只有少数监理单位涉足招标代理、造价咨询及项目管理,与公路工程建设项目周期相比,服务范围狭窄,业务单一,基本没有开展全过程咨询服务。

(3) 高资质、高能力人才不足

工程监理是一个智力密集、技术密集、服务密集的行业,对监理工程师的能力和知识储备要求较高,这与工作环境艰苦、工资待遇不高不成正向关系,很难吸引优秀人才在工程监理第一线从事工作,人才不足、人才流失是每个监理企业存在的普遍现象。

(4) 监理企业目前资质条件无法满足全过程咨询服务的要求

全过程咨询服务涉及工程项目规划、设计、施工及项目运营阶段咨询等服务,需要有对应工作的相关资质,但目前公路工程监理资质大部分只局限于施工阶段的监理范畴,这在一定程度上制约了监理企业转型升级的发展,需要监理企业在人员配备、技术升级、管理水平积淀方面不断努力。

3. 工程项目咨询服务市场需求是推动监理企业转型升级的动力源泉

我国现阶段工程项目咨询提供的服务一般包括:建设项目的项目建议书编制、(预)可行性研究、建设

项目评估决策咨询、招标代理、造价咨询、施工监理、项目管理咨询、项目后评价等。这种服务模式除了明显的专业化特点外，还具有明显的阶段性、条块化特点，其优点是专业化程度更高，缺点是社会整体效率低，不利于为业主提供更优质、高效的工程咨询服务。随着我国工程建设管理水平的不断提高，工程项目业主开始注重提高工程建设水平、投资效益以及效率最大化，因而对全过程咨询服务的需求逐渐提高，这也是推动监理企业转型升级的市场动力。

二、提供全过程咨询服务的机制分析

1. 全过程咨询服务的内涵

根据住房和城乡建设部发布的《关于推进全过程工程咨询服务发展的指导意见（征求意见稿）》，全过程工程咨询是对工程建设项目前期研究和决策以及工程项目实施和运行的全生命周期提供包含设计和规划在内的涉及组织、管理、经济和技术等各方面的工程咨询服务。其服务特点是需要拥有投资咨询、勘察、设计、监理、招标代理、造价等资质证书的专业咨询机构在建设过程中提供全过程的管理。采用分工合作的方式，通过委托的方式，将各项工作交由不同专业单位的人员来完成。这不仅可以降低建设成本、规避各类风险、实现项目投资价值的最大化，还对提高我国建设工程项目决策、设计、招投标、施工工作和竣工验收各阶段的管理效率具有显著的促进作用。

2. 提供全过程咨询服务的机制分析

目前，全过程咨询服务企业还没有统一的标准条件，行业主管部门只是对各阶段的咨询服务资质条件进行了界定。理论上，国家基础设施建设，如高速公路建设、城市地铁建设、高铁建设等项目，国有投资人有购买全过程服务的需求，但国有投资人包括政府均有自管的习惯，不愿意将工程项目全过程管理移交给咨询企业，如江苏省2018年5月发布《省政府办公厅关于印发江苏省级政府投资非营利性工程项目集中管理办法的通知》，规定由省政府指定的集中建设实施单位（机关或国企）管理。以国务院办公厅和住房和城乡建设部发文方式推动全过程咨询服务，而非以立法方式推进，其推行效果可能会打折扣。另外，不修订阻碍咨询服务发展的资质管理制度，培育全过程咨询服务市场只能停留在理论讨论层面，目前咨询服务企业大多不能提供全过程咨询服务，核心问题是不具备系统整合工程技术、经济和法律服务的人才。因此，培育市场应从培养复合型人才和培育具有全过程咨询人才的咨询企业开始，国家应通过立法、修法方式推进，而不是通过发文、建议的方式推进。

三、监理企业转型升级模式及途径研究

工程监理业务单一、竞争模式单一已成为限制行业发展的重要因素，与此同时，国家建设领域简政放权、放管结合的管理理念也在不断深入，全过程工程咨询服务作为工程监理行业改革的发展方向，得到了国家建设行政主管部门、行业协会的重视和认可，也出台了一些指导性意见和建议，说明国家虽没有立法、修法，但从国家层面对工程监理企业全过程咨询服务的开展给出了清晰的指导意见，鼓励工程监理企业积极转型升级，开展全过程工程咨询服务。因此，作为工程监理企业，要抓住机遇，顺应国家指导方针和意见，主动积极地进行转型升级。

1. 业务开拓模式

公路建设项目周期一般分为三个阶段：项目决策阶段、项目实施阶段、通车运营阶段，每一阶段都需要咨询服务。

目前，大多数监理企业仅局限于施工阶段的监理。业务开拓模式就是监理企业依托现有的监理企业资源，逐步拓展咨询服务范围，在为业主提供工程监理的基础上，参与项目的跟踪管理、竣工验收、考核评价、风险管理、纪检监察等管理工作，后面逐渐向造价咨询、招标代理、项目后评价等方向延伸业务范围，这需要监理单位培养和吸纳专业人才，为承揽各阶段咨询业务资质申请创造条件，通过逐步拓展业务的模式转型升级。业务开拓模式适合成长型、小型工程监理企业的发展，随着企业的资金和技术人才、研发

团队不断积聚,满足相关建设部门的资质认证要求,通过考核和评定,将业务拓展壮大,实现企业的转型升级。

2. 监理企业重组模式

行业内工程监理企业重组模式,就是通过大企业兼并或收购小企业来扩大自己的实力,提升自身综合业务资质,能够快速实现转型。但是这种方式经营风险大,兼并是为了实现企业资源优势互补,取长补短,但由于大多数公司兼并后企业文化背景不同,员工需要长时间适应才能融入新的企业文化,因此在一定程度上为转型加大的工程项目管理公司增加了经营风险。由于行业壁垒,工程监理企业进入设计、施工等领域较为困难,也不具备可行性。

因此,可以通过与这类企业进行兼并或联合的方式,实现监理企业的转型升级。

3. 战略联盟模式

战略联盟模式就是集成专业性很强的监理、咨询、设计单位,以联盟方式组建合作体,共同为业主提供全过程咨询服务的模式。其特点是发挥各自的核心能力优势互补,实现资源共享、市场共拓、风险共担、利益共沾,迅速提升企业的竞争力,在保持其独立经营的情况下,实现双赢目标。战略联盟模式适合中等或大型企业,可以通过横向和纵向合并的方式,与其他规模相当的企业进行组合,互相借鉴,进行资源组合,实现业务范围扩张,提高企业的综合竞争实力。其中,横向合并是监理企业之间进行组合的,而纵向合并则是监理企业与其他建设管理相关企业之间的组合。战略联盟模式具有两大优势:

(1) 共享资质降低风险

通过战略联盟的方式,不必投入大量的资金,只需将自身的资源投入即可,规避了一定的商业风险。另外,通过战略联盟的方式,可以使工程监理企业和招标代理等降低无法各自独立承接项目的风险,资质限制门槛大大降低,提高中标的可能性。

(2) 优势互补

战略联盟模式的优势在于共享各成员公司的品牌、信息、技术、管理、市场、工程经验、资金等资源,能够使工程项目管理公司迅速达到一定的经济规模,提高企业的硬实力。同时各工程监理企业也可以通过相互学习,将联盟的优势转化为自身的竞争优势,进一步提升联盟的核心竞争力。但战略联盟模式也有其局限性:短期目标行为严重,缺乏战略目标,各联盟组成体之间的利益分配极为敏感,很容易导致联盟破裂。

总之,以上模式各有利弊,作为正在转型的监理企业应根据自身企业情况,客观合理地选择转型升级模式。

四、工程监理企业转型升级的实施策略

全过程咨询服务时期正在到来,传统的工程监理企业已经开始受到冲击,转型升级是每一个监理企业需要面对和正视的机遇和挑战。监理企业要以全过程咨询服务的理念、智能化的管理手段,不断强化管理能力和服务水平来开展监理工作,要使工程监理企业相对独立的工作融入工程建设全过程咨询服务的机制中去。监理企业充分利用自身和社会资源开展工程建设咨询,是监理企业向全过程咨询企业转型升级最有效的途径。

为此,监理企业转型升级要围绕以下策略:

1. 秉持发展理念,制定转型战略规划

工程监理企业应秉持可持续发展理念,分析市场需求特点、企业资源现状,制定转型发展战略,做好企业远景规划、近期发展计划。

2. 拓展服务主体和服务范畴

监理企业可以依据政府部门、工程建设单位、工程保险机构等不同委托人的要求,根据合同约定制定不同的服务方案。另外,还可尝试以政府部门授权监理企业进行质量安全现场监督、动态评估的服务方式,将服务内容多元化。

企业可以根据多样的服务内容开展多样的服务,立足施工阶段监理适度拓展服务范围,如项目管理、造价咨询、现场监督、动态评估、施工过程中风险分析评估、质量安全检查等工作,企业转型升级不是一蹴而就的,而是一个渐进发展的过程。

3. 利用信息化、智能化手段开展工作

随着"互联网＋"、大数据、建筑信息模型(BIM)技术的广泛应用,工程咨询的服务理念、方法、技术手段也正在发生较大变化,工程监理企业要与时俱进,不断学习,采用信息化、智能化手段,提高咨询服务的质量与效率。

4. 建立与全过程咨询相适应的人才队伍

企业的竞争归根到底是人才的竞争。工程监理与工程咨询是专业性较强的服务行业,拥有一批经验更丰富、专业水平更高的技术人才,是企业做大、做强的重要资本。因此,监理企业要重视培养人才,吸纳人才,留住人才。

新形势下工程监理企业发展的约束和挑战

育才-布朗交通咨询监理有限公司
陈东升　魏建国　周　密

工程监理行业正处在一个变革的时代,正处于由旧规制模式向新规制模式转变的过程。监理行业从业人员只有充分认识、把握和引领新形势,才能顺利发展、加速成长。

一、引言

当前,我国正处在一个变革的时代,正处于由旧规制模式向新规制模式转变的过程,一个由量变到质变的过程。

这种变革导致工程监理行业处在一个由原来的平衡状态到不平衡状态到再平衡状态的转变过程中,并出现了价格、人力资源、强制监理等各种问题。尽管过程非常痛苦,但是它不以人的意志为转移,工程监理企业必须学会适应新的规制、体制和环境。

什么是新规制、新体制、新环境?通俗来讲就是新形势,但是这个新形势区别于原来的政策、管理体制和市场大环境,是一种阶段性的、相对稳定的、长期的过程。工程监理行业从业人员只有充分认识、把握和引领新形势,才能顺利发展、加速成长。本文从分析工程监理行业在新形势下所面临的新挑战和四大约束等入手,对工程监理企业如何突破约束、迎接挑战进行探讨。

二、我国工程监理行业的发展所面临的新挑战

未来十年,工程监理企业将面临诸多挑战:

1. 工程建设对工程监理企业整体能力的要求提高

社会投资总量持续增长,工程建设要求显著提高。投资建设领域新知识、新技术、新工艺不断涌现,给工程监理企业提出了新的要求。

未来的建设项目会进一步趋向于规模化、复杂化、群体化,表现出"高大难尖新"的特点。为了适应建设工程项目大型化、项目大规模融资及分散项目风险等需求,建设工程项目管理呈现出集成化、信息化趋势。例如,在项目组织方面,由项目管理/监理咨询公司作为业主代表或业主的延伸,根据其自身的资质、人才和经验,以系统和组织运作的手段和方法对项目进行集成化管理。这预示着对工程监理企业整体能力要求的提高。

2. 全过程管理服务的需求增大,对企业综合实力提出新的要求

在建设工程的过程中,工程监理应向工程项目管理转变,这样除了可以满足业主方获得最大利益的需求外,也是大势所趋。作为建筑行业必须坚守施工质量,加强工程监理,切实做到把质量标准放在第一位。而建设监理公司必须努力提高自身水平才能发展成为项目管理公司,项目管理和工程监理在项目建设中可以相辅相成,从而实现企业健康、稳定发展的良好态势。

全过程管理服务总体要求对项目的投资、质量和建设周期采用科学的方法和手段进行控制,协调有关单位之间的关系,向招标人提交可行的项目前期和后期的管理工作计划以及完整的建设管理服务档案资料,组织工程的交工、竣工验收及综合验收,并使工程顺利投入使用,在办理完相关产权证书后移交给招标人。

随着"高大难尖新"项目的大量上马,业主需求呈现多元化、个性化,他们将更加注重合作企业的综合

实力和专业能力,不仅要求服务商负责项目的设计、施工、采购等主要环节,而且要求服务商全面负责从项目前期策划、项目融资、规划设计,到设备采购、施工建设、运营管理等几乎所有环节,高质量、低成本地在工期内完成建设项目。

3. 国内外竞争的冲击加剧,"走出去"成为大势所趋

从工程监理(咨询)竞争格局来看,2019年房建及市政为完全开放的公开招投标市场,甲级资质企业分别高达3 351家/2 263家,测算CR8仅3.8%/5.6%,竞争激烈、集中度较低。

国内竞争日趋激烈,随着国家全面开放、"一带一路"建设的持续推进、中非合作的进一步深化,紧紧把握发展机遇、实现全球发展,将是众多建筑企业难得的商机。在这种背景下,"走出去"对于工程监理(咨询)来说,既是大势所趋,也是现实所需。

4. "跨区域、跨专业"经营的挑战

"跨区域、跨专业"经营是工程咨询企业突破空间、专业和行政限制,应对国内外工程监理行业竞争,提高企业竞争力,获得利益更大发展的必要途径。广东达安项目管理股份有限公司董事长吴君晔2019年6月10日在接受记者访谈时表示,目前国内整个监理行业的规模就超过3 000亿元。其中,房地产行业监理市场的竞争强度比较大。育才-布朗交通咨询监理有限公司(简称"育才布朗公司")管理层经过讨论也认为,尽量走专业化路线,回避过度竞争的领域。最终我们确定,向电力、水利、市政、轨交、高速公路、化工、港口水运等7个行业的监理市场逐步切入。在这7个行业按照一年切入一个行业的思路推进,相信10年后也会做到一个比较大的规模。

三、当前工程监理企业发展的主要约束

1. 资质是获取监理业务的法律基础

工程监理行业供给端受制于资质,而资质获取的前提是具备一定数量的各类工程职业资格人。从需求端看,除建筑设计等细分工程监理领域已基本完成市场化外,交通基建市政业主仍归集于各级政府,大部分工程监理业务区域性、渠道性极强。因此,工程监理行业竞争的核心要素归集于资质、人才积累及渠道布局。工程监理公司的企业家意识、拿单能力、高端人力资源储备与项目综合管理能力等发展要素制约了大部分中小公司快速扩张及全国布局。资质门槛本身限定了育才布朗公司的业务范围和承接规模,而资质逐步升级也需要时间周期。因此,育才布朗公司拥有资质的等级和范围决定了其目标市场和客户基础,从而影响企业核心竞争力。

2. 人才储备是工程监理公司的核心产能

育才布朗公司当前面临的第二个约束是人才储备的问题。工程监理行业具有智力密集型等特点,专业技术人才数量是影响市场竞争能力的主要因素之一。工程监理业务涉及领域多、对综合技术水平要求高,企业是否拥有掌握相关专有技术的人才,是否符合国家《勘察设计注册工程师管理规定》《中华人民共和国注册建筑师条例》等法律法规的规定,具备相应的从业资格,是工程监理公司成功参与行业竞争的核心因素。从行业知名度较高的苏交科集团股份有限公司(简称"苏交科")和中国海诚工程科技股份有限公司(简称"中国海诚")两家公司的员工结构中可以看出,技术人员占比均达80%以上,足以看出专业技术人才对于工程监理行业的重要性。

3. 渠道是决定业务稳定性和成长性的关键因素

育才布朗公司面临的第三个方面的约束是市场渠道的问题。工程监理行业技术门槛较低,同质化竞争较为明显。尽管工程监理行业在政策上不存在地域限制,但工程监理业务市场表现出一定的区域性。只是随着工程监理单位的改制和兼并重组,业务范围才能迅速地向全国拓展。

苏交科通过收并购进行全国业务渠道布局和业务领域拓展,业务范围从最初单一公路桥梁勘察设计领域逐渐拓展成为综合型工程监理。通过收并购,苏交科业务领域涉及公路、市政、水工、城市轨道、铁路、航空和建筑、环评等行业,形成了以规划咨询、勘察设计、科研、试验检测、质量管理咨询及新材料、新技术和新产品研发为核心业务领域的企业集团。

育才布朗公司已有一定的渠道基础,但对既有渠道的巩固与扩展还要采取强有力的措施,特别是总公司层面资本和技术的支持。

4. 业绩是获取资质与业主信任的基础

这是工程监理企业面临的第四个方面的约束。工程监理公司以往的项目业绩情况是客户考察企业项目成功实施能力的重要因素。具备较长时间的行业从业经验的积累是保证项目按时、保质完成的重要保障,同时,一定数量的工程项目历史业绩也是获取高等级资质业务的基础。因此,拥有长时间设计、管理、运作经验的企业能够持续承接项目,扩大市场份额,这些优势也是应对同行竞争的护城河。尽管工程监理企业在以往通过不断的努力取得了一定的成绩,但要具备强竞争力的业绩基础,还有一段路要走。

四、工程监理企业新形势下的应对策略

根据对国内工程监理行业领先者的分析,我们认为工程监理行业应主要从以下几个方面为企业新形势的快速发展做好准备。

1. 提升和完善资质,为业务多元化发展提供便利

工程监理企业"跨区域、跨专业"经营就是要突破空间、专业和行政限制,凭借齐全的资质为企业提供强大的竞争力。苏交科等企业资质齐全,能够在多个领域开展工程勘察、工程监理等业务,同时有助于企业在发展战略规划、城市总体规划、城市详细规划、城市设计等传统领域之外参与到特色小镇、城市双修、站城一体化、全域旅游、海绵城市等新兴领域。

2. 引进培育骨干人才,为企业增速发展储备力量

监理设计行业是知识和技术密集型行业,人才对于企业发展起着决定性的作用,人才的规模决定了业务规模,人才的质量决定了品牌和竞争力。

充足的人才储备及良好的人才培养体系,能为企业的未来发展提供坚实的支撑。未来工程监理企业必须坚持把人才的培养、引进、使用作为企业可持续发展的根本所在,打造出一支能够适应勘察设计行业市场变化和集团战略发展所需的人才队伍。

3. 加强技术研发,提高品牌价值和竞争力

成功的工程监理企业通过不断探索、积累,在多个领域已经处于领先地位,形成了一定的品牌优势和一大批拥有自主知识产权的国内外领先工程技术。例如某公司在公路设计成套技术、特大型桥梁设计成套技术、水运设计成套技术和智能交通设计成套技术上都有自身的核心技术储备。

4. 完善的治理体系和高效组织架构,推动经营效率提升

领先企业不断完善公司法人治理,加强董事、监事和高级管理人员及相关人员的培训工作,增强规范运作意识。同时引入高层次的监理机构,开展企业发展策略及规划研究工作;针对多专业、全产业链、全国化发展态势,开展集团化管理模式研究,按专业、区域或者职能设立事业部,厘清集团化管理的工作思路和组织体系,建立以客户为导向、以项目管理为核心的经营生产运营管理体系。通过不断调整组织架构和优化管控模式、流程和激励机制,成为多管理维度的工程设计监理集团公司。

5. 建立股权激励机制,释放员工生产力

2017年,国家大力推行资质改革,以弱化企业资质、强化个人执业资格为改革方向,逐步放开行业设计资质,因此优秀人才的留用显得愈加重要。各工程咨询企业如何构建股权激励机制,有效调动员工积极性,加速业绩释放是未来的一个重大课题。工程监理企业属于知识和技术密集型行业,只有通过实行股权等相关激励机制,实现企业利益与员工利益的一致,才能在提高企业人均营业收入的同时,不断提升整体经营效率。

6. 以技术创新为驱动,持续推进平台建设

工程监理企业以技术创新驱动,并取得了新进展。以某集团为例,2017年共有35项专利授权,包括发明专利17项和实用新型专利18项;共有205项知识产权,包括发明专利53项,实用性专利105项,软件著作权47项。全年科技成果转化收入约8500万元,占营业收入的3.06%。

7. 加快整合和并购步伐，快速壮大团队和抢占市场

近几年来，伴随着国家城市化进程的放缓，建筑行业的竞争日益激烈，龙头设计企业的优势日益明显，中小型设计企业的发展空间逐步缩小，行业整合将是未来的大势所趋。加快整合和并购步伐，一方面是工程监理企业"跨区域、跨专业"经营的重要手段，另一方面也使被收购整合企业与母公司形成良好的协同作用，在扩张的同时实现营收快速增长。

8. 树立伙伴共生价值观，突破地域屏障

工程监理企业与区域伙伴合作，协调客户、企业、分包商的利益，形成共生关系。通过共生关系，一方面可以突破地域的屏障，另一方面可以实现技术、人才的交流，提升企业的运营效率，降低投资运营成本，达到双赢。

监理机构设置及队伍建设

甘肃工程咨询集团股份有限公司　徐俊宏

工程监理企业作为智力密集型单位,人才是第一资源和核心竞争力。合理的机构设置则能体现企业专业化分工,充分发挥人才特长,实现业务工作专、精、高,从而提升企业规范化管理水平。同时,国有监理企业又有自身的特殊性,不仅要开展生产经营管理工作,还要体现党的领导,同步设置党、群、工、团等组织,开展党的建设、群众工作和承担一定的社会责任。

为此,笔者以甘肃省交通工程建设监理有限公司为例,从企业机构设置和人才队伍建设两个方面深入探究国有工程监理企业的发展要旨。

一、总部职能部门设置

企业总部机构设置要体现专业化分工、企业特点、党建与经营部门的融合,尽量推行合署办公,实现精简高效,同时要体现全面性,部门职能分工要涵盖企业所有需要完成的工作。按照有关规定,企业党的部门一般需设置党委办公室、党委组织部、党委宣传部、党委群众工作部,业务部门应根据需要设置,还应设置纪检、群团等部门。鉴于以上原则,该企业宜设置如下部门:

1. 党委办公室(董事会办公室)

目前,国有企业要求党委书记和董事长一肩挑。为便于有效统筹协调,党委办公室宜与董事会办公室合署办公,而且该部门职能要尽量宏观、务虚,重点协调党委书记、董事长的工作,主要负责党委、董事会的日常协调、文件管理,党委会、董事会等会议的组织,企业改革、发展规划以及党风廉政建设等工作,同时要负责开展调查和政策研究,为领导决策提供政策咨询,发挥智库作用。宜由党委书记、董事长直接分管。

2. 总经理办公室(党委宣传部)

该部门重点协调经理层的工作,主要负责日常行政协调、会议组织、文件管理、后勤服务和资产管理等工作,宜由总经理直接分管。因为目前国有企业总经理一般都兼任党委副书记,为了体现总经理党内职务身份,促使其关注党建工作、履行党委副书记职责,同时由于专职副书记按要求要分管组织人事和基层党建,所以由总经理兼任的党委副书记分管宣传。总经理办公室应与党委宣传部门合署办公,外加负责宣传思想和理论学习等工作。

3. 党委组织部(人力资源部)

按照目前基层党建与组织人事部门应由一个部门管的要求,企业党委组织部应与人力资源部合署办公,主要负责组织建设、基层党建、干部管理和人力资源管理等工作,应由专职党委副书记分管。

4. 纪委办公室(监事会办公室)

因企业规模较小,经履行有关程序后,该企业宜实行纪委书记兼任监事会主席模式。因此,纪委办公室也应与监事会办公室合署办公,实现党内监督和法人治理监督的有机融合。为了体现监督权威,该部门在企业部门中的排名应适当靠前,作为纪委、监事会的办事机构,主要负责日常纪检、监事会工作,由纪委书记、监事会主席分管。

5. 市场开发部

作为经营性企业,要实现持续发展,开拓市场、承揽项目应是企业经营管理工作的首要任务。因此,该部门在业务工作部门中的排名宜为第一,主要负责业务承揽、经营目标核定和信用评价等工作,宜由总经理分管、副总经理协助。

6. 项目管理部

企业不仅要承揽到项目,还要把项目管好,这样才能持续赢得市场,实现以现场保市场的目标。因此,作为工程监理企业,必须设置项目管理部,主要负责工程质量、技术与项目管理、项目考核协调等工作。由于工作的专业性所限,总经理办公室负责资产管理中的试验仪器管理有一定困难,该部门一般还要负责试验仪器管理,要体现专业性,因此宜由业务副总经理分管。

7. 财务管理部

效益最大化是企业的首要目标,作为工程监理企业,不但要把业务承揽来,把项目管理的事干好,而且要把"钱袋子"管好,充分实现企业经营效益。因此财务工作对企业非常重要,财务管理部是企业必须设置的一个部门,主要负责财务、会计等工作,应由财务总监主管。

8. 审计法务部

企业把"钱"挣回来,更要把"门"看好,因此审计部门也是企业应设的部门之一。同时,审计工作需要学习掌握的法规政策较多,对工作人员的综合素质要求较高,因此,该部门应与法务部门合并设立,便于不断提升审计人员的水平,有效开展审计工作,主要负责审计与法务工作。按照审计部门要向董事会负责的要求,宜由董事长直接分管,必要时可安排副总经理协助分管。

9. 安全环保部

目前,安全环保是国家非常重视的工作,实行"一岗双责"制,负责工程现场施工监理的企业应该有这样一个部门,主要负责企业安全、环保日常管理工作,宜由业务副总经理分管。

10. 群团工作部(党委群众工作部)

作为国有企业,工会、团委等组织一应俱全,应设置群团工作部,主要负责工会、团委等具体工作。同时,为了加强和体现党对群团工作的领导,该部门应加挂党委群众工作部的牌子,一并负责党的群团工作、统战工作、综治维稳信访和扶贫等工作,宜由兼任工会主席的党委副书记分管。

另外,根据企业总部党员队伍实际,还应成立机关党支部,在支部下面宜以部门为单位再设立若干党小组,机关党支部一般宜与党委群众工作部合署办公。为了便于统筹协调,机关党支部书记宜由专职党委副书记兼任。

二、项目监理机构及其内设机构设置

(一) 项目监理机构设置

根据《公路工程施工监理规范》及其实施手册的有关规定:监理机构是在项目现场设立的履行监理职责的组织,包括总监理工程师办公室(简称"总监办")及驻地监理工程师办公室(简称"驻地办"),其负责人分别称为总监理工程师(简称"总监")和驻地监理工程师(目前大多数地方一般习惯简称"驻地");同时,规定公路工程项目监理均应设总监办,100 km 以上的高速公路、一级公路工程可设驻地办;当不设驻地办时,总监办同时履行规范规定的驻地办职责。

在目前的公路工程项目,监理机构只有总监办和驻地办两种形式,监理项目无论大小,均需设置总监办。一个工程项目可以根据合同段划分,设有多个总监办,由不同的监理企业中标承担,并进一步收窄了可设置驻地办的范围,即"100 km 以上的高速公路、一级公路工程"可设驻地办,也可不设驻地办,其他工程项目则一般不设驻地办,而且无论是总监办还是驻地办,均应由中标的监理企业组建。但目前甘肃市场(包括甘肃省交通工程建设监理有限公司在内的)项目监理机构的设置和名称较多,对总监办和驻地办的设置也不够规范。有的叫总监办,有的叫驻地办,还有的叫监理部、项目监理部、驻地监理部等,有的没有设置总监办却设置了驻地办,有的总监办由建设单位设置,有的相关单位认为一个项目只能有一个总监办,有的把总监办派驻现场的监理组叫驻地办,等等。监理机构负责人有的叫总监、驻地,还有的叫高监、经理。

因此,工程监理企业应按规范要求统一设置项目监理机构,统一负责人称谓,监理项目现场机构一般只设总监办,内部可设若干监理组负责现场监理工作,但不是独立机构而规模较大的工程,可在总监办下面再设若干驻地办,负责人统一简称为总监和驻地。

(二) 项目监理机构内设机构设置

为了确保监理机构的科学、有效管理,根据有关规定和企业实际,甘肃省交通工程建设监理公司的项目机构一般宜设置以下内设机构:

1. 综合办公室

该部门对任何组织来说都是必设机构,对监理机构来说非常重要,主要履行日常综合协调、上传下达、内务管理、文书处理、财务管理、党建和廉政建设等多项职能,是监理机构的窗口,其职能发挥得好坏对监理机构整体作用的发挥和形象的树立至关重要。但该机构也往往不被重视,一方面,业主在招标文件中对该机构及其人员条件没有提出专门要求;另一方面,监理企业在人员配备上也比较薄弱,把此部门的岗位人员当作辅助性岗位人员看待。

2. 工程技术部

主要负责监理计划编制、技术方案审批、工程计量审核、监理抽检评定资料管理等工作。

3. 安全环保部

配备安全环保监理工程师负责该项工作。

4. 工地试验室

是总监办应设的内设机构之一。总监办下设驻地办的,驻地办是否建立工地试验室应按合同约定或根据实际需要来定。

5. 若干监理组

规模较大的监理项目宜按施工段落或专业设置若干监理组,配备若干监理人员负责现场监理具体工作和监理细则、监理抽检、评定资料的编写。设置了驻地办的,总监办和驻地办均不宜再设监理组,由驻地办直接管理现场监理人员负责有关工作。

三、人才队伍建设

企业要引进和培养各类需要的人才,还要根据企业性质有重点地建设人才队伍,搭建企业基本骨干力量框架。按照企业实际,甘肃省交通工程建设监理有限公司应重点建设以下几支人才队伍:

1. 项目总监队伍

作为工程监理企业,总监队伍当然是人才队伍建设的重中之重,作为既精通技术又善于管理的复合型人才,年龄结构应以35岁到50岁为主。

如果企业能够有针对性地储备40名左右总监,那面对中标的项目监理工作就基本能够做到心中有底,也能随时更换不称职的总监。

2. 项目副总监(驻地监理工程师)队伍

这支队伍是培养总监队伍的主要来源,要将一些基础条件好、考取了监理工程师证书、有培养前途的年轻干部安排到此岗位上进行培养锻炼,协助总监工作,搭建监理机构主要骨干力量,同时为总监队伍的建设储备人才。这支队伍应以28岁到35岁之间的员工为主。

3. 项目工程技术部负责人队伍

工程技术部门负责人不仅要懂工程技术,还要有一定的管理协调能力。

4. 安全环保监理人员队伍

此类人员比较紧缺,要么是没有安全、环保执业资格证书,要么是有相关证书的人觉得责任大,不愿从事相关工作。因此,企业应通过督促、激励员工考取相关职业资格证书,加大思想教育引导力度等方式加强安全环保监理人才队伍的建设。

5. 文秘队伍

工程类企业对文秘人才队伍的建设往往不是很重视,导致相关的工作很薄弱,也造成了一定程度的被动。因此，企业应有重点地招聘或引进30名左右的相关专业人员，安排到企业行政、党务、纪检等岗位和下属单位、项目机构办公室等部门进行锻炼培养，并帮助他们建立职业生涯规划，作为企业党政办公室和纪检部门负责人和党支部书记、副书记、基层单位工会主席等岗位人员的重要来源。

6. 经营管理人员队伍

经营管理是各级企业机关的重点工作，因此，应有重点地选择经济、财务、管理、人力资源、法律、信息技术等相关专业的人员进行培养，作为企业经营管理工作的主要力量，这类人员宜精不宜多。

7. 支部书记、经理队伍

如果监理企业设置分支机构，还应培养一部分人担任相关机构的党政负责人，这支队伍应以经验丰富的中年干部或老同志为主，一般宜实行党支部书记和经理一肩挑。由于公路监理企业项目机构分散，不宜统一组织学习教育。如果企业分支机构设置了党支部，一般应在其所属的项目监理机构成立党小组负责日常的党员学习教育组织和党员管理工作。如果不设置分支机构，则应以项目机构或片区为单位成立党支部或联合党支部，负责基层党建工作，这时支部书记一般宜由相关项目的项目机构党员负责人担任。

四、人才激励机制的建立

企业有了人才还应留住人才，这样才能确保人才队伍的稳定。因此，必须建立留住人才的激励机制。

1. 待遇激励

重点是要合理确定工资和奖金结构，如工资中应明确区分基本工资、工龄工资、学历工资、职称工资、岗位工资、绩效工资和职业资格补贴等，并建立工资增长机制。基本工资要体现公平；工龄工资要体现对企业的贡献；学历、职称工资要激励员工不断提升知识和技能水平；岗位工资要体现责任大小，相同的工作岗位，岗位工资必须一样，这也是拉开工资差距的主要部分；绩效工资要体现工作效能，要与员工考核成绩挂钩；职业资格补贴重点鼓励员工积极考取企业所需要的职业资格。奖金要向基层、重点岗位和贡献突出的员工倾斜。同时，薪酬要实行浮动管理，根据企业效益和员工综合情况进行计算，而不是为每一层员工设置一个固定的薪酬数额。只有这样，才能使得各类员工为提高收入，积极根据自身情况，向相应的方向奋斗，从而形成有序的竞争机制。

2. 事业激励

主要是细化岗位层级和进行职业生涯规划。如在机关部门负责人副职下面设置主办岗，在监理项目中规范设置机构部门负责人和监理组长等岗位。这样可以将表现突出或工作时间较长但没有任职为企业总部部门负责人、项目机构负责人的同志安排到相应的岗位，对这部分员工也是一种激励，防止出现不是中层干部、项目机构负责人，就是普通员工的局面。此外，要帮助每一类员工进行职业生涯规划，畅通晋升通道，让他们看到前途和希望。

3. 感情激励

要形成全面关怀机制和容错纠错机制。要区分层次，关心每一位员工，通过物质奖励和精神鼓励，激励他们安心工作。对犯错误的员工，要区分错误性质，按照"三个区分开来"（把因缺乏经验先行先试出现的失误与明知故犯行为区分开来，把国家尚无明确规定时的探索性试验与国家明令禁止后的有规不依行为区分开来，把为推动改革的无意过失与为谋取私利的故意行为区分开来）的要求进行容错纠错，鼓励员工放心大胆工作，切实为担当者担当、为负责者负责，旗帜鲜明地为干事创业者撑腰鼓劲。

祁婺高速"交旅融合"

赣皖界至婺源高速公路项目建设办公室
吴犊华　刘振丘

2017年7月,交通运输部、国家旅游局等六个部门联合出台《关于促进交通运输与旅游融合发展的若干意见》,随后各地积极开展交旅融合研究与落地,并推进服务区房车营地建设等工作。2019年《交通强国建设纲要》提出要深化交通运输与旅游融合发展,特别是疫情常态化下人民群众出行方式、旅游方式发生了自驾、休闲等变化,使得研究和实施"交旅融合"更为迫切。

一、婺源旅游现状及问题

江西省婺源县生态环境优美,文化底蕴深厚,古建筑古村落保存完好,被誉为"中国最美乡村"。婺源一直朝着全域旅游的发展方向推进,县域内有5A级景区1个,4A级景区13个,4A级以上景区数量居全国县级之最,先后获得首批中国旅游强县、国家乡村旅游度假实验区、全国旅游标准化示范县、国家生态旅游示范区、中国优秀国际乡村旅游目的地等30余张国家级旅游名片。婺源虽然旅游资源丰富,但随着游客高品质需求的提升,加上2019年以来多轮疫情影响,也暴露了一些问题。

一是季节特征太明显,全季旅游优势尚未激活。旅游资源尚未深入挖掘激活,北线(古洞古建古风游)和西线(山水奇观生态游)发展缓慢,"油菜花"效应使得淡旺季分明,全年旺季时间较短,仅有两三个月。

二是旅游配套服务缺乏,旅游体验品质不高。缺乏通达便捷的旅游交通网,景区景点古村落间相对孤立;无基本旅游服务设施,旅游体验品质不高;商业氛围浓厚,与许多景区模式类似,千篇一律。

三是产品供给匮乏,营销业态单一。资源缺乏顶层整合规划,景区景点之间缺乏相互联系,关联性较弱,旅游方式仍停留在单纯参观、赏景为主,文化挖掘不足,只见山水田园,不见生活体验;设施低位配备,旅游消费水平较低,游客来去匆匆。

这些问题的解决迫在眉睫,突破口在哪？在深化交通运输与旅游融合发展的大背景下,在婺源发展全域旅游的需求下,祁婺高速公路"交旅融合"理念应运而生。

二、祁婺"交旅融合"的重点方向

一是解决景点交通的问题,让不同景点不同季节展现不同风采,实现全季旅游。婺源全域旅游受北、西线旅游交通条件限制,祁婺高速公路建设完成后将串联北线沱川乡的理坑、篁村景点,清华镇的彩虹桥、清华朴园景点,大鄣山乡的卧龙谷,思口镇的思溪延村、西冲景点,紫阳的熹园、瑶湾景区等,解决北线交通的问题。

二是解决路网串联的问题,让不同景点互联互通,提供快捷旅游服务。交旅融合"交"为先,祁婺高速公路在建设过程中,通过建设辅道等可以解决婺源旅游交通网络尚未构建或道路等级偏低、旅游交通基本服务设施缺少、出行体验满意度差、旅游标识引导系统待完善、景区景点辨识度不高等问题,为"交旅融合"创造条件。

三是解决优质配套、品质服务问题,让旅游体验感更强品质更高。通过开放式单侧特点的龙腾服务区建设,解决旅游品质问题。龙腾服务区位于祁婺高速公路中段清华镇境内,在建设前和当地政府达成共识,充分考虑旅游元素,对服务区进行高定位策划,将功能区拓展为周末度假区、交旅商业区和旅游休闲区，分三期将服务区逐步打造成为"周末度假景区""康养休闲小镇"，为成为婺源旅游新的网红打卡地创造条件。

三、祁婺"交旅融合"的落实思路

祁婺高速公路"交旅融合"的主要内涵是充分发挥高速公路服务半径大、人流客流集中、途经区域景观及旅游资源丰富等先天优势的基础上，通过构建有效的"快速通达"与"慢速游览"双系统，带动和激活已有及潜在景区景点，辐射和延伸周边区域旅游发展，实现游客在旅游高速公路上的安心、舒心及高品质旅游出行体验。

祁婺高速公路"交旅融合"的落实思路是一桥一景、一隧一点、一路一观，路本是景、寓路于景、景即是路、景在路中。在具体建设过程中，充分融合婺源地域文化，进行文化植入，分别从路线景观打造、旅游交通构建和龙腾景区形成三个方面着手，将祁婺高速公路建设成为"交旅融合"的试点样本。

四、路线景观打造

一是沿线。项目沿线的景观打造采用一线贯穿多节点的手法，在满足防炫、遮蔽等功能的基础上进行美化提升，使道路具备地域特色及观赏性。按照防护功能和观赏相结合的原则，对全线中央分隔带采用海桐＋红叶石楠的组团方式；上边坡采用三季有花四季常青的草籽配比；碎落台双层灌木设计增加层次感；沿线声屏障采用了具有徽派特色的马头墙式；桥梁下部进行地形营造、播撒花草籽、复绿，使桥梁下部和地貌融为一体；龙腾服务区连接线的满堂大桥采用景观桥设计，增设人行道。

二是互通。互通区以原生态地形为基础，梳理协调主线与匝道之间、匝道与匝道之间的地形高差，打造自然的缓坡场地。在微地形的基础上，按照互通环内铺植草皮，环内中央场地打造"地被＋乔木"组合的"森林绿洲"，环内近路侧点植罗汉松、朴树等乔木的方式实现互通区的景观美化。

三是隧道。隧道洞口根据隧道所处位置分别采用了城墙式和徽派式两种方式，隧道洞内进行景观设计，例如婺源隧道、紫阳隧道、清华隧道和汪平坦隧道的设计主题结合地域特点，分别是田园牧歌、古村秋韵、徽州情怀和山水画卷，让驾乘者即使通过隧道也能感受地域的自然风貌、四季变换、城市特色、未来面貌，仿佛置身在自然环境之中。

五、旅游交通构建

一是"高速＋辅道"模式。祁婺高速公路主线对接安徽祁门，连接景婺黄（常）高速公路，将成为进入婺源景区的快速通道，项目设置龙腾服务区至樟村（11.67公里）和龙腾连接线（2.609公里）两条辅道，将成为漫游婺源通道，"高速＋辅道"将构成"快行慢游"系统。两条辅道实行"永临结合"理念，建设期是主体施工单位施工便道，完工后作为四好农村路承担慢游功能，届时可沿辅道游览龙腾服务区、思溪延村、西冲景区、瑶湾景区、彩虹桥景区、朴园景区等景区。

二是智慧旅游交通模式。以龙腾服务区为中心建设旅游交通智慧系统，将建设期建立的VR安全体验馆改造成为婺源县旅游信息发布中心、各大景点虚拟体验中心、各景区交通拥堵情况发布中心等，将龙腾服务区打造成婺源智能型游客集散中心。以旅游交通智慧系统为依托，实现婺源北西线片区旅游资源整合联动。建立含结构物安全监测、通行环境、交通状况、车位情况、房源情况等监测功能的智能感知系统。

三是旅游交通标识完善。在现有交通标识的基础上，面向全域旅游，以"交旅融合"的定位对全线标志、标线以及信息诱导标识、信息解说牌等进行形象创作并展示。通过在互通立交、服务区内赋予旅游元素的展示及解说，进行宣传和引导。在旅游信息引导标识上进行创新，挖掘旅游公路个性、统一规范制式、强化视觉识别。

六、龙腾景区形成

龙腾服务区区位优势明显,周边景色宜人、绿树成荫、清水环绕,策划定位是提升基本服务区功能,将服务区拓展成"周末度假景区""康养休闲小镇",满足疫情常态化的旅游消费群体对高品质旅游基础设施、康养休闲旅游产品、旅游文化产品等的需求。

一是基本功能区蕴藏"景"。基本功能区建筑外部全采用徽派式样,内部空间布局采用高空间设计,满足商业功能和服务功能,可为自驾车出游提供租赁、维修、旅游等装备服务。

以综合服务楼为中心,围绕加油站、客车停车区、货车停车区、休闲区建设,打造"多边形综合功能分区"的现代化综合功能配置,做到分区合理、流线清晰,可以满足自驾游群体的多重需要。通过主体综合楼"品"字、商业街道"L"形及徽派景观环境等布局紧密融合,营造"隐"和"藏"的休闲意境。

二是旅游功能区即是"景"。以"无梦徽州、世外龙腾"为理念,充分考虑游客对健康、休闲、文化等的需求,采用"笔墨游龙"的手法,以龙腾村为着墨点,沿清华水画一道沿水岸的笔墨,让"文秀徽州""缓山浅林""清华水岸""茶香东篱""水畔丘田""烟雨龙腾"六大功能拓展区在空间上成为古村的自然延伸,模拟村庄扩大之后沿水岸蔓延的形态,让游客觉得这是自然的古村,又兼具现代旅游基础设施功能,进而提升旅游品质。

三是文化融合区涵养"景"。以"北宋遗村"龙腾村为依托,以朱熹、汪鋐、詹天佑、金庸等婺源籍代表性人物为切入点,让儒家文化、徽州文化、民俗文化、建设文化等交织在龙腾服务区,将"婺源徽剧""婺源傩舞""婺源茶艺""婺源砚艺"等特色文化展现形式以及"婺源三雕""甲路纸伞""西冲花灯""婺源徽墨制作工艺""婺源传统嫁娶"等非物质文化遗产等融入其中,将龙腾服务区打造成为婺源文化新名片。

七、运营期的经营建议

目前,江西省服务区的管理采取自主经营、租赁经营、合作经营、租赁和合作结合等模式,多种模式经营管理有其优越性。例如经营收入相对稳定,管理压力相对较小,承担的市场经营风险不大。尽管有自主经营模式,但尚存在便利店、超市和餐饮等单个项目进行自主经营,服务区员工普遍是管理者的角色,没有实质性市场竞争者的经历。鉴于未来开放的龙腾服务区是"交旅融合"综合性服务区,可探索走完全自主经营模式的道路,有以下几点考虑:

一是人需要转型。江西省高速公路投资集团有限责任公司将近有两万名员工,有一半以上在收费一线或者是围绕收费运营的管理人员,他们在同一个岗位干了几年、十年或者几十年,不管是脑力、体力和脚力或多或少都出现了一定的停滞,或者说都进入了自己设定的舒适区。

但随着数字经济、人工智能和大数据时代的到来,机器代替人不可避免,无人超市、无人银行相继出现,无人收费也在所难免,这支庞大的收费从业人员如何转型?"交旅融合"、自主经营的服务区管理将催生大量的就业岗位,这些就业岗位应该留给需要转型的人员去尝试,让他们进行多岗位锻炼。旅游不只需要导游人才,还广泛需要生态环境和社会文化的专业解说人才、社会体育运动和康体养生的专业引导和服务人才、研学旅游的专业组织引导和安全保障人才等,这些人力资源都要有交通运输专业素养,全域旅游所需人才紧缺,是人力资源供给的有利时机。

二是资产需要盘活。江西省高速公路投资集团有限责任公司已有做活路域经济的策略,但需要借助一个载体来盘活沿线高速公路的资产,旅游将是一个最有效的载体。随着人们生活水平的日益提高,旅游业已成为我国最具活力、经济培育最快的产业之一。

可将沿线高速公路服务区的闲置房产,收费所站闲置的站房、土地等进行利用,通过旅游创造效益。例如景德镇中心婺源服务区内的闲置房产可升级为旅游酒店;婺源北收费所、婺源应急管理所都种植了大片的茶叶,春季可安排采茶体验项目;上饶管理中心的余江收费所种植了葡萄,收获季节可安排采摘体验项目,丰富旅游活动等。

三是创新需要试点。祁婺高速公路已为"交旅融合"的运营实践做了一些准备,接下来需要有一个被作为"交旅融合"运营试点的决策,需要有致力于投身"交旅融合"运营、经受市场竞争洗礼的管理先行者,需要一支由"交旅融合"运营专业型、复合型人才以及一线参与者组成的运营团队,对"交旅融合"运营进行总策划,并为"交旅融合"这个新兴产业服务。

思想文化建设的三大途径

四川公路工程咨询监理有限公司
穆树林　程　鸿

　　加强交通建设监理企业的思想文化建设途径,就是要紧紧围绕交通工作,服务大局,创新载体,强化理论学习,突出精神引领和典型示范作用,加大对外宣传力度,加强精神文明建设,为企业稳定和发展提供强大的精神动力、舆论支持和思想保证。本文结合四川公路工程咨询监理有限公司实际做法进行论述。

一、开展文明创建,推进精神文明建设

　　1. 围绕中心,深入开展文明创建活动
　　根据国家和四川省委省政府精神文明创建工作要点,结合企业工作实际,突出主题,紧紧围绕企业中心工作,以提升思想道德素质和企业文明程度为出发点,着力加强企业文明建设与中心工作同计划、同部署,坚持两手抓,两手都要硬,确保文明创建工作取得良好成效。
　　2. 精心组织,扎实做好先进评比工作
　　积极开展创先争优活动,扎实推进各项先进评选创建工作。在一线监理人员中开展评选"精神文明职工标兵"活动。制定计划措施,在企业进行"创先争优先进党支部"评比,推荐选拔"优秀党员"和"优秀党务工作者",深入开展文明部门和先进个人评选表彰活动;在业务上鼓励大家争当"优秀监理工程师""业务能手"等。通过精心组织评比,不断营造树先进、争先进的良好氛围。
　　3. 树立典型,广泛开展学习榜样活动
　　开展学习先进典型教育活动,对标焦裕禄、兰辉、菊美多吉、毕世祥等先进典型,解决好"总开关"的问题。积极组织交通运输行业先进事迹报告会,讲述身边的先进个人或团队的先进事迹、感人故事,不断激发员工向先进看齐,向榜样学习,努力提升自我。
　　4. 积极开展党的主题活动
　　一是积极开展国家、四川省委省政府及行业主管部门各类主题活动,比如"实现伟大中国梦、建设美丽繁荣和谐四川""中国梦——进基层""创先争优、平安诚信""建设畅通四川,谱写'中国梦'蜀道华章""不忘初心、牢记使命"等主题教育,并通过邀请专家开展辅导讲座、有奖征文、主题演讲、歌咏比赛等形式,让主题活动入脑入心。开展好"五四"青年节主题活动,引导青年进一步认清形势,自觉立足岗位,勇于探索、敢于创新、不断进取,自觉维护和提升企业形象,增强企业的凝聚力、战斗力。认真开展群众路线教育实践活动,进一步提高企业党员干部思想,转变作风,进一步密切党群干群关系,进一步提升为民务实清廉形象。

二、充分发挥宣传作用,全力做好新闻宣传工作

　　1. 及时宣传贯彻中央、四川省委、四川省政府、四川省交通运输厅党组的各项重要决策部署
　　及时学习传达党的十九大精神、国家的政策方针。学习领会省委历次全会精神,认真贯彻"两个意见一个决定"。全面深入宣传全国和四川省交通运输工作会议精神以及厅党组的各项任务要求。
　　2. 围绕工作中心,注重舆论宣传引导
　　围绕企业各个阶段中心工作,全方位跟踪报道"争创一流咨询监理企业"劳动竞赛,"监理企业树品

牌,监理人员讲责任"诚信体系建设活动,"守合同重信用企业"活动,检测数据打假活动;积极报道企业业务开拓、创新管理工作等方面取得的成效;充分利用网站、杂志、简报和专题等宣传舆论载体,及时宣传报道企业和各基层党组织开展创先争优活动的最新动态,不断增强新闻宣传的针对性、实效性。

3. 加强法制宣传教育,开展普法宣传教育工作

认真开展普法宣传工作。充分利用网站、宣传栏、横幅标语等宣传舆论媒介,刊出法制宣传栏,深入开展法制宣传教育,不断增强法制观念和遵纪守法意识,提高依法治企的水平。严格选拔单位法律顾问,宣讲普及法律知识和对法律问题进行严格把关。

4. 坚持团结稳定,坚持正面宣传不动摇

坚持把新闻宣传工作摆在重要位置,牢牢把握正确的舆论导向,创新宣传手段,拓展宣传领域,充分发挥新闻媒体和宣传阵地的作用,健全新闻激励机制,积极写稿投稿,为企业发展营造良好的舆论氛围。

三、加强文化建设,有效开展文化活动

1. 做好企业文化规划

紧密结合企业的文化现状和员工的文化需求,制定了《企业文化建设发展规划》和《加强文化建设的实施意见》,积极开展企业文化活动。组织开展"我与企业的关系""企业当前发展面临的形势和主要矛盾""企业为我,我为企业"座谈和讨论,提升职工主人翁意识和忧患意识;举办主题演讲比赛、主题征文比赛,引导年轻人牢固树立正确的世界观、人生观、价值观;组织党员和广大职工参观红色博物馆,让广大干部职工接受爱国主义传统教育;开展乒乓球、羽毛球、篮球比赛;开展"读书月"活动,形成"人人爱读书、处处飘书香"的良好氛围。

2. 加强企业文化管理

加强刊物征订工作,做好一年一度的党报党刊,以及相关行业文化方面的杂志等的征订。为员工发放书籍30余本,包括《没有任何借口》《你在为谁工作》《中国梦学习读本》等,以促进企业文化、引导职工思想健康发展,把认识新常态、推进新发展进一步引向深入,大力弘扬求真务实之风,积极创建"学习型机关"。

3. 认真开展党风廉政文化活动

严格落实中央八项规定和四川省委十项规定,开展收受红包礼金、违规购置和使用车辆、庸懒散浮拖和选人用人问题一系列专项整治活动。层层签订廉政承诺书,细化廉政承诺书内容。开展"人生之路、与廉同行"、参观法纪教育基地等法纪警示教育活动。

总之,加强交通建设监理企业思想文化建设,要加大思想道德建设和群众性的精神文明创建活动的力度,要坚持面向基层、面向群众,开展丰富多彩的企业文化活动;不断完善交通建设监理企业文化基础设施,满足群众求智、求美、求乐的需求,促进企业思想文化大发展、大繁荣,为企业健康长远发展提供不竭动力。

监理项目中存在的问题及对策
——以湖南省两个地方项目为例

长沙中核工程监理咨询有限公司　朱曙光

根据湖南省地方监理项目现状来看,总体而言,高速公路项目监理合同段划分偏小,监理费取费率不高,要求监理人员多,平均人月费用较低;地方项目小,一个地方建设项目可分成多个小监理合同段,要求配齐各专业监理人员并建立一个完整的监理中心试验室,有的项目费用少到仅能建立监理中心试验室。

一、两个地方项目分析

一是浏阳隧道项目 G319 浏阳天马山隧道改扩建工程监理。该项目位于浏阳市境内,全长 2.478 km。新建半幅按一级公路标准建设,设计速度 60 km/h;新建半幅分离式路基宽度 9.75 m,单向双车道,路面采用沥青混凝土结构;新建天马山隧道建筑界限 9.75 m(净宽)×5 m(净高)。天马山隧道新建半幅长 1 090 m。招标施工监理服务期限为 41 个月,包括施工准备阶段监理 1 个月,施工阶段监理 16 个月,交工验收及缺陷责任期监理 24 个月。工程概算投资额 16 511.56 万元,工程监理费用最高投标限价 230 万元,中标价 218.4 万元。

投标对人员的要求:具有交通运输部监理工程师资格证书和相关专业高级及以上技术职称总监理工程师 1 人、交通运输部监理工程师或专业监理工程师 8 人(隧道专监 1 人、机电专监 1 人、质检专监 1 人、测量专监 1 人、路基路面专监 1 人、计量专监 1 人、安全 1 人、试验工程师 1 人),员级 2 人,建立监理中心试验室。相应办公设备和车辆 1 台。

二是插分项目。该项目位于张家界市武陵源景区协和乡插旗峪,全线按二级公路标准建设,设计速度 60 km/h,路基宽 10 m,路面宽 7 m。项目全长 13.811 km,其中武陵源境内里程约 9.623 km,永定区境内里程约 4.188 km,工程总造价约 3 亿元。第一合同段监理里程 4.305 km,隧道长 2 010 m。

计划工期:该项目计划施工工期共 30 个月,总监理服务期 32 个月,其中施工阶段监理服务期 30 个月,交工验收与缺陷责任期阶段 24 个月。合同段划分及招标范围:本次施工监理招标共分 2 个监理合同段(见表 1),其中,我们公司中标第一合同段,监理中标价为 2 654 160 元。

投标对人员的要求:具备交通运输部监理工程师资格证书和相关专业高级及以上技术职称总监理工程师 1 人、交通运输部监理工程师或专业监理工程师 8 人(隧道专监 1 人、机电专监 1 人、路基兼测量专监 1 人、桥梁专监 1 人、计量专监 1 人、安全 1 人、环保 1 人、试验工程师 1 人),员级 4 人,建立监理中心试验室。相应办公设备和车辆 1 台。两个监理标均同样配置。两个项目的现场开支费用见表 2。

表 1　监理合同段情况

监理合同段	起讫桩号	对应施工合同段	长度(km)	监理范围
第一合同段	K0+095－K4+400	A1	4.305	路基、路面、桥涵、隧道、绿化、机电、交通安全设施、沿线附属设施及其他工程和相关变更工程的实施以及本合同主体项目外的附属工程如进场道路、桥涵工程等,包括施工阶段、竣(交)工验收与缺陷责任期两个阶段的监理工作
第二合同段	K4+400－K9+300	A2	4.9	
	K9+300－K14+290.302	A3	4.99	

表2 两个项目的现场开支费用表

	插分项目			天马山隧道		
	单价	合计(元)	备注	单价	合计(元)	备注
总监办建设费	60 000元	60 000	标牌、装修	60 000元	60 000	
试验室建设费	80 000元	80 000	运输、安装、台座及拆除、接水电	70 000元	70 000	运输、安装、台座、接水电
办公费	1 000元/月	32 000	32个月	1 000元/月	17 000	17个月
差旅费	1 000元/(人·年)	35 000	监理人员12人，厨师、司机各1人	1 000元/(人·年)	19 500	按1.5年算,监理人员11人,厨师、司机各1人
燃油费	3 500元/月	112 000	32个月	3 500元/月	59 500	17个月
水电费	2 000元/月	64 000	32个月	2 000元/月	34 000	17个月
房租费	3 000元/月	96 000	32个月	4 000元/月	68 000	17个月
生活费	500元/(人·月)	224 000	14人	500元/(人·月)	110 500	13人
通信费	400元/月	12 800	32个月	400元/月	6 800	17个月
生活设施费用	2 000元/人	28 000	按人均2 000元核算	2 000元/人	26 000	13人
试验检测费用	2 500元/月	75 000	30个月,包括标定费(三次)和材料药品消耗	3 000元/月	51 000	17个月,包括标定费(二次)和材料药品消耗
折旧费		156 260	车辆电脑试验设备50万元,8年折旧		93 750	车辆电脑试验设备50万元,8年折旧
人工费	监理平均8 000元/月 后勤平均4 000元/月	3 136 000	12人加后勤2人(五险一金)	监理平均8 000元/月 后勤平均4 000元/月	1 496 000	10人加后勤2人
税费		181 280	6.83%		149 200	6.83%
合计		4 292 330			2 261 250	

二、存在的问题

（一）业主给付的监理费用低于成本

从以上两个小项目来分析成本：

1. 插分项目

监理人员人均综合单价仅6 019元/月，其中还包括后勤人员工资，车辆使用费用和总监办、试验室的所有开支、税费等。就综合单价来说，费用不够人员工资的开支。

2. 天马山隧道项目

监理人员人均综合单价仅11 679元/月，其中包括后勤人员工资，车辆使用费用和总监办、试验室的所有开支、税费等。就综合单价来说，费用仅够人员工资的开支。

以上分析是在项目正常按工期完成的基础上进行核算，若是延期，业主条款规定将有3个月或6个月无偿服务，监理公司亏损必然更加严重。

（二）小项目专业人员的配备

监理工程师通过国家注册考试，具有丰富的经济、合同、法律、管理知识和较高水准道路桥梁隧道专业技术知识，有较高的监理理论水平和较强的综合协调管理能力，综合素质较高。

小的项目工作量不大，监理工程师每天处理的事情不是特别多，一个人完全有能力兼任其他工作，如总监理工程师兼任合同计量工程师、试验工程师兼任路基路面工程师完全不成问题,安全环保工程师一个人完全可以胜任,但湖南省地方项目招标要求各专业均要配齐。这个方面建设系统做得较好,一个小项目,配一个总监、一个专业工程师加一个监理员,且总监还可同时在三个项目任职。

(三) 延期

由于征地拆迁和资金不到位等原因,导致地方项目延期较多,有的项目延期时间较长,但延期合同不愿签,导致监理企业无法维持项目的监理工作。

1. 插分项目

2017年5月开工,合同工期30个月,至今仍未交工验收,根据合同专用条款6.2.2,还需要免费服务3个月,延期后仅支付原合同价款的60%。

该项目2019年11月项目工期到期,到2020年10月底主体工程才完成,现未交工验收。

2. 天马山隧道项目

天马山隧道施工准备阶段监理1个月,施工阶段监理16个月,于2019年11月进场驻地建设,建立了监理中心试验室。工期已超一半,现完成的工程量只有30%,延期已不可避免。

此项目的延期费用在合同中没有约定,业主方的意思是总额不超出合同订立的监理费。

(四) 一个不大的项目没必要分成几个监理合同段

以张家界插分项目为例,线路总长度为13.811公里,一个监理合同段本非常合适,却分成了两个监理合同段。两个合同段均要配置同样多的监理人员,让两个监理单位来做,均处于亏损状态。如按一个监理合同段来配置人员,监理也完全能管理到位,监理人均取费就比原来多一倍,监理单位也不至于亏损。

(五) 延迟支付监理费用

监理费用支付不及时是地方项目存在的普遍现象。

1. 浏阳天马山项目

2020年初,长沙中核工程监理咨询有限公司派人进场组建总监办,建立中心试验室,业主开工日期定在2020年3月1日,该项目无预付款。按施工进度进行支付,该项目完工后支付至合同价款的70%,项目交工验收达标后付至合同价款的97%,缺陷责任期满后一个月内付清余款。实际过程中,到2020年10月底仅支付了一次监理费用,计20万元。

2. 张家界插分项目

在实际过程中,按合同专用条款6.3.5,要监理每两月申请一次,有时几个月也不签字,实际支付要晚3个月以上,长沙中核工程监理咨询有限公司为此与业主进行过多次商谈。还有一次,业主拖延半年以上,监理计量不签字也不给费用。最终,由公司印发《关于申请支付监理费用的函》和《关于解除监理合同的函》,并上报到有关部门才解决延期支付问题。

(六) 监理单位的尴尬

湖南模式的监理,建设单位是总监办,执行总监办的职责,质量、安全、环保监理是监理单位的主要工作,其他像费用控制、进度控制、合同管理监理等基本上是由建设单位掌握。但工地上出现施工进度滞后、合同管理不到位的现象后,却经常由监理工程师承担责任,这是明显的权责不匹配。

(七) 监理抽检资料全覆盖

一个项目监理人员本来就不多,要完成比施工单位还要多的抽检资料,特别是管理多个施工单位时,监理的资料将可能是一个施工单位的好几倍。而一个施工单位完成资料的人员却可能是监理全部人员的数量,所以,监理要完成这么多的抽检资料是不现实的。

三、问题出现的原因

(一) 监理合同段划分太小

基于对监理单位工作对比和关系的平衡,建设单位考虑让多个监理单位互相在工作中形成对比,这种想法较好,但现实是在监理单位连工资也开不出的情况下,不会有高素质的人员来为项目服务。

(二) 监理费取费率低

从多个项目的统计数据看,湖南省这些年的取费标准比沿海发达省份广东低30%～40%,比邻近省份广西低20%。

(三) 地方项目大多征地拆迁不到位

征地拆迁是地方项目最大的问题之一,不少地方项目基本未征拆或征拆仅完成不到30%,在开工条件完全不具备的情况下,建设单位为取得国家、省补助资金,就让施工、监理单位进场,办一个开工的仪式就定为开工了,实际上无施工工作面,导致进场后就停工的状态。

(四) 建设资金不到位

由于地方财政均是超前使用,地方政府资金缺口较大,"拆东墙补西墙"是常有的事;大部分项目无启动资金,也有一部分项目是靠施工单位带资进场来满足前期施工费用需求,但施工单位资金由于建设规模较大,投标承诺带资也是一个虚无的数字。

(五) 地方项目资质挂靠较严重

挂靠是利益驱使、风险转移的产物。工程市场投标阶段挂靠隐蔽性强、形式多种多样,加上我国法律体系、社会惩罚体系不完善,使得企业和个人失信及违法成本较低,违法风险远低于收益。

招投标是政府招施工企业、监理企业的正规程序,但由于市场竞争及信息不对称,有资质的单位未必能从公开渠道获取信息,无资质或低资质但掌握了一定社会关系资源的包工头和企业,可以通过非正常渠道提前获取工程招投标信息,这种情况助长了挂靠之风。

(六) 施工技术力量较差

近几年来建设规模较大,整个社会的熟练施工技术人员不能完全满足这么大的建设规模,许多施工单位就从大学里招一批学生到现场充当施工员。由于工程施工是一项复杂的技术、经济、安全操作活动,具有实操性强、协作性高、周期长、受外界干扰及自然因素影响大等特点,无经验的施工员无法将施工各要素进行科学、合理的组织安排,无法在一定的时间和空间内有组织、有计划、有秩序地开展施工,导致工程质量、安全不可控。在这种情况下,监理工程师工作责任重大,还要手把手地教,才能有效控制现场的工程质量与安全。

(七) 现场监理试验室功能放大

湖南模式的监理,小到100万元以下的项目,业主也要求建立一个完整的监理工地试验室。政府监督部门备案还必须一师两员,而投标仅1人,无形中增加了监理单位的成本。监理单位为了节约成本,在人员投入上不可能增加试验人员,一个人要完成项目上的全部试验。

从周边广东、广西等省的运作模式来看,小的项目,监理不用建立工地监理试验室,20%的抽检试验可送至工程项目附近有资质的试验室来完成,选定的试验检测单位到业主处备案确定。

四、应对措施与建议

(一) 合理划分监理合同段

建议根据《公路工程监理规范》的要求,合理地划分监理合同段,监理合同段中人员的配备按监理规范 7 500 元/人·年配置较合理。

1. 工程监理招标的范围、合同段应充分考虑工程专业技术管理的特点要求。中小型或技术管理单一的工程建设项目,地方公路建安费用小于 5 亿元的项目应将全部监理工作委托给一个监理单位;大型或复杂的工程,可以按照设计、施工等不同建设阶段、不同专业工程,分别委托专业能力匹配的监理单位。

2. 为了选择咨询管理力量匹配、综合能力强的工程监理单位,工程监理范围、合同段划分应结合工程施工合同段的范围和特点,并分别选择相应的监理单位。

3. 工程监理合同段范围不能小于施工合同段划分的范围(特殊专业工程监理除外);同时,不同监理合同段之间的工作范围界定要清晰、可行,相互衔接,防止工作范围和责任交叉或空缺。项目业主或项目管理单位需要做好不同监理单位之间的协调管理。

4. 工程监理范围、合同段应考虑潜在监理投标人的适应能力和可能参加投标竞争的数量。一般专业性比较强的大型工程建设项目或超大型工程建设项目对监理投标人的综合实力要求比较高,合同段过大,可能导致参与投标竞争的监理单位不足或因监理中标人力量不足而影响监理工作;合同段划分过小,同样会影响监理单位参与投标竞争。

5. 针对过小的合同段划分,监理单位考虑成本时,有综合实力的监理单位将放弃投标,业主单位的选择范围少。合同段小、监理单位多,同时增加了项目管理难度。

(二) 提高监理费取费比例

工程监理的主要成本以建设项目配备人员数量和工资标准为基数,然后计算与工资相关的成本(如五险一金等)和其他办公、车辆、设备单项成本。员工工资根据湖南省工资水平、岗位、职称和建筑行业对应的岗位工资水准等综合因素确定。其他各项成本依据国家和省相关法律法规、政策、实际支出等因素计算。各项成本相加计算出工程监理项目人月成本,建议根据投标要求的人员综合算出项目监理费用。

(三) 加大对项目招标条件的审查

项目招标应具备以下几点:
1. 已经办理该工程用地批准手续。
2. 征地已完成 30% 以上,有可施工的分段连续施工工作面。
3. 建设资金已到位 30% 以上。
4. 初步设计图已通过审批。

以上条件不具备,建议不允许招标。

(四) 政府加强工程企业资质管理

1. 政府监督部门建立长效监督机制,对工程整个过程进行有效监管,建立健全举报奖励制度,对工程违规挂靠经举报后查证属实的,应给予奖励,并保护举报人信息。

2. 完善工程企业资质管理制度,充分发挥行业协会在工程资质中的第三方监管作用,由行业协会参加信用评价,对挂靠经举报后查证属实的信用评价直接定为 C 级。

3. 对挂靠项目进行全过程监控。对施工挂靠要从施工组织、人员设备投入、材料购进、款项使用、安全管理、民工工资发放、质量控制各环节入手,让监管不留死角,消除挂靠带来的风险。特别是挂靠方对外签订合同或向外举债,要被挂靠企业审核同意后方可进行。对资金的流入流出严格把关,防止资金的挪用和抽逃，降低财务风险。对施工的各工序质量、安全严格把关。

对监理资质挂靠的监管要从人员入手，对进入的人员进行考试和长效机制的考勤。要求人员全部注册到被挂靠企业，并严格进行信用评价，任职不到半年的监理工程师个人直接扣 24 分，并对被挂靠企业扣 5 分。

4. 政府建立起统一的信用信息平台、统一的信用评价标准、统一的信用法规体系、统一的信用奖惩机制。在过程中发现问题直接扣分并在网上公示，全年扣分累加，不需要年终时再考核。通过行业信用体系的数字化、信息化建设，规范企业行为，促进行业健康和可持续发展。

5. 加强法治观念。《建筑法》建立市场准入制度的准则是资质等级与承接工程的技术含量相匹配，挂靠拿资质的经营行为使得无资质或者低资质的承包工程成为可能，这有违《建筑法》。公开、公正、公平地选出管理能力强、履约能力好、施工技术优、工程造价低的企业是我们的理想追求，不能因为挂靠让法律成了摆设。

（五）工程企业加强内部资质管理

1. 施工企业应当从企业管理、人力资源、专业领域、工程实绩、信誉情况、工序控制、安全控制、费用控制、进度控制、环保控制等方面综合提升企业实力，关注企业未来的发展。要有做大做强、做品质工程、做品牌企业的思路。不应靠挂靠资质收取管理费用来获取利润。

2. 监理咨询企业应当从创新服务理念入手，把先进的管理理念带入项目管理，给业主提出工程合理化建议，抓好质量、安全的同时，降低造价，快速、优质完成项目。

3. 监理企业应从人才管理、人才知识结构全面化管理、程序管理、控制管理、信息管理等多方面入手。在项目管理过程中，以良好的专业素养、全面的服务理念做好项目的各项监理工作。

4. 企业自身不外借资质，才能有效抑制通过挂靠资质承揽项目。

（六）引入试验检测单位

建立一个工地监理试验室，预估建设成本和投入在 50 万元左右，而小的监理项目费用低，不足以支撑这部分成本。对于监理费用低于 500 万元的项目，建议按周边省份的模式，监理 10%～20% 的抽检试验可送近工程项目周边的有资质的试验室来完成，选定的试验检测单位到业主处备案，由业主和管理试验检测资质单位来监督。有试验检测资质的单位为维护其信誉，对试验检测工作会严格按试验操作规程和技术规范来完成，出具的试验检测报告具有法律效力。

（七）地方项目监理打捆招标

地方项目较小，几个项目合在一起，让一个监理单位来承接，可以有效地减少监理单位的投入，也不增加监理费用，对地方政府和监理单位来说是双赢。

"十二五"时期做过这样的工作，但由于一些地方政府的反对，无权干涉监理单位的取舍，导致后面无法推行。

（八）资料减负

根据《公路工程施工监理规范》要求，施工单位 100% 自检、监理单位 20% 抽检且覆盖面为 100%，资料数量庞大，需要花费大量的人力来做此事。建议：

1. 参照建筑行业的资料标准，监理资料采取施工检查表上填写抽查并签认。

2. 监理仅对原材料 10% 进行抽检，配合比试验 100% 抽检，混凝土、压实度等试验方面进行 20% 的抽检，其他资料采用抽检 20% 构件。

综上所述，针对地方监理项目，业主方要充分考虑监理合同段的划分和监理人员数量的匹配性；行业主管部门要从信用评价、招投标方面加大对资质的管理，并根据实际适当提高监理费取费率。监理单位要加强创新服务理念，提升专业素养。

提升工作本领及格局四法

浙江华恒交通建设监理有限公司　谷冠中

监理行业目前正经历着深刻的变革，今后，综合实力强、品牌优质、经验丰富、经营领域更广的监理企业将占据更大的市场份额。为此，许多监理企业都将培养人才核心竞争力、提升企业品牌、推行全过程咨询、致力多元化经营等作为求变谋生的重要抓手。而监理只有把握时代脉动、坚持终身学习、不断提升自己，才能觅得新的生机。

监理是对技术要求很高的职业，除了要有丰富的理论知识储备外，还需具备快速学习、融会贯通的适应能力及良好的社交能力。

一、面对未知陌生的领域坚持不懈地学习

公路工程项目一般规模大、工序繁杂，所采用的新材料、新工艺等更是层出不穷，没有任何人能胜任所有的工作，遇到不熟悉的领域、不确定的情况、解决不了的问题等是很正常的。这就倒逼我们一定要坚持不懈地学习，不仅要学习各种新知识、新经验，还要虚心求教、认真研究、不懂就问，这是监理人掌控未知领域的关键所在。

二、面对严格的质量安全要求做到有的放矢

工程质量安全重于泰山，相关法律法规和操作规范详细而庞杂，千万不要因为偷懒而走马观花，必须认真阅读、记忆和理解，紧密配合施工单位细化施工方案，细致研究编写依据和工艺流程。尤其在面对危大工程、创新工法时更要用心、细心摸索，切实把握管控要领，不断提升工作水平。

三、面对瞬息万变的场面敢于深入实践

实践是检验真理的唯一标准，即便是工作多年的监理人，在转战到一个新的工地时，对项目的一切也是相对陌生的，更别提初出茅庐的新手。

所以，在认真学习查阅各种工程资料的同时，还必须在工地上通过实实在在的管理实践来检验工作的成效，不能怕吃苦受累，要多走、多看、多听、多记、多思考，理论结合实践，做到融会贯通。

四、面对错综复杂的关系积极担当作为

监理不仅要会技术、会管理，也要会处理关系。任何项目的顺利进行，必须依靠和谐的干事氛围和团结协作意识。这就需要监理充分发挥项目"黏合剂""润滑剂""催化剂"的作用，要学会眼观六路、耳听八方，摸清各方利益诉求，并且择机主动参与，担当好各方沟通交流的桥梁。

行业的变革对监理人而言既是挑战也是机遇，只要坚守信念，监理人一定会与行业一起走进新的春天。

项目监理机构需要品质管理

贵州省交通建设咨询监理有限公司　　汪　涛

目前,贵州省项目监理机构的运行管理模式大致有两种:组长制和专监制。两种模式各有利弊。

一、项目监理机构管理模式比较

组长制人员投入相对较少,人员成本相对偏低;管理简单,指令明确;但对组长的专业能力要求高,需同时具有路、桥、隧等各专业丰富的工作经验,如果运行过程中能力不够,将导致工作效率可能不高;适用于项目不大、工程内容不复杂的小型项目。

专监制专业管理性强,分工明确,工作效率高,适用于大型项目和技术要求复杂的项目,但同时会增加专监人数,导致人员费用增加,不利于单位对人员成本的控制。

广西平南至武宣高速公路第二总监办组建于 2020 年 12 月,监理人员为荔玉高速公路第五总监办原班人马,全线采用一级监理机构模式,设监理试验室。目前总监办有监理人员 30 人,后勤及司机 4 人,配备车辆 4 台。

项目初采用组长制分 3 个监理组对施工单位进行管控,由专业监理工程师担任监理组长,均涉及路、桥、隧相关专业。组长的任职要求高,需要丰富的现场管理经验,运行过程中因能力限制而导致部分专业工作效率可能不高。后经指挥部要求更改为专监责任制,有针对性,但由于线路长需投入更多的专业监理工程师方可有效监管,人员成本明显需要增加。监理机构模式见图 1。组长制和专监制对比分析见表 1。

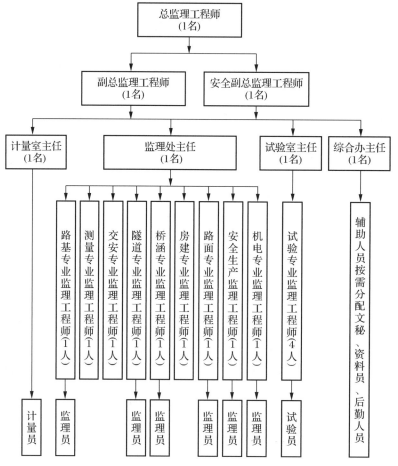

图 1　监理机构模式

表 1　组长制和专监制对比分析表

	适用项目规模	各专业要求	人员投入	人员成本	工作效率
组长制	小	综合能力强	少	少	低
专监制	大	专业能力强	多	多	高

二、管理体系建设要深化行为准则

项目监理机构在建立管理体系时，一般只注重各个阶层的职责，往往忽略了各个阶层人员的行为准则，职责和行为准则可能会被混为一谈。细细想来，职责是工作层面上的要求，也就是在工作的时候应尽的责任；行为准则是高于职责的一种修养，是约束人不良习惯的方法，也是提升整个机构团队能力的手段。用何种管理方式去制定行为准则就成为一个需要考虑的问题。

以平武第二总监办每周的行为约束为例，具体说明行为约束准则的表现形式：周一 8 时至 8 时 30 分，全体清洁大扫除；8 时 30 分召开周例会，随机抽取会议主持人；每周一上午 8 时分别安排一名男同事和女同事检查宿舍；周一至周五晚 19 时 30 分至 20 时集中学习或培训半小时。这样的行为准则的好处有三个：驻地环境形象和个人形象得到提升，个人综合能力得到锻炼，也避免了早上不能按时上班的现象发生。总监办每季度提供劳保、生活用品等；每月评选 1 名优秀员工并给予一定的物质奖励，以榜样的力量激发全员的工作积极性；对通过职/执业资格考试人员，总监办均给予现金奖励，鼓励大家积极提升自我。在人员素质培养方面，笔者认为有以下这些方面要注意：

(1) 会议主持：随机抽选主持人，锻炼监理人员的应变能力和掌握会议主持流程的能力。

(2) PPT 汇报工作：监理人员以 PPT 形式总结工作，提升办公水平和会议形式。

(3) 资料互检：各部门间互相检查部门工作情况，一为查漏补缺，二为互相学习。

(4) 培训：技能培训或讲座，提升监理人员专业知识及业务水平。

(5) 两师带徒：一师为主，一师为辅，博采众长。

(6) 执业考试及职称：创造学习环境和氛围，鼓励监理人员加强学习，进行执业资格考试和职称评定。

(7) 个人总结：提交月度监理个人总结，编写年度工作总结。

(8) 提升素养：每周进行监理人员的宿舍卫生检查，同时组织清洁大扫除。

(9) 宣传贯彻：及时对上级部门、公司相关管理办法、会议精神进行宣传贯彻，保证大家统一认知。

(10) 现场指导：将培训搬到现场，对现场实体进行监理管控交底。

(11) 考核：定期对人员进行综合考评，检验执业、学习成果。

(12) 宣传：建立平武第二总监办微信公众号，鼓励所有监理人员进行投稿，锻炼大家的写作能力。

三、管理体系建设要优化升级

2021 年 9 月 1 日，新《安全生产法》实施，明确了"三管三必须"岗位职责，管业务必须管安全，就应该考虑怎么把质保体系和安保体系有机地整合升级。

业务开展过程中，监理机构要从总监、副总监、监理处主任、各专业监理工程师、监理员等层层压实安全责任，实行监理机构人员安全工作实时上报，隐患整改每日汇总。

全面提高全员安全监理能力。建立"应知应会"安全管理体系，摸排监理人员的安全管理水平，以便在监理过程中有针对性地开展工作，做到管理有依据，处理有尺度，运用好各种平台。

总监办采用"红袖标"制度，层层压实安全管理责任——指挥部人员为"安全督导员"，监理人员为项目"安全检查员"，施工单位现场安全管理人员（含作业班组负责人）为"安全员"；监理人员认真落实"红袖标"安全管理制度，参加施工班组安全教育、技术交底、对新进工人的岗前教育，检查施工单位项目安全管理人员到位情况，查看监控量测人员到位及工作情况，每日对工作现场进行隐患排查，并完成隐患上传，督促现场整改。

总监办坚持每周监理内部会议制度，对一周工作进行总结，反馈问题清单遗留问题整改跟踪情况，对下周工作进行部署，传达相关管理部门会议精神；组织全体监理人员对上级管理部门文件进行学习，对设计进行技术交底，重点讲解质量通病及处理办法；总监办根据工程进展及政策变化下发相关管理文件，加强现场施工质量、安全管理，落实新《安全生产法》"三管三必须"岗位职责。认真宣传党建知识，思想上坚持党建引领。

原先的环保、水保重视程度偏弱，而近几年来，环保、水保要求已上升到影响整个项目是否通过竣工验收的必要条件，原来的环保、水保体系需要优化升级。环保、水保实行的是同时设计、同时施工、同时投入使用的体系。监理机构的工作主要在施工阶段，起承上启下的作用，施工阶段监督按照设计理念完善环、水保工作，并确保后期投入使用。同时，设置专门的环、水保科室，制定环、水保工作开展程序。

结合广西目前的项目建设情况，项目的建成时间均会出现压缩，进度控制体系怎么升级，与质保、安保体系相匹配，需要深入考虑优化进度控制体系。

信息化目前基本上已与项目管理息息相关，而监理机构在信息化管理体系方面几乎没有整体的管理体系，都只是停留在口头或意识上的信息化，未能真正从信息化方面去考虑监理机构的管理体系，或者说有信息化管理的痕迹，但不深入。公司在信息化方面也做了很多工作，如安全资料云上传，企业微信中一系列的管理运行模式等，也从侧面带动了监理机构的信息化管理工作。

四、管理体系建设应考虑品质监理

监理品质的打造方向，一是项目监理机构内部管理品质的提升，二是所辖施工单位施工过程中的创新和工程实体的品质，三是加强施工过程中的质量通病管理。为了使优质的监理管理监督施工过程，落实打造品质的措施，确保最终的工程品质，笔者认为：一是要制定合理可靠的内部和外部管理体制；二是要动态跟踪过程管理，留存相应的管理痕迹、过程影像资料；三是要及时归纳和总结。

1. 建立团队培养计划

监理工作是一种服务，同时也是建设单位授权的结果。提供优质的服务，是团队实力的展现。团队是个体的集合，是企业的元素；企业的发展离不开优秀的团队，团队的实力在于个人能力的综合。

考试评优管理体系：定期对所有员工进行线上讲座培训和组织能力测试；编制有关技术、规范及图纸等方面的考题，对总监办所有从业人员进行水平测试。

业务培训管理体系：采用现场教学和会议讲座的方式展开培训，提升监理人员专业知识及业务水平。现场教学是总监办领导牵头组织，总监办全员参加，针对现场重要的结构物和分部分项工程施工注意事项、管控重点及质量通病进行现场培训和交底。优点是面对施工现场形象直观，参与人员更能理解和掌握培训的内容和重点。会议讲座是总监办领导牵头组织，以图纸和规范为主，对一些难以理解的内容，通过会议讲座的方式进行讲解。优点是实现头脑风暴，可集中讨论，博采众长。

2. 建立工作管理体系

工作开展是查阅培训效果最有效的方法，也是检阅监理团队不足的途径，可采取合理有效的改进措施，扫除工作盲点，提升服务水平。监理机构除正常开展监理工作外，在工作开展中也要形成一些优质的监理管理的方式方法。

一是规范监理工作方式。比如，制定旁站、巡视及抽检内容，按照制定内容开展监理工作和填写旁站、巡视及抽检资料等。

二是召开部门交底及专题会。监理机构各部门组织施工合同段各部门召开专题会议，包括：试验专题会、安全专题会、计量专题会、内业管理专题会、质量通病处理专题会、品质工程及亮点工程打造专题会等。

三是开展一对一交底。各合同段监理现场组对施工单位的特种作业人员进行一对一交底，并签认施工过程安全责任书。

四是进行履约检查。人、材、机是施工的第一生产力,按照施工合同要求进行人员设备履约检查,根据合同要求的设备数量进行清点,并制定管理措施,要求施工单位按合同要求进场设备,同时按照年度产值任务要求配备足够的专职安全员。

3. 建立品质宣传管理体系

平武第二总监办创办了微信公众号,还组织编制了平武路品质期刊,并定期召开观摩会,进行团队文化宣传。项目以行业规范、公司制度为蓝本,拟定了品质监理活动方案,细化管理制度,以优监优酬为目的,"有勇有谋"共推监理品质。

施工现场疫情防控的思考与建议

山东方正公路工程监理咨询有限公司　王　娟
海军勤务学院　刁景华　田　田

工程建设施工现场流动人员多、涉及范围广、管控要求严,必须切实加大疫情防控力度,科学精准制定防控措施,确保疫情防控工作有力、有序、有效,做到疫情防控和工程建设"两手抓、两不误"。

一、全国建筑工地疫情现状与防控措施

据公开报道,2022年3月以来,廊坊、天津、常州、深圳、上海、济南等建筑工地都出现奥密克戎变异株引发的聚集性疫情。

3月8日,河北廊坊市一工地出现1例新冠肺炎阳性感染者;3月10日,天津西青区一建筑工地累计上报41例阳性感染者,其中建筑工人25人;3月13日至22日,江苏常州市一工地发现确诊病例14人,无症状感染者41人;3月13日,广东深圳市新增86例病例,部分病例行程轨迹涉及多个工地,3月,深圳7个工地被封控;3月17日,上海闵行区一建筑工地有63人感染阳性,工地宿舍升级为中风险地区;4月4日到6日,山东济南市建筑工地确诊3名阳性病例,无症状感染者4人;4月8日至11日,浙江杭州市一工地宿舍出现13例阳性感染者……由此可见,疫情在建筑工地频发,防疫形势异常严峻。

为防止疫情在建筑工地输入和扩散,住房和城乡建设部在2020年9月制定和印发了《房屋建筑和市政基础设施工程施工现场新冠肺炎疫情常态化防控工作指南》,之后又下发了《关于全面加强房屋市政工程施工工地新冠肺炎疫情防控工作的六点通知》,要求加强组织领导、加强施工工地人员排查、严格工地内部管理、做好疫情防控宣传、抓好工程质量安全管理、严格值班值守,强化应急准备。

目前,全国各地都在细化当地施工现场疫情常态化防控具体措施,浙江省起草发布了《突发重大疫情防控期间建设工程施工现场管理规范》,江苏省编制实施了《建筑工程施工现场新型冠状病毒肺疫情防控管理规程》。这些文件为建筑工地疫情防控提供了科学指导和有效帮助。

二、工程建设施工现场疫情防控的思考与建议

在人员相对密集且复杂程度较高的工程建设施工现场,不可控因素较多,疫情防控压力大、责任大,必须抓紧抓实抓细疫情常态化精准防控工作,把好每一道关卡,紧盯每一个细节,以周密安全的防疫措施为工程建设保驾护航。

（一）建立健全疫情防控机制

一是建立健全联防联控机制。针对每个具体工程,建设项目成立疫情防控指挥部和防控小组,针对施工现场各个环节,按照以"有"防"无"的标准理念制定疫情防控方案和应急处置预案,明确突发疫情时的处置措施与流程。要常态研究防疫指导,动态拟定防疫措施,跟踪掌握驻地疫情动态,每日发布疫情防控信息简报,确保疫情报告处置链路高效运行,出现问题能够及时采取有效应对措施,力争实现"工地零输入、人员零感染、工作零失误"的目标。

二是建立健全责任追究机制。强化工程建设项目各参建单位在疫情防控中的责任,提高工作的主动性、前瞻性和整体性。坚持领导挂钩和部门分工的压力传导、分层分级责任制,细化责任清单,明确追责问责情形,对于落实疫情防控规定不坚决、不彻底、不认真、敷衍塞责、失职渎职,导致疫情出现并扩散蔓

延、造成严重后果和恶劣影响的单位和责任人,依法依纪严肃处理,对于由谎报瞒报等故意人为因素导致疫情扩大化、严重化的责任人,依法追究刑事责任。

三是建立健全隐患排查机制。各施工现场要认真开展疫情防控培训和应急演练,要将疫情防控内容纳入工程建设日常检查中,做到"早发现、早报告、早隔离、早治疗",坚持日会商、周交班和定期分析制度,通过工地定期全面查、现场人员每日查、各级领导随机查、重要时节专项查等方式进行疫情预警预判,及时发现各种隐患苗头和薄弱环节,对排查发现的隐患逐一建立台账、及时整改销号。

(二) 严格实施现场疫情管控

一是严格精准落实。当前,全国疫情形势比较复杂,防控极为严峻,根据当地疫情形势和风险等级变化,工程建设项目现场要动态调整防控措施,落实科学精准防控,确保横向落实到边、纵向落实到底。当地为低风险地区,可在保证正常有序开展工程建设的同时落实好各项防控措施。工地周边若发生疫情,要根据制定的应急预案实行全封闭管理、严格出入制度。一旦工地出现新冠病毒核酸检测阳性病例、疑似病例、密接人员,立即向有关部门报告,停止施工,对人员就地隔离,组织消毒,并配合卫生防疫部门做好流调溯源。

二是严格现场管理。在严格落实安全保密制度的同时,加大对施工现场往来人员信息的排查力度,落实"一人一档"制度,确保全覆盖、无死角,特殊人员确需进场,应逐级上报,履行程序,查验24小时核酸检测报告和健康码、行程码方可进入。施工现场围挡只保留一个出入口,实行全封闭无接触式施工。要合理安排施工作业流程,优化工序衔接,控制人员流动,尽量避免群体性、聚集性扎堆施工。进入施工现场的所有车辆必须在过渡区域进行防疫消杀。

三是严格个人防护。工程建设项目施工现场要定期举办防疫培训,宣传和普及防疫知识,引导所有人员提高卫生防疫意识。全体参建人员坚持每日测体温、定期开展抗原初筛和核酸检测,应随身携带、科学佩戴、每日更换防护口罩,出入现场及时消毒。严格落实错峰取餐、分散就餐、严禁聚餐制度。要进一步加强员工宿舍区通风换气,保持宿舍、食堂环境整洁卫生。要进一步加强恶劣天气施工、夜间施工时的防疫保障措施。

(三) 运用信息技术助力防控

一是5G核酸移动检测车。2020年2月19日,工信部发布《关于运用新一代信息技术支撑服务疫情防控和复工复产工作的通知》,提出利用大数据、人工智能、5G等信息技术提高抗疫效率。由于工程建设项目的疫情防控必须争取关口前移、管控前置,因此在定期组织核酸检测筛查时,可利用"5G核酸移动检测车"进行核酸采样和实时检测。据了解,移动核酸检测车搭载基于5G技术的车载网络信息系统,具有智能化的采样和检测功能,可实现单车单日2000至2万人份样本检测,可以快速部署到偏远地区的重要工地,能够有效提升核酸检测效率。

二是现场疫情防控系统。据不完全统计,目前我国已有20余款人工智能系统应用在抗疫一线。建议有关部门利用大数据、云计算等信息技术开发"工程建设项目施工现场疫情防控系统",助力人员筛查、复工备案、信息填报和防疫培训,准确掌握参建人员来源、年龄、联系方式等信息,判断其是否来自疫情风险地区、是否已经接种疫苗、是否为易感人群等,持续对重点人员进行动态跟踪,从而提高防疫效率和准确度,为疫情防控决策提供可靠依据。

三是智能无人系统技术。疫情期间,全球对智能无人技术的应用迅速推进,智能机器人替代人工防疫作业,减少了疫情期间很多工作岗位的感染风险。工程建设项目施工现场可以使用喷雾机器人对周边环境和物体表面进行自主移动式多点消毒,弥补传统人工消毒、固定式空气消毒、紫外线消毒的不足;可以使用物流机器人在特殊场所自动开门、关门、配送紧急物资,最大程度降低施工人员的感染风险;可以利用无人机进行工地宣传、空中航拍、远程测温等。

三、结语

作为人员相对集中的行业,工程建设施工现场要坚持常态化精准防控和局部应急处置有机结合,在确保阶段性胜利成果的前提下继续巩固。

优秀总监要把好"三道关"

浙江公路水运工程监理有限公司　李国新

监理人的一生是平凡的,更是勤奋的。在奋斗的征程中,唯愿自己能恪守职责、尽心尽力、发挥作用。笔者目前在浙江公路水运工程监理有限公司组建的杭金衢高速公路工程改扩建二期项目衢州段JL04监理办担任总监,以此谈谈如何才能成为一名优秀的总监。

该项目工程时间紧、管理难度大、技术要求高,自2020年正式动工后一度面临种种难题。自2021年1月起,经过一系列内改革,项目管理发生了翻天覆地的变化。2021年,JL04监理办在四个季度的考核中均被评为"优胜单位",这也是该项目唯一一家全年连续获优的监理单位。

2021年初,JL04监理办就前期项目实施过程中遇到的问题,开始落实系列应对措施。笔者始终秉持一个理念——重视业主需求、赢得业主理解、有效地开展监理工作。基于这种理念,笔者倡议把好"三个主动关":主动交流、主动配合、主动工作。

一是主动交流,赢得信任。工作中把握时机,主动向业主单位汇报监理办当前工作的开展情况、遇到的困难、提出的对策以及下一步的工作想法。从2021年起,监理办利用雨季休整时间邀请业主代表参加监理办召开的工作座谈会,针对当前监理工作存在的问题以及下一步的工作想法,面对面地与业主代表进行座谈,征询业主对监理工作的建议和意见。通过这种有效的工作交流,一方面向业主传递监理办渴望做好工作的意愿,另一方面也让业主更加了解监理办的工作想法,支持监理适度超前的工作计划,让自己成为业主认可的技术顾问和现场管家,取得更多支持。

二是主动配合,适应节奏。进入该项目工作以来,监理办的工作节奏明显加快,工作要求有明显提高,每天各方汇总的信息量很大,落实工作的时限也颇为紧张。为此,笔者要求团队加大对信息的关注和对工作进程的跟踪,做到有措施、有进展、有成效。2021年初,受新冠疫情影响,项目复工形势比较严峻。为确保新年"开门红",笔者带领团队制定"一人一档"的复工要求,在极其有限的时间内实现了防控检查落实到每个人,复工检查细化到每个工点,守时、高效的工作作风得到了业主单位的肯定。

我们重新研究如何有效地召开工地例会,摒弃了以往工地例会由专监们逐一汇报的形式,改由主要专监负责人汇总大家的共同意见进行统一汇报,既节约时间,也让会议内容更加精练、扎实,同时增加了"看图说话"环节,利用播放图片并点评的形式对当月施工中突出的质量问题予以展示,取得了预期效果,也赢得了业主的好评。2022年第一季度,监理办获得年度首个立功竞赛评比"优胜单位"荣誉称号。

三是主动工作,打开局面。二季度初,杭金衢衢州段计划实施"兵团作业",投入400余名施工人员、200余台机械设备拆除沿线7座跨线桥,将原本需要数天、进行数次封道的拆除时间压缩至12个小时。为此,监理办主动出击,组织人员将专项方案细化到每道工序,做好交叉作业的时间安排,并经过了多轮次的施工推演会议论证后予以实施。拆除当天,衢州东A匝道桥拆除现场还是出现了意外情况,原定第一方案不能满足预期时限要求。为此,监理办及时组织技术力量,会同施工单位、指挥部工作人员一起,在确保安全的前提下,及时调整原定计划,确保施工任务在指定时间内完成,为圆满打赢全线破拆攻坚战奠定了基础。

工程建设过程中,监理单位与施工单位的生产管理目标是一致的,取得施工单位的理解和支持也是做好监理工作的基本保证。为此,笔者提出了把好"三个加强关":加强业务素养、加强技术指导、加强质量安全管控。

一是加强业务素养,获得职业尊严。监理工程师要想得到施工单位的尊重,就必须加强自身修养,熟悉工程施工特点,提高专业技术知识,以公正、廉洁、认真、负责的态度开展日常工作。笔者带头组织、督促监理工程师加强业务知识学习,鼓励大家通过多种形式接受继续教育。在2021年业主单位及浙江交投高速公路建设管理有限公司组织的路面工程监理人员上岗考试中,JL04 监理办参考人员全体通过测试。

二是加强技术指导,取得工作信赖。从 2021 年 1 月开始,监理办利用技术优势,一方面加强对施工单位的技术交底,一方面加大对分项工程的监督力度,严格落实"开工即是首件"的工作目标,避免因不必要的返工、停工导致的工期延误。为做好质量预控,监理办通过会议、培训、讨论等形式,展开多类型的业务研讨活动,确保监理工程师对责任范围内工程的特点、难点、重点和监理关键控制点了然于胸、应对有策。同时,监理办还适时召开工地现场质量会,通过实例直观地查摆问题,提出解决方案并介绍同类型项目的一些先进做法,用实际行动获得施工单位的信赖。

三是加强质量安全管控,锻造品质工程。2021 年,除加强在建工程的质量安全管理外,该项目还基于提升项目外形和美观度,加大了对工程外观缺陷的排查。监理办联合施工单位积极探索、改革创新。杭金衢二期是涉路施工项目,针对新老路面容易出现因沉降不均匀而产生纵向裂缝的质量通病,通过应用新老路拼接处的台阶开挖、基层顶面增设加筋网、老路水稳基层侧面增洒水泥净浆、拼接处中面层灌顶面乳化沥青等技术,最大程度降低了新老路拼接易出现的路面病害问题。在安全管理方面,监理办利用建设"平安工地""利剑行动"为抓手,制定安全总体目标,量化阶段目标,加强日常安全环保巡查、检查力度,确保实现全年"零"事故管理目标,2021 年度荣获省市两级"平安工地"示范监理合同段称号。

监理团队来自五湖四海,人员组成结构复杂,工作能力有高有低。如何凝聚人心鼓舞士气、激发团队最大的内生动力,是颇为严峻和棘手的问题。为此,笔者提出了把好"三个注重关":注重责任落实、注重工作导向、注重文化引领。

一是注重责任落实,明确责任分工。2021 年,监理办改革了既往的例会制度。选取了一天工作开始的清晨为例会召开时间,通过早会让与会人员快速了解监理办当天的工作计划,形成统一的理念、统一的声音、统一的行动,让大家以更好的状态进入一整天的工作。在监理办内部分工上,明确总监必须常驻现场,深入现场了解真实情况,不搞遥控指挥,及时处理项目出现的重大问题,做好前瞻性决策,做好专监的工作督导。专监各负其责,在明确各岗位工作人员任务安排的同时,尽可能减少临时性的工作任务,这对培养职工岗位责任意识,实现内部专业配套,人员齐全、分工明确、各尽其职有很大的促进作用,营造了团结一心、步调一致、相互配合、互相支持的工作氛围。

二是注重工作导向,树立工作榜样。2021 年初,监理办出台了项目"优秀监理人员"评选奖励制度,前期侧重对专监的考评,后期开始扩展到对所有监理人员的评选。通过评优工作打造了"比、学、赶、超"的工作氛围,也对促进监理人员工作主动、积极上进发挥了重要作用,推动着监理工作的质量更上一层楼。作为总监,除了要激励员工不断向前外,还要充分了解每一名监理人员的品行、能力、个性、爱好、阅历等,知其"能"与"不能",扬长避短,真正尊重并关心他们。根据每个人的特点,通过学习、比较、观摩、研讨等形式,开阔其业务视野,发掘其短板不足,给他们营造向上发展的空间及动力。另外,重视身教胜于言教,总监带头恪守"守法、诚信、科学、公正"执业准则,必须率先垂范以身作则。

三是注重文化引领,加强人文关怀。因为交通工程的特殊性,监理一线的员工远离家乡,监理办成为他们的"家"。为此,我们积极改善工作环境,增加驻地建设投入,关心关怀职工日常生活,为他们纾忧解难,改进后勤保障服务,缓解他们的思乡之苦,努力让每一位职工感受到项目"大家庭"的温暖,让员工找到"回家"的感觉。

怎样成长为优秀总监

重庆中宇工程咨询监理有限责任公司　向永贵

目前,有些监理企业实行项目总监负责制,总监办通过监理单位法人代表书面授权、有效组织和统一管理,形成规范高效的项目监理机构。总监既是派驻项目履行合同的全权代表,又是建设单位委托监理合同的总承担人。在项目监理机构中,总监是实施监理工作的核心,既是行政领导人,又是技术负责人。这个角色无论是在企业内部还是行业内都十分重要。因此,监理企业要在现有基础上,积极创造条件培养和造就一批优秀项目总监,这样才能不断提升核心竞争力。

首先,当前工程行业传统模式面临着大数据、互联网+、智能交通工程等一批新技术的冲击,我国传统的监理工作、方法、思维等受到深刻的影响,比如智慧工地、BIM、水下摄影定位测量技术、无人机技术、云眼智能监控等一批新技术已经让原先相对孤立的管理部门、专业实现了办公协同。我们必须主动思考传统的工程监理如何与现代工程管理模式相适应,监理还能做哪些工作,提供哪些增值服务。同时,我国高速公路步入次增长阶段,"一带一路"倡议为工程监理参与国外的项目咨询服务提供了更多机会。总监应该提高政治站位,认真思考如何把握机会,与国际接轨,实现新发展。

其次,总监应该是智慧型的综合性人才。在竞争日益激烈的工程建设背景下,不仅要有广博的知识、扎实的专业功底,还要有高超的组织能力、敏捷的思辨能力。例如,公路工程总监要掌握路桥隧及岩土、水文等方面的专业知识,不仅对施工的过程要熟悉,还要对设计意图进行领会把握,控制工程重点和难点,这比对单一的勘察、设计或者造价人员的要求更高,知识架构要更丰富才行。

总监是工程质量验收的重要把关者,如果没有更专业的理论知识、丰富的现场经验并熟悉验收规则,是不可能对工程的结果进行全面准确判断的。此外,总监要深谙管理学,总监办本身就是一个团队,加上参建单位众多,包括施工总包和分包单位、班组、材料供应商,涉及工程建设的策划阶段、准备阶段、实施阶段和验收阶段等环节,需要总监具备较高的管理艺术,协助业主对参与项目建设的各单位、各环节进行有序、有效管理,只有这样才能发挥出最大效能。总监还要有比较强的组织能力,需要组织、主持监理日常会议、方案专家评审会、交叉施工协调会等各种会议,同时还是监理活动的组织者、核心实施者以及施工、业主、政府职能部门的联系纽带。

总监还要重合同、懂法律。公路工程建设资金集中,参建单位是基于合同关系汇聚在一起,需要总监在技术专业之外理顺合同关系,灵活运用《合同法》《招投标法》《安全法》以及地方法律法规,在合法合规范围内开展工作,必要的时候运用法律武器,科学公正地处理问题、化解矛盾、解决问题,从而助力项目建设的顺利进行。

再次,优秀的总监应该有服务意识。受建设单位委托,总监应凭借丰富的学识、经验以及必要的试验检测手段,对项目进行全过程的咨询管理。当然,总监不是凌驾于项目之上的执法者,而是全心全意的现场服务者。

为建设单位提供优质服务是监理的目标。作为总监,要知晓建设单位追求的最终目标是什么,各个阶段的需求是什么,工程的重点和难点在哪里。只有这样,才能提供更高效、更优质的服务。目前来看,监理活动依然主要集中在施工阶段,这显然是不够的。作为新时代的监理,应该在项目策划、勘察设计咨询、后期结算、项目申报奖励等方面给业主提供全过程的系统的咨询服务,真正成为业主的好参谋,质量的好卫士。

监理的服务性是建立在相对独立的基础之上的,不是对业主的意见照单全收,一味地迎合,对盲目抢工期、随意提高或者降低工程标准等主观行为要坚决说"不"。只有公正地站在项目的角度,运用科学的手段、优质的服务,才能赢得建设单位的尊重、赢得社会的认可。

总监应注重团队的建设。总监是总监办团队的核心，想要打造高效、团结、富有凝聚力和创造力的团队，就要不断学习，提出团队共同的工作目标，树立正确的价值观，以分工明确、定岗定责、权责分明、奖罚有度来维护团队的整体利益。

社会在进步，时代在发展。工程总监要紧紧把握时代脉搏，紧盯前沿技术，把传统工艺和新技术融合起来，与时俱进。

建立计量工作台账的技巧和策略

贵州陆通工程管理咨询有限责任公司　杨克芳

计量支付工作在公路工程建设项目中是一个中心环节,也是工程建设项目进行控制的有力手段,而各项台账的建立对计量工作起着事半功倍的作用。

本文以广西贵港至隆安高速公路工程为例,该工程计量报表及台账主要使用 Excel 电子表格,没有建立完善的计量清单,计量工作复杂而烦琐,不但增加了计量工作人员的工作量,而且在核算过程中也容易出错,所以各项台账的建立尤为重要。笔者在文中分享了计量工作中各项台账建立的重要性。

近年来,公路计量软件的广泛使用大大简化了计量支付工作。笔者在计量工作中曾使用过两种类型的计量软件,一种是按清单编号进行拆分的(大多数用的是这种),另一种是按分部分项工程划分进行数据录入的,两种计量软件的使用都大幅简化了计量支付工作的操作过程,但也存在一些缺陷,比如需对计量人员操作进行专项培训等。

一、工程明细台账的建立

工程开工后,计量工程师的首要工作是对工程量清单进行复核,掌握合同条款,然后根据审批的分部分项工程化分清单逐步对设计图纸进行核算,建立工程量明细台账(即 0♯ 台账或合同清单),因为计量支付工作是以分项工程为基本单元进行计量的。对有疑问的工程量及时与相关部门人员进行复核,力求做到准确无误。工程明细台账的建立应考虑原合同工程量、图纸工程量及承包人自检工程量,并形成对比。根据原清单工程量,将工程量按部位进行细化,并且在工程明细台账中标明计算数量时的图号来源及计算公式,为后期的工程决算、工程审计及竣工审计提供便利,还可与支付报表直接进行对比。

二、工程计量台账的建立

计量台账应与合同文件中各章节工程量清单中的各项目、编号一致。其中每期计量的"数量"为每期计量审核后的最终数量。制表时可按合同工期制表,根据实际工期增减。也可根据工程需要加入每期计量金额和对每期计量进行细目、章节的汇总,这样可以清晰地显示出各月计量金额及该章节总计量金额。

三、工程变更台账的建立

随着工程施工的深入,不可避免地会出现各式各样的变更,一般为了不影响工程的顺利进行,工程变更方案及图纸会及时下发,而"变更令"的下发会相对滞后,因单价和数量的审核程序比较烦琐,所以变更工程的计量就相对较慢。为了方便变更的申报和计量,变更台账的建立一般可分为申报中变更和已批复变更,已批复变更台账应按分项工程建立部位台账,同时输入变更编号、变更内容、金额等以便日后查询(表1)。

四、分项工程计量台账的建立

对于工程量大、施工时间长的分项工程,或者是控制性工程,除建立计量台账外还可以建立分项工程计量台账,以便防止重复计量、漏计,及时掌握工程进度;如路基土石方工程、隧道工程、大型的挡土墙工程等。在这些分项工程计量台账中列入设计工程数量,随时计算设计数量与已计量数量之差,以避免出现超计量的情况。设计工程数量可将设计图纸中的数量录入,对于变化比较大的分项工程数量,变更后可将变更工程数量录入(表2)。

因此,我们前期把各项目台账建立完善,对接下来的计量工作就会大有帮助,可以起到事半功倍的效果。

表 1 贵隆高速公路 B01 合同段变更合账

承包单位：中交第二公路勘察设计研究院有限公司　　　　　　　　　　编制日期：

序号	所具标段	专业类别	变更申请编号	变更项目名称	变更原因及内容	变更方案		审批进度	批复时间	支付类型	变更令			备注
						方案类别	估算增减金额（元）				上报金额（元）	审批进度	批复时间	
1	B01	桥涵	GLB(TJ)1—QHBG-001	贵隆高速土建B1标取消K73+707涵	变更原因:K73+707涵洞设计为1—4×4钢筋	一般变更	−1 474 134.00	已批复	2017-2-15	B类	−1 299 791.00	已通过	2018-3-5	2018-7-11
2	B01	桥涵	GLB(TJ)1—QHBG-004	贵隆高速土建B1标调整K77+476涵	变更原因:K77+476涵洞设计为1—4×4钢筋	一般变更	−285 632.00	已批复	2017-2-15	B类	−273 540.00	已通过	2018-6-5	2018-7-20
3	B01	桥涵	GLB(TJ)1—QHBG-014	贵隆高速土建B1标K77+776涵洞标	变更原因:K77+776涵洞原设计为1—2×2钢	一般变更	−400 535.00	已批复	2017-6-16	B类	−388 341.00	项目公司		2018-7-22
4	B01	桥涵	GLB(TJ)1—QHBG-015	贵隆高速土建B1标K80+150涵洞优	变更原因:K80+050涵洞原设计为2—6×5 m	一般变更	−1 919 477.00	已批复	2017-6-1	B类	−1 860 741.00	项目公司		
5	B01	桥涵	GLB(TJ)1—QHBG-016	贵隆高速土建B1标K84+050涵洞优	变更原因:K84+050涵洞原设计为1—6×5钢	一般变更	−1 442 450.00	已批复	2017-6-1	B类	−1 410 110.00	项目公司		
6	B01	路基	GLB(TJ)1—LJBG-024	贵隆高速土建B1标K84+370	变更原因:K84+370—K84+530段设计为挖	一般变更	806 112.00	已批复	2018-3-17	B类	756 864.00	项目公司		2019-1-30
7	B01	路基	GLB(TJ)1—LJBG-034	贵隆高速土建B1标K80+490	变更原因:K80+490—K80+620段设计为对挖	一般变更	654 966.00	已批复	2018-3-17	B类	614 952.00	项目公司		2019-1-30
							−4 061 150.00				−3 860 707.00			

表 2　贵隆高速公路项目 GLB 标计量统计表

期号	合同额(元)	变更金额	变更后金额(元)	本期末累计计量	比率(%)	上期末累计计量	比率(%)	本期计量	比率(%)	本期末累计支付(元)	比率(%)	上期末预计支付(元)	比率(%)	本期支付(元)	比率(%)	备注
1	793 901 208		793 901 208							39 69 5061	5.00			39 695 061	5.00	预付款 5%
2	7 93 901 208		793 901 208							79 390 121	10.00	39 695 061	5.00	39 695 060	5.00	预付款 5%
3	793 901 208		793 901 208	25 740 190	3.24			25 740 190	3.24	103 328 497	13.02	79 390 121	10.00	23 938 376	3.02	
4	793 901 208		793 901 208	58 348 006	7.35	25 740 190	3.24	32 607 816	4.11	133 653 766	16.84	103 328 497	13.02	30 325 269	3.82	
5	793 901 208		793 901 208	86 808 989	10.93	58 348 006	7.35	28 460 983	3.58	159 254 390	20.06	133 653 766	16.84	25 600 624	3.22	
6	793 901 208		793 901 208	114 901 112	14.47	86 808 989	10.93	28 092 123	3.54	185 099 144	23.32	159 254 390	20.06	25 844 754	3.26	
7	793 901 208		793 901 208	135 149 925	17.02	114 901 112	14.47	20 248 813	2.55	203 728 052	25.66	185 099 144	23.32	18 628 908	2.35	
8	793 901 208		793 901 208	159 585 222	20.10	135 149 925	17.02	24 435 297	3.08	226 208 525	28.49	203 728 052	25.66	22 480 473	2.83	
9	793 901 208		793 901 208	198 930 782	25.06	159 585 222	20.10	39 345 560	4.96	263 189 351	33.15	226 208 525	28.49	36 980 826	4.66	
10	793 901 208		793 901 208	217 334 612	27.38	198 930 782	25.06	18 403 830	2.32	281 653 143	35.48	263 189 351	33.15	18 463 792	2.33	
11	793 901 208		793 901 208	256 162 940	32.27	217 334 612	27.38	38 828 328	4.89	314 536 255	39.62	281 653 143	35.48	32 883 112	4.14	
12	793 901 208		793 901 208	295 968 322	37.28	256 162 940	32.27	39 805 382	5.01	343 992 238	43.33	314 536 255	39.62	29 455 983	3.71	
13	793 901 208		793 901 208	303 567 590	38.24	295 968 322	37.28	7 599 268	0.96	351 984 903	44.34	343 992 238	43.33	7 992 665	1.01	
14	793 901 208		793 901 208	310 877 978	39.16	303 567 590	38.24	7 310 388	0.92	357 368 589	45.01	351 984 903	44.34	5 383 686	0.68	
15	793 901 208		793 901 208	328 953 974	41.44	310 877 978	39.16	18 075 996	2.28	370 744 826	46.70	357 368 589	45.01	13 376 237	1.68	

监理对原地面复核工作的重要性

厦门港湾咨询监理有限公司　袁思斌

国道 351 线是国家东西走向的一条干线,起点位于浙江省临海市头门港(港口),终点位于四川省阿坝州小金县。厦门港湾咨询监理有限公司监理的重庆市石柱县国道 351 线新改建工程为二级路标准,第 1 合同段部分道路为改建,隧道为新建(隧道长 1 058 m),第 2、第 3 合同段为新建。该项目地处重庆石柱县金铃乡与湖北利川市文斗乡交界,地理位置偏僻,项目所在地全部是高山峡谷,崇山峻岭,森林覆盖。

驻地机构(总监办)进场之初,经过认真审核图纸、现场查勘后发现,由于该项目所处地理条件差等原因,设计勘察单位在前期外业测量工作不全面,测设深度不够,很多深挖高填及结构物工程区域的原地面测量存在遗漏或与设计图纸体现的测量数据存在误差较大的情况,导致后期存在工程变更发生概率加大的风险,决定增设总监办测量小组(业主招标没设测量工程师),对该项目原地面进行全面复核。

为保证工程前期工作有效开展,针对具体情况,总监办从土石方、挡墙、桥梁、隧道和整体线路等方面着手,在施工单位复核的基础上,独立进行了测量复核工作。

1. 土石方复核情况

经复核,总监办所辖 3 个合同段合计增加 15.9 万 m^3,其中第 1 合同段增加土石方 2 万 m^3,第 2 合同段增加 6.5 万 m^3,第 3 合同段增加 7.4 万 m^3。

2. 挡墙复核

由于该项目地处高山峡谷,设计单位在测量时位置不精确,常常是平面位置精度够,而标高误差较大,甚至某些地方高差达到 5 m 至 6 m,造成挡墙悬空,而且基础承载力计算不准确(承载力根据挡墙的荷载来计算确定),不能保证挡墙施工完成后的安全。经过总监办复核,确定全线共有 86 处挡墙存在类似情况。监理将复核结果提交业主后,业主组织设计单位对这些部位进行重新设计,避免了返工与潜在的安全隐患。

3. 桥梁位置复核

监理对全线桥梁进行复核。其中,第 2 合同段香水坝中桥(原设计为 20 m 箱梁)位于毛滩河,监理现场复测实际跨度只有 8.5 m。结合当地水文资料,并与当地百姓交流了解历史最高水位情况后,监理向项目业主提出变更建议,经业主、监理、设计和施工四方讨论、审查,最终将该桥改为 13 m 板式桥,节约投资约 30 万元。

第 2 合同段白岩中桥原设计 40 m 中桥,经复核该段跨度不超过 15 m,经监理实际调查发现,该段常年无水,只有汛期才有局部流水。监理向项目业主建议将该桥改为 4 m×3 m 的涵洞,同时两边增设挡墙,节约投资约 80 万元,并降低了施工难度。

第 3 合同段思梨堡大桥,经现场测设完成后与设计对比发现,该桥 5 号桥台无襟边宽度,而且岩层破碎,监理报告业主要求设计单位对该桥台进行复核。经过设计单位复核后,将原设计重力式桥台改为桩基础桥台,以确保桥梁的安全。

4. 隧道复核

对全线隧道复核。其中,第 1 合同段丁家梁隧道原设计进口 10 m 为五级围岩,经复测发现隧道进口段顶覆土层为土夹层,层厚为 3 m 至 5 m,监理向业主建议将原隧道进口 10 m 一段变更为土方开挖,隧道长度减少了 10 m,降低了造价的同时,也降低了该段的施工难度与安全风险。第 3 合同段白岩隧道,经过监理的复核存在同样的情况,经变更,该隧道比原设计长度缩短了 16 m,减少了造价 140 多万元。

5. 线路调整节约造价

原地面复核为线路调整提供数据支撑。第 1 合同段 K1+050-200 段原设计为高填方路基,经过复核后,总监办认为该段地质较好,建议取消该段填方增设路肩墙,既保证了路基安全,又减少了外借土方和土工格栅,节约投资造价约110万元。丁家梁隧道出口原设计填方需要3万 m^3,经过实践测量,将隧道纵坡调小,出口线形调整(满足二级路标准),减少填方约2万 m^3,节约投资约80万元。第3合同段K13+640—740段原设计为抗滑桩,经过现场复核及地质情况查勘,建议业主取消该段抗滑桩,节约投资约270万元。

评优考核提升监理日志填写质量

山东东泰工程咨询有限公司　翟立宁

监理日志是记录工程质量、进度、投资控制的原始资料,也是对施工和监理单位工作状况的综合反映。笔者根据多年的工作经验,谈一下提升监理日志填写质量的相关方法和技巧。

一、监理日记和监理日志的关系

监理日记是每位监理人员的工作记录,监理日志是监理部门的工作记录。日志是由日记汇总而来,不是单纯的摘抄,而是监理工作的充分体现。监理人员日记内容是否丰富、规范,直接影响到监理日志的填写质量。监理日记的格式有采用监理日志的形式,也有采用普通记录本进行记录的形式,无论哪种形式,如何填写好监理日记,做到规范化、标准化是重中之重。

二、监理日志应该规范填写

如何规范填写监理日志?首先要注意的是一定要明白监理日志需要填写的内容。笔者结合《公路工程施工监理规范》(JTG G10—2016)的相关规定,详细说明日志填写内容和注意事项。

1. 监理日志主要内容应包括当天的天气情况、气温、主要施工情况、监理主要工作、问题及处理情况等。

2. 具体填写要求:

(1) 主要施工情况:简述各合同段主要施工项目。应详细记录当日施工单位人员机械设备投入情况、工程进展情况及现场负责人、施工现场主要存在的问题、整改措施及整改结果等。

(2) 监理主要工作:完成的监理工作内容,施工方案、分项工程开工报告、检验申请批复单、检验资料等的审核批复情况;工程质量检查、验收、旁站情况,具体施工部位检查内容、方法、频率和结果,对不符合规范要求的项目,下发监理指令、提出处理措施并记录处理结果;项目会议召开情况,记录会议内容、议题、解决问题;处理结果、工程变更等情况,如路基翻浆处理等特殊路段处理,要做好原始记录,记录具体部位、处理方案、处理过程、具体工程数量等,并附相关影像资料,同时做好电子版资料记录。

测试检测数据记录:主要记录自检、测量、检测、试验原始数据,工程变更的具体部位、处理方案、具体工程数量。

(3) 问题及处理情况:就有关问题与建设单位、施工单位等进行澄清或处理的情况简述,主要记录领导检查项目提出的意见和要求,有无阻碍施工现象以及其他与工程有关的情况。

三、规范填写的保障措施

为了保证监理日志填写质量,在监理工作开展初期,由项目负责人指导相关监理人员填写。

1. 指导机制。由监理部第一负责人亲自指导监理日志的填写,一般在进场一个月内,监理部第一负责人每日检查指导,直至教会所有监理人员填写监理日志。

2. 审核机制。监理日志填写规范后,监理员的监理日志由项目工程师审核,项目工程师的监理日志交由驻地、副驻地审核,每旬检查一次,并填写评语。

3. 抽查机制。每月5日前,由项目负责人对所有监理人员上月监理日志记录情况进行抽查并填写评语。

四、评优考核确保全面创优

1. 首先应健全领导组织机构,由企业成立监理日志评优工作考评组,负责每月评优工作的领导工作。要由负责考评工作的办公室人员具体负责考评事宜。各项目设立联络员专人专办,建立工作联系群,对发现的问题及时交流并进行处理。

2. 对全体监理人员的记录本每月由考评小组逐个评比,选出较优范本。具体考评程序如下:

第一步:各项目每月评选出前三名员工进行奖励,并将第一名员工的监理日志报公司参与评优。由于采用网络办公,需要扫描记录本内容,不宜过多,以连续3天的记录内容为佳,记录本内应在显著位置有日期的字样。文件命名为:日期-项目名称-人员姓名-资料名称。

第二步:各项目将评选的材料扫描后报给负责考评工作的人员。由企业负责考评工作的负责人、考核人员进行考评打分。

第三步:评优工作完成后,将考核结果及最终评优的记录本进行公示。

评分标准:10分制,1分递减。评分人员从书写字体是否规整、内容是否丰富、检测指标是否齐全、条理是否清晰等方面对资料进行评分。监理日志评优重点考核日志内容填写的规范性、丰富性。

3. 对评选出的优秀监理日志在企业范围内推广展示,以便全体人员参照填写,以达到全面创优的目标。山东东泰工程咨询有限公司将监理日志评优工作纳入月终、年终工作考评范畴,根据奖励机制,适当加分,以此引起全体员工的重视,提高监理人员的参评热情,使监理日志逐步得以规范和提升。

工程安全监理 4M1E

江苏苏科建设项目管理有限公司
朱先明　蒋飞平

工程实践中不可能做到完全没有危险,而如何把危险控制在可控的范围,不发生人身伤害、较大财产损失的事故,则需要工程管理者认真分析危险因素、深入研究应对策略、提出针对性措施,通过有效的过程管控,才能做到不发生安全事故,尤其是不发生安全责任事故。在工程监理行业,有很大一部分监理人员基于对发生安全事故后可能被追责的顾虑,抵触、回避甚至抗拒分管安全工作、接受安全管理任务,认为不负责安全就没安全责任。从工程监理的角度,如何才能做好安全监理工作?笔者结合多年从事监理工作的实践,主要从"人、机、料、法、环"五个角度展开分析,落实监理核查措施,做好安全检查记录,按监理程序处理安全查验结果,履行监理安全职责,基本可以达到监理安全管理的要求,避免由于发生安全事故而被追责。

一、"人"的角度

在安全管理中,"人"是最主要的因子。"人"既是管理主体、执行主体、受害主体,也是责任主体。"人"不仅仅包括个体的人,也应包括法人。做安全管理,首先要确认"人"这个主体的合规性,这也是减轻安全事故责任的首要工作。

1. 法人

在工程实施前,监理应核对施工企业的安全生产许可证是否处于有效期内。《安全生产许可证管理条例》(国务院令第 653 号)第二条规定,"企业未取得安全生产许可证的,不得从事生产活动"。安全生产许可证有效,即表明企业具备国家规定的安全生产条件,施工活动的主体合法。如施工企业的安全生产许可证失效、被吊销,在施工中发生的安全事故时,应属于责任事故,相关人员要承担事故责任。

2. 管理人员

(1) 施工单位现场管理机构主要负责人的资格应符合国家及招标文件的规定,项目经理应具有规定等级的建造师证书,且有对应等级的安全生产考核合格证(B 证)。

(2) 从事安全管理的专职人员,应具备安全生产考核合格证(C 证),且专职安全员的数量必须满足国家及招标文件规定(常规为合同价 5 000 万元/人)。

3. 工人

(1) 工人必须在接受三级安全教育合格后,方可进入现场从事施工活动。三级安全教育分为企业级、项目级、班组级,相关教育资料应在项目部存档。深入人心的安全教育、安全交底,是降低安全事故发生概率的最有效途径。

(2) 属于国家规定的特殊工种,常见的如电工、焊工、起重工、架子工等,应取得特种作业人员操作证方可持证上岗,否则不得从事相关特种作业。特种作业人员数量明显不能满足施工需要时,必然导致无证上岗,也将承担事故责任。

以上三类证书,施工单位应向监理机构书面报验,监理机构审核、存档。监理应将证书的有效期和人员数量纳入日常安全检查,避免证书过期或人员过少。

4. 监理人员

(1) 交通项目现场监理机构的负责人及负责安全的监理人员,应通过中国交通建设监理协会组织的安全监理培训和考试,并取得相关证书。

(2) 监理机构内部安全知识培训是对监理人员做安全的应知应会交底、安全管理制度和文件宣贯、安全技能培训的重要途径,是避免或降低监理公司、现场监理机构负责人安全管理责任的重要履职行为,相关方应当重视。

(3) 学习安全管理,掌握足够的安全知识,掌握安全监理的基本程序,是当前监理人员的一项基本要求。"不懂安全"的监理就不是一名合格的监理,"不懂安全"不是避免监理事故责任的借口,反而可能引起一些不必要的麻烦,甚至导致监理自身就是安全事故的受害人,给个人和家庭带来严重影响。

二、"机"的角度

"机"即机械、设备,工程施工离不开大型机械、小型设备。机械、设备操控系统的完好性、安全限位的有效性、操作使用的规范性、设备就位安装的安全性,是设备类安全事故概率、频率的决定性因素。

(1) 施工单位应对进场的所有机械、设备进行安全检查,并向现场监理机构书面报验。监理应核对机械设备自身的安全性能,及安设、就位的安全性。

(2) 属于特种设备的,应按照特种设备的管理要求,取得相关检测合格证明后方可投入使用。如预制场龙门吊,应经专业机构检测、取得合格报告、在所在地安监机构备案,并与出厂合格证明材料一起,以书面方式报监理批准后,方可投入使用。

(3) 对于非特种设备,施工单位也必须以书面形式向监理报验,监理应对设备进行安全性检查。非特种设备的检查,建议根据不同的设备列出检查清单,逐项进行符合性检查。主要检查设备电线的完好性、电路接口是否外露、接地和电路保护装置、钢丝绳损伤、操作开关的合规性、限位器的有效性、安设是否稳固等。可由施工、监理机构共同拟定,或邀请相关专业人士拟定非特种设备的检查表,对照检查表,施工单位逐项自检、监理抽查,保证机械设备安全投入使用。

(4) 除进场报验、核查外,机械设备的日常巡检也极为重要。监理的日常巡检主要是检查与进场状态的差别、操作的规范性、施工单位日常检查是否到位等。必须强调施工单位安全管理人员、机械设备操作人员日常检查的重要性,这是施工单位安全体系、安全制度有效运行的基本要求。

(5) 对于需要现场安装的大型起重设备,应按照有关规定,对安装、拆除方案组织专家论证。安装、拆除方案应结合现场条件编写,地基处理方法及地基承载力的验证必须纳入方案。

(6) 监理应重视临时进场、短期租赁设备的安全检查和报验工作,此类设备的操作人员一般对现场情况不是很熟悉,施工单位一般较易忽视此类设备的安全合规性检查,容易成为特种作业人员、设备管理的安全漏洞,其导致安全事故的概率较长期驻场设备更高。

三、"料"的角度

安全管理的"料",指的是与安全有关的材料、防护装备、劳动保护用品、工器具等。只要是与安全有关的,一定要纳入安全管理范围。

(1) 所有与安全相关的材料,都应根据安全管理的要求,列出采购清单、保存采购票据、建立领用清单。安全防护用品、劳保用品应由施工方采购、发放。相关材料的采购、发放若有遗漏,可能会导致施工单位和管理单位在安全事故方面的责任。

(2) 大部分安全防护用品、用具、劳保用品、应急物资,应有一定数量的库存,且库存物品也应处于有效状态,如灭火器等。

(3) 有关安全物品的采购,应尽量采购符合国家安全指标的标准件,杜绝为了节约费用采购非标件。如临时配电箱,应尽量采购符合用电安全要求的成品,避免采购非标配电箱,甚至自己制作、组装配电箱;采购安全帽应符合安全国标,且要在有效期内,超过有效期、关键部位有破损的安全帽应要求更换。

四、"法"的角度

安全监理,方案为先。安全监理的"法",指的是方法、方案、规则、措施等,包括各类管理制度、技术方案、工作流程、管理措施等。

1. 施工单位及现场监理机构

应收集国家、地方、部门及建设单位有关安全管理的法律、法规、规定、制度,并依此建立本项目的安全管理制度体系,各项内部安全管理制度应该齐全,各级人员的安全管理职责应该明确,各项安全管理工作无明显漏项,安全管理流程应清晰。

2. 安全方案

(1) 在正式开工前,施工单位应根据建设单位的《总体安全风险评估》,组织开展本标段的安全风险辨识工作,列出本项目安全风险清单,划分风险等级,根据不同风险等级进行分级管理。针对每项安全风险,制定安全管理措施,并在实施过程中落实到位。

(2) 属于危险性较大的工程,施工单位应该编制专项方案。专项方案主要阐述该项工作的组织管理体系、安全管理体系、施工工艺流程及安全措施、安全管理重点、应急处置等,对于地基处理、支架体系、承重支撑等容易发生失稳事故的工序,还应进行受力验算,确保有安全富余。

(3) 超过一定规模的危险性较大工程,应由项目部技术负责人主持编制专项方案,施工企业技术负责人审批,并经专家论证通过,由总监理工程师批准后方可实施。在提交专家论证前,监理应先做符合性评审。评审专家应从专家库中抽取,专家的专业应与方案匹配,监理应参加并见证专家论证会议。施工单位应根据专家论证会的意见对方案进行完善,提交专家组组长审核同意,以书面形式报监理审批,同意后按方案实施。

(4) 每个分项工程施工前,项目部应对作业班、工人进行工艺技术和安全交底,讲解安全管理制度、安全作业要点、安全注意事项等,尽交底、提醒的义务。目前较为流行的每日班前安全交底活动,也是一种提醒作业工人按安全作业规程规范作业的有效手段。每日安全交底应避免流于形式,应主要讲解当天作业内容的安全要求、要点,不应仅仅是喊几句安全口号,或宣读程序性的、与当日作业内容相关性较弱的内容,施工单位应有效运用每日班前安全交底,监理应做好督促和引导。

(5) 施工单位和监理应将危险性较大的工程纳入日常重点巡查范围,督促施工作业按方案进行。对于高大支架、大型模板、深基坑、大型起重安装等工作,还应对照方案组织专项验收,实际施工与方案不一致的,应督促纠正,否则必须根据实际重新编写专项方案、重新组织专家论证、重新对施工管理人员和作业工人做工艺和安全交底。

(6) 针对危险性较大的工程,监理应对照施工技术方案编制安全监理细则,明确监理的安全工作流程,安全管理要点、要求、措施等。建议监理机构组织就安全监理细则组织内部交底会议,并对施工管理人员交底,以统一安全管理要求、明确安全管理流程,避免管理不畅。

(7)《临时用电方案》应由持证专业电工、电气工程师等具备专业资格的人员编制,或委托有资质的单位编制。应根据用电设备功率计算用电容量、配置变压器、备用发电机等,应绘制临时用电平面图,明确线路敷设方案、用电规则、相关安全措施等。

(8) 施工单位应根据项目可能发生的安全事故编制应急预案,明确在发生安全事故后,各部门、各岗位的职责、应急工作事项;应急物资的日常储备、放置场所;附近医院、消防的位置及联系方式。施工单位必须组织应急演练,宜通知医院、消防、地方管理部门等参加演练,作业工人和管理人员应尽量参加或观摩演练。演练的目的是检验应急措施的有效性,同时也是对管理人员和作业工人的一次安全培训。应急演练应采用实际操演方式,也可做沙盘推演,每年最少宜组织1~2次实际演练。

3. 安全检查

监理的安全日常管理工作主要为安全巡查、定期检查、专项验收、安全报验、专项检查等。

(1) 安全巡查不仅是安全监理的重要日常工作,还是一项所有监理人员都必须参与的工作。监理安全巡查主要检查施工单位是否落实了施工方案中的安全措施、是否符合安全操作规程要求、施工作业人员安全及劳动保护是否合规、施工现场是否存在安全隐患等。安全巡查尤其要关注列为危大工程的施工作业,检查高处作业、起重作业、临时用电、深基坑、高边坡等风险较大的工作。安全巡查应保持对高处坠落、坍塌、物体打击、机械伤害、触电等各风险类型的巡查覆盖,避免安全管理死角和管理盲区。

(2) 定期检查指的是例行的安全周检查、月度检查。监理安全定期检查的内容要全面,应包括内业资料、施工现场、办公场所、工人宿舍,以及预制场、拌和场、加工场等场所。监理的安全定期检查应形成书面报告,列举检查范围和发现的问题,施工单位应书面回复形成闭合。监理机构负责人应参加安全定期检查活动,履行安全监理职责。

(3) 安全专项验收是在临时工程完成后、正式施工开始前,施工单位对临时工程自查合格,报请监理进行的临时工程验收,如现浇支架、高大模板、现场拼装的起重设备、深基坑等。专项验收应形成验收表,各方签字认可后,方可正式启用、进入下道工序施工。

(4) 安全报验指的是监理在做质量抽查前,先确认施工现场的安全状态,如不满足安全要求,监理有权暂停质量验收活动。例如监理在进行盖梁钢筋、模板验收前,应先检查相应的爬梯、支架、作业平台、临边围护、临时用电等安全要件,如发现不符合要求,可以要求施工单位整改并在达到安全要求后,再进行质量报验。质量验收的过程就有安全隐患、对施工过程产生明显安全风险的,监理完全可以暂停质量验收工作,以保证自身安全及工程施工的安全。如因此而发生安全事故,质量验收的监理应负一定责任,这也是管质量必须管安全、全员安全责任制的要求。

(5) 在传统节假日,节后复工,全国和地方两会等重大活动,台风、冰雨雪灾等恶劣天气来临前,或在其他工程发生重大安全生产事故后,监理应组织施工单位进行专项安全检查。专项安全检查应形成检查报告,施工单位应逐项整改安全隐患或不合规的生产条件,书面回复形成闭合。

4. 安全生产经费审查制度

这是保障工程安全措施有效投入、避免把少投入的安全措施费当成施工企业利润的手段。安全生产经费使用的范围是:完善、改造和维护安全防护设备、设施的支出,配备必要的应急救援器材、设备和现场作业人员安全防护物品支出,安全生产检查与评价支出,重大危险源、重大事故隐患的评估、整改、监控支出,安全技能培训及进行应急救援演练支出,其他与安全生产直接相关的支出等。与安全生产不直接相关的费用,不得从安全生产经费支出。

5. 安全生产例会制度

这是安全管理的重要制度之一,作为一项重要的安全生产管理活动,应根据安全管理规定,每周或每月定期召开。安全生产例会主要是汇报前阶段所开展的安全生产管理活动,分析生产活动中存在的问题,提出下阶段安全生产管理计划和任务。作为施工、监理现场机构的主要负责人,务必重视安全管理工作,应参加会议。

6. 安全档案管理制度

这是安全管理的基本制度,施工、监理的安全管理档案资料是履行安全管理职责的最重要证明。安全巡查、定期检查、整改通知及回复、安全例会、安全报验、专项验收报告、专项检查报告等纸质安全管理档案,务必及时记录、填写、签署、整理及归档。

7. 安全报告制度

当施工单位对安全隐患或其他安全事项的整改和处理不配合,不停止施工,在本层级难以得到及时、有效处理,监理应按汇报程序向上级监理或相关人员、部门汇报,以避免安全隐患发展为安全事故。必要时,可在做相关告知后,直接向安全监督执法机构汇报。当发生安全事故后,监理必须按汇报程序向上汇报。瞒报、拖延汇报导致不良后果的,相应人员应承担事故责任。

五、"环"的角度

"环"是指环境,特殊的环境也会产生特殊的安全生产风险。如山岭地区、黄土地区有不良地质滑坡,悬崖深谷可能导致滑坡、坠落等安全风险;涉河、涉海等濒水、跨河工程有溺水风险;高原地区工程有缺氧及其他高原病的风险,需要加强身体检查和后勤保障;风吹雪、沙尘暴、泥石流、暴雨台风多发地区及沙漠等,对施工过程管控要求高,需要做好日常防灾工作;周边有少数民族聚居区的,要了解民风民俗,避免引起社会矛盾。

针对不同的环境,监理要有针对性地分析安全风险,督促施工单位针对环境可能引起的安全风险,落实安全管理举措,做好安全保障。必要时应做安全专项设计,降低特殊环境导致安全事故发生的可能性。

六、结语

完全避免安全事故很难,但是采取有效的安全管理措施和手段,可以降低安全事故发生的概率,避免发生安全责任事故。作为监理人员,应对安全管理有充分的认识,不能因为惧怕承担事故责任而抵触安全管理工作。不履行安全管理职责,反而可能要承担更多的事故责任。

在安全监理工作中,监理人员要时刻牢记"施工单位是安全管理的主体",要从督促施工单位安全管理体系有效运行的角度,开展监理的安全管理工作。督促的过程就是监理履行安全监理职责的过程。只有施工单位重视安全、落实安全管理制度、完善安全管理措施、保障安全生产条件、履行安全管理职责,才能降低安全事故发生概率,避免安全事故导致的责任。

工地安全管理现状及对策

重庆中宇工程咨询监理有限责任公司　向　斌

安全生产是人类社会发展和工业化进程中必然会遇到的一个社会问题,人类在获取生产、生活资料的过程中,难免会受到来自自然界、作业场所以及劳动工具的伤害。

目前,我们国家安全生产形势总体平稳并持续向好,但是交通工程建设领域投资力度大、从业者多,仍是安全事故高发易发频发的行业,安全工作的"最后一公里"仍未完全打通,呈现出"上热、中暖、下凉"的局面,对安全工作的认识、管理能力和管理水平还需要进一步提高。

据笔者了解,工地安全工作建设的制度体系非常健全,责任制也很明确,大中型设备特别是特种设备的管理接近完美,总体和专项安全风险评估做得不错,专项施工方案管理比较理想,主要责任人的安全管理认知和理念也能跟得上形势。

一、问题

但是通过现场调研和检查发现,安全工作还存在三个方面的不足。

一是专职安全员数量不足,现场技术员很多都有安全员培训证,检查时以现场技术员来凑数,但是有的技术人员在实际行动上认为安全管理是专职安全员的事情,对安全违规行为制止不力,习惯性忽视,更有甚者,看到检查人员来后给工人通风报信。

二是培训工作做得不到位,特别是针对新进工人、转岗工人的培训没能做到全覆盖,缺乏有经验的培训老师,培训内容枯燥单一,工人也提不起兴趣,三级安全交底内容冗长,书面语言用得太多,而工人的文化水平偏低,理解力不够,也记不住,很多资料做得好,而目的却是应付检查,这些现象直接导致安全工作陷入屡查屡有、屡改屡犯的怪圈中。

三是事故隐患排查工作力度不足,频次和频率都够了,也确实整改了,资料也闭合了,但是雷声大,雨点小,应付的情况还不同程度地存在。安全管理实行"齐抓共管,一岗双责,尽职免责,失职追责"的模式,留下管理痕迹固然重要,但是安全管理的主战场还是应该在施工现场,不能乱了主次,失了分寸,资料做得漂亮,现场管理却不尽人意。

二、对策

针对以上情况,笔者认为要从四个方面来改进和努力。

第一,要进一步认清形势,积极响应,提高认识,强化责任心。首先是领导挂帅,亲自督查。安全责任重如泰山。领导是一面旗帜,相关岗位上的责任人就是一颗钉子。责任是一种使命、一种义务,责任心基本上是做好所有工作的前提条件,如果没有责任心,效果也会大打折扣。除此之外,还要坚持"安全第一、安全发展"的工作理念。如果理念不先进,思想不统一,认识不深化,行动就跟不上来,难以做到持之以恒、常抓不懈。

第二,解决好人的问题。适当要增加专职安全员的数量,现在存在项目多、人员少、安全员待遇低、上升通道窄、年轻人吃不了苦不愿意干和企业从成本角度考虑多等问题,这些问题是实际存在的,但是也是可以解决的。在政策方面,目前以 5 000 万元的产值配一个专职安全员的标准有些高,建议可以根据实际情况,向建筑行业看齐,降低标准到按 7 500 万元的产值配一个。从企业这个角度,可以要求新进技术员必须从安全员干起,时间为一到两年,或者采用劳务派遣方式,专门培养一批专职安全员,大专学历就够了，对企业成本控制有利。另外，对有志向一直从事安全工作的人员要适当提高待遇，拓展其上升通道，让这些安全员愿意干、主动干、踏实干。

第三，解决培训方面的问题。只有工人的安全意识提高了，安全知识增长了，逃生技能提高了，才能从根本上解决"人的不安全行为"造成的影响。培训时要充分考虑到工人的实际情况，从多方面着手。工人绝大部分都是计件的，培训要尽量少占用其工作时间，要安排在雨天或停工时间；工人夜校是一种好的形式，但是不能称为"农民工夜校"，要考虑农民工的自尊，可以叫"职工大学""工地大学"或者"职工夜校"，学习时长累积到一定时间可以由项目部发结业证。可以组织安全知识竞赛，增加互动，培训的内容也尽可能有故事性和工作关联性，少讲理论和原理，多讲讲交通工程出现的事故，用案例来讲更加生动，更加能够触及人心。三级安全技术交底也要尽量简单好记，多些通俗易懂的口水话，少点文绉绉的书面语言，要和工作内容相关和匹配。当然，为了吸引工人参加，甚至可以采用发奖的形式，发放水杯、雨伞、方便面等实用的东西。

第四，做好隐患排查和治理工作。海因里希法则说："当一个企业有 300 个隐患或违章，必然要发生 29 起轻伤或故障，在这 29 起故障中，必然包含一起重伤、死亡或重大事故。"这个法则告诉我们，只有重视消除轻微事故，才能防止轻伤和重伤事故，由此可见隐患排查治理工作的重要性。不因细小而不为，防微杜渐是安全管理的根本和重要手段。

三、结语

抓好安全工作，要坚持防患于未然。要继续开展安全生产大检查，要以"全覆盖、零容忍、严执法、重实效"为原则。要加大现场隐患整改治理力度，建立安全生产检查工作责任制，制作清单台账，及时整改销项。严格实行谁检查、谁签字、谁负责，切实做到不打折扣、不留死角、不走过场。

工程安全防护设施的作用与质量控制

河北省交通建设监理咨询有公司　李　跃

随着国内交通工程项目快速发展,许多安全问题也在发展中暴露出来。假如相关部门不采取有效的措施来管理这些问题,就有可能影响整个公路交通的运行,甚至导致公路交通车辆运行不稳定,车辆使用者的安全无法得到保障。所以,相关部门应及时对公路的安全设施进行施工管理,并且应当注意在公路安全设计时,选择科学有效的方案进行合理的设计,让公路的安全系统稳定服务于公路的交通系统,以此有效提高公路交通安全通行力。

一、公路交通工程安全设施的作用

1. 引导车辆行驶

车辆驾驶者要想安全准确地到达目的地,一定需要各种各样的交通信号和标志来引导。假如车辆驾驶者遇到一个交叉路口,不了解周围情况时,就可以选择通过观察这些信号来判断周围环境的安全。所以,这些交通信号在车辆行驶时起着非常重要的作用,它们在不断地向车辆驾驶者传递周围的路况,并且让行驶者能够及时准确地判断道路是否安全和畅通,更重要的一点是这些标志和信号能够让车辆驾驶者清楚了解到这条道路上可能存在的危险,并且能够清楚地得知这条道路能否到达目的地。在车辆与车辆之间、车辆与路口之间,交通信号都会发挥重要的作用。

2. 提高行车速度

车辆驾驶者都希望自己的车辆在高速公路上发挥出最好的性能。道路指示标志会为车辆使用者提供整条道路的信息,并且,这些标志都是由相关的工作人员仔细规定设计的,在确保了公路具有优秀的几何路线的同时,还将点、线、面控制中心完全地设置在合理的位置上。

有相关科研人员研究国内的公路数据发现,当高速公路上安全设备建设合理且完善时,整个高速公路的使用率会提升10%～20%(与传统公路相比),并且车辆的行驶速度还会提高20%左右,这就保证了车辆驾驶者节约了15%～25%的时间。

3. 保障行车安全

高速公路上行车速度往往是非常快的,在未设置公路交通工程安全防护系统时,高速公路上的车祸发生率比飞机撞机概率高60%,以美国的统计数据为例,每年大约有110人死于飞行事故,而汽车等交通事故中死亡人数大约是4.32万人。这说明交通安全问题是高速公路中存在的一个重要的问题。在交通体系中,只是单纯地关注道路的形状和完整是不够的,要想确保行驶者的安全,就应建立健全完善的安全系统。事实证明,在建设并且实施交通安全系统之后,高速公路上的车祸率极速下降,在专人调查群众意向时,群众集体反映公路交通安全方面有了很大的提升。这也从侧面反映出,公路交通安全体系在整个交通体系中起着巨大作用。

二、安全防护设施的质量控制

1. 建设安全防护设施

工作人员要严格检测原材料的质量。工作人员在挑选原材料的时候,首先应该寻找靠谱的供应商。信誉良好、供材优质的供应商会让整个的实施过程事半功倍。

2. 检查原材料

原材料是建设设备的根本，所以在建设安全防护措施时，应严格控制原材料的质量。向供应商拿货时，工作人员应该采用抽检或全检的方法，对原材料进行合格且全面的检查。当检查出原材料有质量问题时，应将不合格的原材料退回供应商，同时还要重新选购合格的原材料。

3. 按照指标工作

在确保上述所准备的原材料都符合技术规范和质量要求，并且做到严格将不合格材料摒弃后，就可以进行下一步的实施工作。由于安全防护设施的实施工序复杂且多变，整个动态的过程会受到多方因素的影响，稍有不慎，安全防护实施的质量就会发生改变，这就要求相关部门应让有经验的专业人员来完成这一步骤。本文以某公路工程安全防护设施中的路标安装为例，分析安装工程中的质量控制措施。

（1）基坑开挖质量控制。在基坑开挖之前，工作人员要检查基坑承载能力的大小和强弱。假如基坑承载力太小，则不适宜在上方施工，因为可能会发生路段坍塌现象。该工程采用的是强夯法，工作人员应该加固地基，做好防水。

（2）路标底座混凝土浇筑。在此步骤中，要注重混凝土的规格和质量，选择符合标准的混凝土。在进行施工时要控制好混凝土的水灰比例，因为不合格的混凝土不仅不能够加固路标，还有可能导致原材料的浪费。

（3）路标安装。路标安装时，工作人员应当控制垂直度，切勿将路标倾斜安置，以免出现一侧受力过度而发生倾倒的现象。路标一旦倾斜，便会影响车辆驾驶者的视野。同时还要注意中心距离等参数问题，让路标准确地安装在底座上。

（4）螺丝安装。由于路标上有许多连接螺丝，工作人员要注意将所有的连接螺丝拧牢固，在验收时，要派专人检查螺丝的安装情况，避免螺丝掉落发生危险。所以，后续要让专业人员用科学的方法检测安全防护措施的工程质量，如检测出问题应及时上报。

（5）整体检测。要实现公路交通运行安全就应注重安全防护措施的质量问题。从整体防护设施上检测安全防护设施的质量，原材料出现大问题时应当及时更换安全且合格的原材料，施工人员的技术出现问题时应当更换一批技术过硬的施工人员，在施工出现问题时应该及时停止并纠正，这样才不会发生更大的安全隐患。

三、结语

公路交通体系中，安全防护系统是最不可忽视的一个系统。这个系统决定了整个公路的交通能否安全运行，会影响行驶者能否在公路上安全驾驶。相关人员应采取适当的控制措施来保障公路安全系统措施的正常运行，让安全防护措施在落地生根之时便发挥出它应有的作用，从而降低公路交通事故的发生率。

安全文化建设途径

西安方舟工程咨询有限责任公司　陈　东

安全文化是人类在长期的生产和生活中创造出来的精神成果,它能把企业领导、项目领导和员工都纳入集体安全情绪的环境氛围中,产生有约束力的安全控制机制,使企业或项目成为有共同价值观、共同追求和凝聚力的安全管控集体。如果把安全视为企业发展的生命线,那么安全文化就是生命线中给养的血液,是实现安全的灵魂。

一、要以强化现场管理为基础

一个企业或项目是否安全首先表现在生产现场,现场管理是安全管理的出发点和落脚点。员工在企业或项目的生产过程中,不仅要同自然环境和机械设备等做斗争,还要同员工的不良行为做斗争。

我们必须加强现场管理,做好环境建设,确保机械设备安全运行;必须加强员工的行为控制,健全安全监督检查机制,使员工身处安全、良好的作业环境中及严密的监督监控管理中,没有违章的条件。

因此,我们要做好现场文明生产、文明施工、文明检修的标准化工作,保证作业环境整洁、安全;规范岗位作业标准化,预防"人"的不安全因素,使员工干标准活、放心活、完美活。在强化现场管理的同时,尽可能地加大现场的安全投入,不断采用新技术、新产品、新装备,向科学技术要安全方面发展。

二、要实现安全规范化

人的安全行为的养成一要靠教育,二要靠约束。约束就必须有标准、有制度,建立健全一整套安全管理制度和安全管理机制,是搞好企业或项目安全生产的有效途径。

首先,要健全安全管理法规机制,让员工明白什么是对的、什么是错的,应该做什么、不应该做什么,违反规定应该受到什么样的惩罚,使安全管理有法可依,有据可查。对管理人员、操作人员,特别是关键岗位、特殊工种的人员,要进行强制性的安全意识教育和安全技能培训,使员工真正懂得违章的危害及严重的后果,提高员工的安全意识和技术素质。解决生产过程中的安全问题,关键在于落实各级管理人员和各工种员工的安全责任制。

其次,要在管理上实施行之有效的措施,从企业到作业班组再到现场操作人员,都要认真贯彻和执行QHSE体系,建立一套层层检查、验收、整改的预防体系。企业成立由各专业专家组成的安全检查委员会,每季度对各项目的重点环节进行一次全面检查,并对各项目提出的安全隐患进行鉴定,及时实行分级、归口整改。各项目要相应成立安全检查组织机构,每月对项目进行安全检查,并对该项目的安全隐患项目进行鉴定,分级进行整改,落实相关责任人的检查验收制度。驻地也应成立安全检查小组,每周对管辖的区域进行一次详细检查,能整改的立即整改,不能整改的上报上一级安全检查鉴定组,由上级部门鉴定后进行协调处理。同时,重奖在工作中发现重大隐患的员工,调动每一个员工的积极性,形成一个从上到下的安全预防体系,在管理上堵塞安全漏洞,防止事故的发生。

三、提高员工整体素质

人是企业财富的创造者,是企业发展的动力和源泉。只有高素质的人才、高质量的管理、切合企业实际的经营战略,才能在激烈的市场竞争中立于不败之地。因此,企业和项目的安全文化建设要在提高人的素质上下功夫。

项目上发生的各类安全事故,大多数是员工出于侥幸、盲目、习惯性违章造成的,如不正确使用安全带,不正确佩戴安全帽;如简易的脚手架或钢管支架施工作业,总认为只是安排几个作业人员而已,不堆放材料,在搭设过程中不按规范要求搭设。这就需要从思想上、心态上去宣传、教育、引导,使员工树立正确的安全价值观。这是一个微妙而缓慢的心理过程,需要我们做艰苦细致的教育工作。

提高管理人员和现场实际操作人员的安全文化素质的最根本途径就是根据企业的特点,进行安全知识和技能教育、安全文化教育,以创造和建立保护员工身心安全的安全文化氛围为首要条件。同时,加强安全宣传,向员工灌输"以人为本,安全第一""安全就是效益、安全创造效益""安全光荣,违章可耻""行为源于认识,预防胜于处罚,责任重于泰山""安全不是为了别人,而是为了自己"等安全观,树立"不做没有把握的事""未亡羊先补牢"的安全理念,增强员工的安全意识,形成人人重视安全、人人为安全尽责的良好氛围。

一般而言,管理者抓"三违"现象更多的是依赖批评教育和经济处罚。不可否认,批评教育和经济处罚也能使员工的思想受到触动,但通过经济手段使员工与"三违"现象决裂是不现实的。尤其是个别管理人员在执行的过程中,在方式、方法上简单粗暴,很容易使"三违"员工在感情上受到伤害,进而产生抵触情绪和逆反心理,使经济处罚的有效作用大打折扣。为了增强管理效果,管理者应该以培养员工的基本素质为突破口,注重柔性的管理方法。

四、开展丰富的文化活动

企业和项目上要增强凝聚力,既要靠经营上的高效益和职工生活水平的提高,还要靠心灵的认可、感情的交融、共同的价值取向。开展丰富多彩的安全文化活动,是增强员工凝聚力、培养员工安全意识的一种好形式。目前,建设安全文化主要通过以下形式来实现:开展认同性活动、激励性活动、教育活动;张贴安全标语、提合理化建议;举办安全管理研讨、安全知识竞赛、安全演讲、事故安全展览;建立光荣台、违章人员曝光台;评选最佳班组、先进个人;开展安全生产竞赛活动,实行安全考核,一票否决制。通过各种活动,我们向员工灌输和渗透企业安全观,取得广大员工的认同感。开展"安全生产月""百日安全无事故""创建平安项目部"等一系列活动,要与实际相结合,其活动最根本的落脚点都要放在基层作业班组和实际操作人员身上,只有基层认真地按照活动要求结合自身实际,扎实落实相关制度,不走过场,才会收到实效,才能使安全文化建设发挥作用。

五、要树立新安全观

项目上或企业发生安全事故,有较多是由于员工的安全意识淡薄造成的。因此,我们要以预防人的不安全行为为目的,从安全文化的角度建立安全新观念。比如,上级组织安全检查是帮助下级查处安全隐患,预防事故,本是好事,可是下级若百般应付,恐怕查不出什么问题,若查出问题也总是想通过各种方式大事化小、小事化了;业主、总承包单位、质检局等来巡视现场,本应该是安全生产的"保护神",可是项目部、现场管理者和操作人员却利用"你来我停,你走我干"的游击战术来对付各种检查;"我要安全"是员工本能的内在需求,可现在却变成了管理者强迫被管理者必须完成的一项硬性指标……上述这些错误观念一日不除,正确的安全理念就一日不能树立,安全文化建设就会是空中楼阁。我们应利用一切宣传媒介和手段,有效地传播、教育和影响公众,建立大安全观。通过宣传教育途径,使人人都具有安全观和职业道德,规范安全行为,掌握应急技能,提高自救、互救能力。

对企业或项目来说,安全生产都是第一位的,没有安全就没有企业或项目的一切。安全文化是企业成功的有效"武器",建设安全文化是现代工业社会管理的需要,也是社会及企业健康发展的需要。

安全监理要腿勤眼尖

天津铭睿管理咨询有限公司　陈如忠

及时发现安全隐患,有效地预防各类安全事故的发生,是安全监理人员的职责。笔者从事安全监理工作近20年,曾经历和处理过不少安全事件,现结合近期在某海上风电场项目及时发现并合理处置的几次安全隐患事件,和各位同行们分享个人体会。

一、把好吊索具检查关

2020年9月,某海上风电场项目在安装风机。笔者作为驻船跟班监理,在吊装机舱前检查时,发现机舱吊具的焊缝开裂,当即通知施工人员停止吊装。经由厂家技术人员现场鉴定,可能是吊装上一台机舱时损坏的,当即运送上岸到工厂里加固处理。尽管机舱吊装耽误了一天时间,但避免了一起起重吊装事故的发生。

如果未被发现吊具裂缝,吊具在起吊过程断裂,后果会怎样呢?机舱和吊具总重量达435 t,起吊高度达95 m,一旦断裂必将造成人员及财产损失。事后,厂家对该种吊具形式重新进行了设计改进,保证了本质安全。自此,监理人员一如既往严格把好起重作业前吊索具和起重设备检查这道关,有效地预防和控制起重吊装事故的发生。

二、辨识危险源及时预防

安全监理除需腿勤、眼尖,及时发现并处置现场问题外,还要对危险源进行适时辨识更新和风险预测,只有知道危险在哪里,才能采取相应的预防措施。该海上风电场项目刚开始时,笔者发现,嵌岩平台人员上下用钢筋自制的简易直爬梯十几米长,钢筋细、步距大,晃动厉害,人员上下极不安全。针对此情况,笔者下发隐患整改通知单,要求施工人员停止施工使用,并进行专项整改。得知此情况,项目部也很重视,投入资金60多万元,报请设计部门专门设计,由项目部现场制作10台可升降调节的坡道爬梯,使用方便、安全可靠。

自从部分风机安装开始继而投入运行,施工现场危险源情况就发生变化,处于边安装、边运行阶段。笔者组织项目部安全人员对原危险源重新进行梳理和再辨识,经过讨论辨识增加了三条新的危险源:一是严禁大型船舶在风场内穿行,如支腿船、搅拌船和起重船等,原因是运转的风机叶片有可能碰擦到高大设备;二是禁止在已安装好的风机下进行起重吊装作业,原因是停转的风机叶轮往往都有自由行程,叶片同样会碰擦吊臂而引发事故;三是把海缆路由输入所有船舶的AIS内并将抛锚与海缆的安全距离等要求书面通知各船长。

该三条问题上报后,均得到两个总包单位的积极配合与支持,全部落实到位,经复查均符合要求,有效地控制了安全风险。

2020年春天,笔者到嵌岩班组驻地进行巡视检查,发现4个住人的集装箱(码头前沿的空旷地段)都没有防雷接地,当即要求他们用50号角钢作接地体打入2.5 m深,用铜线连接牢固,且要求接地电阻值符合要求。

入夏不久,笔者突然接到一个电话,是嵌岩队队长打来的,他说:"昨天晚上我们这里经历了一场暴风骤雨,雷声震天动地,电闪雷鸣好像就在旁边,如果不是您让我们防雷接地,我们可能有被雷击的危险,谢谢您!"

三、夜间巡查不可少

几年前,在某围堰吹填工程项目中,晚上10点,笔者会同项目部安全人员组织夜间检查,查看吹填施工队巡堤人员在岗情况,当我们的车辆沿大堤行驶,在通过一泄水口时,大堤突然塌陷下50多厘米,十几分钟后,吹填区内的水向外奔涌,很快,大堤就被冲开五六米宽的口子,我们紧急报告,项目部在几十分钟后调来2台挖掘机和3辆工程车进行抢修封堵。通过20多个小时的抢险,大堤决口处修复完成。如果我们当晚不巡堤而依赖施工队伍自查,决堤事故必然发生,经济损失不言而喻,工期也会延长许多。经对分析,发现该事件是由于大堤下的排水管在埋设时未敷设土工布,透水流沙造成的。

有人认为,安全监理没有多高的技术含量和难度,故掉以轻心不够重视,其实,安全监理人命关天,责任重大,由不得半点马虎和懈怠。安全监理人员要有高度的责任心和使命感,要善于观察发现施工过程中潜在的问题,剖析各类事故原因,以吸取经验教训,不断总结和完善各项安全规章制度,做出的指令有理有据,按照程序管理且方法得当,同时也要设身处地为作业工人和总包单位利益着想,取得他们的配合与支持,以保护他人生命为天职,尽心尽力地履行岗位职责。

第二篇

公路技术

高速公路改扩建工程实践分析

广西八桂工程监理咨询有限公司　黄永发

2021年1月,广西壮族自治区高速公路通车里程突破6 800 km,交通通行情况大为改善,改变了人民群众的时空观念和生活方式。20世纪90年代建成的高速公路虽历经了一系列的大中修,但舒适程度难以满足人民群众的出行要求,特别是一些桥梁在经历了30年的荷载后,已出现了不同程度的病害,再加上受当时条件的限制,一些路段的纵横坡设计已不适应现在的交通出行,存在极大隐患。如何利用最少的土体实现交通的改善,是当代公路建设应该考虑的重大问题。在这样的背景下,高速公路改扩建成为一种较好的选择。

一、改扩建的主要内容

改扩建工程,首先要理解"改"和"扩"。

"改"主要有两种情况:一是道路原来的线型存在纵横坡过大,特别是纵坡过大,或者圆曲线半径接近极限,与当今的交通情况不相适应;二是原有的高速公路线路对城市的发展扩大产生了制约。

"扩"主要指原来的双向四车道高速公路已经不能满足当前的交通压力,必须在原有基础上进行扩建。高速公路扩建主要有两种形式,一种形式是两边扩建,适用于原来的线型比较合理,两边扩建的地理条件满足两边施工的情况;另一种形式是单边扩建,主要适用于原来的线型出现了取值极限或其中一侧的地理条件难以实施施工的情况。单边扩建在线型和投资方面更趋于合理。广西柳州至南宁高速公路改扩建项目贯穿广西南北,号称"广西第一路",是广西桂北诸市通往南宁的主要通道。由于该路建于30年前,道路拥堵成为常态,为了彻底改变此现状,改善出行条件,广西交通主管部门对该高速公路实施了改扩建。改扩建工程同新建项目一样,同样涉及路基土石方工程、桥梁涵洞工程、路面工程、交安工程、机电工程、绿化工程、房建工程等,但存在形式上也有不一样,比如利旧、更换、拼接、纵坡调整、收费站扩容、服务区扩建等。

1. 利旧在改扩建项目中是最多的内容

利旧包括利用旧的路基、桥梁、涵洞通道、交安设施等。

第一,改扩建项目主要在原有的路基两侧或单侧进行拼宽,旧路基经过长时间的荷载作用和自然沉降,已经具有较好的稳定性,不必进行扰动。对改扩建项目来说,尚需保持原有高速公路的畅通,无法重新挖除路基、重新填筑,因此,改扩建工程的关键在于控制好新旧路基的拼接质量。

第二,旧桥利用方面。一般情况下,建设单位通过招标确定有资质的单位检测旧桥能否继续利用,根据检测单位的数据判定该旧桥的利用形式,包括直接利用加铺、加固利用、更换支座、更换桥面铺装层、更换梁板等。直接利用加铺是根据桥梁两端的高程加铺一定厚度的路面结构层,多数情况下一般直接加铺沥青上面层即可。若更换支座,则主要因为旧桥经过了几十年的通行后支座出现变形损坏,原有功能已经失效,通过更换新的支座即可恢复原有的功能。在改扩建项目上,为确保新旧桥梁的拼接效果,一般都会更换旧桥的部分支座。

第三,涵洞通道的利旧。针对原高速公路既有的涵洞通道,那些未出现严重的下沉受损,正常的排水及通行状况良好,经过适当的维护即可正常使用的,可以通过接长的形式顺接到拼宽外的水系路系。当然,涵洞通道若已出现严重损坏,则必须进行重新修建。

第四,交安设施的利旧。通过对原有设施进行二次返厂加工后重新安装,或将一些原有的标志标牌外移即可恢复正常的使用功能。对交安设施的利旧,要重点检查设施经过返厂处理后质量能否满足标准要求,标志标牌的功能信息是否正确等。

2. 更换主要指对原高速公路的一些设施或构件进行更换

更换有三种情况:一是原有的设施或构件已经受损,难以继续使用,或者使用寿命已经不长等,主要包括桥梁支座、梁板等的更换;二是原有的设施或构件与新的技术标准已经不相适应,比如交安工程的标准已经提高,原先的护栏防护等级已经明显偏低,需重新更换;三是随着改扩建路面高程的调整,一些设施必须随之调整,主要包括部分旧桥的伸缩缝随着路面高程的调整需要更换、重做等。

3. 拼接是改扩建项目中最主要的内容

拼接涉及路基路面的拼接、桥梁的拼接、涵洞通道的拼接。为了保证新旧部分差异不大,拼接质量是改扩建项目建设阶段质量控制的重点。

路基路面的拼接主要形式包括台阶拼接、圬工拼接。台阶拼接主要通过开挖台阶的形式拼接路基路面,这是改扩建工程最主要的拼接形式,主要是在路基拼宽中将原路基开挖好台阶,与新填筑路基搭接碾压,确保新旧路基搭接质量;对于路面结构层则通过对各结构层进行切割形成搭接台阶,确保新旧结构层的搭接施工。圬工拼接主要针对一些拼宽范围较小、压实机械难以施工的情况,主要通过立模浇筑无砂大孔混凝土、混凝土或轻质混凝土等圬工材料,通过振捣工艺得到密实效果。

桥梁的拼接有单侧拼接和两侧拼接。单侧拼宽针对的是单侧路基拼宽路段的桥梁拼宽,两侧拼宽针对的是两侧路基拼宽路段的桥梁拼宽,但无论是单侧拼接或两侧拼接,拼接面的质量处理是关键。对于拼宽桥梁主要针对的是一些原有的中小桥的加宽,对于原有的大桥、特大桥的拼接,由于桥长比较长,一般情况下多数为直接在旧桥一侧新建一座类似的桥梁,新建桥梁与新建单幅高速公路同宽。

涵洞通道的拼接也根据路基的拼宽形式不同有单侧拼接和两侧拼接。涵洞通道的拼接一般情况下会等同原来的跨径,新旧拼接部位主要通过设置沉降缝来衔接。这里也有特殊情况,如一些原旧的涵洞通道出现了严重的下沉变形的状况,需要整幅重建,但考虑到改扩建项目,必须先完成拼宽部分,在实现改道后方可组织开展旧部分的开挖重建。

4. 纵坡调整有大有小

纵坡调整主要针对原高速公路的纵坡较大,或线型需要调整,或为了顺接新建桥梁,或在扩建项目中新旧线转换等。对调整不大的纵坡,一般情况下可以通过路面结构层来调整;对纵坡调整较大的情况,则需从路基结构部位进行调整。对调整较大的情况,一是通过开挖旧路面结构层填筑路基土来调整;二是通过使用圬工结构进行调整,比如轻质混凝土、无砂大孔混凝土等。调整幅度相对较大的,则需要大量开挖回填,涉及各路面结构层的实施,一般先把面层铣刨掉,再利用水泥稳定粒料或碎石混凝土回填调整;对调整幅度较小的,特别是仅通过路面面层即可完成调整的情况,主要通过利用中下面层的粒料调整即可。

5. 收费站的扩容

原有高速公路的收费站进出口偏少,已经不能满足现今的交通流量,收费站出现拥堵就是最好的例证。原收费站在改扩建过程中尚需保持收费功能,一般情况下的扩容都是在原址前后新建,不同于其他工程在原址两边拼宽。收费站的扩容关键在于新站的建设不影响旧站的正常使用,也不影响社会车辆的正常出入。收费站的扩容还包括旧站的拆除,这要在新的收费站建成、具备正常服务功能后才能实施。

服务区的扩建主要出于三个方面的考虑:一是高速公路的拓宽势必占用原服务区的部分区域;二是原有的服务区的服务设施已经陈旧,服务功能已难以满足人民群众的需求;三是旧服务区受原车流设定的限制,面积相对较小,已难以满足现有出行的要求。一般情况下,服务区的扩建都在原址扩建,扩建过程不能影响原有服务区的服务功能,重点在于设施的新建以不占用旧场区为原则,在新的服务设施建设完成且达到服务条件后,方可拆除旧站区和进行平整、硬化以及绿化等。因此,服务区的扩建主要包括新设施的建设和旧站区的拆除等主要内容。

二、改扩建的主要特点

高速公路改扩建工程不同于新建高速公路工程,有其自身特点。

首先，必须保持原有高速公路的正常通行，边通车、边施工是高速公路改扩建最主要的特点之一。这一特点决定了在改扩建项目实施前，必须对原有高速公路进行施工封闭，明确施工界限，确保施工尽可能不给正常的通行带来过多的影响，起码做到路基拓宽施工期间尽量不进行改道，路面工程施工期间的改道应尽可能顺畅，同时尽可能地缩短改道时间。这就要求在实施改道期间，封闭区域尽可能地组织相关内容的作业施工，比如路面工程、交安工程等尽可能在一次改道期间实施完成。

其次，改扩建工程的加宽性质决定了新旧部位的拼接，因此新旧拼接也是改扩建项目的最主要特点之一。对新旧拼接的重点是要对旧的结构部位进行搭接前的处理，通过加强工艺控制或者技术处理确保拼接质量，同时对新建部分采取一定措施进行补强，特别是路基拼接应进行补强，确保新旧路基不出现明显的差异沉降。

再次，改扩建项目的加宽性质决定了改扩建工程的工作面相对新建的全幅高速公路来说要狭小得多，特别对两侧拼宽且填挖不大的路段更是狭窄。这一特点决定了在施工过程中难以实现多机械组合施工，功效相对较慢；另外，狭小的工作面更易出现边边角角，因此，在工艺控制方面更应精益求精，特别是在碾压和补强施工过程应加强控制。

最后，改扩建工程决定了原有高速公路的继续使用，原来的许多设施都会继续使用，这也是高速公路改扩建的另一个显著特点——利旧。比如，原来的路基会再继续使用，原来的涵洞通道、桥梁在修缮和加固后继续使用，一些安全设施在经过加工后继续利用等。利旧有利于避免资源浪费和资产流失，同时也利于节约投资。

三、改扩建的重点

高速公路改扩建的特点决定了改扩建项目的重点。首先，边通车边施工的特点决定了维护原有高速公路的正常通行是项目改扩建过程的重点工作之一。想要高速公路安全、畅通，必须做好相关的交通组织管理。另外，由于改扩建工程主要存在新旧结构的拼接，如何确保新旧结合的质量将是改扩建项目的重点工作。

1. 交通组织管理

这里说的交通组织管理主要是指为了确保原有高速的正常通行和改扩建施工的顺利进行而采取的交通维护措施。

第一，做好可行的方案是交通组织管理的基础。可行的交通组织管理方案必须依据现场的实际情况进行编制，特别要根据不同的阶段、不同的施工内容做出调整。比如，在施工前期，主要进行的是两侧的路基施工，交通组织管理应以不改变原有的交通秩序为主，重点在于做好施工区域与原有高速公路的隔离。在涉及路面改造或中央分隔带的改造施工时，改道必须严格按照高速公路养护相关要求以及项目制定的改道施工管理要求进行，不能随意改道，改道的设施必须规范、齐全，特殊路段还应安排交管人员做好值守。

第二，足够的安全设施投入是交通组织管理的物质保障。交通组织管理无论是隔离还是改道，都需要较大数量的安全设施，锥筒、水马、隔离墩、导向牌、限速警示牌等为常见且必备的设施。在项目实施过程，必须足够地投入，以确保过往车辆的安全和施工的安全。

第三，成立交通组织管理机构是交通组织管理的组织保障。在高速公路改扩建项目，由于边通车边施工，道路管理涉及相当多的管理部门，包括交警、路政、运营等管理单位，为了项目的顺利实施，需要各方联动、共同努力以确保道路营运安全和施工安全。在广西柳州至南宁高速公路改扩建项目中，建设单位牵头成立了由建设单位（包括监理）、施工单位、交警、路政、运营组成的"五方三保"工作平台，设立管理办公室，办公室设在建设单位的交通管理部门，联合办公、联合应急，及时办理相关涉路施工手续和处置在项目施工过程出现的各类交通事件。同时，建立"五方三保"平台信息共享，由交通部门联合各广播电台及其他公众媒体发布实时路况，为民众出行提供出行线路参考。

第四，加强现场的日常维护是做好交通组织管理的根本。日常维护主要是指施工单位对现场设置的安全设施的维护。首先,施工单位必须成立稳定的维护小组,小组成员通过培训掌握基本的知识,特别是安全行为的知识;其次,由于改扩建项目同样存在点多面广以及过往车辆较多,需要维护的点面较多等情况,因此要求维护小组成员数量不宜过少,从柳南改扩建项目管理的效果来看,每公里配置不少于1人。另外,为了确保日常维护工作的正常开展,必要的交通车辆和设施储备必不可少。

2. 新旧结构的拼接质量控制

改扩建项目一般情况下是在原有道路运营了相当一段时间后实施改扩建,旧的结构部位经过多年的沉降已相当稳定,如何提高扩建部分施工质量,避免在运营后出现明显的差异沉降、过早地出现病害,是在实施改扩建工程时应加强的地方。此处主要以路基工程的质量控制为例进行说明。

第一,路基拼接势必要对旧路基路堤边坡进行扰动,但由于改扩建工程需要维护正常的通车运营,因此在实施扩建部分的施工时,不宜一次性将路堤边坡进行清表,应根据施工条件逐级清理,确保旧路的稳定。

第二,特殊路段比如桥台附近、水塘边坡等,应提前进行边坡稳定性的调查,若有明显容易出现坍塌的迹象,应在开挖前进行注浆,对旧边坡进行稳定性的补强。

第三,在一些相对较高的路堤路段,除了按上述措施进行处理外,由于施工周期较长,应准备相应数量的材料预防坍塌出现时进行应急处置,主要包括槽钢、钢板、钢管、泥袋等材料,在出现垮塌时及时进行加固,预防事态的继续发展。

第四,拼接部分填筑时,应在旧路堤合理设置台阶,确保新旧填筑面的拼接质量。

第五,由于旧路基部分经过多年的沉降已相对密实,为了减少新旧路基的差异,新拼接路基应提高压实度的等级要求,不应以规范最低要求进行控制。通常应在通过正常压实经检测合格后再进行补强,比如进行强夯、羊足碾补强等。

第六,对改扩建的新建部分进行填筑,有条件的建议选择CBR值加大的路基填料进行填筑,优选砂性土。

四、改扩建的难点

高速公路改扩建工程是在保持原有交通状态的情况下实施的,既要组织施工,又要确保正常通行。要确保正常的通行,涉及过往车辆的安全以及施工本身的安全,特别是很多拓宽的工作面,必须拆除原有的隔离设施,设置新的隔离设施。另外,一些桥涵的施工、调坡路段的施工以及路面面层的施工,还需进行通行的导改等。高速公路改扩建工程一般是因为原有道路难以满足现行交通流才进行扩建,因此,交通组织势必是高速公路改扩建工程的一个难点。

高速公路改扩建工程多为两侧拼宽,这里面有路堤的填筑拼宽,也有路堑的开挖拼宽,如果涉及低填高挖路段,都会涉及狭小的工作面,给大型设备的施工作业以及石质边坡的爆破等都会带来诸多不便;另外,工作面狭小对连续施工也存在较大的影响。首先,工作面狭小路段,大型设备难以用上,比如狭小工作面的填筑施工,只能用小型运输车辆进行运土,而且在碾压时也难以用上大型碾压设备,特别是边角处理更需小型设备。如此,功效上比较低,质量上也因为碾压吨位不足或者碾压不到位存在质量隐患。使得对工程的进度控制和质量控制都存在一定的困难。因此,狭小工作面的施工控制也是改扩建工程的难点之一。

高速公路改扩建工程的另一个难点就是拼宽桥涵的基础施工。拼宽桥涵的基础都在原高速公路下边坡,无论是桩基础的施工,还是扩大基础的施工,都会不同程度地对边坡有一定的扰动,特别是还存在一个施工周期的问题,随着扰动的不断持续,势必会给原路基边坡的稳定造成影响,存在一定的安全隐患。

五、工艺和管理措施

不管是重点工程的控制,还是难点工程的把握,关键在于明确具体的施工准备和具体落实,下面仅就交通组织管理进行分析。

第一,成立交通应急保障领导小组,成员包括沿线交警、路政、业主、监理、承包人等部门领导和主管人员,实行全天候动态管理。应急保障领导小组建立固定联络方式,保持联络电话24小时畅通,小组成员通报施工动态,加强预警监测管理。在突发事件应急处置的过程中,保持信息畅通、合作协调。

第二,快速反应,高效处置。业主、监理、施工及公安交通管理局、路政局等单位要根据各自的职责,制订相应的突发事件应急预案。当车辆因故障或事故发生交通堵塞时,施工承包人应及时组织疏导交通,同时立即通知所在路段的交警、排障大队,辖区交警应在10分钟内到达事故地点,尽量启用事故简易处理程序,缩短处置时间,尽快恢复交通。施工承包人和排障大队应积极配合交警、路政部门做好现场交通管制工作。

第三,审批承包人提交交通组织方案和交通保障应急预案。在制定上述方案时必须遵循以下原则:对昼夜车流量进行准确的调查统计,根据统计数据合理确定交通限制路段长度,形成梯级、船闸式的流动放行。

主要的施工工作面须结合车流量,制定日常交通疏导方案和节假日高峰时段交通疏导方案。特别是针对节假日出行高峰、同时高速路免费通行的情况,要有专项应急预案。

关键施工点需要进行改道、改路的,要编制改道、改路施工交通疏导组织方案。

重点路段应编制交通防堵保障应急预案,设置现场临时组织机构,制定出现交通事故或交通拥堵情况时的紧急疏通、调度措施。

第四,对项目的施工进度在本地媒体及进出口收费站点做好公告标示。设置电子信息显示屏,及时告知项目的施工进度情况、通行状态、车流量等路况信息,便于车辆选择线路和入口限流,提醒准备出行或进入该路线的车辆,给通行人足够的心理准备。

第五,施工段现场按照规定在作业区前方设置明显的警告信息(如导向牌、电子信息显示屏等),为通行车辆提供足够的时间和空间。进入高速公路进行作业的人员必须身穿统一的标志服。

第六,对现场交通出现的紧急、突发情况,监理人协助交警、业主、施工等单位做好安全维护及交通疏导工作。

第七,针对传统节假日,各单位做好应急预案,相关单位成立24小时联合巡视小组,及时处理应急事件。

第八,通行状态、车流量等超过限度时,要与沿线高速公路管理单位方、公安交通管理局密切合作,从入口限制车流。如发生交通事故造成堵车,交警及时处理,恢复畅通。

第九,总监办定期对施工单位现场安全人员进行培训,督促施工单位严格按照国家、自治区级交通管理部门、公路管理机构对该项目建设的安全生产、交通畅通等有关规定执行。

第十,加强安全技术交底和安全巡查,提高安全生产意识,在交通量较大的特殊环境中,施工作业人员、监理人员更要注意自身安全,在确保自身安全的前提下开展施工作业和安全疏导。

高速公路红黏土路基填筑施工技术及改进

河北省交通建设监理咨询有限公司 梁红波

本文以某高速公路项目为例,该工程合同段的长度为 5.1 km,路基的挖方量与填方量分别为 255 万 m^3 与 75 万 m^3,由于该高速公路沿途经过红黏土地区,路基填筑施工难度比较大,为了确保高速公路项目红黏土路基填筑施工质量得到有效提高,要求施工单位采取科学的路基填筑施工技术与改进措施,避免出现路基填筑施工不规范现象。

一、红黏土路基特点

1. 厚度变化比较大

与常规的路基填筑材料相比,红黏土路基的厚度变化比较大。同时,因为含有大量的网状裂隙,会影响土体结构的稳定性,地下水在土层当中的活动越来越频繁,使得土体强度不断下降,随着深度的不断增加,土体强度越来越小,使得红黏土在水平与垂直方向均存在一定的不均匀性,影响高速公路工程路基填筑质量。

2. 胀缩性比较强

高速公路工程红黏土路基具有一定的胀缩性,在水文地质条件较为复杂的区域,容易出现胀缩灾害。同时,在部分路段,红黏土遇水会膨胀,体积不断增大,膨胀力能够达到 0.18×10^6 Pa。在该高速公路工程项目之中,红黏土路基表面含有一定有机质,其下部会逐渐过渡到基岩层,两者之间的接触面属于软弱结构层。在地势比较低洼的位置,通常会聚集较多的地下水,使得红黏土表现为软流塑状态,路基施工强度不断下降,压缩性明显增大,路基容易出现失稳现象。

二、红黏土路基填筑施工要点和注意事项

(一) 路基填筑施工

要想进一步提高公路红黏土路基填筑施工质量,施工人员要特别注意以下几个问题。

1. 检测红黏土压缩系数,若红黏土压缩系数小于 0.5 MPa,则无法应用到公路路基填筑施工之中。
2. 在高速公路红黏土路基填筑施工前,施工人员需要合理设置排水沟与截水沟,并加强防渗施工,避免外界降水渗入地下,将地表水快速疏干,为后续的路基填筑施工提供一个干燥、稳定的作业环境。
3. 尽可能避免在雨季进行施工。根据高速公路工程红黏土路基填筑施工特点能够得知,若施工单位需要在雨季施工,要制定出雨季施工措施,不断减小外界降水带来的不利影响。同时,施工人员要严格控制路基填筑作业面的横坡,一般来讲,路基填筑施工作业面横坡的坡度不宜小于 3%,施工结束后,施工人员还要对路基进行翻晒,路基干燥达标后,方可进行后续的施工。
4. 在高速公路工程红黏土路基填筑施工环节,对施工人员所使用的填料要做到随挖随用,填料摊铺施工完毕后,要及时进行碾压施工。
5. 路基填筑施工要保持一定的连续性,路基填筑、碾压施工结束后,要进行有效的养护,防止出现渗水现象。
6. 与普通的土壤相比,红黏土具有较强的黏性。因此,在具体的施工期间,检测人员需要重点检测红黏土的含水率,因为红黏土土团不容易被粉碎,水分散失表现出不均匀性。为了更好地控制红黏土质

量,施工人员需要进行有效的翻晒。为了提升高速公路红黏土路基填筑质量,要保证其含水率不低于5%,方可有效提升碾压质量。在路基碾压施工期间,施工人员需要使用羊角碾,若采取普通压路机,会影响路基碾压施工效果。

另外,由于高速公路红黏土路基的膨胀性较弱,如果被雨水浸泡,其施工强度将不断下降,故施工单位需要全面考虑外界降雨因素,根据高速公路红黏土路基填筑施工特点,做好碾压施工工作。路基碾压施工结束后,还要采取有效的封闭措施,防止出现长时间暴晒现象,以提升高速公路红黏土路基填筑施工效果。

(二) 路基包边施工

根据高速公路红黏土路基填筑施工现状得知,路基填筑施工质量受降雨影响较大,特别是在路基包边施工的过程当中,若外界降雨浸入路基内部,会降低高速公路的施工质量,伴随时间的推移,公路路基容易出现较大变形。

同时,与常规的土壤相比,红黏土的亲水性更加突出,如果外界水分浸入路基内部,会在短时间内快速蔓延,易出现路基病害。

为了防止上述现象出现,施工人员需要使用透水性比较小的红黏土作为包边施工材料,严禁使用塑性较低的黏土进行施工。通常来讲,高速公路路基包边土厚度不宜超过 1.5 m,通过科学的夯实可以防止公路边坡的坡面出现开裂,避免外界降水渗入路基内部。

在此高速公路红黏土路基填筑施工环节,施工人员需要提前进行包边土摊铺施工,压实完毕后,方可摊铺红黏土。需要注意的是,通过加强路基包边土压实质量控制力度,可以进一步提升高速公路路基填筑效果。施工人员可以使用土工格栅,对路基边坡进行有效的加固,防止红黏土出现侧向膨胀现象。在分层填筑施工期间,如果红黏土的湿度过高,要及时进行晾晒。同时,施工人员还要严格控制土工格栅铺设宽度,其铺设宽度不宜小于 2 m,并使用 U 形钉进行固定处理,种植适量的草皮,采取覆盖草皮的方式能够避免公路边坡出现开裂现象。

(三) 改进措施

1. 置换技术

在高速公路路堑部位,红黏土路基的含水量较高,容易出现压实度不达标现象,再加上外界施工环境较为恶劣,会严重影响路基填筑施工质量。为确保此类问题得到有效解决,施工人员可以采取垫层换填施工方式,通过开挖路基的底部,使用性能比较好的材料进行填筑施工,形成比较稳定的置换层,科学设置排水沟,上述工作完成之后方可进行路面施工,在提升高速公路红黏土路基填筑施工质量的同时,提高公路路面施工效果。

2. 碎石改良技术

为了确保碎石改良技术得到良好运用,施工人员要严格控制碎石粒径,在该高速公路红黏土路基填筑施工期间,主要采取粒径比较大的单级配碎石。通常不使用连续级配的碎石,若采用连续级配碎石,会影响红黏土路基的稳定性,长时间作用下,公路路基容易发生变形。为了更好地提升碎石改良施工的质量,碎石体积不宜小于 60%,尤其是施工强度要求比较高的路基,施工人员需要科学控制碎石体积比。

因该高速公路红黏土路基填筑施工难度较大,施工人员在具体施工之前,需要对土体进行有效晾晒,晾晒达标后,将红黏土与碎石充分拌和,不断提高改良施工效果。

当然,施工人员还要严格控制碎石的覆盖范围,因为红黏土的膨胀性较大,而且液限较高,受到外界水分的浸润,路基施工强度不断下降,也会影响路基稳定性,故施工人员需要采取石灰处理技术,不断提升高速公路路基填筑质量,防止地表水渗入路基当中。

3. 石灰土改良技术

通过运用石灰土改良技术,主要是利用红黏土内部的金属离子与石灰当中的钙离子进行有效反应,消耗土体内部水分,不断降低土体的含水量,真正达到固化的目标,进一步提升高速公路路基土体施工强度,让土体的物理性能得到一定改善。对于分散性比较大的路基土体,通过将土体与生石灰粉进行有效拌和,可以取得较好的固化效果。

此外,如果路基土体的含水量较高,施工人员需要使用旋耕机将生石灰粉与土体进行有效拌和,并采取科学的优化措施不断提升材料的拌和效果。例如,施工人员可以将高速公路路基填筑面上部的红黏土堆成堆,在其内部加入一定量的生石灰粉,并加入适量水,及时封口,确保生石灰能够在土体当中完全消解。生石灰在消解的过程中通常会产生较多热量,这些热量会消耗土体内部的水分,降低土体含水量,为后续的填筑施工奠定良好基础。

三、结语

综上所述,通过对红黏土路基填筑施工要点和注意事项进行全方面分析,如检测红黏土压缩系数、及时进行碾压施工、科学控制碎石体积比、降低土体含水量等,可以明显提升该高速公路红黏土路基填筑施工效果。在此高速公路项目中,通过采取上述措施,该工程的路基填筑质量得到显著提高,经过专业检测机构检测,符合规定要求。

高速公路建设项目工程划分及信息化对接研究

河北省交通建设监理咨询有限公司
河北慧锦工程检测有限公司　崔宇鹏

公路建设项目工程划分是项目管理的重要工作，贯穿工程建设全周期，承载着工程质量、进度、费用、合同、变更等管理工作，工程划分的科学性、合理性对工程管理的影响极大。笔者通过亲历的多条高速公路新建、改扩建项目实施过程中对工程划分的实践，总结了高速公路建设项目的工程划分经验及其信息化管理思路。

公路建设项目工程划分工作源自交通运输部颁布的《公路工程质量检验评定标准》（简称"《检评标准》"），其目的是加强公路工程质量管理，对公路工程质量检验、评定标准进行统一。该标准历经1994版、1998版、2004版、2017版等多次修订，在1998版中开始明确工程划分应在施工准备阶段进行，历版均对划分标准进行了优化、调整。

在施工准备阶段开展此项工作的目的和意义，在于科学分解工程任务、合理排布工程计划、均衡调度工程资源、全过程质量管控和合同管理、分层次评定验收、确保工程细部受控、宏观质量安全达标，并配合交竣工验收工作，为工程档案整理提供基础。在实际操作中，经常出现因个人理解或经验不足等原因造成工程划分工作的缺憾，对工程管理产生不利影响。笔者结合本职工作，对工程划分工作经验进行总结、分享。

一、工程划分常见问题及其影响

在工程实践中，因工程划分不完善给工程管理带来的问题如下：

（1）分项工程划分过大、过于笼统，分项工程中间交工所用时长超过一个计量周期，且没有配套的计量规则予以辅助，导致已完工工程无法及时计量，建设资金无法投入，影响后续工程的质量、进度和安全等。

（2）工程划分不科学，未能在前期对独立构件或部位进行施工图工程量拆分，导致无法快速统计、准确计量工程量；还会影响工程变更计算、审核思路，甚至出现肢解工程变更的嫌疑，同一工程变更跨分项进行，合同管理难度大。

（3）分项工程划分不均衡，同类分项的工程量比例失调，不同分项工程评定样本容量悬殊，置信度降低。

（4）同一个项目不同的合同段划分规则不统一，操作者对规范要求理解不一致，所编制的划分成果质量参差不齐，影响工程资料的编制、档案归档，造成工程档案专项验收困难，进而影响项目竣工验收进程。

二、工作思路

要解决上述存在的问题，首先应建立科学的WBS编码体系及计算机管理服务系统，统一编码规则，各参建单位规范执行，每个独立构件、部位编码唯一，便于计算机识别和工作人员书面辨识。如笔者常用的"XB－SG1－U101－P001－S01－001"形式，其中XB－SG1为项目名称及施工合同段、U为单位工程、P为分部工程、S01－001为分项工程及子分项工程。

其次，在按规定划分的同时，补充细化至以子分项为基本单元，建立逻辑清单数据库，每个子分项可以按评定标准计算合格率,为快速统计、工程计量提供依据。

再次,在施工准备期开始,对子分项进行施工图工程量复核,建立0号清单,为合同管理摸清底数,便于工程进度统计、计划调整,并为工程计量、工程变更提供准确工程数量,确保建设资金及时投入。

最后,建立包含电子(数字)档案系统的数字化工程管理平台,工程自检、抽检、交验等流程电子化,工程数据数字化,工程资料与工程进度同步,工程档案与工程交验同步,达到工清档齐、规范统一的目的。

三、工程划分要求

(一) 基本要求

高速公路建设项目的工程划分应本着拆分至独立构件(部位)、能细不粗的原则,在交通运输部颁布的规范的基础上,在分项工程内以独立构件(部位)为单元设置子分项,必要时建立二级子分项(如路基土石方工程的子分项段落填筑层),便于工程计量、进度统计、工程检验记录、工程资料填写及档案整理。

(二) 单位工程的划分原则

高速公路建设项目按合同段分别进行单位工程划分,应遵从《检评标准》并结合工程特点进行。如工程项目为拼宽的改扩建或分幅施工的建设项目,应分幅划分单位工程,确保工程能够及时地进行质量评定及资料收集归档,做到工程结束、档案归档完毕。

1. 路基、路面工程的单位工程划分

整体式路基以每合同(双幅)为一个单位工程;分离式路基以每幅为一个单位工程。合同段长度超过10 km的,应在合同段内较为居中的较大结构物处断开,划分为2~3个单位工程。路面工程应左右分幅划分,每合同的每幅为一个单位工程。

2. 桥梁工程的单位工程划分

桥梁以每座为一个单位工程;中央分隔带的,以每座每幅为一个单位工程。互通区的桥梁,根据结构形式,遵循前述原则进行划分。

3. 隧道工程的单位工程划分

隧道工程以每座每单洞为一个单位工程,双洞隧道左右分幅分开各为一个单位工程。

4. 绿化、声屏障工程、交通安全设施的单位工程划分

以每合同段的每幅为一个单位工程。如有中央分隔带有相应工程,则中央分隔带单独为一个单位工程。

5. 附属设施、机电工程的单位工程划分

交通机电工程的工程划分按照《公路工程质量检验评定标准 第二册 机电工程》(JTG 2182—2020)执行。各合同段的相应附属设施为一个单位工程;如同一合同段内同一类型的附属设施规模较大、且处于不同地理位置,则其可单独为一个单位工程。具体操作应按照其相关专业工程质量检验评定标准执行。

(三) 分部、分项的划分原则

高速公路建设项目的分部、分项工程划分,应遵循《检评标准》附录A的要求,力求分部工程规模相近,并根据工程特点、施工组织方式、施工要素匹配能力、生产效率等因地制宜进行划分。

1. 路基工程的分部、分项工程划分

(1) 路基土石方工程的分部、分项划分有其特殊性,对同一分部工程内各分项工程,每个分项工程类型在本分部内只划分一个分项工程,分项长度应等于分部工程的长度,不得将分部工程从中间肢解。

(2) 划分前应详细研读纵断图以及筑路材料计划,每个填、挖方段落交工界面临界桩号或两构造物之间为一分部,如其段落不能一次施工,可选择合适的位置(整桩号或涵洞、通道大中桥台背或耳墙末端

桩号)分节,最小划分长度不宜小于 200 m。

(3) 相邻分部工程的起讫桩号应首尾相连、依次连续传递。

(4) 小型构造物应完整包含在一个分部桩号范围内。

(5) 子分项:根据地形、地物和施工组织管理需要,可对路基土石方工程进行纵向分段划分子分项,其交工界面长度不宜小于 200 m;互通立交的每条匝道单独作为一个子分项工程。

(6) 二级子分项:路基工程可将子分项内的每填筑层作为二级子分项,施工时自行依序增补编号,其目的是便于工程资料的管理和计算机系统内的工程部位识别、数据匹配。

2. 排水、防护、支挡工程的分部、分项工程划分

(1) 排水工程、防护支挡工程的分部、分项工程起讫点桩号,与路基土石方工程的分部工程划分保持一致。

(2) 大型挡土墙、组合式挡土墙,可根据其在本项目的设计结构形式、分布情况进行分部工程划分,如属偶尔出现的"孤岛"工程,则以每处为单元进行划分。

(3) 子分项:根据设计文件、地形、地物和施工组织管理需要,对各分项工程类型划分子分项,其交工界面长度不宜小于 200 m。

3. 小桥、天桥、渡槽的分部、分项工程划分

(1) 小桥、天桥、渡槽的分部工程划分应根据其结构形式进行,整体式路基范围内的构造物且能左右同时施工的,每构造物为一个分部;分离式或有中央分隔带的路基形式及利用旧构造物拼接加长的,每构造物左、右幅分开各为一个分部。

(2) 每墩台的基础、墩台身等,均划分为独立的分项工程。

(3) 子分项:分项工程内,同类型构件较多且不能一次性同时施工的,应对其划分子分项。

4. 涵洞、通道的分部、分项工程划分

(1) 涵洞、通道的分部工程起讫点桩号与路基土石方工程的分部工程保持一致。段落范围内的所有主线及互通匝道上的涵洞、通道均纳入同一分部工程。

(2) 每构造物各为一个分项单元,分离式路基或有中分带、利旧加长的应左右幅分开,各为一个分项单元;每单元的基础、墩台身等,划分为一个分项工程。

(3) 子分项:分项工程内,同类型构件较多且不能一次性同时施工的,应对其划分子分项。

5. 路面工程的分部、分项工程划分

(1) 路面工程分部划分要充分考虑施工组织安排,将路面工程左、右幅分别划分。每结构层次分别按大型构造物之间、不同的路面结构形式分界点、相邻施工合同起讫点为界,每 1~3 km 划分一个分部;如段落总长超过 3 km 的,则应在整公里或整百米处断开,最小分部工程长度不宜小于 1 km。

(2) 结合日生产能力,可选择合适的位置分节,每分项以 1 km 左右为宜,长度不应小于 200 m;每互通立交的每条匝道路面单独作为一个分项工程,如其段落过短,一个互通内多条匝道可合并为一个分项工程。

(3) 分项起讫桩号宜选择桥头搭板、桥梁伸缩缝或涵洞、通道一侧台背整桩号位置,所有分项桩号必须依次传递并保持连续;力求上下结构层次划分桩号一致,并尽量与路基土石方划分桩号起(讫)点重合,施工时按规定留错茬。

(4) 子分项:分项工程段落较长、不能一次性同步施工的,应对其划分子分项。

6. 桥梁工程基础及下部构造的分部、分项工程划分

(1) 每座桥梁的左右幅分开,每幅每墩台为一分部工程。每幅每墩台的基础、墩台身等,均划分为独立的分项工程。

(2) 子分项:桩基、系列、墩柱、盖梁、支座垫石和挡块等同类型构件较多,且不能一次性同时施工的,应对其划分子分项,每个(每组)独立构件为一个子分项。

7. 桥梁工程上部构造预制、安装、现浇的分部、分项工程划分

(1) 以施工图设计的桥梁桥面系简支端为分联界限,分离式桥梁左右幅分开,每联为一分部工程;整

体式桥梁以每联为一个分部工程。

(2) 以每幅每联为一个分项工程单元划分分项工程。

(3) 子分项：同类型构件较多且不能一次性同时施工的，应对其划分子分项，每个独立构件为一个子分项。

8. 桥梁总体、桥面系和附属工程的分部、分项工程划分

(1) 桥梁总体的分部工程划分，分离式桥梁左右幅分开，每幅为一分部工程；不设中央分隔带的整体式桥梁以每座为一个分部工程。分项工程划分同分部工程一致。

(2) 桥面系和附属工程的分项划分原则、桩号范围同其上部构造预制、安装、现浇的分部工程划分，以每幅每联为一个分项工程单元划分分项工程。

(3) 子分项：同类型构件较多且不能一次性同时施工的，应对其划分子分项，每个独立构件为一个子分项。

9. 桥梁防护、引道工程的分部、分项工程划分

(1) 桥梁的防护工程及引道工程，考虑其工程量和施工工艺工序，分别以每座桥梁为一个分部工程进行划分。

(2) 防护工程以每幅、有相应工程的每墩台为一分项单元。

(3) 引道工程以每条为一分项单元，具体划分参照路基、路面工程的规定执行。

(4) 子分项：可根据施工部位和工程计划安排对其划分子分项。

10. 隧道工程总体及装修装饰、洞口工程的分部、分项工程划分

每座隧道每单洞(洞口)划分为一个分部工程，连拱隧道左右幅分开划分。每单洞(洞口)各划分为一个分项工程。

11. 隧道洞身开挖、衬砌、防排水的分部、分项工程划分

(1) 每座隧道每单洞每 200 延米为一个分部工程；连拱隧道左右幅分开划分，中导洞单独按每 200 延米为一个分部工程进行划分。

(2) 每单洞从一端的明、暗洞交界点依次向另一端推进分项工程划分，分项工程桩号首尾相连。

(3) 按施工图设计，所示连续的同一衬砌类型范围内每 40 m 为一个分项单元，不足 40 m 的按实际长度计，不得向不同衬砌类型的相邻桩号方向扩展。

(4) 衬砌类型变换时，以其临界桩号为分界点划分下一分项工程单元；每紧急停车带应单独作为一个分项单元。

(5) 每幅主洞的所有设备洞为一个分项单元。

(6) 子分项：应根据衬砌台车有效工作长度划分子分项，建议每个设备洞或同类型的几个设备洞为一个子分项。

12. 隧道路面的分部、分项工程划分

(1) 每个单洞的路面工程，按不同的路面结构形式每 1~3 km 划分一个分部；如段落总长超过 3 km，则应在整公里或整百米处断开。

(2) 辅助通道的路面单独作为一个分部工程，可将本隧道内多条通道路面合并为一个分部工程、独立划分分项工程。

(3) 每结构层次分别按较大横洞之间、不同结构形式起讫点进行划分，所有分项桩号必须依次传递并保持连续每分项以 1 km 左右为宜，分项划分长度不应小于 200 m。

(4) 力求上下结构层次划分桩号一致，并尽量与就近的洞身开挖分项桩号起(讫)点重合，施工时按规定留错茬。

(5) 子分项：根据管理需要，应对其划分子分项，长度不应小于 200 m。

13. 隧道辅助通道的分部、分项工程划分

(1) 每座隧道同一类型的辅助通道按每 200 延米划分为一个分部工程；如果本隧道内同一类型的多条辅助通道均较短(≤40 m)，可将多条同类通道合并为一个分部工程。

（2）参照主洞洞身开挖、衬砌、防排水等分部工程的分项划分原则进行划分。

（3）子分项：多条同类通道合并为一个分部工程的，每条通道为一个分项单元，必要时设置子分项。

14. 绿化工程的分部、分项工程划分

（1）绿化工程中，分隔带绿地、边坡绿化、护坡道绿地、碎落台绿地、平台绿地的分部工程划分以每幅、每2 km路段为一分部工程。

（2）互通立交匝道圈内、环岛绿地、管理养护设施区绿地、服务设施区绿地、取(弃)土场绿地，以每处为一分部工程。

（3）绿化工程的分项工程桩号范围与其分部工程范围一致。

（4）子分项：同一分项内，以结构物、不同种植种类分界点划分子分项。

15. 声屏障工程的分部、分项工程划分

声屏障工程的分部划分，应左右幅分开以每处为一分部工程；每种结构形式为一个分项。

16. 交通安全设施的分部、分项工程划分

交通安全设施的各分部工程中，除避险车道以每处为一个分部工程外，其余各分部工程划分均应左右幅分开，每5 km为一分部工程单元，互通匝道的相应设施包含在其主线对应桩号的分部内。其分项工程范围与分部工程相同。

四、结语

工程划分是工程开工申请、质量控制、验收评定、中间交工、工程计量的依据，贯穿工程施工全过程，需要工程管理多部门协同完成。工程划分工作没有绝对统一的标准，但必须遵循"服务工程、科学严谨、宏微一统、细而不杂"的基调，为各参建单位的工程调度，协调各生产要素，控制进度、质量、安全、合同管理等发挥干线网络作用。

项目总监应主持制定项目的工程划分标准，结合项目特点做到全线标准统一；各施工合同段的合约经管、工程管理、质量管理、安全管理、物资保障等部门共同参与编制，经监理机构审查、批准后共同遵照执行；遇有工程变更、需调整工程划分的，应及时补充工程划分工作，及时进行局部修订。

高速公路养护专项施工新材料新工艺的应用

山东方正公路工程监理咨询有限公司　杨列全

不黏轮特种乳化沥青、高黏改性沥青、橡塑改性沥青、UHPC高强混凝土等施工新材料具有不同特点,相关工艺应用也有相应要求。笔者结合工程实践予以总结,以期为高速公路养护项目的质量提高提供一些借鉴。

一、不同材料特点分析

1. 不黏轮特种乳化沥青

不黏轮乳化沥青包括不黏轮改性乳化沥青(BN-101)和不黏轮环氧改性乳化沥青(BN-201)两类,是一种高性能路面层间黏结材料。

(1) 不黏轮改性乳化沥青:区别于普通乳化沥青,不黏轮乳化沥青具有破乳速度快、不黏轮、黏结强度高等优点,能够大大增强沥青路面层间的结合强度,防止层间破坏,提高路面耐久性。

(2) 不黏轮改性环氧乳化沥青:由高分子水性环氧树脂改性沥青、水性固化剂及其他溶剂组成通过高速剪切分散机生产的一种水溶性的防水黏结材料,该产品为褐色液体,固化成膜后附着力强、高温性能好、不黏轮、防水性能优越。

2. 高黏改性沥青

(1) 沥青黏附性优异,具有高软化点、高延度优势,60 ℃动力黏度是普通SBS聚合物改性沥青的数十倍,可显著提高混合料的抗水损剥离性能、高温抗车辙性能,提高路面耐久性。

(2) 有效增加沥青膜厚度,增强路面耐候性,提高集料裹附力。

(3) 175 ℃旋转黏度与普通SBS改性沥青接近,施工和易性好。

3. 橡塑改性沥青

(1) 良好的存储稳定性:橡胶塑料复合改性沥青的存储稳定性与SBS改性沥青相仿,不分层、不沉淀、不离析,可以长距离运输及重复加热。

(2) 良好的适用性:橡胶塑料复合改性沥青能用于各种类型和规格的沥青混合料,无须刻意调整为间断级配而增加沥青用量,能适应路面上、中、下各结构层功能要求。

4. UHPC高强混凝土

UHPC是一种高应变强化型超高性能混凝土产品(性能满足瑞士SIA2052规范UA级别以上),具备高强、高延性、高耐久性等良好的施工特征。

二、应用方式方法

公路施工应用新材料新工艺是一个复杂的过程,需要我们立足于现阶段公路建设的实际,采取有针对性的措施,确保新材料新工艺的应用效果。

1. 不黏轮特种乳化沥青主要用在铣刨面层后作联结层使用

(1) 下承层的准备:不黏轮乳化沥青撒布前将现有路面脏物清除,表面应牢固、结实、无浮浆,手指触摸无明显灰尘,不能有杂物,表面无油、水印。

(2) 撒布量的选择:根据不同路面结构,不黏轮乳化沥青及不黏轮环氧改性乳化沥青的撒布沥青量如表1、表2所示。

表1　不黏轮改性乳化沥青(BN-101)撒布量要求(单位：kg/m²)

路面结构	撒布量
路面黏结层	0.4~0.6
排水路面防水黏结层	0.9~1

表2　不黏轮环氧改性乳化沥青(BN-201)撒布量要求(单位：kg/m²)

路面结构	撒布量
路面黏结层	0.4~0.6
混凝土桥面防水黏结层	0.7~0.9
排水路面防水黏结层	0.9~1

此次试验路段两种乳化沥青都用于路面黏层，故采用0.4~0.6 kg/m²撒布量，实际撒布量设定为0.5 kg/m²。

（3）机械的选用：采用智能撒布车喷洒黏结层材料，50~65 ℃撒布。施工前调试各喷头，对循环泵和每个喷嘴进行检查，要求循环泵能以最高转速运转，智能撒布车加热温度严禁超过80 ℃，加热时必须进行内循环，防止因局部过热造成不黏轮乳化沥青破乳。

不黏轮环氧改性乳化沥青里面含有固化型树脂材料，撒布车上齿轮泵容易堵塞，本材料需要冷撒布，施工面积较小，可采用小型喷洒设备。

（4）施工撒布：

不黏轮乳化沥青喷洒：

①材料使用前应搅拌均匀，喷洒过程中注意纵向和横向衔接与已撒布部分重叠不少于10 cm。

②喷洒完成后，不黏轮乳化沥青养生时间不少于60 min，确保不黏轮乳化沥青完全破乳。未破乳前，禁止任何车辆及人员通过。

不黏轮环氧改性乳化沥青喷洒：

①材料使用前应搅拌均匀，喷洒过程中注意纵向和横向衔接与已撒布部分重叠不少于10 cm。

②喷洒完成后，不黏轮乳化沥青养生时间不少于8 h，确保不黏轮乳化沥青完全破乳。未破乳前，禁止任何车辆及人员通过。

（5）养生：施工过程中，严禁乱踩未干作业面，严防利用钉子、木棍、钢筋等尖锐物人为破坏作业面。不黏轮乳化沥青撒布完全后，立即进行自然养生，封闭交通。材料干燥后，不黏车轮和摊铺机履带方可进行下一道工序。

（6）检测：设定撒布量为0.5 kg/m²，实测撒布量为0.47 kg/m²。

不黏轮改性乳化沥青破乳后黏结拉拔头，待胶水完全干燥后进行拉拔试验。现场温度32 ℃，拉拔试验值为1.08 MPa、1.26 MPa，平均值为1.17 MPa，结果符合≥1 MPa的技术要求。

不黏轮环氧改性乳化沥青现场温度32 ℃，拉拔试验值为1.48 MPa、1.40 MPa，平均值为1.44 MPa，结果符合≥1.2 MPa的技术要求。

（7）总结：不黏轮环氧改性乳化沥青的拉拔强度大于不黏轮改性乳化沥青，均优于普通改性乳化沥青，可有效提高层间黏结强度，达到良好的层间黏结效果，有效避免施工车辆对黏层的破坏。

2. 收费广场路面"白+黑"高黏聚合物改性SMA-5混合料的应用

（1）路面准备情况：铣刨原路面保证表面无浮浆、无浮尘。

（2）撒布高黏沥青封层，撒布量为1.7 kg/m²。预拌碎石为掺加0.5%沥青含量的玄武岩5~10 mm碎石，碎石撒布量为10 kg/m²。

（3）SMA-5沥青混合料拌和：沥青及集料加热温度为骨料加热温度195 ℃，沥青加热温度175 ℃，混合料出料温度185 ℃。

（4）沥青混合料施工：现场摊铺温度为175 ℃，碾压温度为170 ℃，起始震动压实两遍，后静压两遍收面，摊铺速度为1.5 m/min，摊铺时保持连续、无间断。

(5) 现场试验检测:渗水系数 20 mL/min、构造深度 0.4 mm、摩擦系数 70 BPN,其各项检测指标均能满足沥青混凝土的技术规范要求。

(6) 总结:使用高黏聚合物改性沥青 SMA-5 比使用混凝土修复的养护时间短,大大缩减了收费站的封闭时间,行车舒适性好,可保证路面的使用年限。

3. 橡塑改性沥青 AC-20 沥青混合料的应用

(1) 橡塑改性沥青 AC-20 混合料拌和生产的温度控制:沥青加热温度不低于 175 ℃,矿料加热温度 160~170 ℃,混合料出料温度不低于 155 ℃。

(2) 橡塑改性沥青 AC-20 混合料现场摊铺的温度控制:摊铺温度不低于 145 ℃,初压开始温度不低于 135 ℃,碾压终了的表面温度不低于 100 ℃,开放交通时路表温度不高于 50 ℃。

(3) 橡塑改性沥青 AC-20 混合料的运输、碾压混凝土普通沥青混合料工艺相同。

(4) 总结:橡塑改性沥青混合料具有优良的高温稳定性、低温抗裂性、抗水损害性和抗老化性(抗车辙能力优于 SBS 改性沥青,低温性能与 SBS 性能一样),尤其是水稳定性和高温稳定性优势特别突出(冻融劈裂强度比大于 85%),能适应高温、重载等特殊路段要求。

4. UHPC 高强混凝土在 T 梁维修加固中的应用

(1) 原材料:干混料、外加剂、钢纤维及拌和水;配合比(kg):原材料∶外加剂∶水∶钢纤维=1 000∶6∶96∶70。

(2) 必须使用高速(转速 55 r/min 以上)强制式搅拌机,现场搅拌,拌和时间不得少于 10 min,搅拌后初始扩展度 750 mm 以上。

(3) 现场采用常温养护覆盖薄膜保湿。

(4) 标养条件 1 d 抗压强度达到 50 MPa,28 d 抗压强度能达到 150 MPa。

(5) 总结:UHPC 高强混凝土应用在桥梁维修加固方面早期强度高,大大缩短工序时间,提高施工效率。

5. 其他新材料的应用

(1) 合金钢护栏的试验段

该钢护栏采用新型合金,其力学性能屈服强度≥600 MPa、抗拉强度≥700 MPa、断后伸长率大于等于 18%,新型合金钢护栏的力学性能指标是普通钢护栏的两倍多。新型合金钢护栏 Gra-SB-2E 波形板厚度为 3 mm、立柱厚度为 3 mm,普通 Gr-SB-2E 波形板厚度为 4 mm、立柱厚度为 6 mm。新型合金钢护栏相比普通钢护栏原材料重量轻、安全性强,减少了能源消耗,提高了行车安全。

(2) 万通 WK 水泥混凝土修补料的应用

特点与优点。①施工在立面或顶面施工时不下垂,施工简单快捷,与不同基层的黏结性好。②抗裂性:材料微膨胀收缩率低,含有抗裂成分,具有良好的抗裂性能。③柔韧性和抗冲击性能:修补层有良好的柔韧性和抗冲击性,在各类气候条件下可避免修补层脱层。④耐久性好:抗冻融能力强、耐磨强度高、吸水性小,耐久寿命长。⑤防水性能:高耐碱性、耐紫外线,拥有一定的防水防腐性能。⑥抗压强度高,固化迅速:30 min 初凝,2 h 开放交通。⑦材料技术指标:黏结强度 2 d 为 2 MPa,抗压 7 d 为 41 MPa,抗折强度为 4.8 MPa,耐磨度比为 48%,表面强度(压痕直径)为 3.67 mm,材料为单组分。材料可以带颜色,零下 20 ℃ 能正常施工,材料在静止水中不溶于水,干粉材料上滴水产生荷叶效果。

三、结语

本文结合在高速养护专项工程施工中实际应用的新材料新工艺,分析了高黏改性沥青、不黏轮特种乳化沥青、橡塑改性沥青及 UHPC 高强混凝土等新材料新工艺,归纳总结了它们在实际养护项目中的应用,旨在推动公路养护项目施工质量的提高。

高速公路改扩建工程不断交施工交通组织模式探讨

河北省交通建设监理咨询有限公司　崔宇鹏

为解决河北省石家庄市区向东跨区域出行不畅的问题，河北省交通运输厅批准对 G1811 黄石高速公路藁城至石家庄段进行改造扩建，由双向四车道扩建为双向六车道。该路段是河北省早期建设的高速公路之一，是河北最重要、最繁忙的高速公路之一，对石家庄及周边地区的发展有着极重要的影响，交通量增长迅速，2015 年已达到 47 524 pcu/d，交通流处于稳定流范围的下限，服务水平降至四级，升级改造需求迫切。G1811 黄石高速公路改造工程项目全长 15.844 km，连通着 S9902 新元高速公路和 G4 京港澳高速公路，是石家庄的东大门，横穿石家庄市长安区、藁城区、高新区和正定县，高速公路两侧建筑林立、土地资源紧缺，横向下穿的通道有 33 道、互通立交 3 座、跨路高压线 22 条，下穿高速路基的还有燃气、地下通信光纤、国防光缆、输油管道等诸多管线。

2018 年 8 月，该项目开工建设时，恰逢其东段的黄石高速公路辛集至藁城段改造施工，与之平行的国道 307 线断交施工，北侧的省道 302 线（正无路）限高，南侧的南二环东延及衡井公路正在施工，石家庄南绕城东延段尚未建成。多种复杂的因素叠加要求该项目的建设期间不断交、不征地、不拆迁，且要快速恢复至改造前的服务水平，工期压力、安全压力、质量压力、社会舆情压力、环保压力异常艰巨。

一、高速公路不断交施工交通组织方案模式

（一）交通组织管理架构

该项目在前期规划时，谋划采用"小业主大监理"模式，监理机构按合同约定增加"不断交施工交通组织管理"等工作内容。经统筹协调，项目所涉及的建设、运营、管理、施工、监理、设计等单位均为不断交施工交通组织管理成员单位，各单位主要负责人和专职负责人作为成员，分工明确、责任到人。

总指挥为建设单位负责人，副指挥为建设单位安全部负责人、监理机构项目总监，成员包括高速交警、高速路政、高速养护、各施工单位、监理单位、设计单位、外聘保安公司、拖车公司等单位相关人员。

（二）各成员单位职责

总指挥负责组织建立管理架构，确定岗位、人员及分工，明确交通组织方案及资源、措施保障；副指挥在总指挥的领导下，分头负责日常交通组织管理、方案实施、资源协调落实、保障措施检查和指挥调度。

施工单位为交通组织和安全保畅实施主体，外聘保安公司保安员作为安全员进行现场值守、疏导；高速交警、高速路政、高速养护等部门协调联动，快速处理；拖车公司为事故清撤专业队伍；设计单位做方案编制、论证和修订等支撑。

（三）交通组织安排

1. 交通组织总体方案思路

（1）施工全过程不断交，采用半幅双向、单车道通行，中间预留应急车道作为保障，先北后南分幅错时、错峰施工。

（2）交通组织"路网＋路段"结合，远端分流货车至路网其他干线，限制货车、危险品运输车在施工路段行驶。

（3）设置三级路网分流点：远端诱导分流点、临界强制分流点、路段交通管控点。

(4) 配置多种快速绕行方案：项目以北区域货车绕行方案、项目以南区域货车绕行方案、项目区内客车分流方案。

(5) 交通组织动态设计调整：结合实际施工进度，结合工程进度及节假日等时间节点划分阶段，动态调整交通组织设计。

(6) 高站位、保畅通，重要节点让路于民：在国庆节、元旦、春节、清明节、"五一"等重要节点主动停工，开放一切可安全通行的路段交予社会司乘，确保社会车辆在本路段走得了、走得畅、走得安全。

(7) 关注舆情、加强引导、广泛宣传、主动推送，开工前做动员宣传，让限行信息广泛传播、绕行路线及时传递，出现短时拥堵主动推送信息至现场司乘和导航系统。

2. 起终点交通组织

该项目起讫点为 K281+258－K297+101.679，水马设置起点为 K278+000、设置终点为 K298+000，水马延长布置于项目起讫点外，起点处水马为双排设置，确保安全。主线半幅双向通车时，最内侧的车道上下高速受限，需中央分隔带开口借道另半幅匝道进出高速(图1)。在施工区域以西远端开始加密设置标志牌，增加振动标线促使石太高速公路车辆提前减速，防止事故发生，缓解前方施工区交通压力。

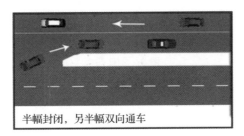

图 1 借道进入施工导改路段起点处

3. 第一阶段(开工)交通组织导改方案

第一阶段时间节点：2018 年 8 月 25 日至 2019 年 4 月 30 日。节点末期工程形象进度：北半幅改扩建完毕，达到通车运营能力。

北半幅自 2018 年 9 月开始半幅封闭施工，此阶段采用改变交通流方向，上下行交通均转移至南半幅，单幅双向两车道保通，中间设置应急车道(图2)，行车道宽度 4 m。中央及靠近外侧护栏处均设置连续水马隔离，安装临时防眩设施，提高夜间行车安全。施工期间分流黄牌货车，限速 60 km/h。

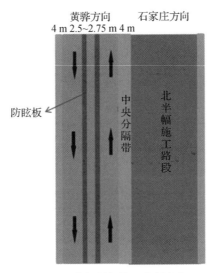

图 2 北半幅封闭施工交通组织

4. 第二阶段(北半幅完工通行)交通组织导改方案

第二阶段时间节点：2019 年 5 月 4 日至 2019 年 7 月 30 日。节点末期工程形象进度：南半幅改扩建完毕，达到全幅双向六车道通车运营能力。

南半幅自 5 月 4 日起封闭施工，北半幅开放交通，上下行交通均转移至北半幅，单幅双向四车道限速保通,中间设金属防撞移动隔离护栏,行车道宽度3.6 m,以南半幅施工区作为应急车道。根据实际交通量观测分析,在北半幅安装3套测速抓拍设备,同时每公里设置1处限速标志和抓拍提醒标志,有效控制行车速度(图3)。

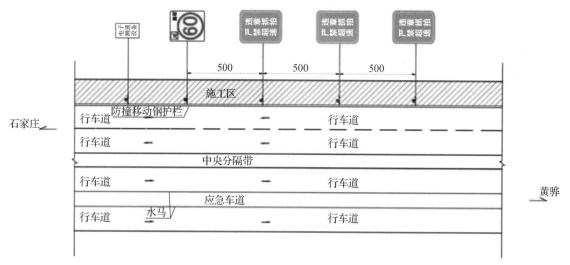

图3 测速设备

5. 第三阶段(双幅完工)全面开放交通导改方案

第三阶段时间节点:2019年7月31日。工程形象进度:全幅双向六车道通车运营能力。

7月30日完成全幅的路基、路面、交安、标线、机电等工程,清撤路面隔离设施;7月31日临时交通管制5分钟,清撤项目起点K278+000、终点K298+000的隔离水马等设施,恢复全幅双向六车道交通。

6. 重要节假日交通保障

(1) 2018年国庆节假期保障方案

为应对国庆节期间高峰交通流,减少社会影响,节日期间根据交通量变化情况采取潮汐车道方案。

9月30日—10月3日,东行出城车流量大,安排南半幅两车道为东行单向通道,中间为应急车道,北半幅安排一条车道为西行通道,形成出城两车道、进城一车道的交通组织。

10月4日—10月7日,西行返城车流量大,安排南半幅两车道双向通道,中间为应急车道;北半幅一车道为西行不变,形成出城一车道、进城两车道的交通组织。

10月8日,恢复南半幅双向两车道通行,北半幅继续施工作业。

(2) 2019年春节假期保障方案

为应对春节期间高峰交通流,南北半幅双向四车道通行,北半幅自2019年1月28日(腊月二十三)至2月20日(正月十六)暂停施工。南半幅两车道宽度均为4 m,作为东行方向通道,中间为应急车道;北半幅采用专利产品的防撞移动钢护栏隔离施工区,具备两车道西行的通行条件(图4、图5)。2019年2月21日恢复南半幅双向两车道通行,北半幅完成后续施工作业。

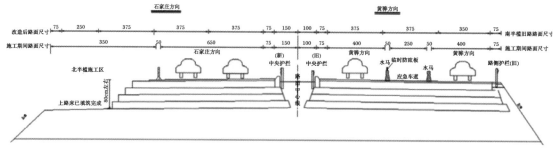

图4 春节期间交通断面

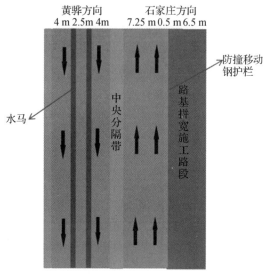

图 5　春节期间交通组织

（3）劳动节等其他假期保障方案

结合 2019 年春节的交通组织保障方案，"五一"劳动节期间的交通组织更为便捷、可靠，4 月 30 日已经完成北半幅施工任务，开放西行交通，节日期间交通组织方式与春节期间相近。

二、不断交施工交通组织

1. 路网远端提示标志

加强宣传引导，根据实际情况对路网交通组织方案进行动态设计，做好限行、绕行的宣传工作，在路网远端服务区设置施工绕行公告牌 14 处（表 1）；在收费站、互通区设置分流引导标志 37 块（表 2）；设置强制分流标志并设限高门架等设施 3 处，分别为京昆高速公路高庄互通强制分流点标志、南高营互通区西部强制分流标志、彭家庄互通增设西行强制分流标志。

2. 路段交通组织方案

根据现场施工条件，先行施工石家庄方向的北半幅。

在施工路段增加其他临时设施，完善沿线标志标识如限速标志、提示牌等；增加语音播报系统，增加保安人员及巡逻车辆，增加指挥调度通信保障系统，加大新闻宣传力度等措施。设置专职安全疏导员，施工现场每公里设置 1 名专职安全疏导员，负责监督现场的安全管理，积极协助交警、路政部门处理路面突发事件。每个合同段均配备清障救援车辆进行 24 小时值守，强化救援能力。

三、施工阶段保畅措施

在该项目的实施过程中，监理机构作为交通组织管理的主要成员单位，除了常规的管理措施和方法外，还配置了数字通信指挥系统，建立基于公共通信网的数字对讲指挥系统，用于各单位的实时指挥调度。同时结合工程进展积极谋划利用既有运营视频监控系统作为指挥调度的"眼睛"，通过视频监控和现场巡查对路面通行秩序和事故清撤进行督导。在施工路段每 2 km 架设无线播音宣传系统，起终点加密布设，在黎明、黄昏以及有拥堵、缓行的阶段远程控制发布语音提示，告知社会司乘拥堵原因、预计清撤时间等，缓解急躁情绪，得到普遍认可。建设期间主动召开新闻发布会，在百度、高德等地图软件进行信息推送，电台、电视台及网络新媒体的信息公开也在保通保畅中发挥了重要作用。

表 1　路网远端服务区临时设施设置

序号	服务区	提示标志	备注
1	石太高速公路井陉服务区	施工绕行路线公告牌	辛集至藁城段已设置
2	石太高速公路晋冀主线站	施工绕行路线公告牌	
3	石太高速公路石家庄服务区	施工绕行路线公告牌	
4	西柏坡高速公路霍寨主线站	施工绕行路线公告牌	
5	西柏坡高速公路鹿泉服务区	施工绕行路线公告牌	
6	京昆高速公路灵寿停车区	施工绕行路线公告牌	
7	京港澳高速公路定州服务区	施工绕行路线公告牌	
8	京港澳高速公路藁城北服务区	施工绕行路线公告牌	新增
9	京港澳高速公路柏乡服务区	施工绕行路线公告牌	辛集至藁城段已设置
10	大广高速公路深州服务区	施工绕行路线公告牌	
11	大广高速公路衡水服务区	施工绕行路线公告牌	
12	黄石高速公路武强服务区	施工绕行路线公告牌	
13	黄石高速公路沧州服务区	施工绕行路线公告牌	
14	衡德高速公路王瞳服务区	施工绕行路线公告牌	

表 2　路网远端引导点位置

序号	引导点名称	提示标志
1	京港澳高速公路荣乌互通	黄石高速公路藁城至石家庄段施工黄牌及2.5米以上货车限行
		黄石高速公路藁城至石家庄段施工拥堵请绕行
2	京港澳高速公路保沧互通	黄石高速公路藁城至石家庄段施工黄牌及2.5米以上货车限行
		黄石高速公路藁城至石家庄段施工拥堵请绕行
3	京港澳高速公路曲港互通	黄石高速公路藁城至石家庄段施工黄牌及2.5米以上货车限行
		黄石高速公路藁城至石家庄段施工拥堵请绕行
4	保定南、望都、定州北、定州南、机场、藁城北互通	黄石高速公路藁城至石家庄段施工黄牌货车请绕行
5	辛集、晋州、藁城东、黄石高速公路京港澳高速公路互通	黄石高速公路藁城至石家庄段施工黄牌及2.5米以上货车限行
		黄石高速公路藁城至石家庄段施工黄牌货车请绕行
6	栾城东收费站	黄石高速公路藁城至石家庄段施工拥堵请绕行
7	栾城收费站	黄石高速公路施工车辆拥堵,请绕行G20青银高速公路
8	辛集、晋州、藁城东、黄石高速公路京港澳高速公路互通、藁城西匝道口处	藁城西匝道断交施工车辆请绕行
9	S303与G107交口	黄石高速公路藁城至石家庄段施工黄牌货车请绕行
10	西古城至南高营之间	黄石高速公路施工车辆拥堵请绕行青银高速公路
11	新元高速公路	
12	石家庄收费站东口	黄石高速公路藁城段施工车辆拥堵,请绕行G20青银高速公路
13	石家庄收费站	黄石高速公路藁城段施工车辆拥堵,请绕行G20青银高速公路
		绕行图
14	新元高速公路正定收费站	绕行图

续表

序号	引导点名称	提示标志
15	南高营互通	黄石高速公路施工,东行车辆请绕行青银高速公路
		黄石高速公路施工,沧州方向拥堵,请绕行 G4 高速公路
		黄石高速公路藁城段施工,车辆拥堵,请绕行青银高速公路

四、结语

该项目于 2018 年 8 月 25 日开始进行交通流导改,2019 年 4 月 30 日实现北半幅通车,经再次交通流导改后组织现场施工,2019 年 7 月 31 日实现双幅六车道全面贯通、交付运营。改扩建施工期间,良好的交通组织为施工创造了空间和时间,为工程质量、安全提供了基础保障。

监理单位参与并主导交通组织管理工作,在"大监理"发挥调度,协调各生产要素,充分平衡生产与安全、进度与质量、经济效益与社会效益之间的关系中起到积极作用,为后续的高速公路不断交改扩建管理提供了借鉴经验和管理方案。

公路软土路基处理技术及监理重点

承德公路工程监理有限责任公司　裴晓磊

公路建设过程中,会受到不良软土地基的影响。软土路基受自然因素的影响,承载力较弱,易造成沉降。为避免质量问题,应当采取科学合理的方法对公路软土路基进行加固处理。基于此,本文对软土成因与软土路基的特点、软土路基施工面临的问题进行了总结,并分析了相应的路基处理技术,结合工程实例对其监理重点进行了分析,以提高公路路基的稳定性。

一、软土成因与软土路基的特点

软土一般是指含水量较丰富、压缩性较高、抗剪强度较低和承载能量较差的黏性土,多为第四纪冰川后期冰川融化的地表水冲刷形成的沉淀物质。主要分为淤泥、泥炭、软黏性土、泥炭质土和淤泥质土等,其特点包括天然含水量高、透水性差、空隙较大、扰动性大、压缩性较高、层状分布、固结系数较小、力学物理性质差异大和稳定性较差等。

软土路基是指软土地形中的一种特殊路基,主要分布于江河沿岸、海洋滩涂、湖泊等多水和多雨的洼地。软土路基易坍塌和沉降,抗压强度小、承载能力差,对公路的安全构成了巨大威胁。为了提高公路路基的抗沉降能力、可靠性和承载能力,需要对路基进行适当的处理,保证公路施工质量和人们的出行安全。

二、软土路基施工面临的问题

公路路基的抗沉降能力、可靠性和承载能力是衡量路基施工的关键要素。软土路基施工技术是公路规划和建设过程中的一项关键技术。根据软土类型、埋层深度、材料场地、公路类型等因素,需采用不同的软土路基施工技术,比如垫砂层、换土、碎石桩、反压护道、排水板和超载预压等。虽然软土路基施工技术已经发展多年,很多技术都有成功的应用案例,但随着社会的发展和环境的变化,当前软土路基施工仍面临着两个关键的问题:路基沉降和滑坡。路基沉降不仅是施工过程中的问题,也是公路建设完成之后需面临的问题。路基结构的平稳程度、收缩能力、抗压能力是造成路基沉降的主要原因,路基失稳是造成滑坡现象的主要原因,因此,必须保证软土路基的稳定性,才能提高公路质量与使用寿命。

三、软土路基处理技术

1. 排水固结处理方法

在软土路基处理技术中,排水固结处理法适用于土壤较为饱和、具有黏性的软土地基中。该处理技术需要将较为饱和的黏性软土路基设置成竖向排水体,其工作原理是将软土路基中的排水体进行挤压,从而使中间的水分被挤压出来。通过挤压后的软土路基会固结在一起,软土路基强度会加大,承载力会加强,可见排水固结处理方法的重要性。该技术对状态较为饱和的软土路基以及黏性软土路基而言效果较好,可充分发挥作用,提高软土路基的强度。

2. 换填处理法

在公路路基处理中,换填处理法是一项操作较为简单、成本较低的技术,应用较为广泛,主要应用于土质较为松软的软土路基中。换填法是将原地基表面较为松软的土壤换成其他具有坚固性、稳定性、抗腐蚀性的材料进行填充。在填充之前,首先要确定好路基软土换填的深度,然后将基础地面下面较浅的土层进行换填处理,从而使松软的软土路基具有坚固性、稳定性的效果。

3. 深层搅拌桩支护法

深层搅拌桩支护法是利用搅拌桩机将水泥喷入土体并充分搅拌,使水泥与土发生一系列物理化学反应,使软土硬结而提高基础强度。该方法可以充分发挥原始土壤的作用,大大节约能源,实现自然资源的再利用。在相应的搅拌过程中,它对地基周围的土壤没有影响,对周围的交通影响也很小。在混凝土的浇筑过程中,由于桩的形成过程与混凝土的浇筑密不可分,因此,相关操作人员有必要在最合适的时间做充分的技术准备来进行灌注操作。

4. 机械碾压法

机械碾压法主要针对路基中的黏土,通过机械碾压施工技术,可以有效地改善软土地基的不均匀土层。它可以提高软土地基的密实度、可靠度,使软土地基表面更光滑。

5. 添加剂法

添加剂法是对软土路基进行处理常见的方法之一,其对机械设备要求低,且成本不高,便于操作。常见的做法是在软土地基中混入水泥、生石灰、熟石灰等添加剂,使添加剂与土壤发生一系列的化学反应,消耗软土路基中的水分,且生成稳定的固态颗粒,改变软土路基原有的土壤成分和结构特性,提升软土路基的稳定性和抗压性。

6. 强夯法

强夯法是指采用夯锤对软土路基进行加固的方法。夯锤高度达到规定值后,可以暂停后继续提升,脱钩后连续下降,速度应尽可能缓慢,防止出现不合理的停滞现象,每次振捣夯锤必须稳定。在压实的时候,10 cm 为压实点距离的偏差最大值,如果振捣的基坑不平整,应使用垫片,避免凹坑过深。尽量避免雨季施工,降水天气下应及时回填夯实坑,减少渗水现象。

同时,可以适当洒水防止扬尘污染,增强施工的清洁性。检验夯实方法,检测其施工效果,保证施工达到预期目标。按照规定步骤,检测土体的沉降量、平整度、定位点位移、夯点位置、夯锤定位差、地基顶面标高等,获得最全面的检测数据。一旦检测出不合规定的地方,必须再次施工,直到达标为止。

另外,施工队伍应检验路基周围土质,包括土粒大小、土粒压缩性、土壤黏性、变化趋势等,与质量要求进行对比,确定应调整的部分,有效控制各项误差,修复缺陷地方,提高施工的科学性。

四、监理要点

以某公路为例,所建设的全程长度为 28.5 km,为标准的四车道,设计时速为 80 km,其中 K6+220—K7+450 段为软土路基。该公路在建设过程中,有些部位的软土路基为液态,其路基的承载力差,无法满足施工条件,所以在进行施工时,必须对软土路基进行处理,并做好质量监理管控。根据公路现场施工的实际情况,结合软土路基的情况,最后决定采用强夯法对其进行加固处理,并对夯沉量、试夯次数进行重点监理管控。

夯沉量决定着试夯次数,两者具有关联性。根据施工要求,确定夯击次数,保证数值的合理性,最后两次夯击量必须符合以下要求:夯击能小于 4 000 kN·m 时,夯击量控制为 50 mm;夯击能在 4 000~6 000 kN·m 时,夯击量控制为 100 mm;夯击能大于 6 000 kN·m 时,夯击量控制为 200 mm。根据以往的施工经验,点夯 2 至 3 次,同时低能量满夯 2 遍,轻轻锤击,控制较低的落距,对地基土壤进行多次夯击,相互搭配各个锤印,在规定范围内控制夯坑周围不沉降,增强其平整性,避免出现隆起现象。根据土层中超静孔隙水自身压力数值,分析压力消散趋势,计算出压力消散的时间。如果缺失相关参考资料,可以分析地基土层渗透性,连续夯击渗透性良好的地基土层。

五、结语

软土路基施工技术的关键要素是保证路基的稳定性和承载能力,由于软土的环境多样化,需针对不同的情况,结合现有的施工技术,注重当前科技发展中新材料、新技术的应用,不断完善软土路基施工技术,做好重点质量监理管控,从而提高公路路基质量,增加公路使用寿命,为社会的发展和人们出行安全提供保障。

BIM 技术在监理行业中的运用

中国交通建设监理协会　杨　帆

BIM 技术基于建筑模型基本思路,将建筑对象的主体、分支结构等内容转化为数字信息,建立起动态三维展示模型,模拟建筑工程的集成管理环境,其中包括了建筑 CAD 所提供的所有几何形状等视觉信息,也含有项目不同开发阶段的进度、质量、成本等控制管理信息,对提高项目管理质量和降低风险起到了很大作用。

一、传统监理模式问题分析

工程监理是甲方委托具有相关资质的监理单位对乙方的工程建设实施全方位监督管理的一种专业化服务活动。

监理行业虽然在我国起步较早,但仍存在一些问题:

一是责任和权利不平衡,责任重、话语权少,缺少辅助的科技手段,造成风险较高而收益较小;

二是服务内容和方式较为单一,生存空间受限;

三是缺少高素质人才,对监理行业的专业化发展不利;

四是信息化程度低,内部信息传递滞后,不能及时共享资源,影响对工程的服务质量。

监理行业在发展过程中,逐渐偏离了监理制度引入我国建筑工程的初衷。监理企业只有正视问题,利用科技手段引入智慧化和信息化管理方式,才能逐渐提高服务能力和水平,真正在工程咨询管理中发挥应有的作用。

二、BIM 技术对监理行业的促进应用

BIM 的应用可以帮助监理方集成工程信息,在工程的设计、施工、运营、维护全生命周期中,将所有相关信息储存并合成于一个三维模型的信息数据库中,可以较为精确地掌握整个工程的成本、进度、施工工序和耗材等信息。如果施工过程中某个工序或进度产生问题,将影响整个工程的 BIM 模型准确性,从而提醒监理方加强管理。

在项目实施过程中,各类数据被实时上传到 BIM 系统中,通过数据整合并结合 3D 扫描等技术,使监理很容易对施工现场进行精确跟踪。通过 BIM 平台,监理方可以与设计团队、施工团队、运营管理团队、业主等多个参与主体共享信息。基于 BIM 平台协同工作,有效提高工作沟通效率,节省资源,使成本降低,获得更高经济效益。

因此,BIM 技术的引入可以改善原有监理模式中管理信息化程度不高以及工作方式单一的问题。利用 BIM 技术的信息化和可视化特征,监理企业可以极大地提高对工程质量、进度、投资方面的管理成效,为监理企业过渡到全过程咨询管理准备好技术条件。

三、BIM 技术在监理行业中的应用

1. 集成施工组织设计

当工程项目确定后,基于现有组织结构,监理方利用 BIM 技术平台功能,梳理协调岗位和部门,使各部门都能按照 BIM 环境下的工程管理控制思路协同工作。建立配合 BIM 实施的工程施工管理层级划

分，明确工作职责，使监理过程更加顺畅。BIM 技术平台综合运用 GIS、物联网、大数据、ERP 等技术，将项目管理、物联网平台、视频管理等集成在数字环境中。在设计过程中，可以通过 BIM 平台对构件部署、管线排布、碰撞检查等进行模拟检测，提前发现可能在施工阶段出现的问题，降低由于设计不合理导致的施工返工、参与方发生矛盾的问题。在 BIM 技术平台的辅助下，监理方更有信心实现监理目标。BIM 平台使施工项目的精细化、透明化管理成为可能，方便了项目各参与方对项目进行全面了解，当出现问题时，监理方也可以科学合理地做出决策。

2. 协助做好进度和成本控制

工程项目的成本预算一般提前到设计阶段就开始进行了。将进度计划、材料计划、成本预算等信息录入 BIM 系统，获得计划工作量和对应的成本费用的精确核算。工程施工后，随着施工的进行，不断有新的进度发生数据和成本资料录入系统，得出已经完工的工作量对应的实际施工成本费用。BIM 系统中的相应模块可以对录入的施工单位合同预算成本数据进行自动处理，自动核算出施工单位施工前预算的施工成本和已经完工的工程预算成本，以此为基础进行修正，使工程实际进度和成本始终在可接受的计划浮动范围之内。

监理方为了有效控制投资预算，需要严格监控成本和进度情况。如果进度和成本出现较大偏差，则利用 BIM 技术处理数据的能力，通过对模型数据与成本、进度计划、工程量、流水段等数据的科学合理的结构分析，实现成本和进度的恰当调整。随着施工进度对某一阶段的成本评价指标进行统计，形成成本监控文件，便于监理方及时发现成本管理中出现的问题。

3. 减少设计失误

BIM 技术为工程建设提供了全面的可视化管理过程，在项目不同阶段可视化的模型展示可提高项目沟通的效率，降低因图纸设计问题产生的施工变更情况。施工单位在没有使用 BIM 技术时，与设计院及甲方的协调沟通要耗费很多人力和精力，有时因为设计变更使工期受到严重影响。监理方通过应用 BIM 技术平台，在与设计院、业主方和施工单位进行可视化工程施工模拟、碰撞试验等过程中，可以方便快捷地对设计问题进行沟通讨论，严格遵守变更原则，研究成本和进度的协调问题，还可以通过 BIM 技术针对机电专业进行管线排布设计审查，及时修正不合理的设计问题，减少或避免因设计变更在施工阶段造成的返工问题，保障施工进度。

4. 质量安全管理

BIM 系统中包含很多文件数据，如合同信息、招标文件、二维设计图纸等，在项目不同阶段，会有不同设计图纸和文件形式的清单、成本、进度等相关文件，监理通过 BIM 技术应用将各类项目文件导入 BIM 系统，建立工程模型与成本、进度、工程量的关联，便于在项目各方和项目不同阶段中信息的传递。

BIM 技术平台在安全培训、技术交底方面的辅助功能，帮助监理提高质量安全管理效率。同时，BIM 平台还能集成摄像头、传感器等设备收集的施工信息，为安全策略的制定准备好相关数据。监理人员发现质量或安全问题时，通过平台移动端进行现场拍照，将照片与 BIM 模型以及相应图纸进行关联后，向施工方详细说明问题所在，督促相关责任人按期修改，并将修改记录和图片保存到 BIM 平台中。通过收集数据和信息并与 BIM 数据库进行比对，将安全质量问题数据汇总，建设单位、监理单位、施工单位就可以更好地针对不同类型的问题进行分析与总结，实现监理目标。

四、BIM 技术在监理行业的发展趋势

BIM 技术是未来建设工程领域的发展趋势，为建设工程在实际施工进度、成本、质量的监督和调整提供支持。监理过程应用 BIM 技术并不仅仅限于施工阶段，更应抓住这一技术提升机会，拓展监理服务范围，挖掘 BIM 应用深度，将 BIM 技术逐渐涵盖工程项目的全生命周期。即使在工程竣工验收后，仍可以继续应用 BIM 平台，通过数据更新保持 BIM 平台的实效性，优化和完善在工程维护保修阶段的各项服务，促进监理企业的转型升级。

BIM 技术仍在不断完善中，尤其是相关标准的制定，以及本土化 BIM 软件的进一步完善，将帮助

BIM 技术真正在工程领域中发挥作用。

五、结语

　　BIM 技术应用带来的管理效率提升已经得到了众多企业的认可，未来将有更多建设工程愿意尝试使用 BIM 技术。在不断实践下，BIM 技术应用将从深度和广度上得到加强，真正实现项目的精细化、规范化发展。监理行业在寻求高质量发展的途径中，以 BIM 技术为手段，逐渐将项目全周期以碎片式方式进行业务叠加，从勘察设计阶段扩展至项目全过程咨询管理，全面提高监理行业的信息化、智能化发展。

信息化技术在荣乌高速"代建＋监理"一体化管理中的应用

河北省交通建设监理咨询有限公司　崔宇鹏

为了做好雄安新区建设，消除既有荣乌（保津）高速公路（简称"老荣乌高速"）横穿新区形成分割南北区块的影响并做好雄安新区建设交通运输保障，路网规划在新区北邻新建双向八车道的荣乌高速公路新线京台高速公路至京港澳高速段项目（简称"新荣乌高速"），代替现有的老荣乌高速在雄安新区的东西出行主通道的作用，为雄安新区北部及东西跨境通行提供便捷出行保障，老荣乌高速将成为雄安新区内部快速路，新老荣乌高速南北相望，共同助力雄安新区智慧出行、绿色出行。

新荣乌高速为河北省高速公路建设管理改革试点项目，笔者所在单位作为"代建＋监理"一体化实施单位主导该项目的建设。为了优质、高效地完成建设管理任务，"代建＋监理"一体化实施机构在中国交通建设监理协会的指导下开展信息化管理，建立了"荣乌高速新线'代建＋监理'一体化智慧建设监管云服务平台"（简称"荣乌智建平台"），自2020年4月进场后全面助力新荣乌高速的建设，于2021年6月底实现交工试运营的目标。

一、荣乌高速建设信息化应用情况

新荣乌高速项目全长72.814 km，全线采用双向八车道高速公路标准建设，设计速度120 km/h，路基宽度42 m，起于廊坊市永清县，止于保定市定兴县。在工程量巨大、有效施工期极短、疫情防控的巨大压力下，新荣乌高速公路采用"代建＋监理"一体化建设管理模式。要充分体现该模式的"管理扁平、技术先进、优质高效、绿色环保、廉洁公正"等诸多优势，必须采取高效、先进的信息化技术手段作为辅助，建立的"荣乌智建平台"包含了安全管理、质量管控模块、进度管理、工程投资风险控制、0号清单拆分、施工图清单核实、合同管理及计量模块、试验工作及现场检测可视化、检测数据不落地上传、重点工程部位施工可视化模块（旁站机器人）、施工、管理机构及人员考核分析（系统大数据分析）、监理动态信息标准化模块（包含监理机构日志、施工机构工程日志和施工人员工作日记、监理巡视旁站记录等）、工程电子（数字）档案管理等模块。该平台具有良好的上下游兼容性，可融入上级平台整体运行，也可以本级平台模块化单独运转，还可以为其他子系统提供接口并网，实现"一平台、多功能、数共享"。

该系统包含PC端和移动客户端，在既有的安卓系统手机上即可使用移动客户端，无须购置专用设备。通过移动端现场录入数据并强制留存影像资料，用户使用PC客户端通过CA数字证书认证后，形成拥有合法电子签名的PDF数字化资料直至归档完成数字档案，具有良好的适用性和易用性。

二、信息化技术在高速公路建设应用中存在的问题

1. 从业人员使用纸质内业资料的惯性思维、传统做法与信息化操作流程之间存在冲突与不适应，甚至有抵触情绪。

2. 部分从业管理人员对规范要求的检测频率理解不透彻，人为提高检测频率要求或变相提高检测频率，导致一线技术人员对内业资料疲于应付，甚至弄虚作假。

3. 信息化技术在提高检测数据真实性、时效性的同时，对从业人员提出了更高的职业素养要求和廉洁操守要求，对行业中存侥幸心理或动机不纯者形成巨大冲击。

4. 信息化系统研发单位对建设管理、工程监理业务流程了解得不够深入，对工序和需求理解不够深

刻,所开发的软件系统不能完全满足从业人员需要,软件易用性不足。

5. 信息传输通道对信息化的全面实现存在制约。高速公路建设现场多处于地广人稀的区域,公共通信网络信号覆盖在建设初期时有盲区,建设工程的地下工程(隧道、管廊等)基本无公网信号覆盖,如需达到网络信号全覆盖,则需要建设项目为此投入一定费用。

6. 行业主管部门对信息化技术的支持力度和电子档案的认可程度存在不同的差异,部分地区、部门和人员对电子档案的有效性尚未完全认可,在完成信息化手段所采集检测数据的情况下,还需再完成同一部位的手写纸质检测资料,造成资源浪费,增加从业人员的工作负担。

7. 信息化技术在建设工程中的应用是系统性工程,需在一线工班、技术管理、生产管理、质量自检、现场监理抽检、监理工程师复核、总监签批、专家组论证、建设管理方审批备案等全链条节点实施,在施工放样、施工企业自检、监理检查验收、质量评定、形成工程档案等建设全过程应用。如果仅某阶段、某部门应用,将无法充分体现信息化的科学、便捷、高效等优势。

8. 数据复用方向、复用渠道需要开拓。建设期所形成的检测数据、电子档案,在养护、运营期应用极少,没有对常规养护和专项养护起到指导性参考,建设期检测数据依旧为"孤岛"存储。

9. 部分信息化平台为"面子工程",为了建设形象而建设信息化平台,形式主义问题严重,未能体现信息化技术应用本身的作用。

10. 各信息化开发单位互相设置技术壁垒,给数据互联互通和数据复用造成障碍,使得行业信息化平台杂乱,不能形成高度系统化的多层级平台,对行业管理不能起到有效支撑作用。

三、"荣乌智建平台"解决的工程建设常见问题

1. 工程划分架构标准统一,为数据标准化提供基础。
2. 数据格式高度统一、逻辑缜密,为数据复用做好保障。
3. 原始数据现场采集实时上传,上传后即生成检验记录,减少技术人员的内业资料工作强度。
4. 原始数据图像集成人员、BDS(北斗)、时间等信息进行防伪,提高数据真实性。系统采用了经工业和信息化部许可的第三方电子认证机构颁发的 UKey 电子证书,保证了用户在系统中形成的电子文件具有法律效力。
5. 技术人员的鸿蒙或安卓系统的手机即为采集终端,降低运行成本。
6. 操作权限分级管理,绑定个人终端身份信息,确保数据安全。
7. 工作任务限时办结,超时提醒并向上级推送,提高工作效率,杜绝拖延检验。
8. 安全管理和安全检查标准化,实现管理人员日常检查、专项检查菜单式管理,满足"一岗双责"的管理要求。
9. 质量检验强制性完成施工单位"三检"制度,突出落实责任主体,未经施工自检或自检不合格的工程,系统自动不予报验。
10. 工程进度通过检验数据堆栈而成,减少人为统计误差,统一统计口径。
11. 工程投资风险控制和合同管理、变更管理由系统中数据堆栈而成,并进一步结合 0 号清单拆分、施工图清单核实数据进行校验,降低投资风险。
12. 试验工作及现场检测可视化,检测数据不落地上传,进一步促使试验数据的真实、频率满足要求。
13. 对重点工程部位,施工采样旁站机器人进行可视化监管、数据在线采集实时上传,对施工周期长、条件恶劣且容易出问题的部位可提高管理效力。
14. 监理日志、巡视记录、旁站记录有机关联,监理动态信息无感收集,打破了传统的日志收集、编制的模式,重要信息采用电子化现场随手记,一般工作信息和检测数据自动提取质检数据,形成与施工现场完全对应的监理机构日志、施工机构工程日志和人员巡视旁站记录,强化溯源管理和大事件管理。
15. 工程内业资料随工程进度同步进行,工程完工、内业资料完成,经审核后即可形成符合国家档案

管理要求的工程电子(数字)档案。电子签名经国家相关部门认证认可,检测频率、数量、合格率一目了然,检测数据便于调阅查询,建设期工程数据复用与运营养护极为便利,为精准养护、科学养护提供数据支撑,竣工可形成符合国家档案管理要求的数字档案。

四、结语

在信息化技术的助力下,经过建设者的不懈努力,一条双向八车道的现代化高速公路仅用了约 20 个月的时间就完成建设,其间经历了两次新冠肺炎疫情的冲击,通过做好工程建设过程中的全方位管理和监理工作,并全程留存电子(数字)档案,完成交工、决算、审计、档案验收等工作,高效、优质地完成了该项目的服务任务。

冲击碾压技术在高速公路施工中的有效应用

福建第一公路工程集团有限公司　蔡文晖

冲击碾压技术作为一种新型的浅层地基加固技术,能够有效避免因路基土质、堆填物料等软弱地基而引起的不均匀变形及沉降等问题,保证高速公路在其设计使用寿命周期内满足各项要求。

本文结合某高速公路路基工程冲碾施工工艺,介绍冲击碾压技术的工作原理、技术特征及影响因素等,最后通过对质量控制参数、监测结果进行分析,得出高速公路路基冲碾施工的成套工艺,可为冲碾技术在路基压实工程中的应用提供技术借鉴。

随着交通运输事业的不断发展,高速公路上车辆荷载的类型发生了巨大变化,重载车辆明显增多。为保证行车安全,需要确保其有足够的荷载承受能力、平整度以及稳定性,这对高速公路的施工技术和施工质量提出了较高的要求。冲击碾压技术作为一种新型的浅层地基加固技术,是高速公路施工中比较常用的方法之一,压实深度及质量明显大于传统压路机,且施工效率、成本等明显优于传统压路机,同时能够有效避免因路基土质、堆填物料等软弱地基及不良地基而引起的不均匀变形及沉降等问题,保证高速公路在其设计使用生命全周期内具有较高质量。

一、冲击碾压技术原理

1. 工作原理

冲击碾压技术的工作原理主要是将冲击和搓揉工艺有机地组合在一起,双轮滚动能够很好地对比较深层次的填料进行压实,这种做法不仅能够增大公路路基的压实程度,而且能够降低公路路基在使用过程中的沉降。

2. 技术特征

冲击碾压施工的技术特征主要体现为:

(1) 低频率高振幅。采用低频率高振幅,机具碾压轮冲击路基的频率约为两次每秒,把高位势能转化为动能,提高路基碾压的深度及密实度。

(2) 冲击力强大。冲击力量一般能够达到 15~30 kJ,能够以应力波的形式向土体深层次传播,类似于强夯的冲击压实效果,有效地避免了不均匀沉降对路基使用寿命的影响。

(3) 碾压效率高。

二、冲击碾压施工案例及技术分析

1. 冲击碾压技术的工程实例

(1) 工程概况

某道路 K13+450—K15+010 合同段,多年平均气温 20.3 ℃,7 月至 9 月室外路面温度最高可达 55 ℃,相对湿度 60%~90%,全年平均湿度 85.1%。路基填筑用土多为含砂低液限粉土,土方开挖后,其含水率较高,达 25%~40%。该土体采用振动压路机碾压施工后,路基压实困难且难以保证路基填筑压实度。该段落采用冲击碾压法对路基进行处理。

(2) 监测参数

为对压实效果进行检测和验证,在每 100 m 的测试段上选取两个断面布设观测点,每断面 4 个。试验主要监测参数包括:冲击碾压次数与下沉量的关系;不同冲击碾压遍数下不同深度土体的干密度,干密度取地表以下 30 cm、60 cm、90 cm、120 cm;不同冲击碾压遍数下不同深度土体的含水率;各土层深度的土体强度,以验证强度是否满足设计要求。

(3) 冲击碾压施工准备

在进行冲击碾压之前,应该做好施工准备,具体的准备事宜包括:

一是在进行冲击碾压之前,应当对施工场地进行清理;选择适当型号的机具并对其进行全面的检查,确保设备性能良好。

二是在施工前,对施工路段的地质和水文条件进行检验,不同的水文地质条件应采用不同的施工参数。

(4) 冲击碾压工艺控制

本路段冲击碾压采用三边形冲击压路机,冲击碾压能量为 25 kJ,采取"先两边后中间"的碾压次序,以轮迹重叠 1/2 冲碾一遍,共 20 遍。以每冲击碾压 10 遍为 1 个周期,检测沉降量、压实度、含水率、最大干密度等。

(5) 压实度检测

在每 100 m 的测试段上选取两个断面布设观测点,每断面 4 个。观测位置为距路基中心线左右大约 5 m 和 10 m 各 1 点。冲击碾压复合压实 10 遍和 20 遍后采用灌砂法分层检测 0~30 cm、30~60 cm 的压实度。不同深度土体及碾压遍数下的压实度等见表 1。

表 1　不同深度土体及碾压遍数下的压实度及干密度

位置	参数	碾压 0 遍	碾压 10 遍	碾压 20 遍
0~30 cm	压实度(%)	78.8	89.6	97.1
	干密度(g/cm³)	1.42	1.62	1.85
30~60 cm	压实度(%)	76.4	87.3	94.1
	干密度(g/cm³)	1.36	1.56	1.66

(6) 下沉量观测结果及分析

下沉量采用水准仪依照 10 m×10 m 的网格进行抄平,接着算出平均值,以此算出碾压前后的相对高程。碾压前的沉降量平均值为 0,碾压 10 遍之后的沉降量平均值是 5.6 cm,碾压 20 遍之后的沉降量是 7.8 cm。随着碾压次数的增多,压实度也在不断地增大。

可以看出,伴随冲击碾压的次数不断增多,填方路基的顶面下沉量不断增加,在 0~10 遍时其平均下沉量为 5.6 cm,0~20 遍时下沉量是 7.8 cm,在冲击碾压 10 遍之前下沉很明显,在 10~20 遍之间时,其下沉量就明显减缓。通过路基顶面的下沉量测试结果可知,在冲击碾压达到 20 遍时,路基沉降基本趋于稳定,能形成密实且均匀的硬壳层。

2. 技术分析与总结

(1) 施工控制指标

在规范中,路基施工的主要控制指标为压实度。为了达到规范要求的压实度,提升路基的承载能力,施工控制主要涵盖以下几方面内容:

一是控制碾压速度。路基的碾压效果与冲击碾压速度呈现反相关关系,压路机速度控制得越慢则碾压效果就越好。

二是确定碾压遍数。碾压后的压实度与碾压次数呈正相关关系。

三是选择合适的碾压方式。通常情况下,碾压工序会影响最终的冲击碾压效果、土体的压实度。

(2) 冲击碾压技术施工的注意事项

冲击碾压技术运用在路基工程中时,有一些需要特别注意的事项:

一是选取适当的机型。目前,国内公路施工用各冲击碾压式压路机机型在施工性能上差异较大,当施工机具型号选取不合理时,影响施工质量或工程进度。

二是由于冲击碾压式压路机能够施加较大的压实功,类似于重型击实标准击实功,因此对填料的含水率控制有一定要求,要求土体稠度在1.1至1.2之间,这样才能确保施工完成后路基达到规范所要求的压实度。

三是由于冲击碾压施工中会对土体施加较大的压实功,这种压实功影响的范围较大,因此为了避免冲击碾压施工作业对周边构筑物、建筑物等造成影响,应该控制机具离可能遭到损坏的结构物不小于1 m作为施工作业的安全距离。在桥或者涵洞等结构上进行路基冲击碾压施工时,则填料厚度应大于2.5 m。严禁在明涵上作业,保证明涵安全。

三、结语

冲击碾压技术在施工中具有高效、高质、简单、易行等特点。冲击碾压能够将冲击能量施加到较为深层的路基填料上,对其进行压实,保证路基在使用过程中不发生不均匀沉降等问题,对于提高高速公路的稳定性和使用寿命具有较大裨益。在施工过程中,应当根据具体工程特点,严格按照规范要求进行施工作业,在施工前做好施工准备工作,施工时按照压实操作工艺进行施工,施工后通过压实度等指标对施工质量进行检测,确保高速公路的整体施工质量。

多雨地区高速公路双层排水沥青路面关键技术研究

江西交通咨询有限公司
江西省交通投资集团有限责任公司　广昌至吉安高速公路建设项目办公室

多雨地区高速公路双层排水沥青路面关键技术研究项目起止时间为 2017 年 4 月至 2020 年 1 月,已经完成论文 36 篇,调查研究报告 1 份,国内发明专利 12 项。该研究项目的承担单位为江西省高速公路投资集团有限责任公司广昌至吉安高速公路建设项目办公室,合作单位包括东南大学、江西交通咨询有限公司、武汉科技大学、河南省高远公路养护技术有限公司、江西省公路工程监理有限公司、武汉武大卓越科技有限责任公司、江苏中路交通科学技术有限公司、江苏中路工程技术研究院有限公司、常州履信新材料科技有限公司。

该项目的研究成果已成功应用于江西省广吉高速公路、江苏省宁宿徐高速公路等实体工程,应用表明双层排水沥青路面具有优异的排水降噪功能与良好的耐久性,具有较好的推广应用前景。

一、研究背景

南方多雨地区雨天行车安全问题和行车噪声问题,一直是沥青路面结构研究的重点问题。传统的密级配沥青路面虽然能满足路面结构的使用要求,但其存在的最大问题是雨天行车的安全问题和行车噪声问题。一方面,由于其结构内部连通空隙率很小,降雨易在路面形成地表径流,从而大幅降低轮胎与路面间的接触面积,降低轮胎在路面上的附着力,在高速行车时很容易产生水漂或滑溜事故,同时由于行车引起的水雾和溅水现象,严重影响后车的行车视线,极易发生车辆追尾事故;另一方面,由于密级配沥青路面无法及时排除轮胎与路面间的压缩空气,极易产生泵气噪声,给驾乘人员和道路沿线居民带来噪声烦扰,降低乘车舒适性、沿线居民工作效率和生活质量。

江西省是我国中部地区的重要省份,在全国交通体系中居于中心位置,其高速公路发展对于我国高速公路网的形成和发展具有至关重要的作用。

近年来,江西高速公路建设成就辉煌。广昌至吉安高速公路是交通运输部《国家公路网规划(2013 年—2030 年)》规划的沈海国家高速公路第七条联络线福建莆田至湖南炎陵(G1517)中的一段,也是《江西省高速公路网规划(2013—2030 年)》所规划的江西"四纵、六横、八射、十七联络线"高速公路网中第三横的路段之一,是三省区域经济往来的高速公路运输大通道,对于开展泛珠三角区域合作,贯彻落实科学发展观,实现促进中部地区崛起协调发展战略,带动和提升周边地区及中部地区经济发展水平具有十分重要的意义。该项目由广吉主线和吉安支线两部分组成,路线共长 189.276 km。广吉主线起点在广昌南枢纽与船广高速对接,自东往西途径抚州市广昌县、赣州市宁都县和吉安市永丰县、吉水县、青原区、泰和县,终点在泰和北枢纽与石吉高速公路相连,路线全长 156.085 km。吉安支线起点在吉水枢纽与抚吉高速公路对接,自北往南途径吉安市吉水县、青原区,终点接广吉高速公路青原枢纽,路线全长 33.191 km。项目概算 126.24 亿元,工期 30 个月。

江西省属多雨的省份之一,多年平均降雨量约为 1 600 mm。近年来,世界气候条件恶化,极端气象状况多发,个别年份的降雨量突变较大。2010 年,各地区年降雨量平均为 1 591 mm 至 2 673 mm。2015 年,各地平均年降雨量高达 2 015 mm。广吉高速公路所经区域的年降雨量达到 1 800 mm 以上。

如此大的降雨量给雨天行车带来了巨大挑战,一是降雨导致沥青路面表面的水膜增厚,减小了轮胎与路面之间的接触面积,在高速行车时容易侧滑导致行车事故的发生;二是路面水膜较厚时,高速行车引起的水雾导致后车的行车视线受阻,也容易导致雨天行车事故的发生。

广吉高速公路沿线石灰岩资源丰富,而玄武岩资源相对缺乏,如何有效利用当地资源,同时满足高速公路长期优良路用性能要求,是该课题需要解决的另一个重要问题。

为了应对雨天行车的安全问题,降低由于行车事故导致的生命和财产损失,相继提出了各种管控与技术措施。最常见的管控措施就是降低雨天行车的车速,总的来说,这种措施是合理有效的,但在一定程度上降低了道路的通行能力。而铺设排水路面成为当前最有效也最容易被接受的技术措施。排水路面通过其内部发达的连通空隙,可将路表积水快速排出路面外,从而减小路面的水膜厚度和行车水雾,降低雨天行车事故发生率。

当前排水沥青路面存在的主要问题表现在:其空隙易被细颗粒等阻塞,从而逐步丧失排水能力,如果没有及时有效的清孔措施,排水沥青路面的排水能力仅能维持 2 至 3 年;同时,由于其空隙较常规沥青路面大得多,导致沥青老化速度加快,沥青路面松散,直接影响其使用性能和使用寿命。因此,如何提高排水路面的抗阻塞能力以及耐久性,是当前亟需解决的问题。

广吉高速公路沿线优质玄武岩缺乏,而石灰岩资源比较丰富,采用上层小粒径多孔沥青路面+下层较粗粒径多孔沥青路面的双层排水沥青路面将是一个可行的方案。该双层排水路面有助于缓解单层排水沥青路面的空隙阻塞问题。为呼应广吉高速绿色公路的建设目标,同时提高双层排水沥青路面的耐久性,采用橡胶沥青或橡胶沥青与高黏沥青复配材料作为胶结料是十分可行的方案。

该项目的实施,将提高广吉高速公路绿色建设的水平,大幅降低雨天行车事故发生率,并降低路面行车噪声,提高行车舒适性,降低对周围环境的影响,具有较好的社会效益和经济效益。

二、具体研究内容

1. 双层排水路面橡胶沥青复配高黏沥青材料研究胶结料是双层排水结构耐久性的根本保证。通过室内试验,研究橡胶沥青与 TPS 等高黏改性剂的相容性;分析不同 TPS 掺量下橡胶沥青黏度、测力延度、黏韧性等性能的变化;通过微观检测方法,弄清 TPS 在橡胶沥青中的分布状况,据此提出满足高黏(800~1200 kPa·s)要求的橡胶沥青与高黏沥青复配方法。

2. 双层排水沥青路面结构设计与材料设计。研究结构设计与材料设计是保障双层排水结构空隙畅通的根本措施。从已有的双层排水路面结构中优选双层排水路面结构方案(包括厚度、空隙率和公称最大粒径);采用数值模拟方法,以排水效率和降噪能力为评价指标,分析三种双层排水沥青路面结构相对于单层排水沥青路面结构的优势,同时提出双层排水结构对于下承沥青路面结构的要求;以析漏和飞散试验为依据,确定双层排水沥青混合料的最佳沥青用量;针对成型过程中石灰岩集料存在的压碎问题,采用离散元理论分析与室内试验相结合的方法,分析集料间的矿料接触特性,提出石灰岩料压碎值等要求。

3. 双层排水沥青路面空隙阻塞及结构耐久性研究抗阻塞和耐久是对双层排水结构的根本需求。采用分层旋转压实方法或双层车辙板切割方法,成型双层排水沥青路面试件;通过 CT 扫描技术,确定双层排水路面结构中的空隙分布与空隙形态;采用数值模拟方法,研究双层结构中上层空隙形态(由集料粒径和空隙率确定)对细颗粒等的过滤作用;研究不同空隙率组合、动水压力和行车荷载下,双层排水结构的泵吸效应和抗阻塞性能。在下层结构采用不同比例的石灰岩时,采用室内试验,分析双层排水路面试件在行车荷载、光照、水分和冻融条件下的耐久性(包括表面特性的衰变规律等)。

4. 双层排水沥青路面施工工艺研究。施工工艺是双层排水结构成型的根本环节。依托实体工程,铺筑试验路,研究适合江西省广吉高速公路实际需求的双层沥青路面施工工艺,重点解决可能存在的下层石灰岩破碎、空隙阻塞、上层结构压实不足和层间黏结不足等问题;完成试验路铺设后,跟踪观测双层排水沥青路面的性能衰变。

5. 双层排水沥青路面适用路段研究。适用路段是双层排水结构功能正常发挥的根本前提。采用水力学和水文学的相关原理,建立广吉高速公路典型路段的路表水膜厚度的理论计算模型;采用有限元软件,分析典型路段、不同路面结构类型、不同车速和不同轮胎花纹下发生水漂的概率,以及不同路段双层排水结构的受力特性;以水漂的发生概率和路面结构受力为指标,确定适合于双层排水结构的高速公路路段。

三、技术路线

该课题的技术路线如图1所示。

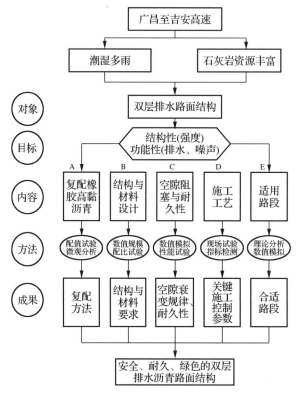

图 1 课题的技术路线图

1. 双层排水路面橡胶沥青复配高黏沥青材料研究

通过存储稳定性试验,分析橡胶沥青与TPS等高黏改性剂的相容性,并通过微观检测方法,弄清TPS在橡胶沥青中的分布状况;采用相关室内试验,分析不同TPS掺量下橡胶沥青黏度、测力延度、黏韧性等性能的变化规律;分析橡胶沥青复配TPS胶结料相对于SBS改性沥青、橡胶沥青的不同性能特征;据此提出合适的橡胶沥青与高黏沥青复配方法。

2. 双层排水沥青路面结构设计与材料设计研究

从已有的双层排水路面结构中,优选三种双层排水路面结构方案(包括厚度、空隙率和公称最大粒径);采用分层旋转压实方法或双层车辙板切割方法,成型双层排水沥青路面试件;通过CT扫描技术或分层激光扫描重构技术,确定双层排水路面结构中的空隙分布与空隙形态;依据流-固耦合理论,采用Abaqus/CFD软件,分析三种双层排水沥青路面结构的排水效率和降噪能力,并分析其相对于单层排水沥青路面结构的优势;采用有限元与离散元相结合的方法,提出双层排水结构对于下承沥青路面结构的要求;以析漏和飞散试验为依据,结合马歇尔方法,确定双层排水沥青混合料的油石比;针对成型过程中石灰岩集料存在的压碎问题,采用离散元理论分析与室内试验相结合的方法,分析集料间的矿料接触特性,提出石灰岩集料压碎值等要求。

3. 双层排水沥青路面空隙阻塞及结构耐久性研究

采用Abaqus/CFD软件,研究双层结构中上层空隙形态(由集料粒径和空隙率确定)对细颗粒等的过滤作用;研究不同空隙率组合、动水压力和行车荷载下,双层排水结构的泵吸效应和抗阻塞性能,探明细颗粒阻塞的作用机制;采用室内渗透试验测试阻塞双层试件的剩余渗透能力。

基于离散元(PFC3D软件),建立集料不规则形状的生成算法和集料的随机投放技术,构建双层排水结构试件；进行虚拟轮碾试验，分析不同行车荷载、不同重复荷载作用下双层排水结构的空隙衰变规律（采用CT扫描重构方法或分层扫描重构方法获得空隙形态与空隙分布），并采用车辙试验进行验证。

在下层结构采用不同比例的石灰岩时，分别采用室内车辙、老化、冻融劈裂和疲劳等试验，分析双层排水路面试件在行车荷载、光照、水分和冻融条件下的耐久性（表面特性、高温性能、抗老化、水稳定性的衰变规律等）。

4. 双层排水沥青路面施工工艺研究

依托实体工程，铺筑单层与双层排水路面结构试验路，针对可能存在的下层石灰岩破碎、空隙阻塞、上层结构压实不足和层间黏结不足等问题，优化现有排水路面结构的施工工艺参数，以提高双层排水路面结构（尤其是上下层过渡区域）的施工质量，以提出适合江西省广吉高速公路实际需求的双层沥青路面施工工艺。完成试验路铺设后，跟踪观测双层排水沥青路面的性能衰变（渗水系数、松散等）。

5. 双层排水沥青路面适用路段研究

适用路段是双层排水结构正常发挥的根本前提。

采用水力学和水文学的相关原理，建立广吉高速公路典型路段的路表水膜厚度的理论计算模型，并采用MATLAB进行求解；采用Abaqus/CFD软件分析典型路段、不同路面结构类型、不同车速和不同轮胎花纹下发生水漂的概率；采用Abaqus软件分析不同路段双层排水结构的受力特性；以水漂的发生概率和路面结构受力为指标，选择适合双层排水结构的高速公路路段。

通过《多雨地区高速公路双层排水沥青路面关键技术研究》的实施，将打造安全耐久、排水性能优良（抗阻塞能力强）和行车舒适（降噪效果好）的双层排水沥青路面结构，并提出适合江西省实际需求的双层排水结构形式和施工指南，以实现"安全、耐久和绿色"的技术目标。

该项目采用上层玄武岩、下层石灰岩的结构形式，将最大限度地利用当地丰富的石灰岩资源，在不降低路面使用性能的前提下，有效降低高速公路造价，具有非常显著的经济效益。

此外，该项目建议采用橡胶沥青复配高黏沥青方案作为双层排水结构的胶结料，将废旧轮胎有效利用起来，在提供双层排水路面使用性能和耐久性的同时，有效降低建设成本，具有非常好的经济与社会效益。

四、项目成效

一是揭示了排水沥青混合料的石灰岩与玄武岩混合集料骨架结构组成机理，优化了功能－性能平衡的排水沥青混合料配合比设计方法，提出了兼具排水－降噪－抗阻塞的双层排水沥青路面结构；二是建立了双层排水沥青路面排水与降噪性能预测模型，揭示了双层排水沥青路面的排水与降噪机理及其优于单层排水沥青路面的内在机制；三是揭示了双层排水沥青路面在荷载和粉尘耦合作用下的连通空隙结构衰变规律，建立了排水功能变化预测模型，提出了双层排水沥青路面长期使用过程中的养护对策。

该项目研究成果已成功应用于江西省广吉高速公路、江苏省宁宿徐高速公路等实体工程，应用表明双层排水沥青路面具有优异的排水降噪功能与良好的耐久性，可大幅提高雨天行车的安全性，改善高速公路沿线的噪声环境。具体工程应用情况如下：

1. 江西省广吉高速公路

该项目成果成功应用于广吉高速公路吉安支线CP2合同段长1.1 km的试验路，采用了厚双层（3 cmPAC－10＋6 cmPAC－16）和薄双层（2.5 cmPAC－10＋4 cmPAC－16）两种厚度的双层排水沥青路面结构。

经实测，运用双层排水沥青路面方案有效减少了雨天行车隐患（渗水系数达8 000 mL/min），大幅缓解了道路沿线居民和驾乘人员的噪声干扰（降噪5 dBA），具有显著的经济和社会效益。

2. 江苏省宁宿徐高速公路

该项目成果成功应用于宁宿徐高速公路罩面养护工程，采用了4 cmPAC－13＋6 cmPAC－20的双层罩面结构。经实际测试，采用双层排水沥青路面方案不仅大幅提高了路面的渗水能力（达6 000 mL/min），而且有效降低了高速公路的行车噪声(3 dB~7 dB)，具有良好的经济和社会效益，为今后沥青路面罩面养护工程实施提供了有益参考。

3. 江苏省盐通高速公路

该项目成果在长 17 km 盐通高速公路排水试验路段养护工程中得到了实际应用，养护技术方案合理可行。经测算，提高养护效率约 10%，节省养护资金约 5%~10%，提升了路面行车的安全性(增大排水效率)和舒适性(降低噪声)，具有良好的经济和社会效益。

风积沙路基压实质量控制与快速检测

承德市地方道路管理处　白永兵

风积沙路基施工中,路基压实是极其重要的环节,直接决定路基的强度和稳定性,压实后可有效提高风积沙路基结构的强度和路基的抗变形能力。通过研究风积沙路基的施工工艺,包括松铺厚度、碾压遍数和碾压方式等,确定合理的风积沙路基压实工艺和质量控制标准,以保证风积沙路基的工程质量。建立压实度与动态模量间的回归公式,可实现通过动态模量来快速检测风积沙路基的压实质量。

天然含水量下的风积沙路基施工是比较困难的,因未在最佳含水量下大型施工机械难以压实,并可能会出现施工机械因陷车而无法正常行走。因此,中型及重型履带式推土机成为最佳施工机具,通过碾压次数与压实度之间的关系可实现风积沙路基压实质量的控制。

一、风积沙路基压实质量的控制因素

1. 压实机械的选择

履带式推土机属于静力压实机械,主要靠自身重量作用于风积沙层从而产生表面静压力来进行压实,推土机因履带的存在再进行分层碾压时不会发生陷车现象,为提高压实效果,应尽可能选择自重大的型号,按功率应选 160 马力(1 马力=0.735 kW)以上的中型推土机。建议推土机主要技术参数为:总质量≥17 t,履带板宽度≥510 mm。

2. 影响压实质量的因素

在室外,分别以 30 cm、40 cm、50 cm 三种松铺厚度铺筑试验段,进行不同的碾压次数来检测不同厚度路段的压实度,检测结果见表 1、表 2、表 3。

压实试验结果表明:

(1) 风积沙路基试验段的压实度随着推土机的碾压遍数的增加有一定提升,说明压实遍数的增大会进一步使风积沙层密实,提升路基稳定性。

(2) 在相同的碾压遍数下,随着松铺厚度的增加,压实度逐渐减小。在相同的松铺厚度下,随着碾压遍数的增加,曲线斜率下降,压实度增长趋势变缓。从技术、经济角度考虑,风积沙路堤压实厚度不宜过薄或过厚,在此种工艺下,风积沙每层的松铺厚度宜为 40 cm。

(3) 通过控制压实机械、压实工艺来控制压实度是可行的,风积沙的压实对于含水量较不敏感,在天然含水量状态可以得到较好的压实效果。对水资源较匮乏的山区或者戈壁地区,可以考虑通过增加碾压遍数来提高压实功来控制风积沙的压实度。

表 1　松铺厚度 30 cm 时不同碾压遍数下的压实度检测结果

碾压遍数	压实度/%					
	测点 1	测点 2	测点 3	测点 4	压实度平均值	压实度代表值
2	91.8	92.4	91.5	92.3	92.0	97.7
4	94.5	94.2	94.3	94.6	94.4	94.2
6	96.2	95.9	96.4	96.3	96.3	96.0

表 2　松铺厚度 40 cm 时不同碾压遍数下的压实度检测结果

碾压遍数	压实度/%					
	测点 1	测点 2	测点 3	测点 4	压实度平均值	压实度代表值
2	88.8	89.4	89.1	90.9	89.5	88.9
4	92.3	92.4	92.0	93.1	92.5	92.1
6	94.1	94.9	94.5	94.4	94.4	94.2
8	95.9	96.3	96.7	97.0	96.5	96.1

表 3　松铺厚度 50 cm 的不同碾压遍数下的压实度检测结果

碾压遍数	压实度/%					
	测点 1	测点 2	测点 3	测点 4	压实度平均值	压实度代表值
2	87.1	87.3	87.5	88.0	87.5	87.2
4	91.7	91.1	90.8	91.3	91.2	90.9
6	92.6	92.5	92.4	92.6	92.5	92.4
8	94.3	94.7	93.6	94.6	93.9	93.9

二、风积沙路基压实度快速检测

便携式落锤弯沉仪(Portable Falling Weight Deflectometer,简称 PFWD)是一种新的用于路基或地基承载能力的快速检测设备。PFWD 的基本工作原理是将一定质量的落锤提升至某一规定高度,然后释放,使其只在重力作用下自由下落,冲击承载板而产生类似正玄波的冲击荷载,在冲击荷载的作用,使承载板和路基表面产生竖向位移。通过压力传感器和位移传感器将荷载和位移的时程数据记录下来,然后根据相应的理论及公式计算路基的动态变形模量指标 E_{vd}。计算公式:$E_{vd} = \dfrac{1.5r\sigma}{S}$。

式中:E_{vd}——动态变形模量,MPa,计算至 0.1 MPa;

r——荷载板半径,mm;

σ——荷载板下的动应力,MPa;

S——荷载板的沉陷值,mm;

1.5——荷载板形状影响系数。

此次试验采用北京金谷神箭研究所研制的 PFWD-1500 型便携式落锤弯沉仪。PFWD 的操作步骤:

(1) 将承载板放置在平整的路基检测面上,转动或移动承载板使其尽可能保持水平,然后安装导向杆并保持垂直,安装阻尼装置以及落锤。

(2) 正式测试开始前,预冲击测试点 3 次,以消除表面的影响。将落锤提升至挂钩装置上锁定,接着使落锤脱钩自由下落,撞击阻尼装置回弹后将其抓住挂在挂钩装置上,重复 3 次操作,操作时可踩住承载板,避免仪器移动。

(3) 在完成预冲击后,即可进行 3 次加载测试。打开电源,蓝牙连接笔记本,打开对应数据采集软件,将落锤提升到脱钩装置上,按下采集软件上的"OK"键,松开脱钩装置使落锤只在重力作用下自由落下冲击阻尼装置,然后将撞击后弹回的落锤抓住,提升并固定到脱钩装置上。然后进行第 2 次和第 3 次同样的操作,等 3 次操作结束后,再次按"OK"键,可以得到 3 次测量的平均动态变形模量 E_{vd}。

(4) 测试完毕后,关闭电源,完成测试。

三、动态变形模量与压实度的关系

为研究 PFWD 在检测风积沙路基压实效果中的可行性、准确性以及可靠性,此小节通过对试验段压实度与动态变形模量的检测,根据检测结果对路基压实状况进行了评定。

对施工现场不同压实度下的路基进行 PFWD 变形模量检测,建立风积沙动态变形模量与压实的关系,提出不同压实度下的 E_{vd} 标准值。压实过程通过压实遍数控制,并采用灌砂法检测相应的压实度。将压实度和动态变形模量进行拟合,基本呈现线性关系,随着压实度的增大 E_{vd} 值逐渐增大,拟合公式和相关系数分别为:

$$K=0.5198E_{vd}+71.934, R^2=0.9649$$

相关系数 $R^2=0.9649$,说明现场实测的动态变形模量 E_{vd} 与压实度 K 具有很好的线性关系。由以上数据可知,随着路基的压实度逐渐增大,动态变形模量 E_{vd} 值也随之增加,表明动态变形模量 E_{vd} 能够很好地反映路基的压实情况,并说明了用动态变形模量 E_{vd} 作为风积沙路基压实质量检测标准的可靠性。

四、结语

风积沙路基压实路面的质量控制指标和其快速检测方法的研究对我国风积沙严重的区域进行路基压实的标准确定和检测具有重大的意义。同时也证实在风积沙路基上将采用 PFWD 检测的动态变形模量由回归方程换算成压实度,以此对路基施工质量进行评价是可行的,体现了快速无损检测的优点,为风积沙路基的检测方法的发展提供了直接经验。

路基工程事前监理的细节与思考

北京泰克华诚技术信息咨询有限公司　张全山　魏卓颖

20 世纪 80 年代以来,我国高速公路从无到有,经过了高速发展期,逐步进入高质量建设期。各种新技术层出不穷,既有我们自己的发明创造,也有从世界先进国家学习来的成果。目前,我国通车里程位居世界第一,但很多技术仍然需要进一步探讨。这里,笔者谈一下监理工程师在路基工程施工中需要注意的细节。

一、线路纵坡对伸缩缝的影响

箱梁、T 梁设计顶板与端头呈直角布局,但安装后纵向与纵坡一致,端头与垂线形成夹角。这在连续端没有什么影响,在两联间的伸缩缝位置影响也不明显,但在零号台、末号台位置影响较大。这一影响与梁板高度、纵坡坡度成正比。梁板越高,影响越明显;纵坡越大,影响越突出。例如某段路线纵坡 2.5%,梁高 2 m,直接影响值为 50 mm。桥梁设计伸缩缝 80 mm,理论上安装后,该桥伸缩缝顶面宽一个为 130 mm,另一个仅有 30 mm。

热胀冷缩对结构影响极大,伸缩缝的功能不容忽视。如果钢筋混凝土线性膨胀系数按 0.000 01 计算,冬季最低气温取 −22 ℃,夏季极端气温取 38 ℃。一联桥梁按 160 m 计算,冬、夏季极端长度相差 96 mm。

过去,在很多工程中,靠调整梁板位置满足伸缩缝尺寸的不规范行为并不鲜见。这样就改变了梁板的设计支撑点。同时,因为伸缩缝过小,尤其晚秋、初冬施作湿接头的桥梁,热胀后伸缩缝被顶死,从而推动整联滑移,引起支座超大位移,给橡胶支座带来损害,容易造成支座早期病害。

解决方法:一个背墙倾斜施工作业、一个背墙移动位置,同步对钢筋进行适当增加、调整(见图 1)。

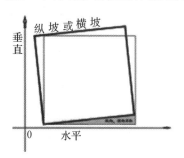

图 1　解决方法示意图

二、线路横坡对中线偏位的影响

箱梁设计分两种。一是两侧腹板高度不对称,通过腹板高度完成横坡,梁端底部横向水平无梁靴。这种箱梁及通过顶板完成横坡的 T 梁,线路横坡对其没有影响。二是两侧腹板高度对称,通过箱梁两端底部加梁靴来实现横坡。这种设计,线路横坡对中线偏位影响非常明显,且横坡越大影响越明显。尤其带有超高的曲线段落,如果与曲线、直梁的影响叠加,很容易出现防撞护栏悬空的现象。

解决方法 1:计算影响量,从桩基位置上调整,在桩基、系梁、墩柱、盖梁施工中均按该调整值施工。纵横梁靴同时存在的情况下,应认真核对各角精度,避免发生错误。缓和曲线对梁板预制安装的影响,对于缓和曲线段落,根据《路线设计规范》对曲线半径小于某一数值的曲线进行超高,路基横断面由双向横坡、单向横坡、最大横坡逐步渐变,这个过程在缓和曲线段落完成。因此,缓和曲线段落两个墩台的横坡是不一致的,桥面渐变、扭曲。但梁板顶面是一个直面,直接影响就是桥面铺装厚度无法保证一致。

解决方法2:同一片梁板,两端横坡一致,横坡取值宜选跨中值或两墩平均值。同一个墩顶,两跨的梁板采用两个横坡,尽可能使桥面铺筑厚度差值最小化。

三、曲线对湿接头结构尺寸的影响

设计中,梁板是标准尺寸;实际应用中,曲线桥内外圈是不一致的。随着半径的变化,外圈玄线逐渐增加,最终影响湿接头,成为一个楔形,外圈宽内圈窄。最严重的情况下,外圈湿接头太大,内圈钢筋焊接长度无法保证。

解决方法:及早发现,由设计方出解决方案;以中间长度为标准设计梁长,避免外圈出现湿接头过大、内圈钢筋焊接长度不足的现象。

四、缓和曲线超高对隧道净空的影响

隧道施工中,很容易忽略的一个问题是缓和曲线超高对隧道净空的影响。我们按照设计的中线、高程、断面进行开挖、衬砌,但是等完成隧道路面,却发现净空不足,风机、灯具侵入建筑轮廓线。分析原因,主要是设计、施工都忽略了缓和曲线超高的影响。

隧道开挖过程中,测量人员除保证中线、高程准确,确保隧道精确贯通外,还要认识到超高对净空的影响。我们要认真研究图纸,看设计是否考虑超高影响,隧道是不是按照整体旋转设计。如果没有考虑整体旋转,旋转的仅仅只有路面,监理工程师应该尽早提出并解决。

解决方法:及早发现,及早对隧道开挖、衬砌断面(高度)进行动态调整。

五、梁板架设与安全

梁板架设过程中,需要注意的安全问题很多。笔者仅叙述一下焊接漏电问题。在桥面上焊接湿铰缝钢筋时,整个桥上的梁板钢筋已经连接为一个导体。伸缩缝处的桥台预留钢筋应该与梁板钢筋进行导电连接。梁板钢筋与桥台钢筋的电位差可以把一个同时接触梁板钢筋、桥台钢筋的人电得手脚发麻。此时,如果施工人员桥背临空,很可能发生坠落事故。

六、新工艺、新材料应用的喜与忧

随着机械化的大力应用,传统建设理念已经无法适应现代化节奏。过去,路基完工后进行一定时间的沉降、稳定,方可进行路面施工。这种观念早已被淘汰。很多高速公路建设周期非常短,台背跳车成为高发的质量通病。也正是这个原因,近年来台背填筑液态粉煤灰、土工泡沫塑料、轻质泡沫土得到了广泛的应用。

身为监理工程师,我们应该认真研究一下部分轻质路基所处位置是不是很低洼,路面铺筑后整体重量与体积比是不是大于"1",也就是这段路基的上下平均密度是不是比水的密度大,会不会在洪水中发生漂移,轻质路基也同样需要考虑这些问题。

1. 容易忽视的锚具质量

我们对照图纸、规范,在图纸上对锚具型号做了设计,标出了锚垫板边长。规范对锚具各部尺寸有要求,但对垫板度没有规定。针对锚垫板容易破裂这一现象,我们是不是应该对其厚度提出相应要求,这值得探讨。笔者期待监理工程师根据项目工程实际情况对此做出要求。

2. 合成坡对排水的影响

纵坡、横坡叠加在一起就是合成坡度,带有超高的平曲线位置。叠加后,这个地方很容易出现排水不畅的问题,需高度重视。

3. 支座垫石对支座寿命的影响

支座安装前需要打磨支座垫石顶面,精雕细琢,使支座垫石顶面平整,且比周围低几毫米。此法对预防支座病害非常有效,禁止支座上下填塞砂浆,或者半边衬钢板。

4. 井点降水对周边建筑物的影响

井点降水作为高水位区域开挖地下工程的辅助工程,在工程建设中经常遇到。抽取地下水的同时,一些泥沙也被抽出地面,周围建筑因此而发生下沉、开裂。

5. 洪水对管道安装的影响

管道工程施工中,我们对于一些要求较高、需要做闭水试验的项目都进行了精细的接头施工。如果它们两端是密封状态,遇到洪水时发生浮管事故的风险极高。因此,施工中需要注意杜绝洪水进入沟槽,尤其管道安装完毕、回填之前。回填土一定要压实,避免雨水渗透后形成流体、泥态;要尽早分段灌水,增大管道自重。

七、结语

无论是纵坡、横坡、缓和曲线、超高渐变的任何一项对中线、净空还是伸缩缝带来的影响,解决方法都有很多,但是首先需要技术人员及时发现这些影响的存在,才能找到更好的解决方法。监理工程师只有在工程施工前能够及早提出这些影响及对策,才是合格的技术人才。

以上这些问题,图纸中往往不会提、规范中没有要求、教科书上也未必叙述,但它们真切地存在于工程建设中。一线施工人员经验未必很全面,只有监理工程师高度重视起来,才能防患于未然。

市政道路工程施工管理及质量控制

上饶市赣东公路工程咨询有限公司　舒明旺　徐　钧

我国经济正处在加速转型期,新城镇建设的深入发展给城市交通带来了更多的发展机遇和挑战。作为现代化城市建设的重要元素,道路工程具体实施环节涉及多个专业的内容,工期长、内容烦琐、专业性较强,工程的性能好坏某种程度上直接影响着社会发展的进程。

一般情况下,道路交通施工大多工期长,复杂,需要消耗巨大的人力、物力、财力等。对专业技能有着极为严格的要求,涉及的专业知识面较广。市政桥梁工程的建设地点大多数在城区,城市的空间较为紧张,工程如果处理不慎,就会给周边的民众和城市经济的发展带来诸多干扰,因此,必须制定完善的施工计划。鉴于此,现阶段的市政道路施工现场管理难度较大,管理内容综合性较强,应贯穿于整个工程的始终。

一、做好市政道路施工前期准备

工程施工前的调查准备非常重要,科学合理的施工计划会大大提高工期管理进度,提升工程质量,同时还可以有效改善施工过程中的各种浪费现象,合理利用有限的材料和设备,做好工作人员的安全预防工作,加强各部门之间的合作效率等。就某工程的现状分析,施工企业应积极引进现代化管理技术,选择适宜的管理计划进一步提升施工效率,不断优化现有的资源,实行工程现场的动态调控,各项工序精准化管控等。

第一,全面了解施工场地的各种要素,如地形特征、水文分布、气候条件、周围建筑、出行量统计等,对其他市政线路分布展开积极的调查研究,调动各部门协作,充分发挥全员的力量,针对图纸中存在的不足做好优化和整改,全方位服务于施工质量,为后续操作提供科学有效的参考准则。

第二,仔细研究合同相关技术和对工期的要求,积极调整人才配置计划。通过对工程量的综合评判,结合现场的操作实际,核心岗位应当配置具有专业能力及丰富经验的工作人员。另外,还要定期针对现有员工展开培训,不断提升他们对安全施工、岗位职责、工作意识以及主动性的认识,提高风险的敏感度,为企业培养更多的专业型技术人才。

第三,结合整个项目的发展方向、安全生产文明管理等,不断提高现场的管理水平,合理安排居民住宅区、道路通行区、材料和设备存储区、现场水电应用区域等。

二、健全市政道路施工管理体系

市政道路施工管理体制要与时俱进,不断优化和完善,进一步带动社会经济的发展。建议不断引进现代化管理模式,优化原有理念,提高管理效率,对不完美的管理办法进行优化等,加大工程的现场细节管理。在项目的具体施工环节,要制定切实可行的管理办法,注重其科学性和先进性。可以引进现代化的全方位管理模式,立足根本,围绕对工程质量和收益的关键影响要素,加强成本核算、现场监管、安全防范等相关措施,从工程质优、按时、安全、低成本、低污染、人员合理分配等方面入手,最终形成一套完善的管理体系。在此基础上,不断规范现场操作,加强指导,为项目的稳定发展提供强有力的保障。如果出现地面破损裂痕等问题,也要沉着应对,积极寻求妥善的处理办法。

三、加强进度管理

工程的如期交付使用对城市发展意义重大，因此要从思想上提高认识，时刻关注工程进展，做好一切准备工作。工程的前期准备非常重要，应合理计划，深入了解地形特点以及地下市政管道线路的分布，在不破坏城市正常运转的前提下制定出可靠的方案。可以借助 BIM 管理技术对工程现场实况进行模拟，及时发现问题，做好前期的基础整改工作。工期进展以合同为参考依据，不断优化现有方案，将整个项目按计划分解，分段细化管理，严格控制工期，采取专人负责制，最终保证工程整体按时交付使用。现场管理上，要紧跟城市的发展步伐，不断优化现有管理办法和操作工艺，加速建设工期，进而推动市政道路施工的整体水平，为社会发展提供更优质的服务。

四、加强质量管理

工程质量是交通安全的重要保障，应放在施工的首位。要注重细节，制定切实可行的内部管理机制，质量控制贯穿于整个项目的始终，最终为人们提供优质的交通工程，进一步带动城市经济的发展。

一是材料的选购和验收要作为重点予以关注。在材料供货厂家的选择上，要侧重对售后有保障、资质齐全的供货商进行考核，优先签订合作协议，从根本上切断问题源头，严把质量关。材料进场验收不可马虎，分批次进行样品抽检，确定其相关参数和性能达到使用标准后方可交付使用部门，进一步控制风险发生的概率。关于现场操作器械的选择，也要紧跟时代发展的步伐，积极引进现代化的操作器械，不断精简现场的基础工作，将大量的劳动力从繁重危险的工作中释放出来，为企业争取更多的创收。因此，工器具的采购和管理尤为重要，同时要注意使用过程中的保养和维护，降低设备发生非正常损耗的概率，进一步延长其使用寿命。

二是加强对现场工人的操作流程管理。将整个工程分段管控，提前做好相关规划，加强细节管理，按时保质保量完成工作。操作流程的规范性属于重要监管内容，必须按照标准严格执行，细化到具体的操作步骤，保证细节的完善处理，尽可能降低由于人员操作水平不足而引起风险发生的概率。此外，工程施工管理中要注意技术的创新和优化，为质量做好全面保障。

三是加强对施工人员的管理。从人员素质抓起，加大培养力度。企业要提高对人才的重视，根据实际需求制定科学的人才培养计划，保证现场施工和项目管理人才的全面发展。要从员工素质和技能两方面入手，提高现有人员的思想认识，严格规范操作规程，加大现场监管力度，将人工操作失误降至最低，为企业不断培养综合素养强的员工。

四是做好工程质量检验。企业要结合工程的实际需求制定科学合理的验收流程，交付使用前必须严格按照标准完成检验工作。检验主要从各个工序的施工情况和整体的建筑外观来验收，施工状况应作为重点。一旦出现问题，必须勒令其返工整改，并进行二次检测，直至合规为止。此外，验收过程中要对主要数据资源进行一一查看核对，并进行模拟试验，得出最终的精确检验报告。检测工序涵盖了路面的平整度、不同构架的强度是否符合要求，外观质量是否达到相应的标准，应逐一记录，为道路工程的正常运行提供有利的依据。

五是加强安全管理。城市道路项目施工环节由于地形多样化，工程环境往往存在较多的不可控性。部分施工器械对操作人员的技术要求非常高，如有误操作，将会诱发极大的安全风险。因此，安全管理工作不容忽视，稍有不慎，就会给企业带来严重的损失，严重阻碍其正常发展。首先要从思想上重视起来，管理人员要不断优化现有管理机制，及时列出潜在风险，并及时做出整改。现场操作要严格按照工艺流程执行，技术不达标人员坚决不允许上岗。特别是在危险作业中，如需登高作业或者地下深度施工时，相关人员必须要通过严格的考核方可上岗，并确保其工艺达到相应标准。同时，管理者要加大安全教育培训管理，让所有参与人员都切实感受到安全的重要性，提高对施工过程中可能出现的风险的防范意识，远离风险，减少发生安全事故发生的概率，保证工程按照原定计划顺利实施。

五、结语

作为城市综合体的重要一环,市政工程和我们的生活息息相关,优质的市政工程可以在一定程度上提升城市的经济发展速度。因此,必须从源头抓起,加强工程施工细则管理。

新技术条件下改建公路线形设计的探索与应用

西安公路研究院　丁瑞锋
中交第一公路勘察设计研究院有限公司　王　瑜
西安经天交通工程技术研究所　王绥庆

随着经济的稳步发展、区域路网的进一步完善,公路建设正在由总量扩张向挖潜增效、提高服务的方向转变。为节约宝贵的土地资源,降低工程规模,通过改扩建既有公路来完善区域路网的做法越来越多地被应用于工程实践。对于路线设计而言,改建工程线形指标相对偏低,人工旧路拟合效率低;控制性因素多且复杂,容易顾此失彼;随着路线长度的增加,线形指标复核工作量较大,易发生遗漏;线形指标与车辆运行速度、视距之间的平衡点较难把控。因此,总结改建工程线形设计的经验教训,对合理、快速、高效地完成公路勘察设计任务以及提高设计质量、保证运营安全具有积极的意义。

一、改建项目概况

国道 210 线川口至耀州段是陕西省干线公路网的重要组成部分,也是连接铜川新老城区的重要运输通道,随着铜川地区经济的快速发展,旧路已无法满足其使用需求。改建段起自铜川市川口转盘,向南以沿旧路改扩建为主,止于耀州富平界,全长约 24.8 km。其中,川口段地形条件较为复杂,旧路沿漆水河布设于包茂高速公路及铜韩铁路之间,控制性因素多,改建较为困难,因此将该段作为该项目设计的重点路段,利用纬地系列软件进行了深入研究。旧路及改建后所采用的主要技术标准见表 1。

表 1　改建项目道路技术标准

指标名称	单位	旧路技术标准	改建技术标准
公路等级	—	二级	一级
设计速度	km/h	40	60
设计荷载	—	汽—20,挂—100	公路 1 级
路基宽度	m	8.5	23
行车道宽度	m	2×3.5	2×2×3.5
路面结构	—	沥青混凝土	沥青混凝土

二、旧路改建段线形的拟合及设计

1. 旧路线形的拟合

旧路线形指标是公路改扩建项目的主要控制因素,因此该类项目设计需首先对既有道路线形指标进行分析。传统的设计采用了人工拟合的方式,工序烦琐,且由于设计人员手法及经验的差别,难免存在较大误差,易造成不必要的浪费。

在国道 210 线川口至耀州一级公路改扩建工程的设计过程中,为取得较好的拟合效果,采用了纬地系列软件解决方案。在测量阶段对旧路中线坐标进行了采集,一般路段测点间距按 20 m 控制,曲线路段适当加密。

将采集的中线坐标以多段线形式展绘于 CAD 中,利用纬地道路交通辅助设计系统中"平面拟合"功能拾取该多段线,软件即自动生成最接近各个控制点的直线、圆曲线等线形单元,并输出平面拟合报告。

报告可较为全面地统计出所拟合线形的技术指标。利用纬地软件中"桥桩位坐标计算"功能,将旧路中线测量所得的平面坐标批量导入,得到所拟合旧路线形的桩号。将此桩号与测量文件进行匹配,得到所拟合旧路实测点对应地面线文件,再使用"纵面优化拟合"功能,在弹出的对话框内填入旧路等级及参数后,即可初步拟合出既有旧路纵坡。通过对旧路平纵指标的拟合发现,川口段平曲线最小半径 98 m/1 处,最大纵坡 5%/300 m/1 处,最短坡长 120 m,平纵面指标均略低于 60 km/h 设计标准极限值。结合旧路两侧地形条件的分析,通过对旧路线形指标的适当优化,改建项目可满足 60 km/h 设计速度要求。

2. 改建项目线形设计

川口段旧路右侧局部路段紧邻漆水河,下边坡距河底高差起 20 m,左侧紧邻铜韩铁路隧道,山体不宜过多开挖。结合总体设计思路,对于线形指标可满足改扩建标准要求的路段,从节省工程投资、减少用地规模等角度考虑,采用了整体式路基沿旧路右侧拼宽的方式。平面线形设计在旧路拟合线位的基础上,根据改建道路拟定的标准横断面形式、路面改造方案,对旧路中线进行了偏移,适当调整各曲线参数,即可得到了改建项目所需线形。旧路改建段传统的纵面设计需逐桩号查询对应旧路、沿线明涵、平交等原始高程,设计步骤烦琐,纵面拟合率较低,反复修改易遗漏有价值的控制点。结合纬地三维道路设计系统的应用,纵面设计可利用其"纵面优化拟合"中的"控制文件"(控制文件指上述纵断面优化控制参数文件 *.zkz)对变坡点、填土高度、构造物等任意细部点进行约束与控制,基于此进行纵断面优化拟合,并生成拟合报告,便于对自动生成纵面参数的复核。调整后该段平曲线最小半径125 m,最大纵坡 4.95%/200 m,最短坡长 152 m。

三、线形指标复核及安全性分析

传统设计采用人工复核的方式,工作强度与路线长度呈正比,设计人员需对现行标准、规范、其他相关技术标准等诸多指标进行复核,容易发生遗漏。在地形条件困难、线形指标较低的路段,设计人员往往难以把握旧路利用与运营安全的平衡点,使设计工作埋下隐患,从而导致设计的返工,对后续设计造成不必要的影响。

在国道 210 线川口至耀州段设计过程中,利用纬地三维道路设计系统及安全分析系统对项目所采用各项技术指标进行了复核,并结合基于 BIM 技术的三维工程实体工程,通过建立地形曲面、公路以及构造物的全三维模型对公路整体方案布局、立体线形组合、安全行车视距、路侧行车环境、交通工程设施布置等进行可视化的仿真分析,为优化设计方案提供直观的参考,尽可能在设计阶段就消除行车时的安全隐患。

1. 标准规范符合性检查

纬地三维道路设计系统与纬地安全分析系统中,均集成了基于标准及规范的符合性检查功能。可根据"标准"及"规范"的相关规定,及按照有关部门批准的项目技术标准,对设计成果所采用技术指标的正确性进行快速检查,并生成报告。报告内对平纵组合、小偏角、夹直线长度、平曲线最小长度、缓和曲线长度、纵坡、坡长等指标运用情况均逐段进行了详细的统计,便于设计人员对设计的合理性进行复核。

根据项目实际情况,在设计过程中针对检查报告所反映的问题对线形进行了进一步优化,并确定了设计线位。

2. 安全性分析

(1) 软件应用流程及关键参数取值

新版纬地安全分析系统 4.0 版本中已全面增加公路安全评价规范中关于各等级道路的分析单元划分和计算模型,系统可基于规范自动将项目根据曲线半径和纵坡大小等划分为平直段、纵坡段、平曲线路段、弯坡组合段等若干单元,并分别采用大型车和小型车按照规范模型进行预测与计算。

利用该软件直接调用项目数据,分别选择计算模型(有科研模型、规范模型供选择)、计算类型(高速、一级或二三级)、代表车型、计算方向,然后设置相关分析参数,主要包括分析区计算方法(各分段计算方法)、车道影响、小型车和大型车初始速度、期望速度、加速度等参数(软件已内置基于设定值自动提取规范推荐值选项)。根据地形特征及项目的设计情况,采用小型车、大型车对正、反向运行速度进行测算。该项目正反向情况基本相似,由于篇幅有限,本文仅对正向进行展开分析。

从该项目运行速度计算结果分析发现,大型车运行速度基本在设计速度上下浮动,全线最大运行速度75 km/h,最小运行速度 43.355 km/h,最大运行速度梯度为每百米 9.20 km/h,能够满足运行速度与设计速度一致性要求。大部分路段小型车运行速度基本在期望速度上下波动,包括连续转弯桩号区间。由正向运行速度分布图可见,全线最大运行速度 90 km/h,最小运行速度 60 km/h,最大运行速度梯度为每百米14.60 km/h,全线满足运行速度协调性要求,但 65% 以上路段中小型车的运行速度在 75~90 km/h,设计速度与运行速度差大于 20 km/h,无法满足运行速度与设计速度一致性要求。通过上文对相关规范的符合性检查及运行速度预测与分析,发现该项目的主要问题是小型车无法满足运行速度与设计速度一致性要求。

(2)三维建模及空间分析

纬地 BIM2.0 系列已经提供了一套成熟的建模及空间视距及安评解决方案,完成平纵横设计以后,可直接输出路基三维模型(含简易桥梁模型),同时可利用隧道、交安等软件,输出相应结构物模型至路基模型实现无缝叠加(隧道、交安等软件也可以实现基于三维模型的交互设计及修改),利用纬地仿真平台读入项目模型,导入运行速度分析参数及运行速度所需视距参数文件,导入地形贴图、周围环境建筑物,根据项目需求,设置行车、天气、日光等参数后即可进行各类仿真及分析。

公路是三维的空间实体,公路视距除受到平纵横等指标、参数和平纵组合等影响外,还会受到路测填挖方边坡、护栏等遮挡的影响,同时与各类天气、光照等也有莫大的关系。因此,在项目设计阶段,建立公路区域的全三维模型,并以此计算视距显得尤为重要。截至目前,纬地系列软件已实现基于设计数据的全自动建模,并集成了项目各类相关属性,可直接用于空间视距检查及各类碰撞检查、天气状况模拟、驾驶模拟等。

参照规范,在纬地仿真平台视距检查参数中,分别设置内外车道距离中心线偏移距离、检查桩号区间、步长、视点及目标点高程(小型车与货车需分别预测),然后执行基于公路 BIM 模型的三维行车及视距分析,全线行车完毕后,系统可自动基于上述设置数据,输出视距分析文件。经全线正反向分别基于大货车及小客车检查,川口段正向 K2+080~+150 段、K2+450~+600 段行车道左侧视距不足,最小段视距仅 60.6 m;川口段正向 K2+250~+340 段为下坡段,且纵坡较大(近 5% 纵坡),外侧车道无法满足下坡段货车停车视距,最小视距 88.1 m。

通过上文对仿真技术的感官分析与定性分析,视距问题主要凸显于川口段正向 K2+080~+600 段。其中,内侧车道视距问题主要由中分带植树防护引起,外侧视距不足主要由挖方边坡引起。

四、基于运行速度及空间分析交安设计与优化

川口段地形条件较为复杂,为避免对左侧铜韩铁路隧洞的干扰,充分利用旧路节省用地及投资,在设计中采用了较低指标,结合运行速度预测及空间视距分析结果,线位设计在满足规范的前提下,还需确保设计视距,同时兼顾运行视距及空间视距的要求。

根据视距检查结果,结合项目实际情况,将 K2+000~+600 段中分带形式由植物防眩调整为防眩板,以最大限度地提高空间视距;对 K2+200~+400 曲线内侧上边坡进行挖除,同时拆除路侧废弃厂房等阻碍视线的建筑物,以确保满足下坡段大货车停车视距要求。其余路段主要通过优化护栏形式,挖视距平台,加强交通组织,加强交安设计等方式进行优化,特别是在空间视距满足设计视距而运行视距不足的路段区间,增设了标志、标线、强制减速带等多种交安设施。另外,考虑到该段小客车运行速度较高,建议运营期间增设测速仪等强制性管制措施。优化边坡设计后,视距条件得到了较大改善。

五、结语

通过在该项目中实际运用纬地系列软件,发现该软件非常适合低等级公路复杂线形组合的拟合,软

件可以自动高效完成 80% 以上的平面线形拟合任务,大大减少了设计工作的反复性,有效地提高了设计精度;纵面可对多个任意细部点进行约束与控制,并自动完成拟合,避免因人工拉坡顾此失彼而造成的失误;路线检查功能具有较强的专业性,对于规范要求的各项指标均可以自动检测识别,并给设计人员发送提醒,避免了人工复核的遗漏;通过三维模型建立、运行速度检测、空间分析、驾驶模拟等新功能的运用,可更为科学、直观地对路线安全性进行复核。

改性乳化沥青纤维同步碎石封层技术及应用

贵州省毕节公路管理局　武越锋　李开朗

随着我国经济社会的不断发展,公路运输承担起越来越重要的责任,公路养护行业对预防性养护的重视程度也日益增加。目前,我国大部分公路进入了养护维修阶段,如果公路得不到及时的养护和维修,将会直接影响行车安全。在出现早期病害的路段采取合适的预防性养护措施,能够起到良好的效果。

改性乳化沥青纤维同步碎石封层技术是指采用纤维封层设备在路面上同步洒布沥青黏结料和玻璃纤维后,再撒布一层碎石,然后进行碾压,使路面成型,形成新的磨耗层或者应力吸收中间层的一种新型道路建设施工和养护技术。在纤维封层施工中,经破碎切割的纤维在上下两层均匀洒布的沥青结合料中呈乱向均匀分布,相互搭接,与沥青结合料形成网络缠绕结构。纤维层类似一层具有高弹性和高强度的防护网垫,能有效提高封层的抗拉、抗剪、抗压和抗冲击强度等综合力学性能,特别适合铺设新建道路的磨耗层或应力吸收中间层。为进一步提升普通国省干线公路的预防性养护管理水平,结合公路路面产生轻微病害的实际情况,经实地调研后,在国道321线(广成线)大纳公路K1541～K1542段实施改性乳化沥青纤维同步碎石封层试验路段建设。

一、项目概况

国道321线起于广东省广州市境内乡道Y158线(鸦岗大道)和华南快速干线(S303)三期K0+000相交处,终点为四川省成都市,全长2 220公里,经过广东、广西、贵州和四川4个省份。其中,大纳公路K1541～K1542位于贵州省毕节市大方县,路面结构为4 cm沥青混凝土面层+18 cm水泥稳定砂砾基层+34 cm天然砂砾底基层。经调查,该段沥青路面总体平整状况和强度较好,主要病害为横向裂缝、纵向裂缝、坑槽修补;裂缝以横向贯通裂缝居多,其中大部分贯通横断面;局部存在推移及零星松散、坑槽病害。全段大部分横向裂缝已进行了灌缝和贴缝带处理,其中经灌缝处理过的裂缝填缝料松散、脱落,缝宽有发展,已失去填缝作用。

二、局部病害处治方法

1. 路面纵横向裂缝处治

对缝宽3～5 mm的裂缝不做处理;对5～10 mm的裂缝,开槽(切缝宽度约10～15 mm,深度20 mm)并清缝后,填充灌封剂;对大于10 mm的裂缝,用高压风枪清理缝隙后,灌填缝剂。灌缝填充材料应填充饱满密实,与原路面平齐;灌缝材料与路面黏结牢固,无脱开;裂缝处不渗水。

2. 路面车辙修补

对车辙高出原路面部分,采取铣刨处理,需控制铣刨位置、深度及平整度;对路面不平整且低于原路面部分,洒布黏层油,采用砂粒式沥青混凝土找补并人工整平,用压路机碾压。

3. 路面松散、坑槽及剥落的处治

铣刨松散层1～2 cm,清理干净后采用砂粒式沥青混凝土找平。针对严重龟裂,采取挖除沥青面层及基层的方式,用4.5%水泥稳定砂砾找补基层,压实后洒布热沥青,重铺沥青混凝土面层。

三、改性乳化沥青纤维同步碎石封层技术

路面采用改性乳化沥青纤维同步碎石封层技术进行预防性养护后,使原路面具备足够的结构强度。

原路面的裂缝、坑槽、车辙等病害事先得到处理后,加铺改性乳化沥青纤维同步碎石封层才能延长原路面的使用寿命。因此,在对原路面的病害进行相应处理后,加铺改性乳化沥青纤维同步碎石封层作为预防性养护的最佳措施。

1. 施工准备

施工前纤维封层设备一台,与纤维封层技术施工配套的设备有 25 m³ 保温改性乳化沥青罐车一台、碎石撒布机两台、26 t 轮胎压路机两台、路面清刷机两台,小型机具若干。

2. 原材料选择

(1) 改性乳化沥青选用阳离子型聚合物改性乳化沥青,改性剂剂量通常不少于 3%,当天生产后能在第二天使用完成时可选用 1 d 的试验。乳化沥青黏度以恩格拉黏度为准,改性乳化沥青洒布温度宜控制在 50~70 ℃之间。

可作为纤维封层结合料的沥青包括 SBS、SBR 等各种改性乳化沥青,通过室内相关试验确定改性乳化沥青的改性剂品种和改性剂剂量;沥青用量在 1.8~2.2 kg/m² 之间。

(2) 纤维选用喷射无捻粗纱型玻璃纤维。轴式纤维盘的纤维平均用量为 50~120 g/m²,具体用量需通过室内相关试验予以确定。纤维长度为 30 mm、60 mm、120 mm,具体用量需通过室内试验予以确定,在未进行相关试验时,通常选用长度为 60 mm 的纤维。纤维物理性能要求:可燃物含量为 1.35%,含水率为 0.1%,线密度为 2 400 tex,纤维直径为 13 μm。

(3) 碎石应选择坚硬、粗糙、耐磨、洁净的集料,宜选用规格 5~10 mm,并严格控制粉尘含量(小于 0.075 mm,含量比例不大于 1%)。

3. 纤维封层施工

施工时选用满足技术要求的乳化沥青,喷洒前应用强力清刷机清扫路面,表面无灰尘即可,具体检测采用目测法,即采用空压机吹原路表面未见粉尘。用法国赛普玛纤维封层设备喷洒改性乳化沥青第一层,同步喷洒纤维和第二层改性乳化沥青,应保证洒布均匀,起步和终止时必须采取措施,避免喷洒过量或过少。要调整好横向搭接处的宽度,避免搭接处喷洒过多或漏洒,控制车速在 3~4.5 km/h,最佳车速为 3.6 km/h。

4. 碎石撒布

纤维同步碎石封层车在撒布碎石过程中车速不宜过快,撒布不到位的区域应及时处理,确保撒布均匀。碎石撒布全部在改性乳化沥青破乳之前完成。

5. 碾压

碎石撒布后,应立即用轮胎压路机跟进作业,碾压 2~3 遍,初压速度不宜超过 2 km/h,碾压速度宜控制在 2.5 km/h 左右,压路机重量不宜过重,以免将碎石压碎而降低封层表面的抗滑性能。经稳压后的碎石颗粒侵入深度以颗粒粒径的 1/2 为宜。分幅进行施工时,应做好搭接缝的处理。两幅搭接处第一幅暂留 5~10 cm 宽度不撒集料,养生后的厚度为 8~10 mm。

对施工完毕的路段封边 1~2 h,待乳化沥青完全破乳后,对非载重车辆可开放交通(宜限速 30 km/h),对载重车辆宜在施工结束 24 h 后开放交通。通车一周后对路面进行清扫,可进行临时性冷标线处理,划分车道,确保交通安全。

四、经济效益及结果分析

在沥青公路的预防性养护过程中,沥青同步碎石封层、稀浆封层以及"微表处"等技术具有相似性,改性乳化沥青纤维同步碎石封层技术同样能够改善沥青性能。同"微表处"相比较,改性乳化沥青纤维同步碎石封层技术更有利于施工企业降低养护成本,对于成本单价分析,改性乳化沥青纤维同步碎石封层是 20 元/m²,"微表处"则是 24 元/m²,每平方米可节约 4 元。

此外,利用改性乳化沥青同步碎石封层技术,有利于提升路面抗滑性能,进而确保行车安全。改性乳化沥青同步碎石封层还可以提升沥青与石料之间的黏性,确保两者黏结更加紧密,有利于提升路面的抗渗水性能,防止路面受到水害影响,有利于延长公路使用寿命,起到保护环境的作用。

工程实践表明,纤维封层能够有效提高路面抗拉、抗剪、抗压和抗冲击强度等综合性能,拥有良好的应力吸收和扩散能力,具有耐磨、防水、稳定、施工快捷的特点,可大大延长道路的使用寿命。

灌入式半柔性抗车辙路面施工及应用

山东东泰工程咨询有限公司　张征征　张学锋

目前,重载交通严重路段红绿灯交叉口车辙病害严重,采用高模量沥青混合料依然会出现严重的车辙现象。为减少因灯控路口车辙问题而造成的行车隐患,在平交路口进车道至停车线150 m范围内实施灌入式半柔性抗车辙路面工作,通过室内及现场试验,灌入式半柔性抗车辙路面延长路面使用寿命效果显著。

灌入式半柔性抗车辙沥青路面技术是在柔性的大孔隙沥青混合料(孔隙率在25%～30%以上)中灌注刚性较强的复合浆体,形成刚柔并济的复合半柔性路面,该路面具有沥青路面的美观舒适,兼具混凝土路面的强度和稳定性。

一、基体沥青混合料设计

大孔隙基体沥青混合料技术要求大孔隙基体沥青混合料由玄武岩粗集料、石灰岩细集料、矿粉、SBS改性沥青组成,级配应满足表1的要求,基体沥青混合料设计技术应满足表2的要求。

表1　基体沥青混合料级配范围(搭配类型:PCF-13)

筛孔尺寸(mm)	16	13.2	9.5	4.75	2.36	1.18	0.6	0.3	0.15	0.075
通过筛孔的质量百分率(%)	100	83～95	20～70	10～25	5～15	4～10	3～8	3～6	2～5	1-4

表2　大孔隙基体沥青混合料设计技术要求

试验项目	单位	技术要求
马歇尔试件尺寸	mm	$\phi101.6\times63.5$
马歇尔试件击实次数	—	单面击实50次
空隙率	%	25～30
马歇尔稳定度	kN	≥3.0
流值	mm	20～40
析漏损失	%	<0.4
肯塔堡飞散损失	%	<30

灌入式复合沥青混合料应满足表3的技术指标要求。

表3　灌入式复合沥青混合料技术指标要求

试验项目	单位	技术要求
灌浆饱满度	%	≥95
稳定度	kN	≥9
动稳定度	次/mm	≥10 000
残留稳定度	%	≥85
冻融劈裂强度比	%	≥80

二、施工工艺

1. 清理下承层

采用路面清扫车清扫,将表面附着物、黏结物清扫干净。

2. 透层、封层施工

透层采用 PC-2 型乳化沥青,沥青用量为 0.7~1.5 L/m²;宜在铺筑沥青层前 1~2 d 洒布。封层待透层油破乳后立即施工。采用 A 级 70 号道路石油沥青,洒布量控制在 1.0~1.2 kg/m²,预拌沥青含量 0.4%~0.6%。石料规格采用 S12,石料用量为 7~9 m³/1 000 m²,石料的覆盖率为 60%~70%。

3. 大孔隙基体沥青混合料铺筑

(1) 拌和

基体沥青混合料的矿料级配应符合生产配合比的控制范围要求。混合料沥青用量控制在生产油石比±0.2%。沥青混合料拌和时间以混合料拌和均匀、所有矿料颗粒全部裹覆沥青胶结料为准。生产中,先干拌 5~10 s,再加入沥青湿拌 35~40 s。基体沥青混合料拌和温度按表 4 所列数值控制。

表 4 基体沥青混合料拌和温度

混合料类型	沥青加热温度(℃)	矿料加热温度(℃)	出料温度(℃)	混合料废弃温度(℃)
基体沥青混合料	160±5	180±5	180±5	195

(2) 运输

混合料采用自卸车运输,车厢侧面板和底板可涂薄层隔离剂。为了保证摊铺温度,必须采取加盖棉被或苫布等切实可行的保温措施。

(3) 摊铺

混合料必须采用机械摊铺机摊铺,摊铺机应调整到最佳状态,使铺面均匀一致,不得出现离析现象。摊铺机必须具有自动调节厚度及找平的装置。沥青路面的松铺系数应根据试验段确定,一般为 1.05~1.10。

(4) 碾压

大孔隙沥青混合料的碾压采用双钢轮压路机静压 4~5 遍,初压 2 遍,冷却至 100 ℃ 左右,复压 1 遍,收光 1~2 遍,消除轮迹。碾压温度参考表 5。

表 5 基体沥青混合料碾压温度

碾压时期	温度要求(℃)
初压(静压)	≥120
终压(静压)	≤60

(5) 其他

基体沥青路面成型后,在交通完全封闭的情况下冷却至常温,并防止砂石、脏物等附在路面上堵塞空隙,从而影响灌入材料的灌入效果。

(6) 浆体灌注施工

① 大孔隙基体沥青混合料的冷却。冷却至 50 ℃ 以下方可进行灌注施工。

② 灌浆封边。灌浆前,采用封边条在四周进行围挡封堵,防止浆体流出造成灌注不饱满。

③ 浆体的制备。浆材料采用复合路面专用灌浆材料。使用专用搅拌机,搅拌流程是先将水加入搅拌锅内,再加入灌浆材料,搅拌 2~3 min 即可。

④ 浆料的灌注。灌浆材料制备完成后 30 min 以内尽快进行灌注,避免随着时间增长浆体变稠、流动度变小,影响浆体的渗透效果。灌满之后停留 3~5 min,保证浆体不往下渗,全部灌满为止。

⑤ 表面处理。采用毛刷或相应的小型抹面设备进行表面处理,将沥青混合料表面多余的浆体刮除干净,使路面产生露石构造,保证路面安全抗滑和美观。抹面完成后,清除封边。

⑥ 路面养生。灌浆材料需要一定的时间养生才能产生强度,通常灌浆施工完成以后养生 3 h 即可开放交通,具体时间根据现场天气和温度情况判定。

4. 质量检验

灌入式复合沥青路面开放交通 28 d 以后,可对路面进行检测,主要指标包括马歇尔试验(稳定度、流值、空隙率)、构造深度、路面平整度、路表渗水系数等,其控制标准如表 6 所示。

表 6　灌入式复合沥青路面交工验收质量标准

项次	检查项目		检查频率(每一侧车道)	质量要求或允许误差	试验方法
1	马歇尔试验	稳定度	每车道每 200 米 1 次	≥9 kN	现场钻孔试验
		流值		2～4 mm	
		空隙率		<3.5%	
2	动稳定度		每 1 km 一次	≥10 000 次/mm	现场路面切割
3	构造深度		每点间距 5 m	0.5～1.1 mm	铺沙法
4	路面平整度		全线连续	2 mm	用连续式平整度仪
5	路表渗水系数		每 1 km 不小于 5 点	<60 mL/min	改进型渗水仪

三、结语

本文结合山东省东营市改建项目开展灌入式复合路面配合比设计和施工技术研究,并通过路面弯沉检测对比验证了其实际应用效果。结果表明,灌入式路面可有效提高路面的抗车辙性能和承载能力,延长路面使用寿命,是一种技术可行且具有良好路用性能的新型路面,具有较高的推广应用价值。

高品质厂拌热再生沥青混凝土施工及应用

山东东泰工程咨询有限公司　张学锋　张征征

伴随着每年国省道改建和大中修,产生大量旧沥青路面铣刨料,其不仅占用稀缺的土地资源,还会造成严重的环境污染。通过采用高品质厂拌热再生关键技术对旧沥青路面铣刨料进行回收、利用,将老化沥青重新激活,变废为宝,在不断提高施工质量、生产效率的同时,还可以继续提高其可靠性和经济性。通过多次配比优化,反复论证,最终确定按照 30% 掺加量利用于下面层中。

高品质厂拌热再生沥青混凝土,按照铣刨料高品质、高效率利用的原则,从铣刨料的产生、处理、利用等角度出发,对铣刨料进行精细化管控,以达到铣刨料集约化和高质化的利用。通过实地试验从混合料的级配优化到性能指标体系的建立及生产设备参数调整和标准化,实施全过程精细化控制高品质厂拌热再生技术,在地方道路中广泛应用并取得了良好效果。

本文结合山东省东营市国省道改建项目开展高品质厂拌热再生沥青混凝土施工,再生后的混合料可以运回原路面摊铺,也可以运到其他工地摊铺,可较充分地利用所有再生料。通过取芯、汉堡试验、路面弯沉检测等试验,对比验证了其实际应用效果。结果表明,严格按照合适的再生工艺,保证再生沥青混合料的质量,能充分发挥出其优势,创造更高的经济效益。

一、配合比设计

1. 技术要求

铣刨料:0～8 mm、8～16 mm 二挡铣刨料。新料:沥青为 SBSI-D 聚合物改性沥青,基质沥青采用 A 级 70 号道路石油沥青;新集料及矿粉采用石灰岩碎石及石粉;再生剂。

(1) RAP 回收

首先,应根据原路面调查及 RAP 材料评价结果(沥青含量、老化程度和集料级配分布情况)确定铣刨段落和厚度,分段、分层回收;然后在正式铣刨前,通过比较不同铣刨速度的 RAP 级配,确定合适的铣刨速度。

(2) RAP 的检测(表1)

表1　RAP 的检测

材料	检测项目	试验方法及依据
RAP	含水率(%)	《公路工程集料试验规程》(JTG E42—2005) T0305
	含泥量(%)	《公路工程集料试验规程》(按 JTG E42—2005)有关要求
	RAP 矿料级配	《公路工程集料试验规程》(JTG E42—2005) T0302
	沥青含量(%)	《公路工程沥青及沥青混合料试验规程》(JTG E20—2011) T0726 或 T0727
	砂当量(%)	《公路工程集料试验规程》(JTG E42—2005) T0334
RAP 中的沥青	针入度(0.1 mm)(25 ℃,100 g,5 s)	抽提法,《公路工程沥青及沥青混合料试验规程》(JTG E20—2011)
	黏度(Pa·s)(60 ℃)	
	软化点 TR&B(℃)	
	延度(cm)(15 ℃)	

续表

材料	检测项目	试验方法及依据
RAP中的粗集料	针片状颗粒含量(%)	抽提法,《公路工程集料试验规程》(JTG E42—2005)
	压碎值(%)	
RAP中的细集料	棱角性(s)	

2. 配合比

以热再生下面层 AC-20C 为例,在目标配合比设计、生产配合比设计、生产配合比验证以及正常生产过程中,室内马歇尔试验的结果必须满足表2中的技术要求。

表2 下面层 AC-20C 配合比试验技术要求

试验指标	单位	技术要求
公称最大粒径	mm	26.5
马歇尔试件尺寸	mm	$\phi 101.6 \times 63.5$
击实次数(双面)	次	75
空隙率 VV	%	3～5
稳定度	kN	≥8
流值	mm	1.5～4
沥青饱和度 VFA	%	65～75
矿料间隙率 VMA	%	≥10(设计空隙率2%)
		≥11(设计空隙率3%)
		≥12(设计空隙率4%)
		≥13(设计空隙率5%)
		≥14(设计空隙率6%)

二、施工工艺

1. 下承层准备

采用清扫车清扫,将表面结块泥土等附着物、黏结物清扫干净,并配合人工采用钢丝刷对表面石子纹理内尘土再进行深层清扫。

2. 透层、封层、黏层施工

(1) 透层:采用 PC-2 型乳化沥青,沥青用量为 0.7～1.5 L/m²。

(2) 下封层:采用 A 级 70 号道路石油沥青,符合有关技术规范要求。洒布量控制在 1.0～1.2 kg/m²,预拌沥青含量 0.4%～0.6%。石料规格采用 S12,石料用量为 7～9 m³/1 000 m²,石料的覆盖率为 60%～70%。

(3) 黏层:沥青面层间设 SBS 改性沥青黏层,黏层基质沥青采用 A 级 70 号,用量为 0.3～0.5 L/m²。

3. 施工放样

用 GPS 恢复道路中桩和边桩,在直线段每隔 20 m 设一桩,曲线段每隔 10 m 设一桩。

4. 热再生沥青混合料的拌和

(1) 热再生沥青混合料采用专用滚筒式拌和设备进行拌制。拌和站配有二级除尘、自动计量、自动控温、计算机逐盘打印和总量控制功能。

(2) 回收沥青路面材料的料仓数量应不少于2个,料仓内的回收沥青路面材料含水率应不大于3%。

(3) 厂拌热再生沥青混合料的生产温度与拌和时间应根据拌和设备的加热干燥能力、回收沥青路面材料含水率、再生沥青混合料的级配等综合确定,以生产出均匀、稳定的沥青混合料为原则。混合料出料温度比普通热拌沥青混合料高 5～15 ℃。详见表 3。

表 3　沥青混合料的拌和温度和出场温度控制及测量方法

施工工序	温度要求(℃)	检测方法及部位
普通沥青加热	150～160	自动传感器，红外温度仪
改性沥青加热	165～175	
RAP 旧料加热	110～130	
新矿料加热	185～195	
普通沥青混合料出厂	150～165	热电偶温度计料车检测
改性沥青混合料出厂	170～185	
混合料废弃	＞195	

5. 混合料运输

混合料采用车况良好的密闭运输车运至施工现场，运输车辆的数量一定要满足生产速度需要。根据拌和站生产力及摊铺机的摊铺能力，运输车辆要充分满足施工要求。

6. 摊铺

摊铺开始前 0.5～1.0 h，预热熨平板至不低于 100 ℃。摊铺机熨平板必须拼接紧密、平顺，没有缝隙。摊铺机调整到最佳工作状态，调整好螺旋布料器两端的自动料位器，使料门开度、链板送料器的速度和螺旋布料器的转速相匹配。布料器中混合料的位置始终在螺旋布料器 2/3 以上，同时控制螺旋布料器的转速，不能太快，以防混合料离析。

7. 碾压

初压：先用双钢轮振动压路机不开振动从外侧向中心碾压一遍，每次重叠 1/2 轮宽，初压后检查平整度、路拱等，必要时进行修整。初压温度不小于 130 ℃，碾压时碾压路线及碾压方向不要突然改变，以免导致混合料发生推移。压路机启动、停止时必须缓慢行进。

复压：在初压完成以后紧跟进行，采用两台双钢轮压路机阶梯形随摊铺机向前碾压，并使折回处不在同一横断面上，开振动碾压 4 遍，达到要求压实度并无明显轮迹。压路机倒车时先停止振动，并向另一方向运动后再开振动，避免拌和料拥包。

终压：用双钢轮压路机全幅静压 2 遍，消除轮迹。终压完成后温度不应低于 70 ℃。开放交通的温度不高于 50 ℃。

混凝土箱梁步履式顶推技术分析

浙江公路水运工程监理有限公司 陈广寒

宁波舟山港主通道舟山市富翅门大桥富翅侧引桥箱梁位于主线平曲线直线上，分左右幅布置，设计纵坡2%，单面横坡2%。上部结构采用30 m和50 m跨径预应力混凝土箱梁，桥跨布置为30 m+6×50 m，共7跨，全长330 m。单幅桥主梁顶面宽度12.35 m，底宽6.5 m，箱梁中心处梁高3.3 m，高跨比1/15.2。单幅梁体分节为(17 m+11 m×25+11.5 m+26.5) m，5种节段尺寸，14个施工梁段，共计28个施工梁段。

一、顶推工艺

根据富翅侧引桥处地形和场地的条件，以及引桥的跨径和规模可知，顶推施工合理、工期短，为当前引桥施工的较优选择。顶推施工分传统拖拉法和较为先进的步履式顶推法。步履式顶推法相对传统拖拉法具有如下特点：滑动摩擦全部是在顶推设备内部进行，顶推桥墩不受水平荷载；顶推设备分布于各个墩顶，形成多点顶推；横向调整油缸保证主梁水平移动时不会产生横桥向偏移；整套设备集顶升、顶进、横向纠偏于一体，工艺先进。施工质量和安全性易保证。

箱梁顶推施工主要施工工艺为：在1#节段混凝土前端安装钢导梁，采用步履式顶推施工工艺将1#节段梁混凝土箱梁向前顶推到位，然后现浇下一节段混凝土箱梁，再将其向前顶推至设定位置，重复该工艺将混凝土箱梁逐节段现浇顶推到位，直至最后V#节段箱梁于原位现浇完成后，将混凝土箱梁整体下落30 mm至设计高度。

二、施工过程中遇到的问题

（1）在钢箱梁顶推过程中，顶升时主要以力控制为主，位移控制为辅。根据专家组意见，相对于钢箱梁，混凝土刚度更大，对位移量的变化更为敏感，需要以位移控制为主，力控制为辅。

整个顶推系统增设一套顶升竖向位移控制传感器。同一截面两台顶推设备顶升力存在一定差异，导致设备底部钢管桩变形量不一致。现浇平台及临时墩控制点从地面搭设支架进行辅助，墩旁支架控制点从墩顶埋件处引出，从而消除钢管桩变形差异。

（2）现场顶推设备达36套，配件需求多样，部分配件为进口件，供货期比较长，导致设备维修等待时间较长，一定程度上耽误了工期。

（3）顶升过程中，由于3#、4#墩墩旁支架扶墙处振动响声较大，为清除扶墙处预埋件振松导致墩旁支架发生倾覆的隐患，根据专家组意见，在3#、4#墩大里程侧再增加两根钢管桩以增强整个墩旁支架的整体稳定性。

（4）由于模板系统整体刚度较大，预拱设置困难，因此箱梁底部局部错台较大，并且墩顶钢垫墩不平，与墩顶平面存在夹角，顶推时易产生应力集中，从而共同导致箱梁侧面有轻微掉角现象。

三、关键技术控制

（一）控制依据

顶推质量的控制主要根据支架结构计算及顶推过程计算结果。

顶推施工时,各支撑位置结构最大变形如表 1 所示。

表 1 顶推过程支撑结构竖向变形

施工位置	预制平台		临时墩	墩旁支架	
	浇筑	顶推		$\phi1200$	$\phi1500$
竖向最大变形(mm)	-5.5	-7.5	-8.5	-12.4	-9.5

局部支撑受力变化分析中,竖向累积最大误差值严格控制在 20 mm 以内,对顶推箱梁的反力及应力影响比较小,可用作箱梁顶推过程中的控制指标。

(二) 控制目标及措施

1. 结构施工控制

顶推结构施工的控制目标:

(1) 严格控制各支撑位置临时结构施工标高,控制施工误差 2 mm;

(2) 对顶推设备的安装位置和精度进行控制,使顶推设备空间位置一致,控制水平纵向误差 2 mm;

(3) 混凝土箱梁底面施工误差控制在 5 mm。

采取的措施:

(1) 各支撑位置施工完成后,采用 1 m³ 混凝土块预压,消除间隙影响;

(2) 各支撑位置临时结构施工标高误差较大时,现场准备适量 2~10 mm 薄钢板对支撑高度进行调整;

(3) 顶推设备安装时,先对其位置进行放线和测量,吊装到位后,采用 5 t 手拉葫芦进行拖动调整,安装完成后,竖向油缸撑脚位置焊卡板卡住;

(4) 箱梁现浇施工前严格测量位置,进行模板调整。

2. 设备及反力座局部设置

为确保设备支撑或反力座支撑时,混凝土局部受力均匀,且不会局部压溃,采取如下措施:

(1) 顶推设备顶面与箱梁腹板外侧有 100 mm 距离,以防混凝土边缘局部压溃;

(2) 反力座顶面与箱梁腹板外侧边缘留 50 mm 距离,以防混凝土边缘局部压溃;

(3) 顶推设备与箱梁接触位置面放置橡胶垫,使接触面受力分散,避免因混凝土施工误差造成接触面位置局部受力;

(4) 混凝土梁支撑反力座内部灌微膨胀混凝土,提高支撑接触面刚度;

(5) 反力座上方垫板位置夹置橡胶垫板,起缓冲、调节作用,防止接触面位置混凝土局部受力的作用;

(6) 控制各橡胶垫板收缩量,最大在 5 mm 以内。

3. 顶推设备

顶推设备顶升、顶推、纠偏位移是通过设备上三个方向的位移传感器直接测量得到的,可以直接反映箱梁的位移状态。同时,通过多点位移测量数据的比较,可以反映各顶推点动作的同步误差。

4. 顶推过程控制

(1) 顶推质量控制措施。

① 每一个顶推过程循环前,对各位置顶推设备进行预顶,预顶力控制在 200 kN;

② 顶推调试及使用时,设置顶推设备各方向位置误差的容差值为 1 mm,使其各点同步性误差控制在 1 mm 以内;

③ 顶推时,通过总控制台显示器密切关注各位置的反力变化及位移同步性差值;

④ 测量混凝土箱梁的位置,尤其是横向位置偏差,当超过 30 mm 时,进行横向纠偏。

(2) 同步性控制。

注意顶推施工过程中控制设备的同步性,以免造成各顶推点受力不均而使混凝土箱梁偏离设计位置。

(3)施工过程中需对关键设备及关键位置进行检查。

① 每次顶推之前,确认底模、侧模及反力座位置均已完全脱离;

② 每次顶推完成后,均对箱梁位置进行精确调位,以便下一节段现浇;

③ 顶推前后对导梁根部连接位置进行检查;

④ 对各顶推设备的使用和受力状态进行检查,均符合要求时,才能进行下一步操作;

⑤ 确定每个施工步骤要求达到的目标和状态,由专人检查,合格后进行下一步施工;

⑥ 顶推设备、反力座受力时,需检查其受力中心是否对应箱梁腹板设计位置,以保证箱梁局部受力良好,以免对箱梁造成破坏;

⑦ 顶推施工沿2‰纵坡直线进行,实时测量及调整各支撑垫高及顶推设备的顶升高度;

⑧ 制定各关键位置标准化、规范化的检查项目和内容,记录检查情况。

四、结语

宁波舟山港主通道舟山市富翅门大桥富翅侧引桥箱梁混凝土方量大、顶推距离长,在国内尚属首次,无经验可寻,客观上给顶推施工增加了难度和不确定性。该项目施工方案通过严格的项目内审、专家外审,确定了方案的可操作性。目前引桥单幅已成功完成顶推11节,为顺利合龙打下了良好基础,为混凝土箱梁顶推积累了宝贵经验。

海绵城市道路分部工程施工工艺控制

贵州陆通工程管理咨询有限责任公司　罗志祥

海绵城市是通过加强城市规划建设管理,充分发挥建筑、道路和绿地、水系等对雨水的吸纳、蓄渗和缓释作用,有效控制雨水径流,实现自然积存、自然渗透、自然净化的城市发展方式,是推动绿色建筑建设、低碳城市发展、智慧城市形成的创新表现,是新时代特色背景下现代绿色新技术与社会、环境、人文等的有机结合。本文阐述了海绵城市的概念、作用、发展背景,贵州贵安新区的试点推广应用,以及海绵城市道路施工工艺的控制方法。

一、海绵城市的概念和作用

海绵城市也叫"水弹性城市",国际通用术语为"低影响开发雨水系统",是新一代城市雨洪管理概念,是指城市能够像海绵一样,在适应环境变化和应对雨水带来的自然灾害等方面具有良好的弹性。城市建设中体现为径流雨水通过有组织的汇流与转输,经截污等预处理后引入道路红线内、外绿地内,并通过设置在绿地内的以雨水渗透、储存、调节等为主要功能的低影响开发设施进行处理。主要通过雨污水、中水管道,侧分带下沉式绿地,外侧绿化带植草沟,渗水砖,雨水花园等"绿色"措施来组织排水,以"慢排缓释"和"源头分散"控制为主,既避免了洪涝,又能有效地收集、利用雨水。

建设海绵城市,通过"渗、滞、蓄、净、用、排"等多种技术途径,实现城市良性水文循环,提高对径流雨水的渗透、调蓄、净化、利用和排放能力,维持或恢复城市的海绵功能。下雨时吸水、蓄水、渗水、净水,需要时将蓄存的水释放出来并加以利用,实现雨水在城市中的自由迁移,提升城市生态系统功能和减少城市洪涝灾害的发生。

二、海绵城市在我国的发展

2012年4月,"低碳城市与区域发展科技论坛"首次提出"海绵城市"概念。

2013年12月12日,习近平总书记在中央城镇化工作会议的讲话中强调:提升城市排水系统时要优先考虑把有限的雨水留下来,优先考虑更多利用自然力量排水,建设自然存积、自然渗透、自然净化的海绵城市。

2014年10月,住房和城乡建设部发布《海绵城市建设技术指南——低影响开发雨水系统构建(试行)》,提出海绵城市建设的基本原则,规划控制目标分解、落实及构建技术框架,明确了城市规划、工程设计、建设、维护及管理过程中低影响开发雨水系统构建的内容、要求和方法。

2014年12月31日,根据习近平总书记关于"加强海绵城市建设"的讲话精神和中央经济工作会议要求,财政部、住房和城乡建设部、水利部决定开展中央财政支持海绵城市建设的试点工作。

2015年3月,国家三部委(财政部、住房和城乡建设部、水利部)确定22个城市参与国家海绵城市建设试点城市竞争性评审答辩,最后有16个城市获得海绵城市的资格。首批试点城市和地区分别为:迁安、白城、镇江、嘉兴、池州、厦门、萍乡、济南、鹤壁、武汉、常德、南宁、重庆、遂宁、贵安新区、西咸新区。

2015年10月,国务院办公厅出台《关于推进海绵城市建设的指导意见》,指出采用渗、滞、蓄、净、用、排等措施,将70%的降雨就地消纳和利用,并部署推进海绵城市建设工作。

2017年,李克强总理的政府工作报告明确了海绵城市的发展方向,提出让海绵城市建设不仅仅局限于试点城市,而是所有城市都应该重视这项"里子工程"。

三、海绵城市在贵安新区的推广应用

2015年以来,我国大规模推行海绵城市建设,贵州省积极响应和参与,2015年6月,贵州省贵安新区获批成为国家首批海绵城市建设试点城市。

2015年,贵州以贵安新区"两湖一河"(月亮湖、星月湖、车田河)为海绵型公园绿地试点,以中心大道、天河潭大道为海绵型道路试点工程。

至2016年底,贵安新区海绵城市试点工程共开工建设25个,试点海绵城市面积11.32 km²,海绵城市项目总投资257.12亿元。其中首批试点工程月亮湖、星月湖、中心大道、天河潭大道已建成,完工海绵城市面积2.19 km²,完成海绵城市投资93.64亿元。

四、海绵城市道路分部工程施工工艺控制方法

(一)雨污、排放

1. 管道沟槽测量定位

根据设计图纸计算出排水管基坑开挖深度及沟槽开挖坡口线,准确放出雨污水管中轴线、坡口线,按照图纸设计高程及坐标准确定位管道位置。

2. 雨污水管沟槽开挖

沟槽开挖前应做好地面的排水降水工作。沟槽开挖采用机械和人工相结合的开挖方法。先使用机械开挖,相邻管沟开挖应先深后浅,沟底标高以上20~30 cm由人工开挖。挖土过程中应及时测量宽度、标高,防止超挖、欠挖、宽度不够,并密切注意边坡的稳定性。沟槽开挖应防止地面水流入沟内,以免边坡塌方。开挖的土石方原则上就地堆置,但堆放高度不超过1.5 m,堆置点离坑边距离不小于2 m。

3. 雨污管道清基及垫层混凝土浇筑施工

沟槽采用人工清基的方式,严禁超挖或欠挖,基坑遇软土地基承载力不能满足要求时,做出相应的处理;地基承载力达标后,塑料管道浇筑10 cm厚C10混凝土垫层,再铺10 cm厚砂基础并采用手扶式夯实机夯实;混凝土管道浇筑10 cm厚C10混凝土垫层,再根据管径尺寸浇筑厚度C15混凝土管基础。为防止因管道基础的不均匀沉降而发生断裂、变形、错节等情况,砂石、混凝土需选用透水性好、强度达标的材料,且待混凝土达到设计强度后再进行下道工序施工。严禁使用黏土、软土、垃圾等材料。

4. 雨污管道安装

排水管管径小于600 mm的采用双壁波纹管,管径大于600 mm的采用钢筋混凝土Ⅱ级管,为防止管道不均匀沉降和提高管道的密封性能,钢筋混凝土管采用平口钢丝网抹带接口。

双壁波纹管采用人工下管的方式,管道下车、搬运、下管等过程中,严禁抛丢、拖拽;钢筋混凝土管采用汽车式起重机吊装+人工辅助的方式下管。

双壁波纹管安装采用手葫芦作为拉力,且承口—插口为顺水流方向,严禁反向安装;管子垫圈应安装在插口倒数第三格处,插口靠近垫圈附近几格可涂黄油,便于管子插口完全插入承口内。当不能顺利插入承口时,可左右摆动或将管子翻面,以使两根管子在同一水平线、同一竖直线上面更好地插入,严禁在管子插不进去时使劲拉动而使管子破损。下节管子安装过程中,应防止对已安装好的管节的破坏,并且安装完几节后应对管道线型进行调节,保持线型的顺畅。

钢筋混凝土管的安装采用汽车式起重机配钢丝绳吊运、人工辅以摆放的方式。钢筋混凝土管吊装只能一次吊一根管子,并且吊运过程中应注意安全,严禁挖掘机离沟槽边过近。钢筋混凝土管安装采用挖掘机辅助人工的方式,一节管道安装后,应使用石块在管道的两头两侧分别固定,防止管道滚动,并且安装10 m左右后应对线型进行调节,保持其顺畅。

钢筋混凝土管抹带施工:钢筋混凝土管采用钢丝网水泥砂浆抹带接口,抹带长度应满足规范要求,应

先用和易性好的砂浆将接口填实抹匀,并保证管道接口有 20 cm 宽、1 cm 厚砂浆,接着铺钢丝网,最后抹 1 cm 厚砂浆,抹砂浆时应注意抹带边缘与接头的处理。抹带施工完后,应用塑料薄膜将其覆盖养生,并洒水养护,经常检查防止砂浆出现开裂。

5. 雨污管道包封施工

雨污水管分别采用混凝土半包封(雨水管)和砂包封(污水管)两种形式。

(1) 雨水管混凝土半包封。

① 模板安装

a. 模板采用木模。模板的接缝设计要与结构物的外观相协调,使竖向和平面的缝均保持平直。

b. 按照设计基座混凝土尺寸安装模板。

c. 在混凝土振捣时,模板缝必须达到不漏浆的要求,模板接缝处加设海绵条,海绵条与模板内表面平齐。

d. 采用钢管在模板外与基坑壁之间对模板进行支撑加固。

e. 安装好管座模板,并将卡管道的石块取出。

② 混凝土浇筑

a. 浇筑前,对模板加固、模板定位、钢筋定位进行检查,将模板内的杂物、积水清理干净;模板如有缝隙,应填塞严密。

b. 混凝土采用泵送商品混凝土,运输到现场后,由试验人员检查混凝土的均匀性和坍落度。

c. 混凝土运至管道处浇筑。

d. 混凝土振捣采用插入式振捣棒振捣,振捣时,振捣器不得直接放在模板上。

e. 振捣至混凝土不再下沉,无显著气泡,表面平坦一致,开始浮现水泥浆为准。若发现表面呈现水层,应立即通知项目试验人员分析原因,予以解决。

f. 振捣棒与模板保持 50 mm 左右净距。

g. 用振捣棒将整根管道振捣密实,特别注意对管节接头处的振捣。使用振捣棒振捣时应防止过于集中,使管道上浮移位。

h. 混凝土必须分层浇筑,管道左右侧对称同步浇筑,高度基本一致。各层混凝土浇筑不得间断;应在前层混凝土振实而尚未初凝前,将次层混凝土浇筑、捣实完毕。振捣次层混凝土时,振捣棒应插入前层 50 mm。

③ 模板拆除与混凝土养生

a. 当混凝土浇筑强度达到 2.5 kPa 后,方可拆除模板。

b. 逐块拆除模板,拆除时注意保护混凝土体,防止损坏。

c. 拆除模板后,必须洒水养护,洒水次数应能使混凝土保持足够的湿润状态,养护期不少于 7 d。

(2) 污水管砂包封。

采用细砂回填对污水管进行包封,包封厚度为 10 cm。在施工过程中,包封工作采取人机结合方式,在回填时必须安排专职人员进行指挥管理,避免管道在包封过程中发生损坏。回填厚度必须严格符合设计要求,包封应均匀、顺直。

6. 雨污水检查井施工

(1) 钢筋制作与安装。

① 在基底面测量放出井室边线,并用水准仪测出高程控制线。

② 钢筋有严重锈蚀、麻坑、劈裂、夹层、油污等情况时不得使用。

③ 钢筋绑扎前应将垫层清理干净,并用粉笔在垫层上划好主筋、分布筋间距。按划好的间距,先摆放受力主筋、后放分布筋。预埋件、预留孔等应及时配合安装。

④ 保护层垫块厚度与保护层厚度相同,用扎丝固定在钢筋上。

(2) 模板安装。

① 模板采用组合钢模板。模板的接缝设计要与结构物的外观相协调,使竖向和平面的缝均保持平

直。模板不得与结构钢筋直接连接,以免引起模板的变形、错位。

② 模板内表面涂刷脱模剂,以防止与混凝土黏结和便于拆模。在进行涂刷操作时,不得污染邻近的混凝土结构或钢筋结构。

③ 在混凝土振捣时,模板缝必须满足不漏浆的要求,模板接缝处加设海绵条,海绵条与模板内表面平齐。

④ 模板采用螺栓固定。

(3)混凝土浇筑。

雨污水检查井混凝土浇筑工艺控制同上文"雨水管混凝土半包封""混凝土浇筑"。

(4)模板拆除与混凝土养生

雨污水检查井模板拆除与混凝土养生工艺控制同上文"雨水管混凝土半包封""模板拆除与混凝土养生"。

7. 雨污管道闭水试验

雨污管安装后,在保证沟槽内无积水的情况下进行管道闭水试验。试验管段按井距分隔,按照规范要求进行闭水试验,首先抽水将整段管道灌满,浸泡 24 h 后,观测管道的渗水量,直至观察结束前,不断地向试验管段内补水,渗水量不得超过规范要求。

8. 雨污管道基坑回填

管道进行闭水试验验收合格后,及时进行沟槽回填。回填土根据实验室确定的最大干密度和最佳含水量进行分层夯实,直至达到规范要求的压实度指标。

沟槽回填从管底基础部位开始到管顶以上 0.5 m 范围内采用人工辅助回填。从管底到管顶以上 0.5 m 范围内的沟槽回填材料,采用砂石填实。密实度应达到规范要求。

沟槽回填材料必须是土质地良好、含水量适宜的原土,严禁回填垃圾、烂泥、砂砾石,回填土根据不同的土质分别采用分层摊平、夯实、压实等方法达到设计规定的密实度要求。

井室周围回填压实时,应沿井室中心对称进行,且不漏夯,回填压实后与井壁紧贴,分段回填压实时,相邻段的接茬呈阶梯形。

(二)雨水收集过滤系统

1. 土方挖填

(1)一般挖方:经现场测量计算,因降低侧分带土方顶面高程而需弃置的土方,挖除时采用小型运输车直接运至指定弃土场弃置。

(2)结构挖方:因修筑沉砂井、导水盲管而需暂时挖除的土方,采用人工手推车的方式运至绿化带暂存,待沉砂井、导水盲管、雨水检查井、雨水口等构件修筑完毕后,再采用人工手推车的方式运回侧分带回填,按设计修筑地形。

土方挖填工作根据测量高程确定,在挖填过程中严格按设计控制高程及尺寸,对多余土方及时进行清运,避免造成污染及对现场施工造成影响。

2. 复合防渗膜(两布一膜)

两布一膜在土方挖填完成后、沉砂井及导水盲管施工前进行铺设,从车行道路缘石顶面往下 20 cm 处开始铺设,铺设宽度直到盲管包封碎石层内 5 cm。两布一膜与立缘石连接处采用水泥钉固定后使用水泥砂浆包封连接。

两布一膜原材料每次进场后,严格检查、控制材料质量,铺装过程中对铺设尺寸、平整度、牢固性严格按照设计规范进行控制。

3. 沉砂井

行车道边缘每间隔 10 m 设置一处雨水收集口(侧分带部位),雨水收集口采用厂家特型定制的凹型立缘石。沉砂井每间隔 10 m 布设一处,与雨水收集口位置对应,沉砂井基础紧贴立缘石基础边缘修筑,沉砂井进水口与立缘石之间采用 1∶3 水泥砂浆修筑水道,使路面雨水能够及时、顺利地流入沉砂井。

沉砂井顶面高程与行车道边缘高程一致,基础采用 C10 混凝土浇筑。沉砂井四周采用砂砖砌筑,砂浆抹面,盖板采用预制混凝土板。施工过程中严格对沉砂井位置及尺寸进行把关,进水口及出水口的高度控制尤为关键,应保证沉砂井功能满足要求。在沉砂井施工完成后,做好成品保护工作,对已完成的沉砂井做好覆盖及渣土清理工作。

4. 导水盲管

导水盲管修筑在雨水井上游,目的是将收集在绿化侧分带土层中的雨水通过沉淀过滤由导盲管排入雨水检查井,经由雨水管统一收集后排出道路范围。

导水盲管基础:开挖至设计高程,采用 5 cm 厚碎石铺垫,安放好导水盲管后,采用碎石过滤层包裹盲管,高过管顶 5 cm。铺筑碎石层时须注意纵坡调节,必须保证地表渗水能够顺利流入雨水检查井,不得淤积、倒灌。

导水盲管:导水盲管采用 DN200PE 管钻眼制成,要求每米管道 4 个眼孔,采用碎石过滤层包裹,导水盲管端面应露出雨水检查井内壁,长度不超过 2 cm。在盲管安装时,安装位置、长度、定位严格按照图纸进行施工,碎石层包封必须均匀、平整,厚度必须满足设计要求。

5. 雨水检查井

导水盲管与雨水检查井相连,雨水检查井开孔时,必须保证开孔处略低于导水盲管,使水流顺畅、不淤塞。导水盲管安装好以后,采用 1∶3 水泥砂浆抹平创口,保证雨水检查井创口处的钢筋不接触空气,延长雨水检查井的使用寿命。

6. 雨水溢流井

侧分带绿化带中的检查井为雨水溢流井(井盖改造成铸铁溢流口)。雨水溢流井的下游设置挡水堰,其中在道路凹曲线最低点以及绿化带下游末端设置的雨水溢流井不设挡水堰。

雨水溢流井井顶标高要保证调蓄水位高度,溢流井井面标高应比下游挡水堰低 0.1 m,紧邻溢流井下游的堰高比溢流井自身的堰高 0.1 m。

7. 下沉式侧分带绿化种植[下凹(沉)式绿地]

下凹(沉)式绿地结构为绿地高程低于路面高程,溢流口设置在绿地内,且低于路面高程、高于绿化填土顶面高程。下凹(沉)式绿地先汇集周边道路等区域产生的雨水径流,再通过导水盲管排入雨水井内。在暴雨时期,雨量过大时汇集、存蓄收集的雨水通过溢流口排放进入雨水井从而达到雨水收集的效果。

下凹(沉)式绿地的下沉深度、构造措施必须严格按设计图纸进行施工作业。特别需要控制绿化填土高度必须低于溢流口及沉砂井出水口,才可以满足功能使用要求。

在溢流口、沉砂井施工完毕后,填土及植被栽种时应做相应的覆盖保护措施,避免污染。

8. 中水供水系统

绿化带内设置中水供应系统,利用再生水对绿化苗木进行浇灌养护,浇灌绿化苗木后多余的水会通过海绵城市设置的相关功能渗透、过滤,然后进入雨水收集系统实现再生水重复使用,节约水资源。

(三) 人行道透水过滤系统

1. 人行道基层控制

严格控制人行道施工段落基层高程、坐标测量放线,必须符合设计。

2. 砂垫层铺设

人行道砂垫层填筑时应设置排水横坡,砂垫层表面应平整、密实,线型直顺。

3. 透水混凝土施工

透水混凝土拌和时,严格控制施工配合比,细集料用量应在集料总用量的 20% 以内。浇筑时采用木模围挡,用平板振捣器、插入振捣器振捣密实。透水混凝土表面应大致平整、线型平顺、混凝土体结实。由于透水混凝土的特殊性,浇筑时间及配合比是主要控制点。浇筑时对模板支撑加固、混凝土振捣找平,横坡及纵坡控制严格按设计规范进行。浇筑后养生工作时间不少于 7 d。

4. 黏合找平层铺设

黏合找平层采用的是新型材料,必须严格按设计配合比(黏结剂与砂重量比为 1∶8)机械搅拌,充分搅拌均匀后方可进行铺设,搅拌后的砂料须在 2 h 内使用完毕。找平采用刮板,找平层必须拉线定位控制横坡及纵坡。

5. 透水砖施工

(1) 透水砖施工时,应根据设计规定的高程、位置、图案准确测量放线。

(2) 铺设时应轻拿轻放,用橡胶锤敲打砖体中部 1/3 面积处,使砖与找平层黏结密实、稳定,没有空鼓,但不得损伤边角处。如遇切砖现象,必须进行弹线切割,如遇连续切砖现象,必须保证切边在一条直线上,偏差小于 2 mm。

(3) 铺设时作业人员不得站在找平层上施工。

(4) 铺设好透水砖后应用水平尺、高程控制线进行找平,误差必须小于 1 mm,同时砖面满足排水坡面要求。遇雨水箅子或井盖等结构物时,应根据现场情况做具体调整。

(5) 检查铺好的砖体是否稳固、表面是否平整,发现透水砖晃动、平整度差或高程错误时立即修正。透水砖施工后养护期不得少于 3 d。

6. 盲道铺设

盲道铺设方法同透水砖。盲道应连续铺设,遇路口或障碍物断开,盲道起终点及转弯处均应铺设提示盲道砖。盲道位置不得有线杆、拉线、树木等障碍物。盲道颜色应用中黄色,避免其他占压。在铺设过程中每隔 5 m 进行拉线定位,严格控制坡比。施工中保证面砖与黏和层连接密实牢固,表面平顺稳定。铺设完成后强度未达到要求时严禁通行,同时做好养护工作。

7. 花岗岩立缘石安装铺设

铺设前必须预先清除浮尘及附着物等,清洗干净,浸湿后阴干备用。铺设完后,用白水泥和颜料兑出与板材颜色相近的 1:1 稀水砂浆,将砂浆装入小嘴浆壶慢慢灌入板块间的缝隙,流在缝边的浆液用牛角刮刀喂入缝内,至基本饱满为止。缝宽 2 mm。1~2 h 后,用棉纱团蘸浆擦缝直至平实光滑。镶边石与砂基透水砖统一拉线定位保证连接平顺。立缘石安装前基础清理到位,测量定位准确,三角灰饱满夯实,安装到位后立即对立缘石进行卫生清理。

(四) 吸纳、滞留、蓄水系统

1. 植草沟

绿化侧分带填土顶面高程比行车路面低,根据设计图纸和地形情况塑造微地形,美化景观。在施工过程中,填土之前应进行现场测量工作,保证绿化带的挖填深度达到设计要求。

2. 挡水堰

外侧绿化带设计挡水堰,配合景观微地形布置于外侧绿化带,可延长雨水径流时间,起到一定的渗、滞、蓄、净作用;挡水堰顶部标高高于绿化带 150 mm,间隔 10 m/个。侧分带设计挡水堰配合景观微地形布置于侧分带,可以延长雨水径流时间,起到一定渗、滞、蓄、净作用;设计挡水堰顶部标高高于绿化带 200 mm,当设计挡水堰紧贴设计雨水口布置时,设计挡水堰顶部标高一般高于绿地 220 mm;设计挡水堰间距随道路坡度变化,约 5~15 m/个。挡水堰高度为 0.35~0.5 m,以保证下凹式绿地平均 0.2~0.25 m 的蓄水高度。挡水堰的高度、间距根据不同道路纵坡、不同的下凹式绿地蓄水高度设置,挡水堰间距可根据溢流井位置适当前后调整,保证满足间距要求。挡水堰在施工时,设置位置及频率根据设计图纸要求及现场地形确定,从而使挡水堰发挥最大功能,施工完成后的挡水堰必须夯实牢固。

3. 植被种植

边坡植被缓冲带的主要功能是过滤雨水、在暴雨时期减少雨水径流。施工前必须对边分带位置的边坡进行测量,严格按设计控制边坡的坡比及断面尺寸、形状。边坡植被缓冲带植被材料的选择要符合设计要求,并应符合《园林工程绿化验收及施工规范》及《海绵城市建设技术指南(试行)》的相关规定。边分带与植被缓冲带的衔接要平缓顺直。植被要按设计要求进行选取和种植,并且植被要符合耐涝、耐旱等属性要求。

植被种植,特别是下凹(沉)式绿地植被种植工作必须采用设计为海绵城市制定的植被,以保证雨水的过滤、渗透性最大化。种植植被的选取应严格按照设计要求进行,并满足耐旱、耐淹、净化雨水、低养护等要求。下凹(沉)式绿地的植被首先满足耐涝属性,海绵城市的属性要求收集、下渗和净化雨水,所选植被在雨水汇集时也应保证能够正常生长。其次满足耐旱属性。再次满足根系发达、净化能力强的属性。

绿地内表层土壤渗透力不足时,要通过改良措施改善土壤渗透力。绿地内溢流口顶面高程按设计高于绿化填土顶面高程,以确保暴雨时溢流排放。下凹(沉)式绿地的下沉深度要严格按设计进行控制。

五、结语

海绵城市以城市建设和生态保护为核心,探索从保护城市生态环境、消减城市径流污染负荷、缓解内涝、节约水资源等方面构建人与自然和谐的生态环境。当前,海绵城市正在我国全面推广运用,由于海绵城市属于新理念、新工艺,尚处于发展阶段,因此需要不断地深入研究,认真总结和积累宝贵经验,积极促进海绵城市的发展。

如何降低天然气管道爆炸对路域环境的影响

山东东泰工程咨询有限公司

张征征　于善海　高仲圆

燃气作为 21 世纪的清洁能源,其管线在生活、生产空间中各个角落不断延伸。随着时间的推移,天然气管道会逐渐老化,埋地天然气管道在土壤腐蚀、各种荷载的多重作用下会出现管道泄漏,造成人体煤气中毒,甚至发生爆炸,造成人员伤亡和财产的严重损失。引起燃气管道泄漏的原因是多方面的,可能是由于施工存在质量问题,如管道腐蚀、超压和设备设施及连接部位的问题等出现泄漏,也可能是由于人员操作不当、人为破坏、外力破坏和自然灾害等原因引起管线泄漏。无论哪种原因,对于燃气管道存在的隐患应及时处理,防患于未然,保证人民的生命财产安全和公共设施安全。

一、三起管道泄漏事件

2008 年,重庆渝北区发生"回兴 3·14 燃气闪爆事故",共造成 3 人死亡、5 人重伤、5 人轻伤以及重大经济损失。直接原因是临街 PE(d110)燃气管线被拉裂,导致天然气泄漏,泄漏天然气通过地下疏松回填土层窜入室内,形成爆炸性混合气体,遇开关电器产生的火花引起爆炸。间接原因是管线回填未对地基进行处理或采取防沉降措施,回填土层在雨水的浸润作用下发生沉降。外部载荷应力叠加作用对管线热熔焊缝产生一定影响,导致管线拉裂。

2013 年,发生"11·22 青岛输油管道爆炸事件"。中石化东黄输油管道泄漏,原油进入市政排水暗渠,在形成密闭空间的暗渠内油气积聚遇火花发生爆炸。事故共造成 62 人遇难,136 人受伤,直接经济损失 7.5 亿元。事故发生的直接原因是输油管道与排水暗渠交汇处管道腐蚀减薄,管道破裂,原油泄漏并流入排水暗渠并反冲到路面。原油泄漏后,现场处置人员采用液压破碎锤在暗渠盖板上打孔破碎,产生撞击火花,引发暗渠内油气爆炸。在燃爆作用下,有的管线已经变形,个别的管线出现破裂现象。东黄输油管道黄岛泄漏段线永久停用,秦皇岛路、刘公岛路现有全部石油和化工管线迁至北部辽河路化工专用通道。

2011 年,发生"7·2 山东济南天然气管道爆炸事故"。在山东济南济青高速公路华山出口以西 2 公里道路北侧,一根天然气主管道爆炸起火,济青高速公路被迫关闭,附近村庄村民迅速疏散。

《山东省 7 个传输通道城市清洁采暖气代煤电代煤工作实施方案》的实施、农村煤改气工程的推行、城镇化的不断发展,让天然气的作用日益明显,天然气泄漏的危害也日益严重。山东省应急管理厅出台《山东省农村地区"煤改气"安全专项整治三年行动实施方案》,力争通过三年行动,从根本上消除农村"煤改气"事故隐患的责任链条,扎实推进农村地区"煤改气"工作,让群众有实实在在的获得感、幸福感。如何降低天然气泄漏对道路与环境的影响成为当务之急。

二、原因分析

一是天然气管道老化、土壤腐蚀及多重荷载作用。天然气管道会随着时间的推移逐渐老化,埋地天然气管道在土壤腐蚀、各种荷载的多重作用下会出现管道泄漏。

二是使用过程中存在问题。外界交叉施工造成燃气管道破坏,违章建筑占压燃气管道情况日趋严重,用户使用不当或失误操作也会造成泄漏事故。

三、天然气泄漏和爆炸的影响

天然气泄漏和爆炸的影响主要有四个方面:一是热辐射对周围人员和设备设施造成的破坏,二是天然气管道喷射火的危害,三是爆炸冲击波的危害,四是天然气管道爆炸对人的影响(喷射火焰)、对建筑物的影响(蒸汽云爆炸)。热通量损害判定标准值见表1。

表1 热通量损害判定标准值

热通量(kW/m^2)	对人的伤害	对建筑物的损坏
37.5	1 min 100%人员死亡,10 s 1%死亡	操作设备全部破坏
25	1 min 100%人员死亡,10 s 重大损伤	无火焰,长时间辐射作用下木材燃烧最小能量
16	暴露5 s人严重灼伤	—
12.5	1 min 1%人员死亡,10 s 一度烧伤	有火焰时,木材燃烧、塑料熔化最小能量
6.4	暴露8 s痛阈值,20 s二度烧伤	—
5.0	暴露10 s痛阈值	—

四、天然气泄漏和爆炸的应对措施

(1) 增设套管:通过蒸汽云爆炸模拟试验,TNT当量法计算,测算增设套管对于天然气管道爆炸的削减作用。

目前,燃气管线使用的管道材料为无缝钢管、镀锌焊接钢管、PE管等。

天然气爆炸对混凝土套管的应力、应变的影响的研究表明,环向方向16180号单元的最大有效应力值为107.8 MPa,沿轴向方向16180号单元的最大有效应力值为105.9 MPa,均大于设计强度40 MPa。但由于模拟采用的炸药量(2.9 kg)与采用TNT当量法换算的炸药量(0.157 kg)相差约为9倍,所以,在实际天然气爆炸中,混凝土套管没有被破坏的危险。

天然气爆炸对钢管影响的研究表明,环向方向7253号单元的最大有效应力值为613 MPa,小于钢管的抗拉强度及屈服强度;沿轴向方向7449号单元的最大有效应力值为511.81 MPa,小于钢管的抗拉强度及屈服强度。因此,在环向和轴向方向上,钢管也处于安全状态,天然气爆炸不会对钢管造成破坏。

离炸药单元最近的钢管支架上的节点位移为7.977 cm(97号单元)。2号和3号钢管支架的节点位移均小于0.6 cm。钢管总体上保持在一个比较稳定的状态。

以上基于TNT当量法所得出的天然气爆炸模拟结果表明,天然气爆炸对混凝土套管、钢管以及钢管支架的影响有限,不会对其造成破坏,因此也不会影响土体和公路的安全。

试验表明,天然气管道在穿越公路时使用套管,爆炸荷载作用在钢管、钢筋混凝土管上,套管对4.0 MPa以下的天然气管道具有完全保护作用,爆炸对道路与环境不会造成任何影响。

增设套管还可以减少土壤腐蚀、道路荷载对天然气管道的挤压,减小天然气管道泄漏的可能。

(2) 增加埋深:通过理论计算公式,测算增加埋深对于天然气管道爆炸的削减作用。

$$E_s = \frac{\rho_s g H_2}{4}(2H_1-d)(L_1-L_2) \tag{1}$$

式中:E_s——抛掷覆土消耗的线物理爆炸能量,ρ_s——覆土密度,g——当地重力加速度,H_1——管体埋深,H_2——覆土抛掷高度,L_1——管道敷设沟下开口宽度,L_2——管道敷设沟上开口宽度,d——管道外径。

$$E_{li} = \frac{\pi P_1 (d-2h)^2}{4(\gamma-1)}\left[1-\left(\frac{P_0}{P_1}\right)^{(\gamma-1)/\gamma}\right] \tag{2}$$

式中:E_{li}——管体初始线物理爆炸能量,P_1——管内初始压力,P_0——大气压力,d——管道外径,

h——管道壁厚，γ——气体绝热指数，π——圆周率。

考虑覆土时对伤害范围的削减见表2。

表2 考虑覆土时对伤害范围的削减(%)(m)

压力(MPa)	埋深(m)				
	1	2	3	4	5
0.2	382.7	861.0	1339.4	1817.8	2296
0.4	105.1	236.5	367.9	499.3	630.7
0.8	38.4	86.3	134.3	182.3	230.2
1.6	15.7	35.3	55.0	74.6	94.2
2.5	9.1	20.6	32.0	43.4	54.9
4.0	5.3	11.9	18.5	25.1	31.7

五、结语

(1) 试验模拟：天然气管道在穿越公路时使用套管，爆炸荷载作用在钢管、钢筋混凝土管上，套管对4.0 MPa以下的天然气管道具有完全保护作用，爆炸对道路与环境不会造成任何影响。

(2) 理论计算：覆土埋深>1 m时，对于压力≤0.4 MPa的天然气管道，爆炸对人员、车辆和建筑物不产生影响；对于>0.4 MPa的天然气管道，随着覆土埋深的增加，爆炸对人员、车辆和建筑物的破坏范围逐渐减小。

沥青路面材料的质量控制

河北省交通建设监理咨询有限公司　张　梅

在公路工程施工中,如果对沥青路面施工不够重视,公路工程竣工投入使用后易出现裂缝、翻浆甚至是车辙等情况。若不及时采取有效措施,将给车辆的行驶带来安全隐患,而且公路沥青路面的使用寿命也会缩短。因此,沥青路面材料质量控制需要引起重视。

沥青路面在我国的公路建设中已成为使用最广泛和使用时间最长的高级路面形式,是在公路路面基础上最重要的路面结构层,直接承受车轮的载荷和大气自然因素作用,并具有光滑、牢固、抗车辙、抗龟裂、防滑、防水等综合性能。加强对公路沥青路面施工质量的管控,不仅有助于提升沥青路面的施工质量,还能延长公路使用寿命。在施工过程中,材料的质量控制和检查是确保质量的最重要部分。与水泥混凝土路面相比,沥青路面具有表面光滑、无接缝、耐磨、低振动、低噪声、施工周期短、易维护等优点。

一、沥青材料的质量控制

高速公路沥青路面是否具有足够的耐久性,很大程度上取决于原材料的质量。沥青材料不耐高温,使得沥青路面在高温下难以保持稳定的固态。但是,如果将过多的沉淀物添加到原材料中,混合物的质量将受到影响。

目前,我国高速公路的沥青路面均存在不同程度的裂缝、凹痕和其他早期路面损坏的情况。造成这种现象的原因不仅在于施工质量和管理控制方面存在问题,还在于缺乏严格的原材料质量控制。

高速公路路面施工中的沥青通常包括三个相关指标:针密度、软化点和延展性。在进行沥青路面原材料的质量控制时,必须对这三个指标进行控制。其中,针密度是测试沥青稠度的常规方法,在气候温度相对较高的地区,通常使用针密度较小的沥青,反之使用针密度较高的沥青。软化点是衡量设施沥青软度和硬度的指标,也是测试沥青质量的常用方法,该方法可用于评价沥青的高温稳定性,通常情况下,可以使用渗透度较小的沥青,其软化点也较高。延展性是测试沥青低温性能的指标,并且沥青的延展性与路面的抗裂性有很大关系。

二、集料的质量控制

集料在沥青混合料中起骨架的作用,对沥青路面的质量有重要影响。其聚集体有两种类型,即粗聚集体和细聚集体。在测量集料质量的过程中,主要指标包括技术指标、原料来源指标、加工指标等,其中加工指标具有可变性。因此,本文将加工指标的质量控制作为分析的重点。

影响集料变异性的因素主要包括集料加工破碎机振动筛的设置、集料加工破碎机的原料、破碎机筛网的物料、破碎机的产量、采样方法等。只有粗集料完全渗透才能实现沥青的压实,而只有砾石表面清洁才能实现沥青的渗透。

很多时候,尽管集料表面上的灰尘已经被处理过,但在运输或堆放过程中附着在上面的泥浆不易清除,导致集料和沥青界面之间形成隔离层,最终导致沥青和集料分开。如果附着性能不能满足要求,则会对沥青路面造成水损害。

因此,要严格控制加工后的砌块的清洁度,注意对堆场的严格管理,在堆场中使用混凝土进行处理,在破碎机中配备除尘设备并小心处理受污染的集料。控制材料的泥浆含量,以确保沥青路面的质量。

三、平整度与压实度的质量控制

路面需要保持良好的平整度和平坦度,这些指标直接关乎路面的承载极限和能力,同时还是验证路面耐磨性以及驾驶员在行驶过程中是否舒适和安全的重要指标。除此之外,路面的致密性也是验证其耐久性的关键因素。如果路面的压实度过低,在路面沉淀过程中,雨水将被带到沥青路面的底部,从而加速沥青路面的老化,这也会影响沥青路面的生命周期。

因此,在施工过程中应采用先进科学的找平压实技术和设备,针对不同的混合料,根据具体情况选择合适的碾压厚度,以确保路面的平整度和压实度达到最优。

四、配合比设计

沥青混合料配合比设计是建立在试验、检验、调整、完善基础上的一项技术工作,只有分阶段并结合试验、施工设备反复进行验证、调整,才能获得满意的配合比设计结果,从而使沥青混合料的各项技术指标保持一致,符合技术规范或设计文件的要求,确保沥青混合料具有良好的物理机械性能、施工性能和道路性能。

五、拌和的质量控制

施工过程中,要随时进行施工质量的自检,检查搅拌站生产沥青混合料的每个托盘,比率是否合理、集料和混合物是否分开。目视检查混合料是否均匀混合、是否有漂白物质、用量是否合适。每半小时检查集料的加热温度和混合物的出厂温度,对每次的排放物进行取样和提取并进行筛分,以检查混合物的矿物级分和油石比是否符合设计要求。

每天都要形成一组马歇尔标本。测量各种体积指标和机械指标,并计算合格率和偏差系数。沥青混合料的搅拌焦点是集料级配和油温问题。集料、矿物粉和沥青必须按照标准比例进行配比。油温控制在 160~170 ℃之间,矿物集料的加热温度在 170~180 ℃之间,混合物的工厂温度在 150~165 ℃之间。

六、运输的质量控制

沥青混合料装车时,卡车应一边移动一边装料,不允许卡车一次性装料;运输车程超过半小时,必须加盖篷布;物料载体应位于摊铺机前 10~30 cm 的距离,并且不能接触摊铺机;轧制在 130 ℃下进行,以满足设计要求。

七、碾压的质量控制

沥青混凝土在进行碾压时,必须控制好温度:温度过高,则会发生裂缝和推移,影响使用的时间和整体的平整度;温度过低,又会使得混合料的压实不够充分。因此,只有在一定的温度下,采取一定的压实方法,方可得到最佳的效果。

一般建议在第一次碾压时,选用的压路机型号为 10~12 t 的双驱双振,先错轮二分之一碾压两边,再用轮胎压路机碾压,最后用型号为 10 t 的双驱双振压路机静压收光。在此过程当中,务必确保第一次碾压的温度控制在 120 ℃,第二次碾压的温度控制在 110 ℃,最后一次碾压的温度控制在 105 ℃以内。

八、结语

高速公路在建设过程中,会受到各种各样不同因素的影响,从而造成不同程度的使用问题。一旦质量出现问题,不仅会严重影响该地区的交通枢纽系统,还会给建筑企业造成严重的经济损失。

因此,在高速公路路面施工的过程中,要加强对整个施工环节的质量管理,积极引入最新的管理理念,促进工程更好地开展。而改善路面的施工质量本身就是一项系统且繁杂的工作,除了使用相应的施工技术、采取质量控制的相关策略以外,还必须不断加强施工队伍的建设,提高整个工期管理的水平,注意施工经验的积累和总结。

沥青路面就地热再生工艺

山东格瑞特监理咨询有限公司　马丽娇　李延艳

沥青路面再生是指采用专用机械设备对旧沥青路面或者回收沥青路面材料进行处理，并掺加一定比例的新集料、新沥青、再生剂（必要时）等形成路面结构层的技术。沥青路面再生技术包括冷再生技术、温拌再生技术和热再生技术。其中，冷再生技术分为就地冷再生和厂拌冷再生，热再生技术分为就地热再生和厂拌热再生。

就地热再生是采用专用的设备对沥青路面就地进行加热、翻松，掺入一定数量的新沥青、新沥青混合料、沥青再生剂等，经热态拌和、摊铺、碾压等工序，一次性实现对表面一定深度范围内（一般不超过6 cm）的旧沥青路面面层和旧沥青混凝土路面再生的一种技术。

一、就地热再生施工工艺

关于就地热再生设备的研发，国内已经有了很多成果。目前国内多采用各类再生机组设备，以列车的形式进行工作，整套热再生设备的施工顺序：旧路面加热（3～4台加热设备，加热至不超过200 ℃）→耙松、喷再生剂→螺旋收拢、喷新沥青→搅笼初拌再摊开→加热再收拢→添加新沥青混合料→收集终拌→摊铺、碾压。施工中不破坏原路面材料，通过添加精确配比的再生剂，使原路面材料恢复使用性能，添加少量的新料，就可以治理路病。这实现了原路面材料100%原价值循环再用，整个过程没有产生任何废料，充分体现了节约、环保的绿色施工理念。

1. 施工准备

就地热再生施工前，必须对就地热再生无法修复的路面病害进行预处理，对原旧路面特殊部位进行预处理。

2. 施工过程

（1）清扫路面，画导向线。清扫路面，避免杂物混入混合料内。在路面再生宽度以外画导向线，也可将路面边缘线作为导向线，保证再生施工边缘顺直美观。

（2）路面加热。所有加热墙点燃后，辅助人员确认加热墙处于正常工作状态（每个加热墙都工作，且无明火）。

加热旧路面时，各加热车辆统一按照设定的施工速度匀速行进，并尽可能缩短车辆的间距。应根据现场情况，随时调节加热设备的行走速度及加热板与地面之间的高度。在加热过程中对施工路段路面上存在的热熔标线做清除处理，确保施工过程中混合料干净无污染，避免浓烟产生。为避免热量的过多散失，车辆底部和车辆之间的空隙可加装保温板，通过以上措施保证加热的温度、深度符合施工控制要求。

根据项目实地施工经验，为保证温度渗透深度达到设计深度及不使表层沥青老化，再生机组加热温度控制范围（现场用测温计测温）为：第一台加热后温度宜在120～140 ℃之间，第二台加热后温度宜在140～160 ℃之间，第三台加热后温度宜在160～190 ℃之间。

路面加热注意事项：

① 原路面必须充分加热。不得因加热温度不足造成铣刨时集料破损，影响再生质量，也不得因加热温度过高造成沥青老化。

② 应减小再生列车各设备间距，减少热量散失。

③ 原路面加热宽度比铣刨宽度每侧应至少宽出200 mm。

旧路面加热方式可分为红外线辐射式、热风循环式、微波加热式等类型，翻松方式可分为齿耙式翻松和转子式翻松,搅拌方式可分为连续搅拌式和强制搅拌式两种。

(3) 原路面耙松。耙松装置为液压气动复合式疏松耙,依靠机械结构在已经过充分加热、均匀喷洒再生剂的路面上匀速将原路面均匀耙松。采用插尺法每 200 m 进行再生深度的检查,要求深度波动范围在±0.5 cm 之内。如果耙松深度达不到要求,则应该调整疏松耙的深度。

(4) 添加再生剂和新沥青。再生剂的喷洒量应参考原路面沥青材料的检测试验结果,以再生混合料性能恢复到合适为依据,并参考沥青指标的恢复情况,按照再生混合料配合比设计。

开工前对喷洒系统进行检查和标定,喷洒要均匀,用量准确。

再生剂、热沥青应撒布均匀,再生剂添加量、热沥青添加量、新料添加量必须严格按照试验结果确定。为保证层间热黏结技术效果,摊铺前地表温度应≥100 ℃。

(5) 旧料收集。采用收集器将被翻松的已喷洒再生剂和热沥青的原路面沥青混合料向路面中心一次收集成连续梯形截面料带,减少热量损失,并使再生剂与旧料有充分的融合时间。为了保证层间黏结质量,要求收集后的下承层顶面有足够的粗糙度,且无集料打碎和花白料现象。

(6) 添加新料、收集再生料进行混合搅拌。根据试验确定新加沥青混合料的配合比,在梯形截面的料带上按设定比例添加新沥青混合料。为了确保再生沥青混合料级配满足设计目标级配,必须采用新料添加自动控制系统,确保新沥青混合料添加量准确、均匀、可控。然后,由提升机将再生料与新料一起提升至搅拌器内,经充分加热和均匀搅拌后,输送至摊铺机进行摊铺施工。为了实现再生混合料与其下承层的有效热黏结,提高沥青层层间抗剪强度,在再生混合料摊铺前,对再生宽度范围内的下承层顶面再次进行加热(HM18),确保加热后的下承层表面温度不低于 100 ℃,以保证再生沥青混合料拌和均匀。

(7) 摊铺、碾压。再生混合料摊铺工艺和一般新建路面的上面层摊铺工艺基本相同,再生混合料摊铺后与加热后的下承层共同碾压,利用沥青混合料中集石料的相互挤嵌作用达到层间热黏结的效果。

二、存在的难题和解决方法

目前,沥青就地热再生主要存在六大难题:一是浓烟破坏大气环境、危害工人健康;二是生产的再生混合料拌和均匀度不高;三是摊铺温度不能控制在标准范围内;四是干预深度<4 cm,层间抗剪性能低;五是热能外溢威胁道路绿植,影响人身安全;六是持续高温烘烤路面加剧沥青老化。

解决方法:第一,利用新型的负压式热风循环加热原理,能够较好地实现无烟、减排的效果;第二,利用阶梯式加热、保温与机组整合一体化,实现混合料整体均匀加热无温差;第三,对松散混合料进行球面加热、均匀提温,避免因局部过热导致的沥青老化;第四,利用混合料级配+外掺剂计量+设备运行状态监测等智能化控制。

三、技术难题引发的新思考

虽然新型技术对存在的难题做出了有效的解决,但作为监理人,只有对再生技术进行全面的学习与掌握,才能做好再生施工的监理工作。以就地热再生为例,通过对施工工艺及设备的了解,可以进行以下思考:

(1) 对旧路面加热时,怎样确定沥青受热情况是否达标?加热时对环境的污染、对绿化的加热破坏及工人安全问题该如何控制?

(2) 再生剂的成分是否合理?加入再生剂后的混合料性能是否达标?

(3) 复拌后的混合料配合比及温度能否达到摊铺要求?

(4) 从再生材料到施工过程中的指标怎样检测验证?

交通运输部发布的公告显示,2019 年 11 月 1 日起实行《公路沥青路面再生技术规范》(JTG/T 5521—2019),虽然该规范对再生沥青路面结构、材料、再生混合料组成设计等提出了具体要求,但目前还没有制定再生养护剂的相应规范,这导致在监理工作中产生了许多不确定性。一方面,再生剂作为保密材料,施工方大多不会透露;另一方面,即使知道了再生剂的成分,也很难确定其是否符合要求。而且,由于技术和设备不成熟,监理方难以确定路面施工的相应技术指标,这就需要我们对该项技术进行全面把控。

随着再生技术的不断发展、再生设备的精密化与完善,行业内再生技术所涉及的相关验收规范也应该逐渐建立。此外,随着监理行业的智能化发展,新的施工工艺与设备的大数据信息应与监理行业共享,通过智能化的手段进行数据收集和控制。

水泥搅拌桩施工控制要点

河北交通投资集团有限公司　康　斌

湿喷水泥搅拌桩是一种比较成熟的软基处理方法,在沿海地区的公路工程地基处理中被普遍应用,对控制工后沉降、路基侧向位移、桥头跳车有显著效果。但水泥搅拌桩施工具有隐蔽工程特性,因此程序与过程控制尤为重要。笔者通过长期的工程管理经验,提出水泥搅拌桩施工工艺和过程监控若干控制要点及方法。

一、坚持试桩制度

水泥搅拌桩受机械、施工工艺参数、地质情况的影响较大,所以正式施工前必须试桩。通过试桩可以确定喷浆压力及喷浆和搅拌次数,以及桩机钻进提升速度和旋转速度等机械参数。对试桩取芯,通过观察试桩完整性确定拟采用的桩机类型和喷浆压力是否满足实际需要,进一步通过单桩、复合地基承载力试验确定承载力是否满足设计要求。

二、在规范范围内降低水灰比

水灰比对搅拌桩成桩完整性、施工难易程度、搅拌桩强度增长速度都有显著影响,如果水灰比偏大则搅拌桩强度增长缓慢,甚至不能成桩,在后期取芯时不能取出完整芯样,使软基处理效果大打折扣,可能造成地基承载力不足,进而造成施工后不均匀沉降,发生质量事故。

一般规范规定,水泥搅拌桩水灰比在 0.45~0.6 之间,一般图纸规定水灰比应大于 0.5。通过现场试验得出,在把水灰比降低到 0.4 时亦能正常喷浆作业,而且能增加水泥搅拌桩的早期强度,通过后期取样可发现,水灰比低的桩体芯样密实,成桩快,保证率高。因水灰比降低时浆液稠度变大,增加了压浆泵的工作负荷,可考虑加入高效减水剂,增加水泥浆的流动性。

三、保证喷浆口喷浆压力

现阶段,搅拌桩施工所用压浆泵的出口压力一般在 0.5 MPa 左右。公路工程水泥搅拌桩施工中,由于从压浆罐到钻杆喷浆口的管道较长,因而产生了较大的压力损失。如果浆液的钻杆喷出压力不足,尤其在深层搅拌时,浆液不能顺利喷出甚至没有浆液喷出,土体不能和浆液充分混合,则会严重影响搅拌桩的成桩效果。因此,我们尝试采用出口压力 1~2 MPa 的大压力压浆泵,同时调整钻机钻进和提升速度,使喷浆速度和搅拌钻进速度相匹配,确保成桩质量。

四、严格控制单桩喷浆量

单桩喷浆量是水泥搅拌桩施工控制的主要因素。在公路工程施工过程中,往往都是大量桩机同时施工,而每个机械所用的搅拌罐不尽相同。施工过程中,可采用"单根单罐,一罐一根"的控制方法,每次每个搅拌罐只搅拌一根桩水泥浆用量,同时针对不同桩长,对每个罐的加水量进行标定,以便施工人员准确控制加水量。

必须采取旁站监视的方式严格控制水泥加入量。为此,可以采用"单根统计,总量控制"的水泥掺入量控制方法,即旁站人员对每根桩的水泥掺入量进行记录,每隔24 h根据成桩根数复核水泥总量,达到总量控制的目的。在昼夜施工时,可以采取视频监控的方法对其进行监督。这样,施工管理人员就可以通过监控录像对施工过程进行抽查和复核,杜绝隐蔽工程偷工减料现象。

水泥搅拌桩供浆必须连续,拌和必须均匀。一旦因故停浆,为防止断桩和缺浆,应使搅拌机下沉至停浆面以下1 m,待恢复供浆后再喷浆提升。如因故停机超过3 h,为防止浆液硬结堵管,应先拆卸输浆管路,清洗后备用。对此类问题,要求施工管理人员全过程监控,若发现喷浆量不足,应在旁边补桩一根,复打的喷浆量应不小于设计用量。

五、水泥搅拌桩自动监控系统

通常采用人工监督方式对水泥搅拌桩施工过程进行控制,其实时性、智能性都不够完善。我们研发出一种水泥搅拌桩监测系统,通过硬件采集设备与软件设计相结合,可以实现现场监控和对水泥搅拌桩桩长、流量与水泥密度的自动采集监测。

通过现场施工数据采集试验验证,桩长、流量、密度测定值可满足精度要求,并可实现手机App实时数据显示,现场视频监控设备可实现App远程视角转换,画面清晰,效果良好,可以严格控制施工过程的各项参数。系统组成及功能详见表1。

表1 系统组成及功能

序号	组件	功能
1	前端传感器数据采集终端	传感器数据采集终端实现采集解析发送各传感器信号,主要采集指标为桩长、流量、水泥浆密度
2	监测系统主机	监测系统主机实现现场远程视频监控
3	数据分析服务器	主站数据分析服务器实现现场采集数据的存储、分析、处理
4	手机App客户端	App客户端实现对现场数据的查看、视频调取及异常情况报警

六、结语

虽然现阶段水泥搅拌桩的施工工艺较成熟,但是施工质量稳定性依然不能得到很好的保证。尤其在地质条件变化等情况中,成桩质量波动更加显著。为此,必须从桩机选择、试桩、水灰比、喷浆压力、水泥掺入量、施工几个方面严格控制,并辅以科技手段,从而确保水泥搅拌桩的施工质量。

台阶尺寸对直立式现浇泡沫轻质土拓宽路堤稳定性的影响

天津市公路工程设计研究院 张 民

目前,泡沫轻质土作为一种轻型填料被广泛用于路基拓宽领域。国内已有许多学者对泡沫轻质土力学性质及其在路基工程中的应用做了相关研究。周平等运用数值模拟方法对比研究了高速铁路路基分别采用泡沫轻质土与传统路基材料时产生的动响应;高煜等采用有限元方法研究了泡沫轻质土密度、黏聚力及内摩擦角对泡沫轻质土路堤稳定性的影响,结果表明泡沫轻质土密度和黏聚力对其路堤稳定性的影响比内摩擦角的影响更为显著;赵全胜等通过开展原位试验验证气泡轻质土可有效减小路基与桥台之间的沉降差,从而达到治理软土路基桥头跳车病害的目的;吴跃东等通过开展现场原位试验研究发现采用气泡混合轻质土置换高速公路路堤可以有效减少软土地基工后沉降。此外,国内外其他学者通过不同研究方法从不同角度研究了泡沫轻质土的性能,推动了泡沫轻质土在岩土工程领域中的应用。

尽管国内外关于泡沫轻质土在路基工程中的研究已取得了丰富成果,但采用直立式现浇泡沫轻质土技术拓宽传统路堤的研究目前还较少。本文以河北省某高速公路为工程案例,采用 ABAQUS 有限元强度折减法研究路堤台阶拼接尺寸对直立式现浇泡沫轻质土拓宽路堤稳定性的影响。

一、工程概况及研究方法

1. 工程概况

以河北省境内某双向四车道高速公路为例,该高速公路拟扩建为双向六车道,为了在免征地的条件下实现道路扩建,项目采用直立式现浇泡沫轻质土技术在原有用地界内进行路堤扩建。原高速公路为双向四车道,中间设置 3 m 宽中央分隔带,每车道宽为 3.75 m。此外,每个行驶方向设置 3 m 的宽硬路肩作为应急车道,硬路肩外侧为 75 cm 土路肩。路堤边坡坡度比为 1∶1.5,用地界距离原土路肩的水平距离为 8 m。采用直立式现浇泡沫轻质土技术在原有用地界内对原高速公路进行扩建,将其扩建为双向六车道,如图 1 所示。

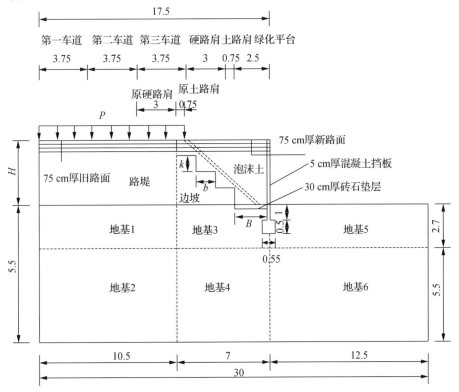

图 1 路堤模型图(单位:m)

2. 研究方法及方案

基于工程的实际需求,这里采用 ABAQUS 有限元建立相应模型,并采用强度折减法计算四种采用台阶尺寸 h(高)×b(宽)拓宽路堤时的安全系数,四种台阶尺寸分别为 0.3 m×0.45 m、0.6 m×0.9 m、1.0 m×1.5 m 和 1.5 m×2.25 m。此外,为了研究路面荷载对路堤稳定性的影响,根据上述方案分别在每种工况上施加 15.625 kPa 的均布荷载,由于路堤的对称性,故研究半路堤即可。

二、有限元强度折减法及数值建模

1. 有限元强度折减法

强度折减法的原理是岩土体黏聚力 c 及内摩擦角 φ 达到临界值时岩土体处于临界破坏状态,此时:

$$c_{\mathrm{m}}=\frac{c}{F_{\mathrm{r}}} \tag{1}$$

$$\varphi_{\mathrm{m}}=\arctan\frac{\tan\varphi}{F_{\mathrm{r}}} \tag{2}$$

式中,c 和 φ 是土体所能够提供的抗剪强度,φ_{m} 和 c_{m} 是维持平衡所需要的或土体实际发挥的抗剪强度,F_{r} 是强度折减系数。边坡失稳以特征部位的位移拐点作为判定依据。

2. 数值建模

采用 ABAQUS 有限元建立路堤模型时,土体和沥青混凝土面层的本构模型设置为线弹性模型,强度破坏准则采用 Mohr-Coulomb(莫尔-库仑)破坏准则。而泡沫轻质土、混凝土及碎石垫层的本构模型则设置为线弹性模型。混凝土挡板弹性模量为 25 500 MPa,泊松比为 0.2,重度为 24 kN/m³;地基土弹性模量为 18.5 MPa,泊松比为 0.3,内摩擦角和黏聚力分别为 20.7°和 1.5 kPa,重度为 18.7 kN/m³;泡沫轻质土弹性模量为 300 MPa,泊松比为 0.25,重度为 8 kN/m³。

三、路堤稳定性计算结果分析

当路堤高 4 m,拼接台阶高宽比为 1∶1.5 时,台阶尺寸分别为 0.3 m×0.45 m、0.6 m×0.9 m、1.0 m×1.5 m 和 1.5 m×2.25 m 的路堤在无路面荷载和有路面荷载两种情况下失稳破坏时的滑动面计算云图如图 2、图 3 所示。

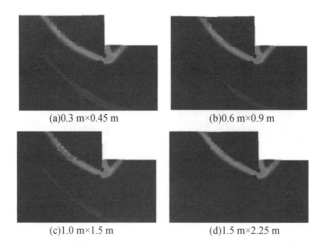

(a) 0.3 m×0.45 m (b) 0.6 m×0.9 m

(c) 1.0 m×1.5 m (d) 1.5 m×2.25 m

图 2　无路面荷载作用时不同台阶尺寸路堤失稳滑动面计算云图

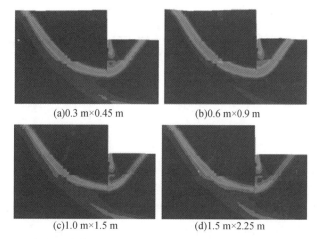

图3 有路面荷载作用时不同台阶尺寸路堤失稳滑动面计算云图

由计算云图可知,采用不同台阶拼接尺寸拓宽的路堤滑动面分布形式相似,均是绕过泡沫轻质土沿其内侧形成贯通滑动区。

基于安全系数取值原则,8种工况路堤安全系数如表1所示。由表1可知,在无路面荷载作用时,台阶尺寸分别为 0.3 m×0.45 m、0.6 m×0.9 m、1.0 m×1.5 m 和 1.5 m×2.25 m 的路堤安全系数分别是 3.980、3.971、3.960 和 3.947;而在有路面荷载作用时,四种不同台阶尺寸所对应的路堤安全系数则分别是 3.822、3.813、3.780 和 3.762。由此可知,无论是否有荷载作用,路堤安全系数随拼接台阶尺寸增大而逐渐减小,尽管变化幅度较小且不足 0.1。

表1 不同工况路堤安全系数表

台阶尺寸(m)	无路面荷载(F_r)	有路面荷载(F_r)	减少幅度(%)
0.3×0.45	3.980	3.822	2.46
0.6×0.9	3.971	3.813	3.98
1.0×1.5	3.960	3.780	4.55
1.5×2.25	3.947	3.762	4.69

由表1可知,对于采用不同台阶尺寸拓宽的路堤,路堤安全系数减少幅度随台阶尺寸增大有增大的趋势,但减小幅度较小,均在 5% 范围内。台阶尺寸分别为 0.3 m×0.45 m、0.6 m×0.9 m、1.0 m×1.5 m 和 1.5 m×2.25 m 的路堤安全系数减小幅度分别是 2.46%、3.98%、4.55% 和 4.69%。

四、结语

(1)采用现浇直立式泡沫轻质土技术拓宽路堤时,台阶拼接尺寸对滑动面分布形式的影响微小,各种工况的滑动面均是绕过泡沫轻质土沿其内侧形成弧形贯通滑动区,路面荷载作用下的路堤在破坏时所形成的滑动面向旧路堤内侧发展并扩大。

(2)路堤稳定性随台阶尺寸增大而逐渐减小,但减小幅度较小,不足 10%。在路面荷载作用下路堤安全系数有所降低,但降低幅度仅在 5% 范围内,且安全系数降低幅度随台阶尺寸增大而逐渐增大。

液态粉煤灰台背回填施工工艺与技术控制

河北省交通建设监理咨询有限公司　李建广

高等级公路和城市道路的桥涵、通道、台背回填质量对行车的速度、舒适度至关重要。台背回填受地基强度、施工进度、特殊季节施工等条件的制约。台背回填通常采用碎石土、水泥土、石灰土、液态粉煤灰、水泥粉煤灰水和加气剂生成的混合物、泡沫土等混合料。其中液态粉煤灰、泡沫轻质土或泡沫土回填台背填筑效率高、养护方便，适合雨季施工，整体性好，台背具有一定的抗压强度，有利于加快施工进度、保证施工质量。本文总结了液态粉煤灰台背回填的施工工艺与技术控制措施。

一、台背回填类型

台背回填施工主要有加宽拼接形式的结构物台背回填、路改桥和拆除重建结构物台背回填、新建结构物的台背回填、加宽路基挡土墙形式的墙背横向回填4种形式。

二、施工准备

1. 施工技术准备

熟悉设计图纸、相关技术规范和各道工序的检验及验收标准，编制施工技术方案，进行技术安全和环保技术交底。对工序进行分工，责任到人，明确施工人员质量、安全和环保职责，建立安全应急救援预案。

按相关试验规程，确定理论配合比，调整水泥、粉煤灰、水、外加剂（减水剂）的用量，确定混合料组成。以强度控制为目标，水灰比控制为手段，选择不同掺比的几组水泥、粉煤灰和减水剂，制作试件，在标准养护28 d后检测抗压强度，取强度能满足要求且经济效益较好的一组配合比作为施工理论配合比。

例如：项目最终得出水泥：粉煤灰：水：外加剂＝69：181：483：1.38作为理论配合比，施工过程严格按照此配合比执行，并加强控制液态粉煤灰的稠度。

2. 人员准备

建立健全施工组织机构。配备主管技术负责人1名、工作面现场负责人1名、技术员1名、工长1名、测量人员1名、夯实机操作手2名、灌注工人2名、其他杂工3～5名，保持施工人员的相对稳定。

3. 材料准备

粉煤灰：进场粉煤灰质量应符合图纸要求的指标，粉煤灰中SiO_2、Al_2O_3和Fe_2O_3的总含量大于70%，烧失量小于20%，比表面积大于2 500 cm^2/g，干粉煤灰存储时应覆盖，防止造成环境污染，湿粉煤灰含水率不宜超过35%，若有已凝固的粉煤灰块应打碎过筛，同时清除杂质。水泥：选用经监理验收合格的32.5 MPa水泥。水：使用普通饮用水。外加剂：选用高效减水早强剂。

4. 机具准备

装载机、挖掘机、22 t压路机、混凝土罐车、小型冲击夯、溜槽、集中强制拌和设备、铁锹。

5. 现场准备

根据设计确定的回填范围清理和准备作业面。基底及原地面无虚渣、浮土、积水，夯实整平，基底及原地面压实度达到设计要求。包边土、台前土需垂直开挖修整，与路基接茬部分开挖到硬茬，与主路基接茬面质量达到设计要求。

三、施工工艺与技术控制

1. 施工工艺流程

测量放样→台阶粗开挖→台阶精细开挖→开挖清理基坑→基坑验收→基坑回填→包边土施工→灌注液态粉煤灰→养生→检查验收。

(1) 测量放样。

根据台后填土高度、边坡坡率测出台背回填的施工范围,并予以明显的标识。标识出液态粉煤灰和包边土的施工范围。

(2) 台阶粗开挖。

台背填筑范围标识后,按设计尺寸对台后填土进行台阶粗开挖,原地面的台阶平面尺寸要满足图纸 3 m 宽的要求,以便对基底松软土进行开挖。台阶粗开挖既能保证现场有足够的施工作业面,也能消除坍塌的安全隐患。

(3) 台阶精细开挖。

原地面处理完成后根据图纸设计要求进行台阶精细开挖。台阶表面必须平整、密实,且棱角分明。如开挖到设计尺寸后,台阶压实度仍不满足要求,则需继续向后开挖,直至合格为止。

(4) 开挖清理基坑。

挖除原基坑内的松散土层,直至原基底。开挖成相对规整的形状,便于回填和夯实。开挖宽度要能满足 22 t 压路机碾压的宽度。局部受场地或空间的限制时,须用冲击夯进行夯实。

(5) 基坑验收。

基坑开挖清理压实完成后对压实度、几何尺寸等指标进行验收,满足设计要求后方可进行回填工序。

(6) 基坑回填。

用砂或砂砾对基坑进行分层回填,填至高出原地面 3~5 cm。人工对表面进行修整,使表面平整,无硬块和突出物。然后用 22 t 压路机对原地面 3 m 范围进行碾压,直至达到 97% 的压实度要求。压路机碾压不到的部位用小型冲击夯进行夯实。

(7) 包边土施工。

包边土是边坡的重要组成部分,还起到支挡液态粉煤灰的作用,因此其压实度至关重要,压实标准不低于路基压实标准。为做好包边土施工需做好以下三点。

一是必须分层填筑,用 22 t 压路机碾压时厚度不大于 25 cm,用小型冲击夯夯实时厚度不大于 15 cm。

二是为保证碾压设备的施工作业面、台后修整面和坡面刷坡后的密实度,包边土填筑每侧宜宽出设计边线不小于 50 cm,内壁采用人工进行精细修整,确保内壁竖直,表观密实。

三是包边土尽量选择塑性指数大于 12 的黏性土。

(8) 灌注液态粉煤灰。

灌注前需对基槽进行检查。确保密实,无缝隙或敞口,避免出现渗流现象,并对内壁进行润湿。混合料通过溜槽流入基坑,现场灌注过程连续。混合料自由卸落高度不宜大于 2 m,灌注完成后人工对表面进行整平。

(9) 养生。

每次灌注完成待初凝后,用土工布进行覆盖养生,保持表面湿润。养生期不少于 7 d,对强度增长过程中出现的表面开裂,可用 1∶2 的水泥浆进行灌缝处理,养生期封闭交通。

(10) 检查验收。

每道工序完成后均须报现场监理工程师验收,全部合格后方可进行下道工序施工。

2. 拌和工艺

液态粉煤灰的拌和必须在混凝土拌和站进行集中拌和。严禁使用滚筒式拌和机在现场拌和。现场检测粉煤灰的含水量,据此按每次拌和容量精确计算出各种材料的用量。水泥用量控制在总量的±1%,粉煤灰控制在总量的±3%,水控制在总量的±3%,减水剂应准确称量后加入。

为保证混合料的拌和质量,拌和时间不少于120 s,现场检测混合料的稠度,使其流动度满足施工要求。

3. 质量控制

每天或每工作班按评定标准的要求制作70.7 mm×70.7 mm×70.7 mm立方体抗压试件,检验7 d和28 d强度。基底及原地面处理压实度应达到规范和设计要求。回填小型结构物台背必须两侧同时进行。及时清除基坑积水并进行2~3 d的晾晒,使水分尽量蒸发。

四、安全文明环保措施

建立健全安全保障体系,现场摆放内容齐全的公示栏,树立醒目的安全警示牌,防护措施到位,开挖过程中按既定的开挖程序施工,对开挖好的台背周围进行维护,现场废弃物要及时清理。

一种探测直螺纹套筒内钢筋连接质量状态方法的分析

山东东泰工程咨询有限公司　柴　峰

直螺纹套筒钢筋连接具有施工快捷、便利、高效的优势,被广泛应用于工程建设中,现场安装的情况也越来越多,如桩基钢筋笼现场连接、大型构件内长钢筋连接等。受环境、施工条件、人员素质等因素的制约,直螺纹钢筋连接会出现套筒拧不紧、接头偏离套筒中央、丝头缝隙过大等现象,随机截取的试件抽检评定不合格时有发生,采取返工、补救措施给工程带来不利影响。

一、直螺纹套筒钢筋连接

《钢筋滚轧直螺纹接头技术规程》(Q/BSJJ06—2000)规定,钢筋滚轧直螺纹接头适用于钢筋直径为16~40 mm 的 HRB335、HRB400 钢筋的连接。《钢筋机械连接用套筒》(JG/T 163—2013)规定,直螺纹套筒适用于直径 12~50 mm 的各类钢筋。可见直螺纹套筒连接应用范围之广。

直螺纹套筒连接具有节省钢材、施工简便、质量可靠、不受焊接温度和季节影响、适用钢筋的直径范围广等特点,尤其用于"轴心受拉及小偏心受拉杆件的纵向受力钢筋"的连接方式优于常规焊接方式,在大直径钢筋连接中被优先选用。

《公路工程质量检验评定标准 第一册 土建工程》(JTG F80/1—2017)在对钢筋焊接与套筒连接的外观质量鉴定方面,仅对钢筋焊接做出了"无焊渣、烧伤""焊接的钢筋网和钢筋骨架不得松脱和开焊""焊接接头不得出现裂纹"的规定,而对套筒连接下的钢筋接头外观质量却没有规定,这与套筒内的钢筋接头处于"隐蔽"的被包裹状态、不能直接目视其外观质量有关。

二、直螺纹套筒连接钢筋接头质量缺陷分析

直螺纹套筒连接钢筋接头质量缺陷:一是钢筋丝头端面倾斜、切口不平、切口未进行飞边修磨;二是钢筋丝口断丝、丝头长度不足、丝头直径不合适;三是钢筋丝头结合处偏离套筒中央位置(套筒内两个接头长短各一);四是接头的安装扭矩值达到规定值,但钢筋丝头结合处仍存在较大缝隙。

接头质量在工厂集中加工、安装时容易受控,但在工地现场加工、安装时就容易失控,特别是桩基钢筋笼对接、大构件钢筋现场接头安装等,受钢筋变形、环境限制、无施工平台、人员素质差等因素影响,易出现接头质量合格率偏低。

三、相关规范对直螺纹接头的质量要求

《钢筋机械连接技术规程》(JGJ 107—2016)"条文说明"第 6.3.1 条款规定,钢筋丝头应在套筒中央位置相互顶紧。该规定明确了两个要求:一是"在套筒中央位置",即接头不得偏位;二是"相互顶紧",即两个丝头之间不能有缝隙。

《钢筋机械连接技术规程》(JGJ 107—2016)"条文说明"第 6.2.1 条款还要求"钢筋丝头的加工应保持丝头端面的基本平整,使安装扭矩能有效形成丝头的相互对顶力,消除螺纹间隙,减少接头拉伸后的残余变形"。

钢筋接头被套筒包裹、处于"隐蔽"状态,规范没有给出如何检测钢筋丝头"在套筒中央位置""相互顶紧"。

四、实际检测方法、存在的弊端及质量隐患

实际检测方法：在资料审查、工艺检验合格的情况下，按照每一验收批（500个）随机截取3个接头试件做极限抗拉强度试验，按照设计要求的接头等级进行评定。

当3个试件的极限抗拉强度均符合要求时，该验收批次评为合格。当仅有1个试件的极限抗拉强度不符合要求时，应再取6个试件进行复检；复检中仍有1个试件的极限抗拉强度不符合要求时，则将该验收批次评为不合格。

直螺纹在套筒内的接头质量具有隐蔽性，接头拧紧后，手工是拧不动的。以目前的检测手段无法直观查验丝头是否平整、丝头结合处是否有缝隙、丝头结合处是否在套筒中央位置等，这与钢筋搭接焊的外露缺陷（如焊缝不饱满、孔洞、焊渣、烧伤、焊缝长度不足等）能一目了然地被发现截然不同。

尽管可以用"在套筒两端的钢筋上刻线、标记"等方法来量测钢筋接头进入套筒的尺寸，但这种人为的刻线法可能成为障眼法。

存在接头缺陷（丝头不平整、结合处有缝隙、不在套筒中央位置等）的直螺纹接头，如果未被3/500的随机概率抽取，就会混入合格批次中被用于工程实体，给工程质量埋下隐患。

这种质量隐患在现场安装时尤为突出。如何提高现场直螺纹接头质量，将"隐蔽性"转变成"直观性"？下面介绍用套筒中央对称开孔的方法来解决这种隐患的专利技术。

五、套筒开孔方案

在套筒中央位置竖向对称开通两个条形（矩形）探孔，探孔的尺寸以宽×长＝(3～6) mm×10 mm为宜，通过探孔对称、光线穿透性原理，可以目视到钢筋接头的直观质量状态。

探孔的宽度越大，越容易查验套筒内的钢筋接头质量状态。探孔宽度可以根据套筒的直径适当调整，套筒较粗时，探孔宽度越可以适当加大。

六、开孔后的直螺纹套筒极限抗拉强度试验

套筒在中央开孔后，其性能指标是否满足原有参数要求？套筒的力学参数以钢筋屈服强度的标准值为参考，即用开孔后的套筒与其连接的钢筋试件进行标准试验，当满足试件各项强度指标且开孔套筒仍完好，则证明开孔套筒为合格。

以 $\phi 25$ 钢筋、套筒开孔宽×长＝(3～6) mm×10 mm 为例，分别进行了多组抗拉强度试验，试验结果表明：抗拉强度满足设计要求（$f_{0mst} \geqslant f_{stk}$），钢筋母材于丝头外拉断；试验钢筋屈服变形后，开孔后的套筒未发生变化及破坏。

现场试验证明：套筒在开孔6 mm宽时，已经能满足通视、查验丝头结合处外观质量状态的目的。未对开孔宽度大于6 mm及以上的套筒进行宽度极限、破损性试验。

七、套筒开孔通视方法检测的优势

一是开孔工艺简单、易操作、费用低。在套筒加工、生产的同时，增加一道开孔程序，投入低、费用少。

二是提升了直螺纹钢筋连接的质量。人们可以直观地看清接头处的质量状态，将钢筋接头由"隐蔽性"转成"直观性"，人们可以采用自然光、手电光通过套筒"探孔"目视确认钢筋接头处的质量状态，存在质量隐患的直螺纹钢筋接头一看便知，可及时进行调整，不会将质量隐患带入实体工程。

八、结语

目前,该工艺已申请国家发明专利,其推广应用将给参与直螺纹钢筋套筒连接施工管理、试验检测、社会监督等的各界人士带来更快捷、简便、实用的鉴定方式。该工艺推广成功后,可由套筒生产源头直接加工,代替目前的"无孔"套筒。套筒的开孔尺寸定型仍需进一步研发,最终如能形成统一、规范性或行业性标准,套筒钢筋连接质量将有大的飞跃。

国省道公路中修养护施工精细化管理

山东方正公路工程监理咨询有限公司　王　磊

当前,社会交通流组成日趋复杂,交通量的增加对交通基础设施提出了较高的质量要求、安全要求。为了确保国省干线公路优质运行、高质量服务,山东省交通运输厅印发《山东省普通国省道干线公路大中修工程管理办法》,对国省干线公路及其沿线设施的一般性损坏部分进行的定期修理加固、恢复公路原有技术状况的中修工程提出了明确要求,对其精细化管理进行指导。

一、国省干线公路多发的病害问题

（一）病害分类

通过调查发现,国省干线公路多发的病害主要有裂缝、唧浆、沉陷、龟裂、块裂等形式。

（二）病害的处理思路

（1）裂缝。铣刨完行车道、超车道 3 cm 面层并清扫后,若缝宽大于 5 mm 且裂缝处无支缝、破碎、沉陷或唧浆等病害,沿裂缝延伸方向开槽,填塞沥青砂处治。

（2）唧浆、沉陷。将老路 9 cm 厚面层铣刨,基层未破损、仅存在裂缝的,采用沥青砂灌缝,做热沥青封层,采用 9 cm 厚粗粒式沥青混凝土(AC-25C)修补。

（3）龟裂、块裂。下面层完好的,铣刨老路 4 cm 面层,采用 4 cm 中粒式沥青混凝土(AC-16C)修补;下面层损坏的,铣刨老路 9 cm 面层,做热沥青封层,采用 9 cm 厚粗粒式沥青混凝土(AC-25C)修补,侧面涂抹密封胶;基层破损严重的,还需铣刨老路 15 cm 上基层,采用水泥稳定碎石(4~6 MPa)修补。

二、精细化管理要求

（一）公路病害处置流程

公路病害处置前,应根据日常养护、巡查的记录和社会司乘反馈信息,初步划定病害桩号范围,进行初步现场调查后,对表观达到病害处置程度的路段采用机械铣刨旧路面,剥离、清扫铣刨现场后开展第二次调查,记录病害状况并分类、确定处置方案后进行施工处置,全过程采用一坑一卡进行资料整理。

（1）初步调查。病害路段采取安全隔离措施临时封闭后,现场技术员与监理共同划定主要严重病害范围,在硬路肩上标明病害的范围、桩号、方向、初判类型,并对病害拍照。同时对超车道、行车道的面层进行钻芯取样,以便剖解路面结构层厚度,为铣刨深度确定提供依据。

（2）铣刨。铣刨机械应选择精度高、平整度控制好的较为先进的车载铣刨机,从中央护栏处向路外侧依次分幅铣刨。因设备原因,中央护栏外侧约 20 cm 宽无法铣刨之处应由人工进行清除。为避免铣刨后留有夹层,一般按原路面层厚加深 0.5 cm 铣刨。

（3）二次调查。面层铣刨完成后,现场技术人员与监理人员及时进行二次调查,在铣刨揭露面上标记病害的种类、范围及处置深度并做好影像及书面记录。

（4）确定处置方案。根据现场调查结果,组织专业技术人员会对不同种类的病害路段给出处置方案及相关参数,组织开展施工。

(二)病害处置原材料控制

(1) 信息共享、加强试验检测。建立信息共享平台,通过施工台账和监理人员报表数据情况,展开相应检测工作并将信息上传共享,方便施工单位、监理单位和管理人员对检测数据进行查阅。试验人员可对试验数据进行比对,对存疑检测项进行复检,试验数据"实时共享、方便查阅、无缝对接"。通过"报表"和"饼状图"的结合,相关人员可以全天候、全过程地掌握原材料及混合料的使用及进展情况。

(2) 加强碎石等地材的控制。碎石等原材料供应紧张、质量不稳定等问题将长期存在,必须严格按《山东省交通运输厅关于进一步加强交通运输建设工程原材料质量管控工作的通知》要求,结合项目特点编制"原材料溯源体系建设方案",进行原材料前期考察→材料进场→过程使用→工后质量全过程链条式管控。严格控制粉尘含量和含泥量,确保混合料具有良好的抗水损害能力。

(三)沥青混合料配合比控制

配合比的设计分为目标配合比设计、生产配合比确定、生产配合比验证三个阶段,采用马歇尔试验方法,需要在配合比设计基础上进行各种使用性能的检验。

(1) 目标配合比设计。依据设计要求,确定合适的矿料级配,依据确定的矿料级配选取合适粒径的粗集料、细集料、填料、沥青等材料。在工程设计范围内选用三组不同矿料级配的配比,最终选取一组既经济又能满足施工要求的沥青用量和冷料仓矿料掺配比例。

(2) 生产配合比确定。按照目标配合比确定好冷料比例及进料速度后,经过二次筛分,分别进入4~5个热仓,取有代表性的热仓料进行级配试验,确定热料仓的配合比。取目标配合比设计的最佳沥青用量及±0.3%的三个沥青用量进行马歇尔试验,综合确定生产配合比最佳沥青用量。

(3) 生产配合比验证。按生产配合比结果试拌铺筑试验段,检查稳定度、级配、油石比等,同时进行渗水检测并从路上取芯观察孔隙率大小,由此确定生产用的配合比。

(四)路面平整度控制

(1) 根据拌和站的产能和运输情况,确定合理的摊铺速度,以摊铺机前始终保持停放2~3辆待卸料车为宜,避免摊铺机停机待料现象的发生。

① 摊铺机应匀速、不停顿地连续摊铺,时快时慢必将影响摊铺厚度变化。

② 采用大吨位运输车,安排专人调度运料车转换,避免料车撞击摊铺机,做到料车转换摊铺不停顿。安排专人清理履带处撒料,避免摊铺过程中基准面发生变化,影响平整度。

③ 如果中途不得已停机,应将摊铺机熨平板锁紧避免其下沉,停顿时间超过30 min或混合料温度低于100 ℃时,则需要按照处理冷接缝的方法重新接缝。

(2) 碾压段落建议不小于30 m,标识初压、复压和终压,碾压速度要保持均匀,碾压过程严格执行"紧跟、慢压、高频、低幅、少水"原则,按照从低到高的顺序依次进行碾压,起停机原则是"先起步后起振,先停振后停机",碾压速度要与振动频率互相匹配,不得随意停机、掉头、变换碾压速度。赶光收面时安排专人对碾压面进行平整度检测,对稍差位置及时进行补压或纠偏。

(3) 对于横向接缝处理,接缝应做到紧密黏结、充分压实、连接平顺。对于纵向接缝处理,摊铺时宜采用梯队作业,采用热接缝,随时检测横向平整度。处理施工接缝时,从刨除位置的划定到下一阶段摊铺面的顺接,应现场指定有经验的人员专门负责。

(4) 控制好混合料级配,减少混合料级配离析和温度离析。

① 为减少混合料拌和过程中的级配离析,料堆高度过高时,应提前采取措施降低料堆高度并翻拌均匀后再进行混合料拌和;料车装料过程中,应采取"前、后、中"不少于三次装料,沥青拌和站放料口下方标注料车停放位置。

② 对每车沥青混合料的出厂温度进行测定,在沥青场站地磅处配备测温平台,方便取样、测温和覆盖。

③ 要求每辆运料车必须做好侧面保温,并在顶面用棉被覆盖混合料,降低运输过程中的温度损耗,在摊铺卸料过程中为减少温度损失,可保持料车顶覆盖不揭开,减少混合料与空气的接触,有效减少温度损失。

④ 对到达现场的每一批混合料的摊铺温度进行测定,对不满足温度要求的实行废弃处理,不得使用。

⑤ 摊铺后及时跟进碾压,对初压时、终压后的表面温度进行实时测定,确保不低于设计要求的温度。

(五) 摊铺设备操作要求

性能良好、具有一定先进性的机械设备可有力确保路面施工的整体均匀性和耐久性,充分发挥各机型之间的协同作用,形成与路面材料特性相适应并充分发挥设备作业性能的有机整体。

(1) 摊铺机两侧布置多点料位器,确保料位高度一致;根据测量数据情况,调整振幅,及时调节夯锤频率,解决摊铺过程中预压密实度不一致的问题。

(2) 摊铺速度一旦确定,不得随意改变,因特殊情况(待卸料车数量有明显变化时)需改变摊铺速度时,实际摊铺速度应控制在合理摊铺速度±0.2 m/min 内,杜绝摊铺速度忽快忽慢或快速加减速。

三、结语

国省干线公路中修养护施工既要处置既有病害,又要对未有病害表观现象的段落进行预防性处置。通过精细化管理,提高中修工程质量,从而达到全方位提升公路服务水平和能力、延长使用寿命、降低日常养护成本的目的。

第三篇
桥梁技术

海上大跨径箱梁整孔预制、安装监控要点

宁波交通工程咨询监理有限公司
姜 河　侯红丽　霍续涛

浙江某跨海大桥跨海域长度17.355 km,上部结构采用70 m跨箱梁整孔预制整孔吊装,标准梁70 m,中跨预制梁段自重为1 811 t,边跨预制梁段自重为1 854 t。由于海上大型吊装作业多,大型船舶投入大,海况复杂,气象条件差,因此,海上施工风险管理是重中之重。

一、监理管控措施

该项目大跨径(70 m)箱梁预制,安装工序环环相扣,任一环节出现问题都将导致施工无法正常推进。然而,海上施工受天气影响大。海上恶劣天气超过总天数的1/3,尤其是台风、大雾、冰雹、雷暴等天气给墩身安装和箱梁架设带来很大的困难,进而会导致预制构件积压,对整体工期产生较大影响。因此,监理单位在各个环节的把控上主要采取如下措施:

(一)监理网格化管理

针对班组规范化管理,监理制定了《网格化管理考核实施办法》,在工程实施过程中主动干预,在施工班组层面介入,坚持"一岗双责"理念,坚持质量、安全一手抓,通过网格化管理对施工区域进行划分,与施工单位一线施工管理人员形成合力对班组进行协同管理、协同考核,把问题消灭在萌芽状态。

(二)"抓源头、控过程",原材料质量可控可溯

该项目原材料采取"母子同源""图谱检测"措施,通过DNA检测分析,与项目12种母本进行原材料图谱对比,谱图峰形、峰强相似性均在95%以上,基本可以判定施工现场原材料均来自母本生产厂家(批复的原材料供应商),从根本上杜绝了原材料"调包""看着像,实际不是原产地"等问题,实现了原材料"母子同源",达到质量可控、可溯的目的。

(三)多方位信息化管理

项目建设打造阳光平台3.0版动态管理系统,在工程进度、技术、质量、安全等方面均进行了应用,并取得了丰硕的成果,有效实现了对工程建设全方位、多层次、精细化的管控,有力推进了"浙江智造"及"智慧工地"建设。

(1)借助工地试验室、混凝土搅拌站、预应力张拉"三大系统"物联网动态监控系统,基本实现了数据实时上传,有效控制了人为干预,通过电脑系统的精准控制大大提升了容错率。

(2)该项目原材料均通过手机App报验、混凝土试块二维码植入、钢构自动焊智控报警、北斗星定位桩基控制精度等多项信息化管理措施,最大限度地减小了人为干预,提升了试验检测管控水平。

二、整孔箱梁预制架设监理控制要点

(一) 场内预制

1. 施工概况

箱梁采用整孔预制、整孔架设的施工工艺。箱梁预制在预制场内进行,采用液压一体模板和钢筋整体绑扎、吊装等新设备新工艺,一次浇筑成型。

2. 监理控制要点

(1) 保护层厚度控制。由于70 m跨径的整孔箱梁体量大,混凝土保护层厚度控制难度较大。施工过程中,保护层厚度的控制采用多点支撑的保护层结构,严格控制垫块质量(严控中心孔径,严控穿孔圆钢直径,保证有足够刚度),梁端钢筋密集处加密垫块。

(2) 钢筋防腐施工控制。由于海洋环境的特殊性,钢筋预埋件长时间裸露会造成严重锈蚀,直接影响钢筋的工作性能和混凝土的耐久性。为防止锈蚀,采用涂锌的方法进行处理。① 所有待涂装的钢筋表面均应清洁、去油污和污垢,并且没有附着铁锈和涂层附着物,底层显露部分的表面应具有金属光泽。② 钢筋表面处理后,在4 h内涂装。由于产品内含有较多锌粉,所以在使用前必须充分搅拌,刷(滚)涂每隔10~15 min搅拌一次。③ 漆膜表面光洁,无挂流、漏喷、孔针、发白、起泡、缩孔等任何漆膜弊病。

(3) 沉降观测控制。由于预制场内大型设备的运行及整孔箱梁的存梁移位等,对场内基础、台座的沉降必须严格控制,各制梁台座、存梁台座150 t和60 t墩门吊轨道基础均需要布置沉降观测点。预制场的沉降观测网共设置4个沉降基准水准点(主要作用是联测沉降水准工作点),同时设置10个沉降工作点(主要作用是测量结构物上的沉降观测点)。沉降工作点按水准四等与基准水准点进行联测,复测周期为1年。在测量过程中,如发现有水准点发生沉降,立即组织高程复测。

(二) 场内移运

1. 施工概况

该项目1 200 t轮胎式搬运机额定起重量达1 200 t,可进行定点90°转向,重载最大走行速度17 m/min,可实现双机联动、网络连接同步走行,行驶过程中由激光测距仪监测两台搬运机的距离,通过距离的大小判断两车行驶速度的快慢,实现间距调节。

2. 监理控制要点

(1) 轮胎式搬运机荷载试验。编制《轮胎式搬运机安装和拆除安全专项施工方案》,对轮胎式搬运机荷载进行试验验证。

(2) 场内搬运施工风险评估。针对场内搬运作业进行危险源辨识,评估危险因素,经评估发现起重伤害、倾覆、高处坠落、触电为主要危险源,应该作为施工的重点管控点。

(3) 操作人员交底。监理人员要对交底过程进行监督,包括交底内容是否齐全,是否有针对性,被交底人员是否与实际操作人员一致,抽查被交底人员对交底内容是否充分熟悉并掌握。

(三) 构件出海

1. 施工概况

(1) 场内搬运装船。箱梁在预制场内存放满足设计要求后,通过两台1 200 t通用门式起重机抬吊,从存梁台座移运至出海码头栈桥间的驳船上。箱梁落放在专门设计的甲板垫梁上,并通过垫梁上设计的纵向和横向挡块将箱梁限位。

(2) 海上运输。箱梁利用大型运输驳装载,拖轮拖带进行海上运输。拖带时机选择在平潮期,将箱梁运输驳绞出出海码头。待编队完成后出发,出海气象条件为风力7级及以下。

2. 监理控制要点

(1) 严格控制构件出场签证。为确保出海前船机设备及构件情况满足出场要求,要编制签证清单,监理联合施工单位进行联合验收签证,签证内容应包含吊具、搬运机通道、信号指挥、搬运机本体、船舶等检查要点,逐项确认后方准予出场。

(2)箱梁装船和码头安全设施检查。包括驳船的安全栏杆防护齐全,上船通道标准,应急缆绳准备充足,船上救生衣、救生圈、救生绳充足,消防器材有效,夜间照明满足要求,码头防撞橡胶完好等。

(3)箱梁装船控制要点。驳船箱梁垫梁各部位结构和焊缝完好无缺陷;箱梁落梁对位垫梁位置正确;箱梁与限位架间隙楔紧牢固;箱梁海上吊具安装正确并固定牢靠;运输条件包括水上、水下施工许可证在有效期内,运输计划向海事部门备案,适航证书在有效期内。

(四)海上架设

1. 施工概况

箱梁采用 2 600 t 浮式起重机进行安装,型深 7.6 m,最大吃水 6 m,在最低潮位－1.5 m 时架设箱梁,同时考虑箱梁架设完成后移出吊具(起升主钩将吊具下方的吊索提升高出箱梁顶面 3 m),约需再起升主钩 7 m。能够完成梁顶标高在＋49.5 m 以下的所有箱梁架设。吊装前需提前在墩位附近左侧海域抛锚定位。由项目部技术人员及监理人员对箱梁吊具各部位进行全面检查,检查合格后进行箱梁起吊。

2. 监理控制要点

(1)起吊前签证验收。预制箱梁安装选择在平潮且气象条件适宜的时段进行。对海上架梁吊具进行拼装及检查验收,吊装前,清理箱梁顶、箱内松散物件,核查箱梁理论吊重,详细检查吊具、吊索是否安全,并签证确认。

(2)箱梁试吊。箱梁试吊主要是检验箱梁吊具的整机性能,通过逐级加载观察吊具状态来判断。每次吊装前都进行试吊,浮吊逐级加载至起重荷载,每级静停 10 min,查看吊具情况,最后提梁至运输驳垫梁顶面 1 m 处,静停 20 min,检查吊钩及吊具是否处于正常工作状态。

(3)浮式起重机工作要求。浮式起重机严格遵守在规定范围内作业的规定,严禁超重起吊或超幅度吊装。浮式起重机吊钩作业以垂直起吊为宜,严禁吊钩横拽起重。禁止浮式起重机主臂及吊钩同时操作。工作人员应服从指挥人员的指挥,以确保吊装工作顺利进行。浮式起重机在没有固定措施(系缆或抛锚)的情况下,不可起吊。

三、结语

大跨径(70 m)箱梁整孔预制、安装监理控制是个系统工作程序,监理控制措施能够在其中发挥作用,监理单位还需要做好对施工单位的服务,引导和协助两单位之间形成默契的管控体系,如施工前通过加强设计图纸审核、机械设备配备标准化、强化三级技术交底、工程首件制等,促进施工质量管理标准化。

27 m拉森钢板桩沉桩施工技术探讨

广州南华工程管理有限公司 陈晓维

U形拉森钢板桩具有施工速度快、挡土和挡水效果好等优点,广泛应用在基坑、码头、围堰等工程中。常见设计桩长范围为15～27 m,不同桩长、不同地质情况对施工会产生不同的影响。

某围堰工程采用双排U形拉森钢板桩结构形式,围堰临水侧桩顶设计标高为+6.5 m,基坑侧桩顶设计标高为+4.5 m,堰顶宽度8 m/10 m。

设计钢板桩型号600×210×18,采用Q390BZ钢。围堰基坑侧钢板桩长包括15 m、21 m,临水侧钢板桩长包括15 m、18 m、27 m,其中21 m、27 m长桩各320根。

一、施工方案

1. 施工工序

场地整平→定位放线→拉森钢板桩拼接→导向桩插打→导向架搭设→钢板桩插打→钢板桩标高调整。

2. 施工工艺

拉森钢板桩陆上采用履带式起重机(带振动锤机)施打,施打前一定要熟悉水下、地下管线、构筑物的情况,认真放出准确的拉森桩桩中线。施打前还应进行试桩,确保拉森桩施打顺利。打桩前,对钢板桩逐根进行检查,剔除连接锁口锈蚀、变形严重的钢板桩,不合格者待修整后才可使用;在钢板桩的锁口内涂油脂,以方便打入和拔出,同时起到止水作用。

在插打过程中,随时测量监控每块桩的斜度,不应超过2%,当偏斜过大且不能用拉齐方法调正时,拔起重打。

钢板桩施打采用屏风式打入法施工。屏风式打入法不易使板桩发生屈曲、扭转、倾斜和墙面凹凸,打入精度高,易于实现封闭合龙。施工时,先施工两端定位桩,然后将型钢围檩焊接在桩上,将10～20根钢板桩成排插入导架内,使其呈屏风状,然后施打。通常将屏风墙两端的一组钢板桩打至设计标高或一定深度,并严格控制垂直度,用电焊固定在围檩上,然后在中间按顺序分1/3或1/2板桩高度打入。

屏风式打入法的施工顺序有正向顺序、逆向顺序、往复顺序、中分顺序、中和顺序和复合顺序。施打顺序对板桩垂直度、位移、轴线方向的伸缩及板桩墙的凹凸和打桩效率有直接影响。因此,施打顺序是板桩施工工艺的关键。其选择原则是:当屏风墙两端已打设的板桩呈逆向倾斜时,应采用正向顺序施打,反之用逆向顺序施打;当屏风墙两端板桩保持垂直状况时,可采用往复顺序施打;当板桩墙长度很长时,可用复合顺序施打。总之,施工中应根据具体情况变化施打顺序,采用一种或多种施打顺序,逐步将板桩打至设计标高,一次打入的深度一般为0.5～3.0 m。

打入桩后,及时进行桩体的闭水性检查,对漏水处进行焊接修补,每天派专人检查桩体,同时做好沉降位移观测点的设置及定期测量检测工作。

钢板桩施工一定距离后开始安装围檩及拉杆。安装钢围檩时,先按1.2 m间距焊接托架,将对拼32b号槽钢用吊机吊放于托架上,围檩槽钢与槽钢之间用垫板、隔套加M3010.9级螺栓连接。安装▽3.5 m ϕ40 mm对拉杆,▽1.5 m ϕ50 mm对拉杆。为使钢板桩受力均匀,外侧板桩与围檩的间隙采用细石混凝土填实。下排围檩板及拉杆安装时需将内外侧土方开挖至1.5 m标高以下,以利于安装。钢拉杆表面不得有裂缝、折叠、分层、结疤和锈蚀等缺陷,拉杆安装的允许偏差应符合规定。

3. 合龙

在钢板桩围堰还剩下6~10根未插时,要考虑合龙情况。丈量合龙口实际宽度,如合龙口宽度与剩余板桩有效宽度一致,两侧锁口相互平行,可将剩余几块板桩连续插入后再统打到位。如合龙口两侧锁口不平行,且两端距离在一定范围内,可采取以下措施进行调整:

(1) 钢板桩上端向合龙口倾斜时,可在钢板桩顶端使用千斤顶互顶或用两套倒链向外侧张拉调整至所需间距。

(2) 当合龙板桩下插时,由于经过调整的间距不能完全平行,必须施加外力才能使合龙钢板桩插下。当钢板桩尚有很大长度未能套入锁口,又不能采用锤击方法打下时,可在顶端安装倒链,并将倒链下端固定,将钢板桩拉入锁口。

由于其他原因采用上述措施无法使钢板桩合龙时,可以制作异形钢板桩进行合龙,异形桩一般做成楔形,一头大一头小,每块楔形桩的斜度不超过2%。如果一块楔形桩仍不够合龙口用,则可用两块楔形桩,两块楔形桩各有一个垂直边,其间至少插入一块普通桩。

二、质量控制

(1) 施工前对地质情况做详细分析,确定钢板桩贯入深度范围内的地质情况。

(2) U形钢板桩的锁口形状应保证打桩时易于相互咬合,拉拔时易于脱离。U形钢板桩不得有明显的扭转。

(3) 打桩前对钢板桩逐根检查,剔除连接锁口锈蚀和严重变形的钢板桩,并在锁口内涂油脂,钢板桩规格需满足设计要求,焊接部位错台≤1%钢板厚度,长度、宽度、弯曲矢高、焊接质量需满足设计规范要求。

(4) 沿钢板桩墙轴线方向相邻板桩接长焊缝的位置应交错配置,错开的距离不宜小于5 000 mm,且每根钢板桩只允许有1个接头。钢板桩接长焊接应采用对接焊缝,焊缝宜采用"K"形或"V"形开口形式。钢板桩焊接接长时,在钢板桩的腹板内侧和翼缘外侧应设焊接加强板。

(5) 通过试桩确定适合的施工方案。沉桩方法应根据土质条件、沉桩深度等因素确定。

(6) 施工过程中用仪器随时检查、控制、纠正钢板桩的垂直度。

(7) 一旦发生倾斜,应逐步纠正,用钢丝绳拉住桩身,边打边拉。

(8) 在拼接钢板桩时,两端钢板桩要对正顶紧,夹持于牢固的夹具内施焊,要求两钢板桩端头间缝隙不大于3 mm,断面上的错位不大于2 mm。使用新钢板桩时,要有机械性能和化学成分的出厂证明文件,并详细丈量尺寸,检验是否符合要求。

(9) 对组拼的钢板桩两端要平齐,误差不大于3 mm,钢板桩组上下一致,误差不大于30 mm,全部的锁口均要涂防水混合材料,使锁口嵌缝严密。

(10) 为保证插桩顺利合龙,要求桩身垂直,并且围堰周边的钢板数要均分。为保证桩身垂直,在第一组钢板桩设固定于围堰支撑上的导向钢管桩,顺导向钢管桩下插,使第一组钢板桩桩身垂直。由于钢板桩桩身上下宽度不完全一致,锁口间隙也不完全一致,桩身仍有可能倾斜,因此在施工中要加强测量工作,发现倾斜要及时调整,使每组钢板桩在顺围堰周边方向及其垂直方向的倾斜度均不大于5‰。

(11) 在进行钢板桩的插打时,当钢板桩的垂直度较好时,一次将桩打到要求深度;当垂直度较差时,要分两次进行施打,即先将所有的桩打入约一半深度后,再第二次打到要求的深度。

(12) 打桩时必须在桩顶安装桩帽,以免桩顶被破坏,切忌锤击过猛,以免桩尖弯卷,造成拔桩困难。

(13) 同一围堰的钢板桩只能用同样的锁口,按设计尺寸计算出使用钢板桩的数量,以确保够用。

(14) 剔除锁口破裂、扭曲、变形的钢板桩。

(15) 剔除钢板桩表面因焊接钢板、钢筋留下的残渣瘤。

三、工效分析

通过施工前后对比发现,使用履带式起重机+液压振动锤插打 27 m 拉森钢板桩日均完成 2~3 根,使用履带式起重机+液压打桩机插打 27 m 拉森钢板桩日均完成 7~9 根,生产效率提升较为显著。

四、结语

拉森钢板桩沉桩利用了土力学土壤液化的特性,但在遇到砂层或石层较厚的地质条件时,沉桩较为困难,往往需要先进行引孔再沉桩。引孔设备可以使用长螺旋或冲击钻机,但设备进场需要一定的时间,工序也比较复杂。"带打"的方式可以充分利用现场的机械进行拼组插入,阶梯沉桩,施工质量能够满足设计要求。

富翅门大桥混凝土表面涂装质量控制

浙江公路水运工程监理有限公司　陈广寒

舟山市富翅门大桥项目为宁波舟山港主通道工程的起始段,起点位于甬舟高速公路富翅互通,路线全长约 2.01 km。沿线共设置特大桥(全长 1 493 m)一座,互通 2 处。富翅门大桥分为主桥、引桥两部分。主桥(57+108+340+108+57)m 双塔单索面结合梁斜拉桥,三跨布置,长 670 m;富翅门大桥富翅侧引桥全长 330 m,岑港侧引桥全长 480.5 m。上部结构均采用 30 m 和 50 m 跨径预应力混凝土连续箱梁,下部结构采用板式实体墩。

富翅门大桥混凝土防腐涂装范围包括主引桥水中区墩身、承台、主塔(含塔座),主引桥陆地区墩台身,引桥箱梁外表面,主引桥防撞护栏基座。采用环氧涂层防护方案,面积为 49 789 m²,为混凝土结构的耐久性、抗海水侵蚀的性能提供了保证,使用寿命要求为 20 年以上。详见表1、表2。

一、施工工艺及方法

表干区和表湿区涂装防护体系分别如表1、表2所示。

表 1　表干区涂装防护体系

涂层名称	配套涂料名称	涂层干膜平均厚度(μm)
底层	环氧树脂底漆一道	40
中间层	环氧树脂中间漆两道	250
面层	丙烯酸氨酯面漆两道	90
涂层总干膜平均厚度		380

表 2　表湿区涂装防护体系

涂层名称	配套涂料名称	涂层干膜平均厚度(μm)
底层	湿固化环氧树脂底漆一道	40
中间层	湿固化环氧树脂漆三道	300
面层	丙烯酸氨酯面漆两道	90
涂层总干膜平均厚度		430

1. 施工工序

划定试验区域→混凝土表面处理→水性腻子找平→喷涂环氧湿固化漆 40 μm→环氧腻子再找平→喷涂环氧湿固化漆 300 μm→喷涂聚氨酯面漆(丙烯酸聚氨酯面漆)90 μm→养护 7 d→验收、检验→确定大面积涂装施工。

2. 涂料调配比例(体积比)

环氧树脂封闭底漆:漆:固化剂=10.5:4.5;环氧树脂中间漆:漆:固化剂=17.1:2.9;丙烯酸聚氨酯面漆:漆:固化剂=17.4:2.6。

3. 小区试验调配方法

(1) 依据以上油漆涂布率计算实际所需油漆用量,以及按体积配比将涂料漆主剂与固化剂通过量杯量取。稀释剂根据气温及风力情况添加,适宜施工即可,通常油漆总量的 15% 范围内。

① 环氧水泥地面封闭底漆:干膜厚度 40 μm,涂装一道,理论涂布率为 0.08 L/m²,涂装 20 m²,损耗

系数 12.5%，所需油漆总量为 1.8 L，根据配比计算主剂为 1.26 L，固化剂为 0.54 L。

② 环氧云铁厚浆漆：总干膜厚度 250 μm，涂装两道，理论涂布率为 0.156 L/m²，涂装 20 m²，损耗系数 12.5%，所需油漆总量为 3.51 L，根据配比计算主剂为 2.94 L，固化剂为 0.57 L。

③ 聚氨酯面漆：总干膜厚度 90 μm，涂装两道，理论涂布率为 0.071 L/m²，涂装 20 m²，损耗系数 12.5%，所需油漆总量为 1.6 L，根据配比计算主剂为 1.39 L，固化剂为 0.21 L。

(2) 本次试验稀释剂调配比例暂定为 5%～10%。

(3) 将整桶油漆主剂用搅拌机搅拌均匀后，量取油漆主剂与量好的固化剂及稀释剂，再用搅拌机继续充分搅拌均匀，使其充分混合，静止 2～3 min，方可进行涂装施工。

二、检验

1. 工序检验

(1) 混凝土表面有无裂缝，是否按照裂缝处理技术规范和专家评审要求处理；对混凝土表面进行处理，配备 2 m 直尺检查，若空隙＜2 mm、模板错台＞3 mm 以上，打磨错台，用填补型腻子将错位处平顺过渡。

(2) 混凝土表面宜采用高压淡水(压力不小于 20 MPa)清洁。

(3) 现场温度和相对湿度等环境条件应符合《混凝土桥梁结构表面涂层防腐技术条件》(JT/T 695—2007)的要求，温度为 5～38 ℃，空气相对湿度为 85%以下，混凝土表面应干燥、清洁。

(4) 基层应牢固、不开裂、不掉粉、不起砂、不空鼓、无剥离。

(5) 每道涂装后均应对涂层进行目视检查，应符合《混凝土桥梁结构表面涂层防腐技术条件》(JT/T 695—2007)的要求。

(6) 涂层养护完成后进行最终涂层的质量控制。检测项目：外观检查、厚度检测和附着力检测。对抽检检测区域进行目视检查，涂层应连续、均匀、平整，不允许有漏浆、流挂、变色、色差、针孔、裂纹、气泡等缺陷。

2. 厚度检测方法和要求

(1) 涂层厚度检测方法。厚度检测采用随炉件法，在同批检验区域内，取 0.5 mm×50 mm×100 mm 白铁皮 3 块粘贴于混凝土表面，随检验批一起施工，涂装完 7 d 后用磁性测厚仪测定白铁皮上的干膜厚度，其可近似视为混凝土基面的涂装厚度。

(2) 涂层厚度应符合"80—20"规则，即涂层平均干膜厚度应不小于设计干膜厚度，80%的测定点应大于设计干膜厚度，其余 20%的干膜厚度应不低于设计干膜厚度的 80%。

三、结语

混凝土表面防护的机理就是物理隔绝腐蚀介质，与增加钢筋的混凝土保护层厚度是同样的道理。因此，只有选材合理，施工过程严格按照施工检验流程控制到位，才能取得理想的防护效果。

桥梁施工监理问题探讨

北京泰克华诚技术信息咨询有限公司

张全山　魏卓颖

随着科技的不断进步,施工的方法、设备、材料在不断更新,新问题也随之而来。监理行业只有与时俱进,紧跟时代步伐,配备望远镜、记录仪、无人机等先进设备,才能确保工程质量,更好地为交通事业保驾护航。

一、桩基施工存在的问题

1. 用超挖孔深代替沉渣清理

旋挖钻相比回旋钻优势非常明显,目前在钻孔桩作业中得到了广泛利用,但由于其机动性高,也为工程违规打开了方便之门。

钻孔结束后,现场技术员、监理会进行成孔检测,其中,测量孔深是重要的一项。但如果在钢筋笼安装前,现场施工人员背着现场技术员、监理悄悄地掏一钻,用超挖孔深抵消沉渣厚度,将导致此后测量的孔深、检测的沉渣厚度都不再真实,无形中给工程技术管理、监理工作带来了新难点。

2. 误认为化学泥浆不产生沉渣

钻孔桩作业中,钢筋笼安装完毕后应进行二次清孔。在化学泥浆大量用于工程后,"旋挖钻配合化学泥浆不产生沉渣"的谬论大行其道,于是二次清孔被省略。对此,广大技术人员、现场监理应重点关注,切勿人云亦云,要紧紧盯住成孔深度的真实性。无论任何设备、任何泥浆出现沉渣,都是不可避免的,故此,二次清孔是不可省略的过程。

3. 误认为导管内外有压力差

导管内外泥浆比重差的存在,致使二次清孔结束后,导管内液面高于导管外,于是,在施工现场产生了"泄压"这项工作。规范、标准、课本中等都没有"泄压"一词,但二次清孔后,导管泄压却大行其道,且持续时间较长,甚至耗时 30 min 以上,泄压过程变成一个新的沉渣形成过程。

泄压是指拆除管帽、水管后,根据导管长度、孔内泥浆液面高的情况,拆除一至两节导管,然后将剩余导管下放至管口高于孔内泥浆 1~2 cm,导管内低密度泥浆不断冒出,直至导管内外泥浆密度相等。规范上虽无此项,但灌注工人都认可,是一种民间行为。

4. 安装好料斗等待混凝土到场

由于泄压耗时不定,无法提前预定混凝土,就出现了安装料斗后等混凝土的新问题。不能按照规定要求,在二次清孔结束后,立即灌注水下混凝土。等混凝土到达现场,其孔内沉渣已经再次产生。

大容积混凝土运输罐车一次运输量少则 10 m³,多则 20 m³,带来方便的同时也带来了困扰。

自拌和站接到首拌混凝土,至现场卸掉最后混凝土,时间差较大,如遇道路不畅,部分混凝土接近初凝时间才被入模,直接影响混凝土的浇筑、品质及表观,也更容易引起输送泵堵管。具体到桩基来说,对直径较小的桩基,一罐混凝土浇筑的高度较大,灌注中一定要勤测混凝土顶面高度,避免埋深过大,造成拔管困难或无法拔管。

以上各项单独或共同作用,致使孔内沉渣大量存在,造成恶劣后果。例如,稳定沉渣直接造成桩长不足,悬浮在孔底的沉渣造成桩身夹层,尤其容易造成桩顶 3 m 左右产生夹层现象。

建议监理严格控制各工序规范施工,认真检验各阶段泥浆比重,严禁用超挖代替沉渣,严格执行二次清孔,二次清孔后,现场工人对导管泄压,应严格规定其时间,例如 5 min。必须在执行二次清孔结束后,立即灌注水下混凝土,禁止出现安装料斗等待混凝土的现象。最重要的一条是,灌注水下混凝土之前,必须测量孔深,遇到孔深不足(沉渣超标)必须重新进行清孔。同时,应根据混凝土运输距离、线路通行情况,对混凝土运输车的规格给出相关限制规定,从而限制不合理的大容积罐车投入使用。

二、设备特点与材料特性带来的问题

混凝土运输罐车、混凝土输送泵大量用于工程建设中,为工程提供便捷的同时,对混凝土坍落度也形成了限制。坍落度低于一定界限,就无法满足罐车运输与输送泵作业要求。随着粉煤灰大量应用在混凝土工程中,粉煤灰上浮成了新问题。如果不能及时排出顶面浮浆,混凝土顶面开裂、强度不足等问题则不可避免,后期凿除给混凝土结构尺寸控制带来负面影响,甚至影响到结构受力及美观。

监理应要求浇筑混凝土过程必须及时排除浮浆。建议对混凝土顶面强度、浮浆厚度进行验收。在进入下一步工序前,顶面如有浮浆,则必须彻底凿除。

三、梁板预制易被忽视的问题

1. 被忽视的水化热效应与热传导

预制梁施工过程对各种指标的要求越来越严,对各种违规操作控制也应越来越紧。例如,波纹管是不准进水的,却常常忽视了散热问题。混凝土浇筑后,产生大量的水化热,波纹管成为一个小空间,内部循环,传导热量,致使端头温度远远高于中部。拆除模板后,瞬间降温,混凝土急剧收缩,释放应力,局部出现掉皮,类似高类别围岩发生岩爆,甚至出现温度裂缝。

建议梁板浇筑后,在波纹管端头连接鼓风机进行吹风降温,或者在梁端竖立一根连接波纹管的自抽风烟囱。避免中午拆模,禁止拆模后对高热部位直接浇水,而是应该适当自然降温后洒水养护。

2. 新设施的隐患

钢制台座可回收,不易制造垃圾,近年来在预制梁板施工中得到了广泛应用。但底部镂空的钢台座随环境温度变化,其长度变化极快,不能与预制梁板同步伸缩,会引起梁底面摩擦,昼夜温差较大时,梁板浇筑后出现裂缝的风险增大。故此,应谨慎使用钢制台座,尤其应特别谨慎使用跨径 25 m 以上的梁板。

3. 恒温养生

冬季抗寒时,蒸汽养生是非常有效的措施。但夏季用高温养生提高早期强度,缩短工期,就未必是正确选择。夏季,采取蒸汽高温养生,对较大构件来说有害无益,很可能造成梁板出现裂缝。是否采用蒸汽高温养生,应反复论证。

建议在钢底座预制梁板作业中采取全程覆盖、恒温养生的工艺。温度不需要多高,重点是温度稳定。

4. 智能设备不是万能的

智能压浆不应该盲目乐观,如果把工作彻底交给工人,依靠机器来控制质量,则是大错特错。现场管理人员应清醒地认识到,机器就是机器,再先进的机器也需要被人控制。注浆不饱满,机器不会停,工人认为注浆差不多饱满了,提前停机断电也是可能的。因此,承包人必须用有压浆经验的技术工人,对操作工人进行专业培训,做到持证上岗。压浆操作必须做好压浆记录,应有承包人和监理人员在场管理、监督,并对压浆记录进行现场签认,保证灌浆饱满。

在施工前,应对智能压浆工艺进行必要的试验。水泥浆应在出浆口处取样。压浆完成后,应及时抽查压浆的密实情况。如有不实,及时进行补压浆处理。为确保预制梁板的内在质量,应要求承包人完成梁板总量一定频率的无损检测(CT)自检,发包人也应安排一定频率的外检。

5. 容易被忽视的程序问题

预制梁板预制完成后,应在时间、强度达到规定要求后,尽早张拉,严禁长时间非预应力状态放置。尤其对跨径较大的梁板,非预应力状态长期存放的后果就是梁板会出现较多裂缝。

四、混凝土质量问题

近年来,国家对环保随着高度重视,拌和站封闭、除尘也成为常态,但是其除尘设备带来的负面影响也随之出现。为保证混凝土坍落度稳定,砂石材料进场后,应有一定的存储期。除尘设备应选用雾化效果极佳的,严禁喷水除尘,避免造成砂石材料含水不均,引起混凝土坍落度失稳。

混凝土表观质量中有气泡、色差,劣质粉煤灰是元凶。合理使用优质粉煤灰,对工程质量有较大的正面作用,使用劣质粉煤灰会给工程带来较大的损失。因此,重视粉煤灰质量应上升到和重视混凝土强度一样的高度。

桥梁预制拼装工艺监理经验分析

江苏交通工程咨询监理有限公司　王占成

上海 S26 公路入城段(G15—嘉闵高架)新建工程西起 S26 公路 G15 立交,东至北翟路高架嘉闵立交,施工区域主线高架全长 7.08 km(不含诸光路地道地下匝道),地面道路涉及华徐路(2.6 km)、北青公路(4.2 km)改造。全线设置 G15 公路立交、收费广场、管理用房、上跨 G15 高速和沪昆铁路、诸光路东侧和金光路西侧各 1 对上下匝道、嘉闵高架立交。

S26 公路入城段位于上海市青浦区,工程起自 S26 公路 G15 高速公路立交,东至嘉闵高架路。主线全长 7.08 km,双向六车道,设计车速 80 km/h,主线高架桥按高速公路荷载标准建设。

该工程预制立柱 187 根,预制盖梁 81 榀,钢盖梁 36 榀,预制小箱梁 1 283 片(边梁含防撞墙整体预制);钢箱梁 81 跨;按照体积换算,预制装配率达到 68%。该工程于 2018 年 12 月建成通车。

预制构件供配上,S26 公路入城段共有 7 个施工主体标段,组建成立联合加工中心(由上海城建市政集团牵头),主要负责全线预制构件的生产、运输和钢筋半成品的弯配、配送等,江苏交通工程咨询监理有限公司承担全部监理任务。

该监理合同段共分 7 个施工合同段,主要节点有上跨 G15 沈海高速、沪昆铁路、嘉闵高架和 S26 匝道立交,与诸光路地道工程交叉施工,全程高架,上部结构为预制小箱梁和大跨径(54.5 m+85 m+54.5 m)连续钢箱梁(叠合梁),主线立柱和匝道盖梁采用预制拼装工艺,施工难度大、节点多,且交通组织将贯穿整个施工过程,周边均为居民区或高档社区,文明施工责任大。

一、预制拼装监理过程控制

1. 项目监理准备

方案策划:总监办针对预制拼装场地规划、预制、运输、吊装工艺各道环节进行讨论并督促完善,确保质量可靠,工艺可行,安全可控。

BIM 技术:对场地规划技术建模,按照设计图纸建模检查钢筋、钢绞线以及灌浆套筒是否冲突,钢箱梁场内制作采用 BIM 技术进行预拼装,模拟现场工况对交通组织以及吊装进行预演。

制度建立:除对预制构件进行驻场监造外,针对不同构件的制作工艺,制定预制工序、出厂验收以及现场安装检查卡,督促参加方完善安全、质量保证体系。

预制拼装技术在场站建设、模板制作、钢筋加工、构件运输、现场吊装到质控检查方面都重点突出前期策划,预制拼装技术涉及标准化设计、物流信息管理、人工智能运用、大型设备检查、现场工况模拟等方面知识。我公司在前期项目经验积累、人才培养、技术储备方面已针对该项技术领域形成独有的监理管理体系。

2. 灌浆套筒配件质量控制

相关构配件实地考察,初拟 3~5 个生产厂家,听取各家对加工工艺、质控程序的汇报,并进行型式检验,对通过的厂家进行择优选用。

3. 胎架验收

各种型号胎架尺寸验收,定位板加工尺寸检查,挂板垂直度、预留灌浆套筒尺寸验收。

4. 模板设计及制作过程控制

对模板受力进行有限元分析;对模板生产厂家进行考察;为保证预制构件的外观,模板要求精加工;对精加工后的模板尺寸、平整度、拼缝进行验收。

5. 钢筋原材料及半成品控制

定期检查抽丝机加工机械接头的质量,对抽丝长度、丝牙饱满度进行抽查;对输入自动弯曲机翻样图进行核对,确保加工尺寸准确;及时检查按照翻样图加工出来的半成品的尺寸是否满足钢筋骨架安装的需求,避免大面积返工;根据材料进场台账,每天核对原材料检测状态。

6. 钢筋骨架绑扎、验收

BIM 技术建模对灌浆套筒、波纹管、预留预埋位置进行排查,机械接头质量验收,波纹管、锚垫板安装质量检查,预埋件位置及数量检查。

7. 混凝土浇筑

混凝土和易性、扩展度检测,浇筑顺序控制,布料层厚控制。

8. 出厂前检查尺寸验收

灌浆筒验收,承台预埋件平面位置及高程控制,灌浆套筒通水试验。

9. 安装过程控制

凿毛检查,垫片高程控制,坐浆、灌浆饱满度及流动度检查。

二、协调控制

S26 入城段总监办所辖土建施工合同段 S26R－1－S26R－7 标,由吴泾联合加工中心统一集中预制,预制构件生产、供应需统一协调,总监办配合指挥部在做好安全、质量控制的前提下,结合各标段计划执行情况以及整个项目关键阶段目标组织生产协调,定期组织召开生产协调专题会议,做到准备充分、配置合理、施工有序、安全监控到位,确保平稳推进。

三、监理体会

桥梁预制拼装工艺相比较传统施工工艺,有利于提高工程质量控制水平,降低施工对交通组织的影响,降低现场施工安全风险,更加绿色环保,并能达到快速化施工的效果,将为地方或区域发展带来较好的经济效益和社会效应。

该项目不同于传统的监理项目,对监理工作要求极高,重点是知识面拓展、核心技术把控、管理理念更新、现场控制到位等。细节把控必须到位,工序衔接精度必须精准,而传统施工工艺难以达到"毫米"级精度要求。技术人才需储备,涉及 BIM 技术、有限元分析、复杂工况模拟、物流管理、人工智能等。

未来几年内,预制拼装施工将是全国乃至全世界城市基础建设发展的大方向,我国目前结合相关政策导向以及前期试点实施项目,施工技术日趋成熟,相比较传统施工技术其更适合快捷、高效、环保、文明的城市基础建设施工要求,其适用范围将继续扩大,如管道窨井、挡墙等。

桥梁桩基预应力高强混凝土 PHC 管桩的施工管理

河北省交通建设监理咨询有限公司　王文凯

预应力高强混凝土(PHC)管桩呈空心圆柱状,其主要生产工艺包括先张法预应力工艺和离心成型技术,同时,需经过必要的蒸汽养护以保障管桩质量。预应力管桩具有质量高、承载力高、生产成本低、施工周期短、环境污染小等优势,因此具有广泛的应用范围。桩基工程质量直接关系到结构物的安全和使用性能,这就需要加强预应力管桩的质量把控和施工经验总结。预应力高强混凝土管桩的质量把控能可从根本上缩短施工周期,降低施工成本。

一、工程概况

荣乌高速公路新线京台高速至京港澳高速段第 ZT6 合同段,起点桩号 K70+146,终点桩号 K82+750,全线路线总长 12.6 km,项目位于河北省高碑店市白沟新城区内。该合同段内包含桥梁 6 051.6 m/20 座,其中石庄大桥、张六庄特大桥、孙脉庄大桥、雷子街 2 号大桥、雷子街 1 号大桥五座桥梁为装配式桥梁,其桩基为 PHC700 预应力管桩,总计 3 612 根,累计桩长为 12.544 2 万 m。该工程位于华北平原北缘,第四纪堆积物巨厚,以细粒土为主,岩性主要为第四系全新统和上更新统冲洪积形成的灰黄色、褐黄色及灰色的粉质黏土、粉土、粉细砂、中砂,基岩埋藏很深。河流、河漫滩及地势低洼处分布有软土、软弱土。

该工程主要有以下特点:(1) 采用高速公路设计标准,装配式桥梁拼装精度标准高;(2) 地处京津冀中心区域,毗邻雄安新区,环保要求以及施工现场环保措施要求高;(3) 项目工期紧,预制管桩数量多,安装难度较大。

二、施工管理的重要环节

对于 PHC 管桩施工管理,需要重点从施工工艺原理、施工准备、施工控制、施工问题处理、管桩验收五个方面着手。

三、施工工艺原理

对预应力高强混凝土管桩的成桩,其主要作用力是压装机的自重和桩架配重的反作用力。按施工要求,安排桩机在适当位置就位,并利用桩机夹具将预应力高强混凝土管桩进行夹抱,整个过程需起重机参与配合完成。待桩机准备工作完成后,使液压装置系统的接头对准管桩,并借助液压装置的作用力进行施压,使管桩能够按照预定的设计被压入土中。

预应力高强混凝土管桩的沉桩过程主要是借助桩机自重为反作用力,与沉桩阻力加以平衡,保障桩身顺利下沉至相应位置。预应力高强混凝土管桩成桩需将两节管桩相连接,然后利用送桩机将其送到相应位置,最后实现成桩。该工程主要采用 JB120B 型全步履式打桩机配合 YC-17 液压冲击锤施工,首件管桩试验地点定在 K73+521.0 石庄大桥左幅 59♯a−0 处。

四、施工准备

(1) 修建临时便道,做好施工时的排水措施。根据 PHC 管桩的堆放数量,选择若干靠近临时便道、开阔平整的场地作为预应力桩的临时堆场。

(2) PHC 管桩施工现场堆放、起吊、搬运技术要求：

① 当场地条件许可时，宜单层或双层放置，叠层堆放不宜超过 5 层。

② 叠层堆放时，应在垂直于 PHC 管桩的位置设置两道垫木，垫木支点应分别位于距桩端 0.21 倍桩长处，两支点间不得有高出地面的石块等硬物；底层最外缘的 PHC 管桩应在垫木处用木楔塞紧。

③ 垫木宜选用耐压的长方木或枕木，不得使用有棱角的金属构件。

④ 由于 PHC 管桩长细比大、自重大，在起吊、运输过程中，过大的动荷载易使其产生环裂。正确的起吊方式是两支点法或两头勾吊法，并在吊装过程中轻吊轻放，禁止采用拖吊的方法，避免产生较大的动荷载。

五、施工控制

1. 测量放桩位

测量组用全站仪确定 PHC 管桩位置，再根据设计桩距，用全站仪和钢尺定出每排桩轴线和桩中心，并用木桩做醒目标记。然后报监理工程师复核确认，满足要求后方可开始沉桩。

2. PHC 管桩施打

测量人员根据桩位坐标数据确定桩位，在 PHC 管桩上划出以米为单位的长度标记，以便观察桩的入土深度及记录每米沉桩的锤击数。第一节管桩起吊就位插入地面时的垂直度偏差不得大于 0.5%。在两个成 90°的方向上同时用全站仪观测、校正，保证施工过程中桩锤、桩帽和桩身的中心线重合。若偏差较大则拔出填沙后重插。

3. 接桩与截桩

(1) 上下节桩拼接成整桩时，采用端板焊接，接头连接强度应不小于管桩桩身强度。采用焊接连接时，焊接前应先确认管桩接头质量合格，上下端板表面清理干净，坡口处用铁刷子刷至露出金属光泽，并清除油污和铁锈。

(2) 接桩时，入土部分管桩的桩头宜高出地面 0.5～1.0 m。下节桩的桩头处宜设导向箍，便于上节桩就位。接桩时上下节桩段应保持顺直，错位偏差不宜大于 2 mm。

(3) 手工焊接时，宜先在坡口圆周上对称点焊 4～6 点，待上下节桩固定后拆除导向箍再分层焊接，焊接宜对称进行。焊接层数宜为 3 层，必须清理干净内层焊渣后方能施焊外层，焊缝应饱满连续，且根部必须焊透，焊接质量应符合《钢结构工程施工质量验收标准》(GB 50205—2020)的有关规定。

(4) 焊缝表面不得有裂纹、焊瘤等缺陷。一级、二级焊缝不得有表面气孔、夹渣、弧坑裂纹、电弧擦伤等缺陷，且一级焊缝不得有咬边、未焊满、根部收缩等缺陷。

(5) 焊好的接头应自然冷却 15 min 后再继续沉桩，严禁用水冷却或焊好即沉桩。

4. 压桩过程旁站制度

在压桩过程中，建设方、施工方和监理方都需委派专业的工程师对工程施工进行监督，重点对桩身质量、垂直度、桩位偏差、接桩端板焊接、桩长、压力值、截桩长度等关键施工点进行检查与记录，一旦发现工程施工存在问题，需及时纠正，以免影响工程质量。

六、施工问题处理

在所有工程桩施工完成后，建设方、施工方和监理方需共同检查和统计问题桩的情况，然后组织设计人员和相关项目负责人针对问题桩进行讨论研究，以确定问题桩的解决方案。该项目首桩施工问题及解决措施如下：

存在问题一：现场施工时，在 22～23 m 处、33～34 m 地质有变化，依据设计需穿透两层砂层，恰好是管桩接头处，沉桩锤击难度大。采取措施：熟悉掌握施工地质情况，合理安排管桩拼接顺序，避免在地质发生变化处产生接头。

存在问题二：管桩施工时喂桩工序采用两根钢丝绳对称捆绑起吊方式，容易造成滑脱、断绳，存在安全隐患。采取措施：在管桩根部加设一根辅助起吊绳，采用3点起吊，加强钢丝绳日常巡查。

存在问题三：沉桩施工中采用两台经纬仪（全站仪）监测管桩垂直度，增加了人力及设备投入。采取措施：在液压沉桩机机架中心5 m处安装吊线锤（线锤距离机架10 cm），底部安装刻度尺（刻度尺安放于机架正中央），利用量测线锤距机架横纵向距离观测机架垂直度；管桩采用2 m数显水平尺进行监测。

存在问题四：预制管桩进场验收不到位，个别管桩余浆过多。采取措施：组建管桩质量验收小组，对存在缺陷的管桩进行清场，并明确清场原因。

七、管桩验收

在工程施工完毕后，建设方组织项目参与方对桩基施工进行检查和验收，验收依据主要是施工质量验收规范。最终，各参建方一致通过该工程项目的桩基施工验收，统一进行后续施工工作。

八、结语

预应力高强度混凝土管桩是一种常用的桩基础施工混凝土构件，其施工质量直接关系着整个基础结构的稳定性。但管桩质量问题的出现会对工程建设造成无法挽回的损失。因此，加强预应力高强度混凝土管桩施工质量管理是至关重要的。施工单位需全面把好质量关，严格按照施工技术要求执行，以确保PHC管桩质量满足工程建设要求，优化工程建设质量。

变截面连续箱梁支架设计与验算

青岛交通工程监理咨询有限公司
任德顺　袁经学

某公路大桥上部工程为三孔变截面预应力连续箱梁,跨径为 36.5 m+55 m+36.5 m,断面形式为单箱双室,梁高为 1.6～3.0 m,底板宽度为 11.5 m,顶板宽度为 16.8 m,桥面设双侧 1.5% 的横坡,桥侧为人行道板和柱式混凝土护栏。主桥下有通航要求,由于开挖造成河床高低不等,孔高达到 10～17 m,地基为亚黏土层,允许承载能力为 12 t/m²。

一、支架结构设计

连续梁梁体采用 C50 预应力钢筋混凝土,总方量为 1 591 m³,对于如何浇筑,工程技术人员对各种浇筑方案进行了比选。

针对现场情况,通过方案比较和市场调查,拟采用梁柱式支架,以油田输油管 D529 作为立柱,以国产 102.6 型贝雷片作为纵桁架,其他部位采用各类型钢。

首先根据混凝土自重、模板重、冲击荷载等产生的最大弯矩、最大剪力及挠度,参考 102.6 型贝雷片的基本参数决定立柱跨距。D529 钢管、102.6 型贝雷片、各类型钢的参数见"结构验算"部分。通过试算,在横向布置 10 片贝雷片的情况下,立柱的跨距以靠向箱梁根部的部分 6 m,其他部分 9 m 为宜。

具体结构设计如下。

1. 支架基础 C20 混凝土和 7.5# 砌石。支架底部为 C20 条形混凝土基础,共 12 个,每个尺寸 1.8 m×0.6 m,其下为 7.5# 砌石,尺寸为 2.2 m×18 m×0.6 m。

2. 立柱 D529 钢管。全支架共布置 18 排立柱,每排 5 根,主要有 6 m 和 9 m 两种。边孔净距 34.6 m,按 0.26 m+6 m+3×9 m+1.3 m 布置。中孔净距 53 m,按 0.26 m+6 m+2×9 m+5 m+2×9 m+6 m+0.26 m 布置。立柱的根与根、排与排之间用平撑和剪刀撑连接,保证整体受力。

3. 横梁用双排槽钢[40b 和砂筒。在立柱以上加焊铁板 δ10,0.36×0.60 m,并以[40b 槽钢将 5 根立柱连成整体。槽钢与贝雷架之间均设 30 t 落架砂筒,卸落量为 9 cm。

4. 纵桁架梁 102.6 型贝雷架。贝雷片根据立柱排距以 2 片或 3 片分别联片,因梁体为变截面,故在柱顶处上部开口,下部销接,使贝雷桁片梁的顶线与箱梁下弧线相吻合,形成简支式连续构造。联片 6 m 或 9 m 直段形成梁底弧线的许多弦,再通过底模的方木调成弧线。

5. 贝雷架上均布槽钢[18。均布槽钢是整个支架的面层,其上为模板和方木构造。该面层用料满足抗弯、抗剪等力学指标后,主要应考虑其变形量(挠度)应使底模构造符合设计与规范要求。经计算,[18 槽钢立放,以 6 m 跨间距 0.75 m,9 m 跨间距 1 m 可满足上述要求,全桥共布置 133 道槽钢。

6. 节点处理。立柱与横梁、横梁与砂筒、砂筒与贝雷片、贝雷片与均布槽钢、贝雷片桁架之间,均用螺栓或 U 形卡连接。其他联系采用焊接。纵向贯穿连系立柱墩的二道[16 纵贯槽钢与立柱采用焊接。

7. 全支架钢材用量。全支架钢材用量 278 t。

二、结构验算

结构验算主要针对设计的支架,对重要部位和最不利的荷载组合处进行抗弯、抗剪、抗拉(压)等内力计算,并对特殊部位的变形量进行分析,主要项目如下:

(1) 均布槽钢抗弯、抗剪、挠度验算。
(2) 贝雷桁梁抗弯、抗剪、挠度验算。
(3) 立柱稳定验算。
(4) 基底承载能力验算及基础混凝土配筋分析。

对以上项目进行受力分析：

（一）荷载计算

(1) 混凝土箱体：6 m 和 9 m 跨混凝土断面积以 13.5 m² 和 9.5 m² 计，是最不利荷载断面的图纸数字。
(2) [18 均布槽钢：长 18.5 m，沿纵向间距为 0.75 m 和 1 m 两种，单重为 18.5×0.023=0.426 t/根。
(3) 模板及木结构质量：按纵向 0.4 t/m 计算。
(4) 贝雷片 400 片，考虑各种连系以 0.3 t/片，按纵向 0.94 t/m 计算。
(5) 立柱 D529、δ10 圆管 0.103 t/m。
(6) 基础 C20 混凝土：15×1.8×0.6×2.45=39.7(t/个)。
(7) 5# 砌石：2.2×17×0.6×1.7=38(t/个)。
(8) 各种横纵剪刀撑：以纵向 0.05 t/m 计。
(9) [40b 横梁：15.5×2×0.071=2.2(t/套)。

（二）所用钢材的基本参数

(1) [18 180×70×9：A=29.299 cm²，单重 23 kg/m，W_x=152 cm³，W_y=21.5 cm³，I_x=1 370 cm⁴，I_y=111 cm⁴。
(2) [40b 400×102×12.5：A=83 cm²，单重 65.2 kg/m，W_x=932 cm³，W_y=82.5 cm³，I_x=18 600 cm⁴，I_y=640 cm⁴。
(3) D529 钢管，$D_{外}$=529 mm，δ=10 mm，单重 103 kg/m，G=210 GPa，允许压应力 $[\sigma]$=2 400 kg/cm²。
(4) 贝雷片 300×150 cm：单片加各种附件重量为 0.3 t，弦杆截面积 F=25.48 cm²，$M_{允}$=97.5 tm，I_x=250 500 cm⁴。
(5) 钢材容许应力：3# 钢参数为抗拉、压弯 $[\sigma]$=160 MPa，抗剪 $[\tau]$=95 MPa，端部承压 $[\sigma]$=240 MPa。

（三）[18 均布槽钢验算

1. 6 m 跨混凝土最大断面情况

(1) 从上部传来的力为：
① 混凝土重：13.5×0.75×2.5/15.5=1.63(t/m)；
② 模板及木结构重：0.40×0.75=0.30(t/m)。
q=1.63+0.30=1.93(t/m)。

(2) 均布槽钢属连续梁结构，本设计中对贝雷片间距的布置充分考虑了梁体腹板和底板重力差异，故布置的间距略有不同。综合考虑按等跨连续梁进行验算，净距为 2.5 m。按照力学理论进行分析，最大跨中弯矩位于两边跨，最大支座弯矩位于 B、F 支座。

(3) 以 $M=\alpha qL^2$ 计算时，跨中弯矩系数 α_1=0.078 1，支座弯矩系数 α_2=-0.105，支座处弯矩大于跨中弯矩。$M_{B,F}$=0.105×1.93×2.5²=1.266(tm)。

所需载面抵抗矩为：
$W=M_{max}/[\sigma]$=1.266×10⁵/1 600=79.13(cm³)。

对照 [18 基本参数，W_y<21.5 cm³<W<W_x=152 cm³，将 [18 竖放满足要求。

(4) 抗剪计算。

以 $Q=\beta ql$ 计算时,最大剪力系数 $\beta=0.606$。

$Q_{max}=0.606\times1.93\times2.5=2.93$ t $<A\times[\tau]=29.299\times950\times10^{-3}=27.83$(t),可满足抗剪要求。

(5) 跨中挠度验算。

对产生挠度有重要影响的力主要是混凝土底板腹板重量和部分模板重量,顶板浇筑时下面混凝土强度已达 80%,对产生挠度影响很小,模板结构的影响全部考虑。

$q=0.40\times11.5\times0.75\times2.5/15.5+0.3=0.946$(t/m);

$M_{中}=0.0781\times0.946\times2.5^2=0.462$(tm);

$f=M(x)/(EI)=(0.462\times104\times2.5/2)/(210\times10^9\times1\,370\times10^{-8})=0.002$(m),小于规范要求。

2. 9 m 跨混凝土最大断面情况

从上面传来的力为:

① 混凝土重:$9.5\times1\times2.5/15.5=1.53$(t/m);

② 模板及木结构重:0.4 t/m。

$q=1.93$ t/m。

可见,均布槽钢受到与前面 6 m 跨相同量的均布荷载,不需验算就知道受力良好。该部位底板混凝土厚度从 32 cm 变化到 22.5 cm,对照上面分析,其挠度亦满足规范要求。其他跨不再验算。

(四) 贝雷桁架梁验算

贝雷钢梁属简支结构,按简支结构的有关理论验算。

该梁最不利的荷载组合为 9 m 跨混凝土最大断面时:

(1) 从上面传来的力通过均布槽钢作用于贝雷桁架,按均布荷载考虑。

① 混凝土重 $9.5\times2.5=23.75$(t/m);

② 模板及木结构重 0.40 t/m;

③ 均布槽钢 0.462 t/m。

其分布 10 道贝雷桁架,作用于每道的荷载为 $q=(23.75+0.4+0.426)/10=2.458$(t/m)。

(2) 抗弯分析。

简支结构跨中弯矩最大,$M_{max}=ql^2/8=2.458\times9^2/8=24.887$(tm)。

对照贝雷片参数知:$M_{max}<M_{允}=97.50$ tm。

可见贝雷桁架结构满足抗弯要求。

(3) 抗剪验算。

剪力发生在简支点处,产生的剪力为 $Q_{max}=2.458\times9/2=11(t)<Q_{允}=25.48\times950\times10^{-3}=24.2$(t)。

(4) 跨中挠度计算。

简支式梁的跨中挠度为 $f_{max}=5ql^4/(384EI)$,$=5\times2.458\times10^4\times9^4/(384\times210\times10^9\times250\,500\times10^{-8})=0.004(m)<L/1\,000=0.009$(m)。

该挠度作为预留超高的依据,在底模布设时使用。

通过篇外计算和结构分析,在本跨满足受力要求后,其他任何部位均能满足受力要求。可见立柱和贝雷桥架梁的布置是合理的。

(五) 立柱稳定分析

立柱受力以 6 m 跨和 9 m 跨结合处为最大,验算此处受力具有代表性。

(1) 上部传来的力为:

① 混凝土重量:$13.5\times2.5\times3+9.5\times2.5\times4.5=208$(t);

② 模板及木结构 $0.4\times(3+4.5)=3$(t);

③ 均布槽钢 9 根 $0.426 \times 9 = 3.834(t)$；
④ 贝雷桁架梁：$0.3 \times (1+1.5) \times 10 = 7.5(t)$；
⑤ 双[40b 横梁 2.2 t，$P = 208 + 3 + 3.834 + 7.5 + 2.2 = 224.54(t)$。

可视为平均分布在 5 根立柱上，每根立柱受正压力 44.9 t。

(2) 求立柱的临界力 P_k。

立柱高低不同，以受力条件相同的高立柱计算，柱高 14 m，按一端固定一端自由考虑 $L_0 = 2L = 28$ m，各种剪刀撑的作用不计。

$P_k = \pi^2 EI\varphi/LA^2$。

其中：$E = 210 \times 10^9$ N/m²。

$I = \pi \times (d_1^4 - d_2^4)/64 = \pi \times (0.529^4 - 0.509^4)/64 = 5.49 \times 10^{-4}$ (m⁴)。

d_1 和 d_2 分别为圆管的外径和内径。

φ 为纵弯系数，通过 $\lambda = 14/0.529 = 26.5$，查表知 $\varphi = 0.965$。

则 $P_k = 139.93$ t $>3P = 133.41$ t。

符合临时支撑对安全系数的要求，由此可知整个支架的立柱是稳定可靠的。

(六) 基底承载力验算和配筋分析

1. 受力分析

(1) 立柱（含）以上传来的力为 224.54 t；
(2) 混凝土基础和砌石基础本身 $39.7 + 38 = 77.7(t)$。

$P = 302.24$ t。

2. 产生的压应力

$\sigma = 302.24/(2.2 \times 18) = 7.63$ t/m² $< [\sigma] = 12$ t/m²。

$K = [\sigma]/\sigma = 1.60$，满足一般钢筋混凝土基础的安全要求。

3. 混凝土基础配筋分析

混凝土基础上面承受五根立柱的集中压力，下面承受砌石基础的反向弹力，基受力应按反背连续梁分析。

(1) 四跨边境梁的最大跨中弯矩系数 $\alpha_1 = 0.077$，最大的支座弯矩系数 $\alpha_2 = -0.107$，砌石基础对混凝土基础产生的反向均布荷载为 $q = (222.34 + 39.7)/15 = 17.47(t/m)$。

由此产生的最大跨中弯矩和最大支座弯矩分别为：

$M_{max1} = 0.077 \times 17.47 \times 2.5^2 = 8.40$ (tm)；

$M_{max2} = 0.107 \times 17.47 \times 2.5^2 = 11.68$ (tm)。

(2) 由 $KM = 1.5 \times 11.68 = 17.52$ (tm) $< 0.4bh_0^2 R_w = 0.4 \times 1.50 \times 0.56^2 \times 140 = 26.34$ (tm) 得知，不需双面配筋。

按单筋矩形截面考虑即可满足受力要求。

(3) 按 $A_0 = KM/bh_0^2 R_w$ 查表得 α 的数值。

由 $A_g = \alpha R_w bh_0/R_g$ 即可求主筋面积。

确定主筋后，再按构造要求确定弯起筋、构造筋、箍筋和预埋钢板筋。这里不再详述。

三、结语

此次支架设计充分考虑了结构安全需要、规范要求和施工便利，使用结果证明该支架安全可靠，保证了上部工程满足设计和规范要求。

混凝土梁锚下预应力检测与控制

承德市地方道路管理处　白永兵

后张法预应力混凝土梁在我国桥梁建设中应用最广泛,而预应力值是否达到设计要求是确保桥梁使用性能的关键,由于影响锚下预应力张拉施工的因素众多,张拉施工质量需抽检控制。2011年,有效预应力的检测作为强制执行的一项要求被编入桥涵的施工技术规范中,成为重要的监测工作。

一、锚下预应力张拉常见问题及原因

在预制混凝土梁的预应力张拉施工过程中存在着各种影响因素,包括预应力钢筋的穿插、张拉工具的装配及操作、从业人员的专业素质等,这些对混凝土梁锚下预应力能否达到设计要求都有重要影响。

1. 应力筋穿束及锚夹具安装

在预应力钢筋的穿束过程中,工人为了方便,经常对预应力钢筋进行不规范的整束与梳束,未按照1.5 m的间隔进行绑束,使用单根穿束机进行穿束工作。因此,在锚夹具的安装过程中,就会出现钢绞线的梁端锚孔位置不一致、锚具与锚垫板的限位槽未能贴合、锚具的夹片表面在敲击过程中不平整等问题。此类不规范的操作往往会导致钢绞线的缠绕打绞,检测时出现同束不均匀度的偏差等问题。

2. 限位板的质量

混凝土梁预应力的锚固回缩值受限位板的孔径大小、限位板的深度影响非常明显。在不考虑其他因素的情况下,由于生产厂家的不同,限位板的规格会有所不同,导致有效预应力值的偏差。当限位板的深度比规定范围小时,会出现钢绞线严重刮伤的状况;而深度较大时,则锚固回缩量偏大,从而使有效的预应力值偏小。因此,应该重点关注限位板的使用。

3. 张拉设备维护及张拉工具装配

为准确检测混凝土梁的预应力大小,张拉设备的质量是重中之重。施工中应选用质量良好的张拉设备,并及时进行维护和进行质量检定。根据相关规范,张拉设备需在6个月或者300次的张拉工作以内由相关专业机构进行标定。

张拉工具主要包括千斤顶、工具锚、限位板、阻力套筒等。在张拉工具的装配过程中,要求工具之间环环相扣、紧密相连。但是在实际的操作过程中,受到从业人员的专业素质等因素的影响,常常出现各种各样的状况。例如:工作锚的落槽偏出、工作锚与加垫锚之间出现夹角、张拉工具未能同心、个别工具下垂、工具夹片紧密不一等,影响有效预应力的力值及均匀性。

4. 工具夹片与锚夹具

工具夹片主要是在钢绞线张拉过程中起到锚固的作用,同束钢绞线的工具夹片的锚固性能不同会导致钢绞线的均匀性出现偏差。

工具夹片可重复使用,工程实践中往往会因为使用次数太多导致咬合面打滑。混凝土梁的锚下有效预应力值的大小主要受钢绞线张拉锚固回缩量值的影响。因此,在锚夹具的工作过程中,确保工具夹片在瞬间卡住钢绞线且不产生较大位移至关重要。

5. 锚下有效预应力检测的实现

反拉法锚下预应力设备主要由集成式智能前端传感器、千斤顶及控制系统、数据采集和分析系统构成。反拉法锚下预应力检测的原理为:在单根外露钢绞线上安装集成式智能前端和千斤顶,启动千斤顶张拉钢绞线。若反拉力小于原有预应力,因夹片对钢绞线有紧固力,内部钢绞线不发生位移;若反拉力略大于原有预应力,夹片与内部钢绞线一起发生微小位移,集成式智能传感器可根据夹片动作状态自动计算出测试力值。

张拉测试过程中,检测人员要确保设备安装牢固,工具夹片紧密一致,避免检测过程中发生意外。并且,在张拉过程中,要平稳均匀进油。为避免预应力钢筋的钢绞丝出现断丝的情况,要严格控制张拉时的最大荷载不超过设计荷载的5%,密切关注张拉荷载位移曲线斜率的突变。

二、施工过程锚下预应力存在的问题与控制

混凝土梁的锚下预应力检测结果主要分成两部分:有效预应力值和不均匀度。力值包含单根力值(及其合格率)、整束平均力值、断面平均力值;不均匀度包含同束不均匀度、同断面不均匀度。通过工程实践分析可知,施工中的常见问题包括:

(1) 单根力值超出规定的单点极值偏差允许范围,同束的不均匀度超出控制要求。产生此类问题的原因主要是钢束穿束、梳束时未按规定进行,或者是工具夹片装配时,不同工具夹片之间的松紧不一致。

(2) 预应力钢筋的整束力值以及断面不均匀度均不满足要求。产生这类情况的原因通常是张拉设备的力值输出异常,限位板的深度以及孔径的大小不符合施工要求,不能较好地与锚夹具匹配,张拉输出力值的损失较大,张拉设备未能按期维护导致输出的力值不准确,锚具的性能出现问题等。以上原因都会导致预应力钢筋的整束力值和断面不均匀度不满足要求,检测人员在张拉之前应一一检查。

(3) 力值不满足控制要求,且低于下限,但不均匀度满足要求。这种情况与张拉设备的力值输出异常无关,应对照(2)中描述的问题一一排查。

以上问题只是锚下预应力张拉的过程中比较常见的,工程实际中导致张拉质量问题的影响因素繁多,应结合检测工作和张拉施工实际进行综合分析。张拉施工严格执行技术规范中对于张拉力值与不均匀性的规定。规范技术要求见表1和表2。

表1 有效预应力大小控制要求

结构类型	预应力标准值(kN)	允许偏差(%)	极值偏差(%)
单根预制结构	168/178	±6	±7
单根浇筑结构	168/178	±8	±9
整束	168/178	±5	—
断面	168/178	±4	—

表2 有效预应力不均匀度控制要求

不均匀度类型	允许偏差(%)	极值偏差(%)
同断面不均匀度	±2	±4
同束不均匀度	±6	—

三、结语

混凝土的锚下有效预应力检测一直是工程检测中的难题,选用合适的检测设备得到可靠的技术数据是控制张拉施工的关键。同时,应注重标准化张拉施工过程为主和张拉检测为辅的并行控制模式,重点管理张拉施工过程,以满足规范技术中对有效预应力值的要求。

新旧桥梁拼宽湿接缝锌基牺牲阳极防腐原件的应用

厦门港湾咨询监理有限公司　汪　洋　罗玉芳

我国公路工程中,钢筋混凝土桥梁占所有桥梁的比例为85%以上,是广泛应用的一种结构形式。目前,国内桥龄达30年的约占总数20%以上,随着我国未来30年内既有桥梁老龄化进程的加速,因疲劳损伤、耐久性不足等原因,很多桥梁将逐渐出现老化现象。因此,采取有效措施加强维护管养,有效地控制桥梁老化,应用桥梁结构老化控制技术和老化控制材料,提高桥梁耐久性和经济性,是不可忽略的重点。其中,改扩建工程中针对既有拼宽桥梁结构,选择锌基牺牲阳极块的方法保护受腐蚀介质侵蚀钢筋,可以达到控制钢筋混凝土桥梁结构的老化深度发展,控制建造和维护成本,延长其使用寿命的目的。

一、桥梁结构钢筋骨架老化原因

(1) 桥梁结构中,钢筋锈蚀是造成耐久性损伤的最主要和最直接因素,是耐久性破坏的主要形式之一。

钢筋锈蚀的机理(图1)是,钢筋在具备水、氧气的条件下,会产生电化学反应。在阳极,铁释放电子:$Fe \longrightarrow Fe^{2+} + 2e^-$;在阴极,水中的溶解氧吸收来自阳极的电子而生成氢氧根离子:$O_2 + 2H_2O + 4e^- \longrightarrow 4OH^-$;电子由阳极不断流向阴极,产生腐蚀电流,在钢筋表面生成氢氧化亚铁薄膜,并与水、氧气结合,生成氢氧化铁,即铁锈:$2Fe + O_2 + 2H_2O \longrightarrow 2Fe(OH)_2$,$2Fe(OH)_2 + H_2O + \frac{1}{2}O_2 \longrightarrow 2Fe(OH)_3$(图1)。

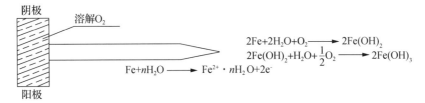

图1　钢筋锈蚀的机理

(2) 由于寒冷地区冬季道路融雪撒盐,在水分蒸发后,盐分不断积聚,提高了混凝土的导电性质和钢筋周围氯离子(Cl^-)的浓度,引起钢筋钝化膜的破坏,加快了钢筋的锈蚀,使钢筋更容易生锈。

(3) 混凝土密实性不足、保护层太薄或遭到破湿交替的情况下(所处的干湿时间之比正好使混凝土达到特定的潮湿状态),才会发现钢筋生锈。

但当混凝土密实性不足,即混凝土的孔隙率较高、组织不均匀时,空气中的二氧化碳容易渗入混凝土内部而引起中性化(亦称碳化),使混凝土碱性降低,减弱对钢筋的保护作用,从而导致钢筋的锈蚀。当钢筋有足够厚度的保护层时,钢筋受到保护而不易生锈。然而,当保护层太薄时,在使用期间,混凝土的碳化深度很容易达到钢筋的范围,同样使钢筋周围失去碱性,钝化膜局部被破坏;当混凝土处于一定潮湿状态时钢筋易受锈蚀。

(4) 结构产生裂缝,加速钢筋锈蚀。混凝土桥梁构件产生裂缝将会加速钢筋锈蚀的进程。钢筋锈蚀对混凝土结构产生的影响很大,主要表现在:钢筋锈蚀而引起体积膨胀(约为原来的2.5倍),从而使混凝土产生剥离、开裂,破坏了混凝土的受力性能,降低了材料的耐久性能,削弱钢筋的受力断面,特别是高强钢丝的表面积大而断面小,锈蚀对受力的危害甚大。

二、预防钢筋锈蚀的一般措施

(1) 提高混凝土的密实性,控制混凝土水灰比,使其不超过规范规定的最大允许值,并严格控制施工质量。

(2) 严格掌握规范要求,设计时采用足够的保护层厚度,并限制裂缝宽度,以符合规范要求。T梁的主钢筋至梁板底面的净距应不小于 3 cm,为了有效地增加内力偶臂和防止保护层剥落,保护不宜大于 5 cm,侧向的净保护层应不小于 2.5 cm。

(3) 钢筋混凝土结构早期破损和失效的主要原因之一是混凝土中钢筋的腐蚀,因此,必须加强运营阶段的管养和保护措施,以及对结构进行检查和防腐处理保护。

三、实施项目概况

连霍高速公路(G30)新疆境内乌鲁木齐至奎屯改扩建工程,全线由原四车道扩建为八车道,厦门港湾咨询监理有限公司监理的第六合同段路线总体走向由东向西,路线全长 29.854 km。合同造价 6.82 亿元,拼宽桥 19 座。

1. 锌基牺牲阳极防腐元件设置的设计要求

在新老桥梁拼宽湿接缝处安装锌基牺牲阳极防腐元件,沿纵向按照 50 cm 间距布置一道,预防由于新浇筑混凝土中的钢筋和既有结构混凝土基层之间的腐蚀电位不同导致后期运营过程中拼接部位钢筋的腐蚀。

2. 在浇湿接缝中应用锌基牺牲阳极保护的优点

桥梁工程上部的后浇带(湿接缝)是现浇钢筋混凝土结构在施工过程中的一种临时施工缝,是为克服温度收缩、混凝土收缩、结构不均匀沉降可能导致的不利因素而设置的。它与通常设置的永久性的伸缩缝、沉降缝相比,有其独到的优点,即结构和立面完整,能更好地发挥结构整体的使用功能。

(1) 锌基牺牲阳极保护是一种电学保护方法,可以从根本上解决钢筋锈蚀问题。牺牲阳极的电位比钢筋电位低,与被保护的钢筋连通,牺牲阳极失去电子,钢筋得到电子被保护。

(2) FH—N 电系列内置牺牲阳极使用新型锌核阳极,用增强配方的水泥砂浆灌注,缓解钢筋混凝土结构腐蚀。在使用过程中,锌阳极比周围的钢筋先发生锈蚀,完成电化学腐蚀预防和控制。

(3) 经济性好,提供局部保护,比如新修补区域和剩余污染混凝土交界面;多效性,既可用于常规钢筋保护,也可用于预应力混凝土钢筋;易维护,无须外部电源或者系统检测。

(4) 利用牺牲阳极的化学活性直接保护腐蚀部位及附近区域的结构钢筋,防止二次腐蚀,从根本上控制电化学腐蚀发生。

牺牲阳极块合理分布能够均衡保护区域电化学环境,克服电化学反应的"光环效应",延长阳极块使用寿命,维持效果持久。新型牺牲阳极块的构造和材质可保证维修效果的持久性,减少重复维修的频率。

3. 工艺原理

根据设计分布方案,和老化区域维修时剥落的结构钢筋连接,根据测定的老化结构电阻率,设计成品牺牲阳极块合成各自独立但相互交叉并覆盖一定范围的电化学回路,利用牺牲阳极还原性较强的金属作为负极发生氧化反应而被消耗,保护作为正极的结构钢筋避免氧化,且保护钢筋周围产生 OH^- 的强碱性环境。

4. 施工准备

(1) 老化结构电阻率测定(表1)。

表 1　电阻率测定

电阻率(Ω·cm)	可能的锈蚀速率	评定标度
≥20 000	很慢	1
[15 000,20 000]	慢	2
[10 000,15 000]	一般	3
[5 000,10 000]	快	4
<5 000	很快	5

（2）桥梁结构混凝土中钢筋腐蚀属于电化学过程，混凝土结构电阻率间接反映老化程度，电阻率越低，腐蚀电流流过混凝土就越容易，腐蚀的可能性就越大。通过测量老化区域混凝土结构电阻率，可以间接推测老化程度并进一步确定牺牲阳极的分布参数。

5. 锌基牺牲阳极防腐元件具体实施

第六合同段沙湾县小桥设计图设置锌基牺牲阳极块的要求为：锌芯最小质量 60 g，电线总长度 600 mm，阳极标称尺寸 125 mm×25 mm×25 mm，预防性防腐间距 750 mm，阳极类型/等级 1AP。牺牲阳极块安装中，牺牲阳极装置与结构钢筋绑扎牢固，并检测导电性合格，按使用要求安装合理数量的牺牲阳极保护装置后，进行新的混凝土施工以及后续龄期养护工序等。

四、结语

在该钢筋混凝土桥梁的新老桥拼宽衔接处，钢筋混凝土结构腐蚀缺陷牺牲阳极保护施工技术应用以来，性能可靠，施工操作方便，得到各方的一致认可，同时牺牲阳极保护技术还可有效阻止新老结构混凝土中钢筋的锈蚀，有效保证了维修及拼接效果和结构安全，提高了结构耐久性。施工投入没有明显提高，而桥梁结构内部质量效果却明显提高。因此，锌基牺牲阳极防腐元件应用是今后公路桥梁老化处置和改扩建工程中处置措施的发展趋势。

主塔基础承台大体积混凝土水化热监控与实施

浙江公路水运工程监理有限公司　陈广寒

斜拉桥基础承台大体积混凝土施工作为跨海、跨河、大型水库施工最为重要的关键工序之一,其混凝土温控对项目整体推进具有重要意义。

高岭头水库特大桥主桥采用 140 m+300 m+140 m 双塔双索面预应力混凝土斜拉桥,花瓶形索塔,主梁采用双肋板式结构(π型梁),引桥采用 40 m 跨预应力混凝土连续 T 梁,桥梁终点接西坑互通主线桥,桥梁位于分离式路段和整体式路段,主桥采用整幅断面,引桥采用上下行分幅断面,全桥配跨 15×40 m+4×35 m+4×40 m+140 m+300 m+140 m,全桥长 1 480 m。

一、工程概况

(一)索塔简介

主桥主塔基础承台采用矩形承台,纵桥向宽 24.1 m,横桥向宽 30.6 m,厚 6.5 m,采用 C45 混凝土。承台下采用 20 根直径为 2.8 m 的钻孔灌注桩,按嵌岩桩设计,桩基间距为 6.5 m,采用 C35 混凝土。

索塔塔柱下设置一个矩形塔座,塔座高 2 m,顶面顺桥向 14 m、横桥向 20 m,底面顺桥向 18 m、横桥向 24 m,采用 C45 混凝土。

主塔设计为花瓶形钢筋混凝土结构,1 号塔(小桩号)塔座以上塔高 203.8 m,2 号塔(大桩号)塔座以上塔高 192.9 m;塔柱下部设置 3 m 高实心段。

(二)温度控制总体工作思路

为确保大体积混凝土结构施工质量,避免、防止大体积混凝土产生危害性的温度裂缝,或最大限度降低其产生的概率,根据工程的实际情况,对大体积混凝土的温度场和温度应力进行准确的预测分析,合理制定温控方案,使混凝土内部温度场变化按照预想的方向发展。

承台大体积混凝土温控工作的总体思路如下:

(1)通过原材料选择和配合比试验,降低混凝土的绝热温升和温度峰值。

(2)通过内部冷却水循环系统,削减混凝土内部温度峰值,控制内部降温速率,防止混凝土内部温度收缩过快。

(3)控制上下层间温差,尽量缩短层间龄期差,防止可能出现的层间裂缝。

(4)对已完成的温控工作进行总结和分析,根据项目具体情况,提出针对性建议措施,防止下层裂缝对上层混凝土的影响。

1. 水化热温控标准

混凝土温度控制的原则是:

(1)控制混凝土浇筑温度。

(2)尽量降低混凝土的温升,延缓温峰出现时间。

(3)控制温峰过后混凝土的降温速率。

(4)降低混凝土中心和表面之间、新老混凝土之间的温差以及控制混凝土表面温度和气温之间的差值。

温度控制的方法和制度需根据气温、混凝土配合比、结构尺寸、约束情况等具体条件确定。根据工程的实际情况,参考《公路桥涵施工技术规范》(JTG/T 3650—2020)、《大体积混凝土施工标准》(GB 50496—2018)相关规定,针对主墩承台大体积混凝土制定温控标准。

2. 水化热温控目标

温度监控的目标是使大体积混凝土内部的温度场变化按预计的方向发展,防止温度裂缝的产生或将裂缝控制在规范的要求内,主要包括以下几个部分:

(1) 降低核心混凝土的最高温度和最高温升。

(2) 控制内外温差使其在允许范围内,使混凝土的内温度分布尽量均匀。

(3) 控制混凝土降温速率。

3. 温控措施

大体积混凝土温控是对混凝土质量的全面控制。为达到温控标准的要求,温控组根据现场施工情况,在原先制定温控方案的基础上,在项目部的积极配合下,采取了一系列温控措施进行有效监控,落实到对混凝土的质量控制、浇筑温度的控制上,落实到混凝土拌和、运输、浇筑、振捣到通水、养护、保温每一个施工环节上。

4. 异常情况应急预案

混凝土的导热性能差,内部热量传递速度较低,尤其是大体积混凝土对各种外部措施的反应较为缓慢。因此,温度控制的有效技术措施应以事前预防为主。施工和养护过程中,如果出现异常情况,为了减轻不利因素的影响程度,可以采取相应的应对措施。

在混凝土内部降温阶段,如果发现承台表面出现规则裂缝,应先减缓内部降温速率,检查现场表面保温保湿情况;同时对承台的温度监测数据进行分析,综合考虑各种因素,分析判断裂缝产生的原因,提出建议措施以尽量减轻病害程度。

(三) 温度监测系统及测点布置

1. 温控测试内容

温度监测主要内容包括:环境体系温度测量和混凝土温度场测量。

(1) 环境体系温度测量。

环境体系温度测量包括大气温度测量、冷却水进出水温度测量。大气温度测量包括当地季节温差、日气温、寒潮等变化规律的实测分析。选取有代表性的冷却水管,在水管进水口、出水口及直线段中部安装温度传感器,测量冷却水的温度。

(2) 混凝土温度场监测。

混凝土温度场监测是大体积混凝土温控工作最为重要的内容之一。需要结合温度场的分布特征,通过合理布置一定数量的温度传感器,监测大体积混凝土内部的温度场变化情况,以指导温控措施的实施或调整,使温控指标满足要求。

2. 温度监测频率及要求

温度监测频率和要求如下:

(1) 混凝土入仓之前,应至少观测一次,检查仪器埋入后有无损坏,并观测仓内温度。

(2) 大体积承台浇筑的监测时间一般是从混凝土开始浇筑至混凝土浇筑完成的 15 d,在此期间根据混凝土的温度观测值采取不同的测试频率,根据有限元分析结果,水化热是在混凝土浇筑后的 70 h 内达到峰值温度,故在浇筑完成后的 70 h 内,监控人员将采取高密度的监测,每 1 h 进行一次温度采集;待混凝土温升到最大值后,将监测周期改为每 2 h 采集一次。15 d 以后,当大体积混凝土中心温度与外界温差小于 25 ℃时或根据温度场及应力场的预测计算结果,结合与监测结果的对比分析,确定终止测量的时间。采集的内容包括进、出水管的温度,混凝土内部温度传感器的温度,大气温度,混凝土表面温度。

(3) 对环境大气温度、冷却水进出水温度与混凝土的温度进行同步监测。

(4) 特殊情况下,如寒潮期间,适当增加测量次数。

3. 温控测点布置

承台温度监控测点布置应充分考虑混凝土内部冷却水管的实际分布情况、温度场特征等,并满足相应规范要求。该工程测点布置原则：

(1) 根据结构对称性的特点，选取 1/4 结构作为主要测试区域，在该区域布置关键测点；

(2) 重要测点同时埋设两个测温元件，以防损坏，确保数据完整性；

(3) 充分考虑温度场的分布规律，以及冷却水管位置、进出水口位置等；

(4) 充分反映温控指标的测评。

4. 现场监测实施

(1) 仪器设备。

温度检测仪采用智能化数字多回路温度巡检仪、温度传感器作为热敏电阻传感器。

采用 JMWT-64RT 型温度采集模块进行采集，可采集 64 路温度数据，采集间隔可通过远程设置≥10 min 采集一次，并实时上报当前电池电量和天气情况（太阳光），可智能控制采集间隔（节电处理），通过 GPRS、宽带、无线路由等方式将数据传输至云服务客户端，存储容量约 64 000 条数据。

(2) 监测流程。

在混凝土浇筑前完成传感器的选购及铺设工作，并将屏蔽信号线连接到测温仪器箱，传感器测头和线路中均采用角钢保护；各项测试工作在混凝土浇筑后立即进行，连续不断。浇筑过程中，每小时测量一次温度；浇筑块混凝土浇筑完毕至水化热升温阶段，每小时测量一次；水化热降温阶段第一周每 2 h 测量一次；之后每天选取气温典型变化时段测量，每天测量 2～4 次。

(3) 主塔基础承台、塔座、塔柱实心温控测点布置方案。

高岭头水库特大桥主塔基础承台、塔座、塔柱实心段均为对称结构，因此选择在结构的 1/2 结构处埋置温度传感器进行水化热效应的监控，具体进行水化热监控的索塔承台将依据现场施工情况及进度而定。

二、有限元仿真分析

根据冷却管的布置要求，对承台建立全模型进行仿真分析。根据现场实测环境温度、混凝土入模温度、管冷通水温度条件、混凝土表面保温措施等，开展不同影响因素对混凝土水化热过程温度场和应力场影响的计算分析。兼顾计算效率和分析精度，采用六面体网格单元，节点数 10.511 万，单元数 9.744 万，计算中考虑混凝土收缩徐变对温度应力场的影响，计算模型中考虑了 0.5 m 高度的封底混凝土层。

三、成果编制

通过对现场采集的数据进行分析，根据施工单位提供大体积承台混凝土的浇筑方案及对应的各项参数所进行的承台水化热仿真计算分析结果，编制索塔承台、塔座、塔柱与边墩承台水化热监控总结报告。

四、建议

(1) 现场应采取有效措施，控制混凝土入模温度符合温控标准；在混凝土拌和之前先测量水、水泥、集料及掺合料的温度，根据经验公式估算拌和后混凝土的温度，如不能满足入模温度要求，应采取加冰拌和、对集料预冷等措施进行试配，直到满足要求为止。

(2) 主塔混凝土强度等级高，水泥用量多，水化反应迅速，温控难度较大，需严格控制混凝土的初凝时间大于 30 h。混凝土拌和物入模坍落度宜控制在 180～200 mm，浇筑至最后 50～60 cm 时，降低混凝土的坍落度至 160 mm。

(3) 建议在分层界面布置分层钢筋，避免混凝土表面开裂。

(4) 主塔承台上部 3.5 m 与承台上部 2 m 塔座同时施工，承台顶面未布置模板，塔座浇筑过程中上部混凝土会对承台产生较大压力，应采取有效措施防止浇筑过程中承台顶面出现翻浆。

（5）混凝土浇筑时，由四周向中心布料，布料过程中始终保持承台周边混凝土高度略高，分层厚度控制在 30～50 cm，尽量缩短浇筑层间隙时间，减少施工缝的存在。施工中加强边角处振捣，使混凝土均匀分布，以避免胶凝材料浆体发生过长距离流动并堆积在承台四周，从而产生较大温度应力及收缩应力并增大混凝土侧面和边角开裂风险。

（6）建议在混凝土拌和物中掺入适量的增强纤维，避免混凝土表面浮浆过厚引起后期收缩不一致而导致混凝土开裂。

（7）主塔承台、塔座、塔柱以及边墩承台的倒角处、截面变化处可能存在应力集中现象，建议在钢筋保护层内加设防裂钢筋网片，抑制混凝土收缩变形，避免混凝土表面开裂。

（8）冷却管必须固定在劲性骨架上，冷却管在浇筑混凝土之前，应进行不少于半小时的试水试验，浇筑混凝土过程中，严禁振动棒触及冷却管和温度测点。温控结束，冷却管停止进水后，若不能及时压浆，后期需要通水清洗冷却管内壁再压浆封锚。

（9）养护过程应遵循"外保内降"的温控原则，提前做好外部保温措施。考虑到可能存在大风天气，承台和塔座顶面施工完毕，混凝土有一定强度之后，立即采用蓄水方式养护。蓄水期间，可补充由冷却管排出的循环水，保证蓄水水温＞35 ℃。蓄水时间为 7 d 左右。

（10）施工期在冬季，水库水温较低，需要提前采购加温设备保证冷却水温度达到要求。若采用电加热方式，则需要注意用电规范与安全。冬季施工环境温度较低时，需要购买保温材料如彩条布、棉被、草袋等对承台、塔座、塔柱四周进行保温，保证内外温差不超限。

（11）现场应针对可能出现的入模温度过高、骤然降温等不利条件做好应急预案。

五、结语

高岭头水库特大桥严格按照温控方案进行监控，承台大体积混凝土施工取得了圆满成功，各项温控技术指标均满足设计、规范要求。

公路桥梁混凝土养护常见问题与养护方法

河北省公路工程质量安全监督站　阎世龙

混凝土养护是混凝土施工中的最后一道工序,也是非常关键的工序,它与混凝土强度的及时形成与持续增长、防止混凝土早期开裂到头重要,若养护工作不到位,混凝土将会出现裂缝、强度不达标等质量缺陷,从而严重影响结构承载力、结构安全性与耐久性。

一、混凝土养护原理和常见问题

1. 混凝土养护的保湿理念

混凝土浇筑成型后,由于其中水泥的水化作用逐渐凝结硬化,在此过程中需要持续的水分供应,本身混凝土拌合物中所含水分足够满足水化作用的需要,但当处于天气炎热、空气湿度较低、现场风力较大等施工环境时,混凝土中的水分被快速蒸发,这种蒸发干燥过程总是由表及里逐步发展的,因而湿度总是不均匀的,干缩变形也是不均匀的,此种情况下极易产生干缩裂纹。另外,干湿交替会引起混凝土体积的交替变化,这对混凝土也很不利。

《公路桥涵施工技术规范》(JTG/T 3650—2020)(以下简称《桥规》)6.12条对混凝土养护有明确规定。笔者在工程现场经常发现,混凝土在浇筑后未及时覆盖,造成表面出现较多甚至较粗的裂纹,如桥面铺装混凝土在未二次收面时就出现裂纹,预制梁板顶面收面完毕未覆盖养护造成较多网状裂纹等。《桥规》规定,在混凝土浇筑后一定要注意及时覆盖并洒水保湿养护。但当气温低于5 ℃时,应采取保温养护的措施,不得再洒水养护。

2. 混凝土养护的保温理念

温度变化是混凝土结构一个重要而又非常复杂的荷载,温度梯度的陡缓可以看作对混凝土"加荷"的快慢。气温骤降可看作对混凝土的快速加荷,可导致混凝土的拉应力和弹性模量的增加,使混凝土的极限拉伸减小、抗裂性能减弱。反之,气温缓降可看作对混凝土的慢速加荷,可导致混凝土拉应力和弹性模量比快速加荷有所减少,而混凝土的极限拉伸有所增加。不论环境温度的高低,混凝土的保温养护,可减小内外温差和混凝土表面与大气环境的温差,能够防止和减少混凝土的开裂。而在实际应用中经常存在一些错误做法,如对暴晒中的混凝土不加覆盖就用水猛浇,水流通过混凝土表面,导致混凝土表面温度骤降,如果正遇混凝土水化热高峰期,养护水与混凝土表面温差又较大,混凝土内外温差及混凝土表面与环境温差过大就会产生"热震",致使混凝土表面开裂。实践中一般要求养护水温度与混凝土表面温差不应大于15 ℃。另外,养护洒水时断时续也是一个普遍现象,中断多次、反复"热震"也有加剧混凝土开裂的可能,因此覆盖保温、小水漫淋是混凝土养护中一个非常重要的管理理念。

3. 混凝土养护的均匀理念

混凝土作为一种非均质材料,即使是由同一盘混凝土组成,其强度也会在一定的范围内波动,合格的混凝土应强度分布集中、具有较高的平均强度。混凝土强度变异程度对结构质量的影响很大,是保证结构质量的重要因素之一,而养护质量也是影响混凝土强度变异程度的原因之一。混凝土结构的不同部位因为养护条件的不同可能会出现强度不均匀性,例如一片梁板,在养护条件不均匀的情况下各个部位的强度会呈现不同的增长趋势,被阳光直晒的顶板因温度较高可能强度会偏高,腹板不同部位因能否被养护水喷到而强度增长会存在差别等。而同一构件不同部位强度增长的不均匀性,增大了结构出现裂缝的概率。因此,笔者认为,要减小现场混凝土结构强度的离散性,最理想的养护方式就是混凝土标准试块的养护环境,即恒温恒湿,现场混凝土养护越接近标准条件,混凝土开裂的可能性就越小。

目前，在公路工程建设项目中，混凝土养护管理水平随整体项目质量管理水平不同而参差不齐，养护方法简单粗放者屡见不鲜，如梁板养护采用仅在顶板覆盖一层土工布、不定期人工洒水的方式，桥梁墩台盖梁等下部结构疏于养护甚至不养护，造成了较多的结构裂缝、较大的强度离散性甚至强度不足，给我们的桥梁结构使用安全性和耐久性埋下隐患。因此，要求施工管理者在思想意识上对混凝土养护给予充分重视，采用正确合理、周密有效的养护措施并加强管理，只有这样才能保证混凝土结构的强度稳定均匀。

二、桥梁工程混凝土养护方法

1. 承台、地系梁

承台、地系梁一般的养护方法是混凝土灌注完毕进行抹面收浆，待混凝土终凝后采取直接覆盖草袋或土工布，洒水保湿养护方式；冬季施工可在混凝土终凝后先用一层塑料薄膜封闭，再以草袋、棉被等其他保温材料覆盖顶面，进行带模（模板进行保温处理）蓄热养护，以保证承台表面温度不至于变化过大，减小承台中心与表面的温度差。

2. 墩（柱）

在墩（柱）身混凝土浇筑完至模板未拆除这段时间内，墩（柱）顶覆盖一层麻袋或土工布并浇水，使混凝土在拆模前保持水泥水化作用所需要的水分。干燥多风地区也要对模板接缝处进行洒水养护，保证模板接缝处不至于失水干燥。

模板拆除后对墩（柱）身及时进行双层包裹不间断滴灌养护，即采用土工布缠绕墩（柱），外裹塑料布，墩顶设置水桶，底部开设滴水口，水沿墩身流下，不间断向土工布供水，保持混凝土处于湿润状态。对外层包裹采用密封、加绳箍等方式保证与混凝土面密贴和不被风刮破。

对于薄壁高墩，可采用喷涂薄膜养护液对墩身进行养护。薄膜养护液养护的工作机理是将可成膜的溶液喷洒或涂刷在混凝土表面，溶剂挥发后在混凝土表面形成一层薄膜，使混凝土表面与空气隔绝，封闭混凝土中的水分，使其不再被蒸发，而完成水化作用。在墩身拆模后即对墩身混凝土满喷养护液，一般纵横各喷涂养护液一遍，待第一遍干燥成模后进行第二遍喷涂，第二遍与第一遍方向垂直，以保证喷涂均匀。下雨时不能喷涂，但养护液成膜后遇雨则不会影响养护效果。

3. 系梁、盖梁

系梁、盖梁混凝土养护方法与墩柱养护方法类似，一般是采用双层包裹不间断滴灌养护。在工程实践中经常会因系梁、盖梁顶面在拆模前不覆盖或保湿措施不力，而出现干缩裂缝的问题，这主要是因为现场人员质量意识差、高处作业不易操作，因此现场人员一定要提高认识，严格按养护方案执行。墩柱、系梁、盖梁混凝土冬期施工时，应采用脚手架搭设暖棚内置蒸汽炉的方法进行养护。浇筑完毕后，将暖棚用篷布封闭并加覆保温层，为了防止风将篷布刮起暖棚热量损失，应将篷布与暖棚骨架脚手架绑扎在一起，必要时设置棚架防风设施预防倾覆。棚内的蒸汽炉指定专人负责看火，不得熄灭，同时严格控制棚内最低温度不得低于5℃，并保持一定的湿度，直至混凝土达到预期强度。墩柱、系梁、盖梁等结构最好不要冬季施工，因为结构本身混凝土方量小，而且保温保湿的措施实施难度较大，在现场作业时施工方案往往执行不到位，养护效果难以实现。

4. 预制梁板

目前在公路项目工程实践中，梁板养护较多采用露天喷淋式养生，即在梁板顶面和侧面铺设土工布，采用人工或自动喷淋管路对混凝土表面进行喷淋保湿。但笔者认为此种养护方式较为简单粗放，主要是露天环境下容易受气候条件影响，特别是在日照强烈、气候干燥、多风、昼夜温差大的地区，不能保证相对稳定的养护温度和湿度，混凝土实现不了强度的稳定均匀增长，匀质性、致密性得不到保证，防渗、抗碳化、抗裂等性能减弱，影响结构耐久性和使用寿命。

随着高速公路施工标准化逐渐走向深入，全国交通领域打造品质工程活动的开展，很多公路项目采用了更为严格、合理的梁板养护方法，主要有以下做法：梁板混凝土浇筑抹面收浆完成后覆盖土工布，洒水保湿；如果天气炎热，水分散失较快，则在初凝后采用喷雾器雾化保湿，必要时加盖遮阳棚；待拆模后马上搭设框架式养护棚进行棚内养护,养护棚将梁体全面封闭,棚内设置自动喷淋系统,根据天气状况设置喷淋时间间隔,保持棚内温湿度相对稳定,达到全天候、全湿润、无遗漏养生标准。框架式移动养护棚采用钢筋或角钢焊接框架,紧密包裹篷布或保温棉等保温保湿材料。有些项目中包裹材料采用了阳光板,能透射热能增加棚内养护温度,取得了很好的效果。自动喷淋系统布设方案(图1):对于 T 梁,在梁肋两侧适当位置布设喷淋管;在梁顶板覆盖土工布,于顶板中心位置布设喷淋管;对于箱梁,除在两侧及顶板上方布设喷淋管外,还需在箱室内利用可移动支架支撑喷淋管进行养护。

在梁板混凝土养护时要注意:波纹管端头应临时堵塞,防止养护水流入波纹管内导致积水、生锈;养护水温度与梁体混凝土表层温度之差不应超过15 ℃。梁板冬季施工时通常采用蒸汽养护方式,就是通过搭设蒸汽养护棚,通入水蒸气提高养护温度,加速水泥和辅助胶凝材料水化硬化进程,快速达到预期强度。在有些项目中,非冬期施工也采用了这种养护方式。蒸汽养护时应按照《桥规》24.2.9条中的规定,严格控制混凝土升温降温速度和最高养护温度。

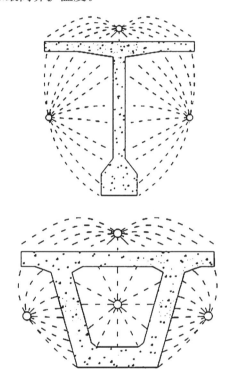

图1 喷淋管布设

5. 现浇梁、桥面铺装

混凝土浇筑完毕后进行收浆抹面,完成后及时覆盖土工布并洒水保湿,做到收面与覆盖基本同步,注意土工布不能污染混凝土。如果天气炎热,水分散失较快,则在初凝后就采用喷雾器雾化保湿,必要时加盖遮阳棚,避免出现裂纹。还有一种做法效果也很好:混凝土浇筑抹面后,立即覆盖塑料薄膜,保持混凝土的水分不散失,并做好塑料薄膜周边密闭;在混凝土浇筑24 h后,揭开塑料薄膜,及时覆盖土工布并洒水养护。

6. 桥面混凝土护栏

桥面混凝土护栏因为要承受风雨日照、汽车尾气、除雪盐水等多种侵蚀,在使用期间出现开裂露筋、腐蚀脱皮的现象非常普遍,成为困扰广大养护管理单位的一大难题。施工时对其抗裂、抗渗、抗腐蚀等性能要求较高,然而由于尺寸小、不易覆盖等原因,其养护一直存在不少问题,甚至养护期护栏顶部就出现开裂,因此现场管理人员一定要加强现场管理,增强操作工人的质量意识。养护方法主要是用土工布或草帘覆盖洒水养生,保证护栏混凝土表面湿润,有些项目中采用打眼水管不间断供水保湿,效果较好。

三、养护时间

《桥规》6.12.3 条规定,"混凝土的洒水养护时间应不少于 7 d",各项目实施单位应根据项目特点、结构要求、气候条件、养护方法等因素在施工方案中做出具体规定。

第四篇

隧道技术

大直径盾构掘进重大风险的监理控制

上海建通工程建设有限公司　金玛黎

近年来,随着国家基础设施的大力发展,市政、交通、水利、电力等行业对地下空间的利用需求迫切,盾构隧道因其工艺技术成熟、对地面既有各类设施运营影响小、对地层适应范围大等优势,在穿越水体、重要建筑物、主干交通时得到越来越多的利用,且开挖直径逐年提高,向超大直径盾构快速发展,以提供更大的利用空间。

与以往的地铁小直径盾构相比,(超)大直径盾构隧道开挖面积大,所以盾构掘进对地层扰动更大、基坑更深、开挖面地层岩性组合更复杂、对其稳定维护更困难、施工安全风险更高。这对现场监理工作提出了更高的要求,有必要及时总结大直径盾构隧道施工和管理经验,尽最大可能规避各类施工风险,保证施工安全高效、质量经久可靠、环境稳定优越。根据笔者参与监理的多条超大直径盾构隧道工程经历,本文对盾构掘进中存在的几项重大风险监理控制进行了简要总结。

一、浅覆土大直径盾构始发

大直径盾构隧道盾构始发轴线多呈下坡段,洞门密封困难,负环管片无围岩约束,盾构姿态控制难度大。浅覆土掘进时地层受扰动影响较大,容易造成涌漏水、盾构机侧翻或栽头、轴线偏差过大、管片接缝漏水等安全质量事故。盾构始发阶段亦是盾构隧道施工中事故率高发区段,监理控制必须精细到位,严控关键节点,避免造成重大损失。

（1）在盾构始发准备期,监理应提前编列关键工序验收清单及标准,逐项落实,防止漏项。

（2）在盾构始发前,全面检查洞门圈外侧混凝土及预留应急注浆孔连接质量、应急物资储备状况,洞门临时密封及橡胶帘布安装密封效果良好,橡胶帘布完整无损,以保障盾构机开挖面压力平衡及土体的稳定。

（3）全面复核地面及井下近井导线和高程测量。高精度的井下起算点是保证盾构始发装置精确安装定位的基础。严格控制始发基座、反力架和负环的安装精度,确保盾构始发姿态与设定线路重合。

（4）第一环负环混凝土管片定位时,管片的后端面应与线路中线垂直。负环管片轴线与隧道中线的切线重合。为减小负环管片的失圆影响,负环管片采用错缝拼装方式,且外部设支撑钢楔撑紧。

（5）检查盾尾钢刷油脂充填饱满度、刀具油脂涂抹均匀性、端头地基加固效果、降水（压）,必须满足方案设定的值。

（6）旁站检查冻结管的拔除数量,确保将所有位于隧道推进范围内的冻结管拔离隧道顶部 0.5 m。

（7）严控盾构掘进参数,采用低推力、低转速、低速度的方式向前推进,减小盾构机扭转和摆动幅度,控制推进对土体的扰动程度。加强盾构机姿态检测,必要时刀盘反转纠偏。密切监控对即将进入洞口的防扭支座的割除打磨,以免损坏帘布密封。

（8）大直径盾构切削面积较大,因此产生的浮力效应不可小视,始发阶段观察督促施工单位根据计算和监测数据及时配重抗浮,保证轴线精度。

（9）监控掘进总推力应控制在反力架承受能力以下,同时确保在此推力下刀具切入地层所产生的扭矩小于始发台提供的反扭矩。

（10）持续监控同步注浆的浆液性能及注浆参数,使衬后空隙充填密实,以有效控制隧道上浮及地面沉降。

（11）在盾构出加固区前,由于开挖面土体性质变化,及时调整掘进参数,防止造成盾构机"磕头"。

同时,前舱压力及注浆压力设置要考虑覆土厚度,以防压力过大使已扰动土体被击穿冒浆。

(12)加强信息化施工管理,在盾构推进过程中进行跟踪沉降观测,对所测沉降数据进行分析并及时反馈,为调整下阶段的施工参数提供依据。

二、大坡度掘进

受地层或地面空间条件影响,隧道轴线纵坡局部呈现大于3‰的大坡度形态,使盾构掘进姿态控制、管片拼装区吊运、成环管片保护、管片接缝止水等风险增大,因此,监理控制应高度重视。

(1)大直径盾构机由于刀盘及前盾重量较大,下坡掘进易栽头,上坡掘进易抬头,因此,掘进中应根据土体力学性能适当抬高或降低一定坡度,确保成型隧道轴线满足设计要求。

(2)纵向变坡掘进原理类似于纠偏,管片环面受力不均,现场应严控推进速度,平缓推进,严禁超挖或欠挖,盾构姿态变化不可过大、过频,以免造成管片环向受力严重不均,从而导致管片破损。

(3)经常检查盾构掘进参数,精准确定分区推进千斤顶推力,控制盾尾间隙,防止间隙过小损伤管片或接缝止水设施。

(4)检查后配套台车与管片起重机的制动系统功能,控制单次起吊管片数量,防止因坡度过大形成斜向分力过大,起重机带载移动中制动失控,从而引发起重机脱轨或冲出限位等机械安全事故,甚至对盾内工作人员造成伤害。

三、小半径接收

大直径盾构由于盾壳较长,设备整体长度多在130 m以上,各节段铰接处转弯角度有限,在小半径曲线掘进中稍有控制不当,就会造成轴线偏差超标、管片错台或破裂,特别是在接收阶段无法进入预留洞门等重大风险。因此,在盾构进入曲线段前监理应提前做好预控工作。

(1)在盾构进入接收段前,应对地面控制网联测(平面和高程)、盾构隧道洞内的测量控制点进行准确的复核测量,以便后续轴线精准控制。

(2)进行贯通测量检查,明确实际隧道中心轴线与隧道设计中心轴线的关系,精确定位盾构所处位置及姿态,同时应对盾构接收井的洞门进行复核测量。

(3)核查盾构机的贯通姿态及掘进纠偏计划。贯通姿态的设定应考虑盾构机贯通时的中心轴线与隧道设计轴线的偏差及接收洞门位置的实际偏差,掘进中对盾构导向系统进行即时校差。当设计曲线接近盾构设备最小转弯半径时,可选择在设计曲线内预插虚拟缓和曲线等技术措施,便于盾构贯通姿态控制,更好地拟合设计轴线。

(4)检查接收基座的安全稳定性及其提供的反力能否满足管片安装的需要,保证近洞门段管片止水条压实挤紧。

(5)在确保盾构机具备接收进洞能力的条件下,方可开展洞门破除工作。破除前应在洞门范围进行足够数量的水平探孔探查,验证端头加固及洞门止水效果。如渗水量超标,则不得进行破除工作。

(6)控制洞门破除时间和速度,为尽量减少洞门破除对洞圈范围内的土体影响,分次分段进行破除,监理应全过旁站,持续观察洞门墙体有无异常变形或漏水,出现异常应立即停止破除工作。

(7)盾构接收段大多覆土较浅,应严格控制盾构掘进参数,采取盾构低速度、小推力、小细压力参数等措施,避免动作过大造成管片拼装错台或受力不均导致破损,以实现大盾构在小半径曲线上的精准接收,确保隧道贯通精度和工程质量。

旋入式静压工法在基坑围护中的应用

中交第四航务工程勘察设计院有限公司 陈晓维

钢管桩是常见的工程用桩,常见的沉桩工艺包括打桩锤吊打、液压静压,这些工艺共同的特点是由上向下施加机械力,完成沉桩。本文介绍一种新型钢管桩沉桩工法——旋入式静压工法,通过实际工程应用展示旋入式静压工法桩施工工艺及特点,为后续工程中的应用提供参考。

某过江项目隧道采用明挖法施工。隧道包括主线及四个匝道,其中一匝道单侧围护工程(里程 K0+500～K0+550)设计采用 $\phi 1\,000$ mm@1 200 mm 型钢管桩连续墙结构,钢管桩共 43 根,其中 26 m 桩长 17 根,28 m 桩长 26 根。钢管桩采用 Q235 螺旋焊缝钢管,以坑底以下 5 m 为界,上部壁厚 20 mm,下部壁厚 16 mm。支撑加强段钢套管采用 $\phi 1\,050$ mm×25 mm,由两个半圆钢管等强度焊接。

根据钻孔揭示地质情况,施工区域底层及岩性分布如下:素填土、填砂、淤泥质土、黏土、中砂、粗砂、砾砂、粉质黏土、黏土。其中,粗砂、砾砂层厚约 1～3 m,粉质黏土、黏土层厚 0～2.7 m。

一、施工机械、设备及原理

1. 施工机械

施工机械为旋入式静压植桩机,包括机身、伸缩支腿、夹头、压入装置、液压机组、水泵机组。

(1) 机身可以实现夹头水平伸缩,上下移动,前倾、后倾;夹头内有四个可水平伸缩的支腿,用来固定钢管桩并调整定位偏差。

(2) 支腿插在钢管桩内,支腿下部具有水平伸缩部件,在压入钢管桩时保证机身稳定;在进行下一根桩施工时,支腿下部水平伸缩部件收缩,通过支腿与压入装置在钢管桩中交替移动,设备可以在钢管桩上行走。

(3) 压入装置是独立的部件,上部空心圆柱体,下部与支腿功能相同,顶部有注水口与液压油管口。

2. 水刀

钢管桩既是桩身,也是水刀刀具。旋入式静压工法利用钢管桩的特性,在桩底部焊接加强箍,底端面焊接刀齿,水刀输水管为 $\phi 20$ mm 的镀锌钢管,通常焊接在钢管桩内壁,水由水泵机组加压从管顶注入。

3. 辅助设备

辅助设备包括吊具锁具、拉线脱钩器、激光器、接水口。

4. 施工原理

旋入式静压工法将引孔施工与压桩施工相结合,利用水刀松动底部土层,同时由静压力将钢管桩压入层。钢管桩定位完成后,夹头内四个均匀分布的液压夹具从钢管桩外侧固定钢管桩,夹头内齿轮转动带动夹具旋转,进而转动钢管桩,同时钢管桩底部喷水与刀齿形成水刀切割岩土。

在旋转的同时开启液压缸动作,在行程范围内使夹头做上下往复运动,逐步将钢管压入,在桩顶到达夹头位置时,将压入装置放入钢管桩内,夹头转动压入装置将钢管桩施工至设计标高。

二、施工工艺流程

由汽车式起重机将钢管桩放入静压植桩机夹头,钢管桩就位后脱钩,调整钢管桩水平偏差及垂直偏差;夹头夹紧钢管桩后开始旋转,同时钢管桩底部喷水,形成水刀,钻进的同时夹头下移;到达行程下限后停止转动,夹头松开钢管桩上移并重新夹紧钢管桩,重复旋转压入动作,桩顶进入夹头,将压入装置塞入桩顶,夹头转动压入装置将钢管桩压到设计标高。

桩机基坑开挖、导槽→测放定位桩→水管接头、水管连接、脱钩装置安装→桩机就位→吊放钢管桩→就位、脱钩→定位调整偏差→下钻压桩→安放压入装置→夹紧下钻压桩单桩→施工完成。

三、工程质量控制

1. 钢管桩的质量控制

（1）检查钢材、焊条的合格证及出厂报告，型号要符合设计要求。钢管桩运到工地后，应进行检查、分类、编号和登记，凡有弯曲、破损等不合要求的，不得使用。

（2）焊接应对称进行。

（3）应采用多层焊，钢管桩各层焊缝的接头应错开，焊渣应清除。

（4）焊接完成后对一级焊缝要求100％超声波检测，二级焊缝按20％比例进行超声波检测，检测合格后进行压入施工。

（5）堆放场地应平整、坚实、排水通畅；桩的两端应有适当保护措施，钢管桩应设保护圈；搬运时应防止桩体撞击而造成桩端、桩体损坏或弯曲；钢桩应按规格、材质分别堆放，ϕ900 mm的钢桩堆放不宜大于3层。

2. 施工质量控制

钢管桩连续墙逐根插入土体，垂直于钢管桩连续墙方向垂直度控制误差不大于1/200，垂直于钢管桩连续墙方向定位误差不超过100 mm，桩长及打桩入土深度偏差不超过500 mm。

（1）桩位偏差：钢管桩就位后，使用卷尺测量钢管桩外壁到控制边线的距离，通过移动夹头完成调整；桩位的允许偏差应为50 mm。

（2）垂直度：使用水平尺测量夹头的垂直度，通过调整夹头的倾角使夹头与地面垂直；使用两台经纬仪，成互相垂直角度，观察钢管外壁与十字线的偏离大小，分别控制前、后、左、右四个方向的垂直度偏差，由于钢管桩加工精度，实际观测钢管桩的转动过程相当于一个椭圆柱在旋转。通过底部的激光控制桩位偏差，使用经纬仪测控前、后、左、右四个方向的垂直度偏差，桩垂直度的允许偏差应为0.5％。

（3）桩顶标高测量：桩压入即将完成时，使用GPS测量桩顶标高，使其达到设计标高。

四、工效分析

根据现场采集的数据，在正常施工作业条件下，静压钢管桩单桩工效分析见表1。

表1　静压钢管桩单桩工效分析表

序号	工序名称	施工时间(h)	备注
1	施工准备	0.5	安装水管固定装置，安装脱钩器
2	定位	0.5	起重吊装(50 t汽车式起重机)偏位测量
3	压桩	1	桩长26 m/28 m
4	旋压机移位	0.5	
合计		2.5	

五、结语

（1）该工程沉桩在陆上进行，施工场地较为开阔。地层存在一定厚度的砂层，在旋转压入钢管桩过程中，机载仪器显示夹具扭矩增大，砂层对钢管桩的摩擦阻力对沉桩会产生一定影响。

（2）旋入式静压植桩机体积小、自动化程度高，通过按钮控制，并且可按设定的自动施工程序旋转压入钢管桩，便于质量控制；施工过程无振动和噪声，泥浆少，施工环保效果较好。

基于收敛—约束法的软岩隧道施工安全分析

上饶市赣东公路工程咨询有限公司　舒明旺

软弱围岩是指强度低、承载能力差、岩体软弱、风化严重、节理裂隙发育的破碎围岩,在隧道开挖过程中常常出现围岩大量削落、不能自稳、坍塌等现象。本文以某隧道监控量测数据为基础,通过对现场监控量测数据进行回归分析,得出围岩特性曲线,运用有限差分软件Flac3D模拟软岩在不同开挖条件下的施工过程,对比分析得出合理开挖方式;通过收敛—约束法理论计算围岩特征曲线和支护特征曲线,对软岩隧道施工安全进行评价。

一、工程背景

某隧道位于江西省上饶市东北部,地处丘陵地带,隧道修建区只有山间小路,交通不便。其中左洞隧道长度为761 m,右洞隧道长度为735 m,左右洞相距约24~26 m,为分体双洞隧道,属于中长隧道。纵观该隧道,主要分布Ⅳ、Ⅴ类围岩,其中以Ⅳ类围岩为主,必须采取合理的施工方法及工序来确保隧道施工过程中围岩的稳定和安全。根据该隧道工程的地质情况,在充分考虑隧道围岩的复杂多变性以及施工工期等因素后,采用上下台阶法的开挖方式。

二、收敛—约束法应用

1. 基本原理

收敛—约束法包括围岩特性曲线、隧道纵向变形曲线和支护特性曲线3个部分。围岩特性曲线描述隧道洞壁径向位移与支护力之间的关系,受围岩不同力学特性和初始地应力的影响;隧道纵向变形曲线是研究开挖面前方围岩对已开挖未支护隧道的空间约束效应,根据隧道纵向变形曲线可以确定支护时围岩已发生的前期变形量,进而确定支护作用的起始位置;支护特性曲线为支护结构变形与作用在其上的围岩压力之间的关系。隧道开挖后,围岩将产生变形,以洞壁围岩径向变形 u 为横坐标,作用在围岩上的虚拟支护抗力 R 为纵坐标,绘出表示二者关系的曲线,即为围岩特性曲线。根据隧道纵向变形曲线确定支护时围岩已发生的前期变形 D,即确定支护作用的起始位置。最后,在同一个坐标平面内绘出支护特性曲线,围岩特性曲线与支护特性曲线的交点 D,即为隧道围岩与支护结构的动态平衡点。

2. 围岩特性曲线的确定

收敛—约束法的核心是确定围岩特性曲线和支护结构的特性曲线。本文针对隧道ZK7+845断面,围岩Ⅴ类,地表埋深为30 m,运用有限差分软件Flac3D,建立模型进行数值计算来确定围岩特性曲线,其中模型尺寸为100 m×63 m,围岩看成均一的材料,根据初始地应力公式,可计算该处孔隙压力 $P_0 = 0.6$ MPa。

利用模型计算结果,在 P_i/P_0 不同比值下,计算出隧道开挖后拱顶和边墙的围岩变形数值如表1所示,绘制围岩变形特征曲线,如图1所示。

表1　拱顶和边墙变形数值

P_i/P_0	1	0.9	0.8	0.7	0.6
拱顶变形数值	0	1.65	10.67	12.67	18.5
边墙变形数值	0	0.57	2.43	3.19	4.87

续表

P_i/P_0	0.5	0.45	0.4	0.35	0.3
拱顶变形数值	45.7	58.3	75.4	95.1	150.3
边墙变形数值	15.4	20.2	31.3	58.7	100.4
P_i/P_0	0.25	0.2	0.18	0.16	0.14
拱顶变形数值	214.8	270.5	320.5	410.3	490.7
边墙变形数值	160.5	210.3	280.6	350.1	405.3

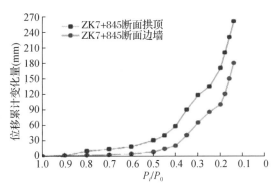

图 1　ZK7+845 拱顶和边墙围岩变形特性曲线

3. 支护特性曲线的确定

由于隧道开挖打破了围岩的初始平衡，围岩应力进行应力重分布的同时也会向洞内收敛，围岩变形的不同状态所需的支护应力也不相同，所以想要确保围岩变形在允许范围内，既经济又安全，就需要描绘出支护结构在围岩作用下的变形特性曲线。

根据该隧道的设计方案及隧道采用复合衬砌结构，可知隧道初期支护参数如表 2 所示；根据混凝土强度规范，C20 喷射混凝土极限抗压强度 $f_{cs}=10$ MPa，混凝土塑性极限应变 $\varepsilon=0.3\%$，砂浆与围岩之间的抗剪强度 $\tau_g=0.6$ MPa，V 类围岩单轴极限抗压强度 $f=20$ MPa，隧道开挖毛洞 $R=7$ m。运用支护特性曲线公式计算出各种类型支护结构可以提供的最大支护力以及最大允许变形量，如表 3 所示。

表 2　隧道设计参数

围岩级别	系统锚杆			钢筋网		钢支撑		初衬		二衬	
	类型	长度(m)	间距(m)	类型	尺寸(m)	类型	尺寸(m)	类型	厚度(cm)	类型	厚度(cm)
IV 级	Φ22 mm	3.5	90×75	φ6 mm 双层	20×20	工 16	75	C20	30	C30	50
V 级											

表 3　支护力及最大允许变形

支护类型	K(MPa/m)	P_{max}(MPa)	Δu(mm)
钢拱架	24.65	0.13	32.23
锚杆及钢筋网	35.56	0.17	37.12
混凝土结构	175.86	0.65	17.32

根据隧道现场监控量测的实际数据并运用 Heok 提出的经验计算法求解出初始位移：

$$\frac{u_r}{u_r^m}\left[1+\exp\left(\frac{-x/R}{1.10}\right)\right]^{-1.7} \tag{1}$$

利用回归公式计算，隧道拱顶最终沉降量为 26.4 mm，边墙为 5.62 mm，位移释放系数为 0.31。初始位移拱顶为 12.6 mm，边墙为 1.25 mm。计算支护曲线和径向位移，如图 2 和图 3 所示。

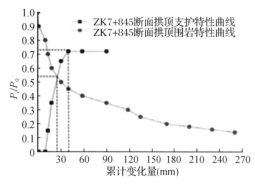 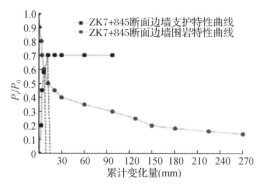

图 2　ZK7+845 拱顶围岩－支护特性曲线　　　　图 3　ZK7+845 边墙围岩－支护特性曲线

4. 隧道围岩安全性评价

在实际设计、施工中,为了确保隧道支护体系的绝对安全,往往对支护结构考虑一定的安全储备。目前,国内外运用收敛—约束法对隧道围岩及支护结构进行稳定性评价的方法主要有两种：

一种是以最大支护抗力定义的安全系数：

$$F_s = \frac{P_s^{\max}}{P_s^D} \qquad (2)$$

另一种是根据围岩与支护结构最大容许位移定义的安全系数：

$$F_s = \frac{u_{\max} - u_0}{u_D - u_0} \qquad (3)$$

(1) 依据最大支护抗力进行安全评价

根据图 2 拱顶支护特征曲线和拱顶围岩特征曲线可知,当 $P_i/P_0 = 0.53$ 时,支护结构达到动态平衡；而当结构位移继续增大,支护结构达到 $P_i/P_0 = 0.73$ 时,支护结构达到最大支护抗力。计算拱顶安全储备系数为 1.38,边墙的安全储备系数为 1.21。

(2) 依据围岩与支护结构最大容许位移进行安全评价

支护结构达到最大变形即直线段是拱顶位移为 42.7 mm、边墙为 9.4 mm,可以计算出拱顶安全储备系数为 2.18,边墙的安全储备系数为 1.86。

三、结语

综上,我们针对该隧道建立了监控量测的具体实施方案,并在实际应用中成功预测出围岩变形收敛曲线图,为隧道现场施工提供了可靠的保障。

同时,针对该隧道围岩与初支的安全评定采用最大支护抗力可得拱顶安全储备为 1.38,边墙为 1.21,相对比较安全。但采用围岩与支护结构最大容许位移计算得出拱顶安全储备系数为 2.18,边墙为 1.86,这说明了采用弹塑性模型进行支护设计时,考虑的结构安全性较低；而考虑应变软化条件时围岩安全系数较高也更接近工程实际。

此外,通过对 ZK7+845 断面围岩和支护结构的数值计算,得到隧道拱顶最终沉降量为 26.4 mm,边墙为 5.22 mm,位移释放系数为 0.31。初始位移拱顶为 12.6 mm、边墙为 1.25 mm,这与现场监控量测所得到的拱顶 18.31 mm、边墙净空收敛 4.86 mm 很接近,进一步验证了该隧道支护结构设计参数的合理性。

第五篇

水运技术

新型施工工艺成本规制方法研究

上海明方复兴工程造价咨询有限公司　陈择明
中交上海航道勘察设计研究院有限公司　张忠谊

近几年,各类高效、经济、安全的新型施工工艺不断涌现,但新型施工工艺实用化周期长、资料统计困难等因素导致配套的计价定额未能及时编制,而签订施工合同乃至调整概算又要求必须有充分的计价依据,从而产生了施工费用无法结算的难题。这时,建设单位往往要求监理单位会同施工单位对新型施工工艺进行成本规制。成本规制即通过对某项工程施工过程的分解,充分考虑各类影响因素,调查每道工序发生所消耗的时间和费用,并将费用合理地进行分摊,最后汇总得到总费用。

一、方法研究

(一) 计价规则

在进行成本规制前,首先需要明确采用的计价规则,通常以工程所在地和工程所属专业所颁布的相关规定为准。

(二) 费用要素

根据住房和城乡建设部颁布的《建筑安装工程费用项目组成》,施工工序的成本由人工费、材料费、船机使用费、企业管理费、利润、规费、税金以及措施费组成,其中人工费、材料费、船机使用费又可进一步分解为时间消耗量和费用消耗量。

1. 时间消耗量

时间消耗量主要为人工和船机的时间消耗量,需要通过对施工工序从开始至结束整个过程进行详细分解,采用理论计算法和现场测定法相结合的方法分别测定必须消耗的时间和损失时间,测定数据需基于正常施工状态下的数据来源,并考虑实际施工中必然发生和可能发生的因素,综合确定人工和船机的时间消耗量。

2. 费用消耗量

费用消耗量主要为人工、材料、船机的费用消耗量。

人工费用消耗量根据不同工种的月均人工费市场价格,年均工作日按照 250 d 得出以工日为计价单位的费用。

材料费用消耗量需采用理论计算法和现场测定法相结合的方法分别测定材料净量和损耗量,基于正常施工状态下的数据来源,调查材料市场价格,得出材料费用消耗量。

船机费用消耗量应区分自有船机和租赁船机,根据以往的成本规制结果,采用租赁船机计算得出的船机费用消耗量更符合市场价格。

租赁船机费用消耗量根据不同船机的月均租赁费市场价格,考虑维修保养等情况,月工作天数为 25 d,按照三班制施工,得出以艘班为计价单位的一类费用,同时计算每艘班的燃料费用和船员费用等二类费用,燃料费用需现场实测,取正常施工情况下的数据均值。

3. 企业管理费、利润、规费、税金

企业管理费、利润、规费、税金费率根据确定的计价规则计取。

4. 措施费

措施费用应根据实际已发生的措施项目进行计列,分为直接措施费用和分摊措施费用。直接措施费用是在工序施工过程中直接发生的,可直接根据本工序工程量计列所发生的费用金额。分摊措施费用是指措施费用与工序所完成的工程量无关,需根据总工程量进行分摊计算或按项计列。

二、案例

工艺概况:某工程泥浆通过船舶运输经吹泥船吹填至泥塘的新型施工工艺。

(一) 成本规制过程

1. 计价规则

该工程成本规制计价规则按照上海水利工程计价,依据《关于实施建筑业营业税改增值税调整本市水利工程计价依据的通知》执行。

2. 施工过程分解和费用组成

根据工程背景,确定本工程施工过程由泥浆运输和泥浆吹填组成,费用组成为船机费用($1\,000\,m^3$泥驳和$1\,000\,m^3/h$吹泥船)、人工费用和措施费用。

3. 数据收集与统计

成本规制工作与工程施工同步开展,其间要求施工单位严格按照要求进行数据记录,及时反映施工过程中的各类影响因素,并统计影响频次和时间,财务监理单位不定期地对施工数据进行实测复核,并对施工单位投入的船机设备进行油耗等经济数据的测定,对各类工程数据进行汇总分析。

4. 计算过程

(1) 船机费用。

a. 时间消耗量。

泥浆运输和泥浆吹填:实际施工中,泥浆运输与吹填过程中存在必然发生的自然影响,需结合工程所在地的气象资料,统计分析年平均影响时间,并换算到日平均影响时间;供浆故障和交通管制属于可能发生的影响,需根据工程实际情况统计施工期内已发生的影响时间,平均分摊到工作日。将上述必然发生的影响和可能发生的影响累加,统计正常施工情况下每个工作日能完成的施工航次,将总影响时间分摊到每个航次中,即得到每艘班的影响时间。

将不考虑影响因素情况下的理论时间和影响时间相加,即得到完成每艘班泥浆运输的计算总时间,并根据计算公式得出万方艘班数:$10\,000(m^3)$/泥驳单艘船舶装载量$(m^3)\times$单艘泥浆运输(吹填)总时间$(h)/8(h/$艘班$)$。

b. 费用消耗量。

$1\,000\,m^3$泥驳和$1\,000\,m^3/h$吹泥船:按照前述的船机费用消耗量计算公式得出对应的每艘班一类费用,并据现场实测得到泥驳和吹泥船每艘班油耗和每艘班船员费用。

(2) 人工费用。

本工程涉及出浆码头管理人员和调度人员等,且相关人员费用需分摊至到泥浆运输和泥浆吹填工序中计算。

(3) 材料费用。

材料费用由润滑油和淡水组成,消耗量根据现场实际测定,润滑油和淡水的价格按市场价格执行。

(4) 企业管理费、利润、规费。

收费按照上海水利工程计价依据执行。

(5) 税金。

按照本工程主合同执行简易计税,税率3%。

(6) 措施费用。

直接措施费用需根据已完成的工程量进行分摊,分摊措施费用需根据总工程量进行分摊。

(二) 计算结果

将采用上述方法形成的成本规制价格与施工成本价格进行对比,成本规制价格均高于施工成本价格,价格差约为 10%～15%,成本规制的结果可以作为施工单位与业主单位确定最终合同价格的依据。

三、措施建议

(一) 明确计价模式

计价模式的明确对成本规制至关重要,在进行成本规制前需了解工程实际情况,并做好相关政府造价管理部门的意见征询,选择定额计价或清单计价,从而在后期涉及工程项目审价时有足够的支撑依据。

(二) 注重数据的时效性

成本规制要基于翔实、准确的各类施工数据和经济数据,这就要求数据的收集必须做到及时有效,也就是说任何工程都必须在施工中同步做好数据收集工作,而不是在工程完工后,根据工程资料进行统计分析,要确保数据收集的及时性、真实性、广泛性。

(三) 合理筛选数据

施工数据和费用来源广泛,在采集过程中需根据工程实际情况采用合理的筛选方法,统一数据采集和分析原则,辨别影响施工时间和费用的各类因素,确保成本规制工作的科学性、严谨性。

四、结语

成本规制对施工单位而言就是施工定额的编制,对造价管理部门而言就是计价定额的编制,由于其数据资料和费用源于实际,而编制方法趋向于计价定额,所以成本规制价格水平应介于施工定额和计价定额之间,其主要作用是为业主和施工单位在缺少计价定额的情况下,针对新型施工工艺的费用结算提供参考依据,同时为编制企业定额和计价定额做好基础工作。

防波堤断面修复施工监理实例分析

广州南华工程管理有限公司 刘 羽

毛里塔尼亚 M201 项目工程位于西非西海岸毛里塔尼亚，濒临大西洋，位于努瓦克肖特以南约 175 km 处，南距塞内加尔的圣路易斯约 45 km，距离塞内加尔河河口约 58 km。港址距马森村约 23 km，马森村有公路网向北与首都努瓦克肖特相连，往东与特拉扎省省会城市罗索（Rosso）相连，往南通过 Diama 大坝可达塞内加尔。该工程承包合同的主要工程范围包括水工工程、陆域工程、修船区工程及附属配套工程。

防波堤工程作为整个毛里塔尼亚 M201 项目工程的重要组成部分，受到毛里塔尼亚政府高度关注。2018 年 11 月 9 日，中国路桥工程有限责任公司邀请了毛里塔尼亚海军、保利科技有限公司、中交第四航务工程勘察设计院有限公司、保利长大工程有限公司等多方代表举办了防波堤主体贯通仪式。2018 年 11 月 18 日，防波堤遭受大西洋大浪，此次大浪实属罕见，毛里塔尼亚地区更是 50 年一遇。大浪最大高程达到 7 m 左右（当地友谊港建港为零点），平均高程 5～6 m，持续 4～5 d，所幸无人员伤亡，但现场损失惨重，防波堤总共 780 延米堤身被冲毁至 K0+450 m 里程左右，两台设备（CAT 336 挖掘机与 150 t 履带式起重机）、北侧护面扭王字块和 K0+600 m—K0+450 m 灌砌块石遭到破坏，并填入堤身范围内。

一、施工修复难点原因分析

（1）根据大西洋外海波况统计和对当地沿海居民的了解得知，每年的 12 月至次年 3 月属于"大浪期"，平均浪高 3～4 m，其间防波堤修复存在一定的风险。

（2）使用测量船对整体堤身进行测量，防波堤断面高程比设计原泥面高程普遍较低，进行水下作业并清除不符合设计规格的块石存在困难。

（3）根据现场观测和推断，防波堤水下堤身部分存在扭王字块（规格为 12 t、15 t）、灌砌块石（规格 10 m×3 m×1.4 m）和两台设备（CAT 336 挖掘机与 150 t 履带式起重机），块体与设备较重并填入堤身范围内。

结合现场实地调查分析和推断，现场濒临大西洋海岸，波浪较大，回淤量较大，无天然挡浪围堰。因此，无法使用船只进行水下打捞，给防波堤修复施工造成了巨大的压力。

二、防波堤修复施工及质量控制

（一）拟定修复方案

经过中国路桥工程有限责任公司和保利科技有限公司共同协商拟定，防波堤竣工日期从原计划的 2019 年 6 月 30 日改到 2019 年 12 月 4 日。2018 年 11 月 30 日至 2019 年 3 月 31 日期间 K0+450 m—K0+190 m 里程分别用 12 t 扭王字块和 15 t 扭王字块进行临时护面并定期使用无人机进行观测，确保"大浪期"不对防波堤造成二次损害。

2019 年 4 月 1 日在防波堤修复施工前先将防波堤堤顶及坡面临时防护扭王字块拆除，形成施工通道。

第一阶段先施工 K0+450—K0+780 段堤心及两侧护面（小里程至大里程），然后从 K0+780 堤头退回进行堤顶灌砌块石施工，待 K0+780 堤头沉降稳定后进行堤头灯施工，随后从 K0+780 堤头退回至

K0+450 进行堤顶扭王字块安装。

第二阶段施工 K0+190—K0+450 段南侧护底及护面未完成部分（大里程至小里程），修复防波堤北侧坡面、修复堤顶 7 段受损的灌砌块石。

第三阶段从 K0+450 退回至 K0+000 进行堤顶扭王字块安装。

第一阶段推进过程中，堤顶形成施工通道后同步穿插进行履带式起重机和挖掘机清理。

清理开挖水下堆积物设备主要使用 CAT 6018 大型加长臂挖掘机设备，整机重 186 t，尺寸为 10 690×6 190×6 560 mm，垂直挖深达 22 m，开挖清理时结合实际情况，挖掘机施工时需抛填块石形成基础作业平台和通道，作业平台基础要求稳定可靠，开挖边坡不小于 1∶1.5。

此施工工艺经过监理团队与施工团队一个多月的共同商讨拟定，为防止再次出现大浪而造成损伤，对原施工方案进行调整并完善修复方案，导致现场交叉作业过多，设备周转不便，加上工期紧张，施工单位实行三班倒施工，验收程序和频率增加，监理工程师积极配合现场抢工期任务，经常凌晨进行验收，确保工期内顺利完成。

（二）施工难点解决分析

防波堤水下开挖清理堆积体能否达到设计底标高是修复的重点，其中针对填入堤身范围内的 CAT 336 挖掘机与 150 t 履带式起重机，准备从国内调派潜水人员进行水下探摸，如果挖掘机及履带式起重机未倾覆于设计防波堤断面及航道港池内，则无须打捞，如若不然，便采取水下焊割的方式，切割设备后再使用 150 t 履带式起重机和长臂挖掘机分别进行打捞，直至设备整体完全打捞成功。但是水下堆积体以块石及扭王字块较多，清理水下堆积体并挖至设计底标高只能依靠 CAT 6018 大挖掘机，并在试捞中成功打捞上 15 t 扭王字块。

（三）过程质量控制

1. 防波堤块石质量控制

施工单位必须按监理工程师规定的材料检查程序进行检查，严格控制进场的块石质量，对质量不合格的块石要求禁止使用。施工单位必须提交块石质量报告，监理工程师将按规定的频率随机对进场块石抽样并进行"钻芯"独立试验。

2. 堤身标高及宽度控制

监理工程师将旁站检查堤身标高及宽度测量控制，并独立进行加宽堤身控制点的复测，确保堤身高度、宽度满足设计要求。只有经监理工程师检查验收合格后才能进行堤心石抛填施工。

3. 整体堤身质量控制

此次施工过程控制质量的主要装置就是这台 CAT 6018 大型加长臂挖掘机，CAT 6018 安装 Trimble 3D 智能系统，可实时对铲斗状态、下挖深度进行观测，使水下作业变得"可视化"。因为水下块石堆积状态复杂且大小块石互相咬合，加长臂易受损，利用 3D 系统可有效地降低故障率。如果在开挖至设计边线时仍有孤石，可充分利用 3D 系统控制开挖标高，保证开挖标高、坡面平整度，最重要的是通过加长臂改造增加挖深，实现了水下扭王字块的打捞和灌砌块石的挖除，这无疑解决了当时施工最大的难题，极大地提高了水下大开挖效率。当清理开挖完毕后，再利用 CAT 6018 挖掘机进行边坡理坡，为护面安装提供精确的设计基准面。

CAT 6018 挖掘机通过在小臂前段安装传感装置，将铲斗尺寸参数输入系统，可进行铲斗模拟，再利用 GPS 精确定位，即可将铲斗状态、挖深及位置信息传至驾驶室内屏幕，不仅实现精确开挖定位，也取代了原来水下"打水砣"的验收方式，监理工程师只需要事先检查输入系统的 CAD 图纸参数，就能通过室内屏幕进行验收检查，大大缩短了验收时间，也更好地保障了对防波堤断面修复的质量控制。

4. 水下打捞质量控制

监理工程师全过程旁站 CAT 336 挖掘机与 150 t 履带式起重机潜水员水下探摸、水下焊割作业，直至挖掘机及履带式起重机完全打捞上岸。

5. 组织管理质量控制

监理工程师严格工序控制，严守施工工艺和操作规程，认真采取保证施工质量的措施，并要求施工单位有效地开展质量自检、互检和工序交接检验活动，保证工序质量符合要求，既控制好工序活动条件的质量，控制好对每道工序投入品的质量（人、材料、机械、方法和环境的质量），又控制好工序活动效果的质量，从而达到整个施工过程的质量控制目标。

三、结语

防波堤断面施工就国内而言属于相当成熟的工程技术。虽然在毛里塔尼亚 M201 项目施工中不巧碰到 50 年一遇的大浪，导致防波堤堤身被冲毁，但是整个管理团队没有气馁，监理团队和施工团队在海外现有的条件中努力寻找解决的方案。尽管前期过程坎坷，大家就施工修复难点出现较大的分歧，但大家共同努力，不断摸索，遇到问题不回避，分析解剖问题，并采取相应的组织措施、技术措施、经济措施，最终度过了最艰难的时刻。

现场断面修复及质量控制的主要"功臣"是 CAT 6018 大型长臂挖掘机，这也间接体现了我国在工业化高端领域的努力与突破。现在防波堤整体堤身质量上乘，工程进度超前，业主对于我们的现场监理管理更是称赞有加。

目前，整个毛里塔尼亚 M201 项目工程已接近尾声，防波堤防浪、挡砂等效果显著，完全改变了整个毛里塔尼亚 M201 码头项目的面貌，这不仅展现出了我国基建水平的强大，也为整个码头项目树立了一个良好的开端。

海湾环境监测预警能力建设与应用

广州南华工程管理有限公司　杨全武

海洋浮标作为海湾环境监测预警的手段之一，是一种新兴的现代化海洋监测技术，逐步受到各海洋国家的重视和利用。相比其他监测手段，其可在恶劣的海洋环境条件下对海洋环境进行自动、连续、长期的监测和预警。

一、工作原理及系统组成

在电源系统支持下，浮标内安装的气象传感器、波浪传感器、水质传感器、海流计等传感器设备实时采集环境要素数据，经过数据采集系统的处理后，通过加密算法形成数据文件自动发送到接收站，并同时在采集器内存储。接收站进行数据接收、数据处理、参数配置和数据查询，最终通过信息终端和显示屏进行浮标实时数据的展示与分析。系统由浮标标体、传输系统、数据采集系统、系留系统、供电系统、接收系统组成。

二、建设过程

（一）项目选址

拟选定投放区域的监测对象应具有代表性，浮标所接触的水体特征与监测范围内大多数水体特征具有一致性；满足海洋观测的自然条件，包括水深、浪况、流况、底质等；不影响船舶通航，避免影响渔业生产，同时满足浮标运输布放条件。

（二）监测要素项目及参数要求

气象观测包括风速、风向、气温、湿度、气压，海流观测包括流速、流向，波浪观测包括波高、周期、波向，水质观测包括水温、盐度、pH、浊度、溶解氧、叶绿素。

（三）设备及仪器性能检定

1. 标准曲线校核

对叶绿素参数采用标准曲线校核，以标准曲线相关系数为检查指标。对量程10％、20％、40％、60％、80％共5个浓度的标准溶液按样品方式测试，并和空白值计算其相关系数。

2. 检出限

仪器的检出限采用实际测试方法获得。以《环境监测分析方法标准制订技术导则》（HJ 168—2020）中的一般确定方法的相关要求为依据，按仪器2～5倍检出限浓度配制标准溶液。

3. 准确度

仪器准确度检查采用实验的方法进行，根据实验条件和实际情况，采用标准样品检验法和比对法。根据《近岸海域水质自动监测技术规范》（HJ 731—2014）中近岸海域自动监测系统仪器性能指标技术要求对比，对结果进行统计评价。

4. 精密度

精密度（pH除外）检查选择国家有证标准样品，用仪器连续测定标准样品7次以上，以测定结果计算精密度，标准样品浓度采用20％和80％量程。采用相对标准偏差（RSD％）来确定仪器的精密度。

5. 零点漂移

以空白溶液为试样连续测试,测量值在一定时间内变化。测试指标包括浊度和叶绿素,测试连续 7 次以上。第一次测量值作为初期零值,计算 7 h 内的变化幅度,其中最大变化幅度相对于满量程的百分率为零点漂移。

6. 量程漂移

采用浓度为 20% 量程和 80% 量程的标准溶液为试样连续测试,仪器测量值在一定时间内变化。测试指标包括温度、盐度、溶解氧、pH、浊度和叶绿素,测试连续 7 次以上,其中浊度和叶绿素最大变化幅度相对于满量程的百分率为量程漂移,温度、盐度、溶解氧和 pH 的最大变化幅度即为量程漂移。

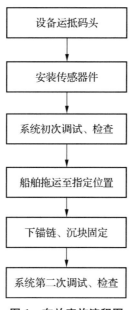

图 1　布放实施流程图

（四）布放实施(见图 1)

（五）数据接收

接收软件主要由数据接收、数据处理、参数配置和数据查询四部分组成,其主要功能是实时、准确、可靠地接收和处理浮标数据,并具有即时报警、数据查询统计及遥控等功能。

软件采用标准的语言编程,运行环境适用 Windows XP 或更新的操作系统;软件界面友好、操作简便,具有良好的可维护性和可扩充性;数据库具有良好的开放性,工作安全可靠。软件支持手机等移动设备展示和操作。

（六）数据对比分析

委托政府海洋与渔业信息监测中心进行了现场采水比对,将比对数据和浮标数据绝对误差、相对误差等指标进行对比分析,进一步验证浮标系统是否符合《近岸海域水质自动监测技术规范》的验收标准。

（七）浮标系统运行维护

浮标安装调试后,进行至少 3 个月的试运行,自浮标建站之日起,进行为期一年的运营维护,以保障浮标观测系统的正常运行。

1. 终端监视

每日两次在软件平台上查看设备工作状态,主要查看设备是否正常运转,查看浮标 GPS 信息,确认有无漂移。

2. 常规维护

浮标系统每 30~45 d 进行一次常规维护，并与校准同时进行。校准前对检测仪器进行清点、清洗维护，每次维护和校准后调整检测仪器自动采样测试时间为整点时间。

3. 应急维护

浮标系统运行过程中，受到台风、过往船只碰撞或者其他因素影响，导致系统通信故障、传感器损坏等，出现数据异常、数据中断或其他影响系统正常运行的情况时，应及时进行应急处理，排除相应的故障，保障系统正常运行。

4. 年度检修

每年至少进行一次年度检修，消除浮标隐患，确保正常运行，更换锚缆、转环、卸扣，修复腐蚀受损件等。全面检查各部分线路，检查电缆、连接器等各部件，如有老化或其他形式损坏的，则进行更换。

三、应用

应用系统由数据库、查询分析、评估预警、结果输出四个子系统构成。

数据库管理模块：进行数据存储、查询、转换。可以根据用户要求查询实时数据、统计数据以及评估结果，或对数据进行必要的更新、转换处理。

综合分析模块：利用系统自带的统计分析工具对大量的实时数据进行统计分析处理，或对某个时段水质变化趋势进行评估分析，为区域水环境质量报告提供支撑。

评价模块：用户可根据监测要求选择不同的评价方法，也可用多种方法进行综合评估，对结果进行有效融合。

预警模块：根据评价模块计算出任意时间内各个水质监测断面的综合评价结果，当综合评价结果超出警戒目标值时，系统将采用红色警示，发出预警预报。

输出模块：系统最终的数据以表格、统计图件及空间图件形式输出。利用 GIS 空间分析统计功能将水质数据变得生动、直观和全面，以达到可视化效果。

四、发展及前景

目前，海洋浮标的发展也遇到一些技术瓶颈，如：

一是数据传输目前突破不了大容量传输，数据传输有小于 1 min 的延时，实现不了高精度、大容量数据的实时传输。

二是监测传感器依赖进口。传感器依然是弱势，虽然我国已能自主生产部分传感器，但在精度、实时性、长期可靠性和稳定性方面与进口设备存在很大差异。

三是难以从根本上克服海洋生物附着的影响。传感器长期与高盐度海水接触，难以避免海水腐蚀现象，更无法克服热带海洋生物的附着，目前只能采用简单的物理方法进行定期清洁。

远期可凭借大量的实时数据，利用水质容量模型，估算研究区域动态环境容量，为流域总量控制与质量管理提供依据。在水质水文在线监控基础上，可开发特定水域水质预测模型，针对突发性污染事故进行水质预报、预警，为水质应急监测提供决策依据。通过对大量水质水文参数变化情况进行分析，开发基于物理、化学和生物净化原理的分析模型，从而推算出水体自净化的能力。

五、结语

长期以来，我国海洋生态环境监测、海洋调查仍然没有摆脱"现场取样—实验室分析"的传统工作思路。监测预警能力的建设取代了传统的取水采样测量方式，可以实时不间断测量，为所在海域的水质积累了大量历史资料，也可利用数据进行污染物报警、蓝绿藻报警等，并有效地指导渔业发展。

BIM 技术在港口工程施工进度管理中的应用

北京水规院京华工程管理有限公司　许　荣

目前,我国对 BIM 技术在施工进度管理中的分析和研究并不多,一些施工单位和建筑企业的高层管理员不能正确认识 BIM 技术的实践价值,从而导致 BIM 技术并未真正运用到工程项目中,其真正价值没有体现出来。将 BIM 技术合理地运用到施工进度管理中,不仅能够进一步扩大 BIM 技术在工程施工中的应用,还能有效更新和拓展进度管理的相关思路,进一步改变进度管理中的信息分享速度和传达准确性,不断提升施工进度管理水平。

一、BIM 技术的含义

BIM 技术是建筑领域工程项目中的一项新型技术,不仅给建筑业带来了全新的面貌,还能够以三维模型作为容纳所有资料的平台。BIM 技术把工程从烦琐的多种资料中解放出来,增加了信息交流的渠道,使工程项目中不同的时间节点、各个环节以及不同的细化专业和其他单位之间都实现了信息的共享和交换。

二、港口施工进度管理引入 BIM 技术的必要性

传统的进度管理方法通常会存在一些问题,某些工程项目管理虽然保证了工程的进度,但是依旧存在一些不足。

首先,体现在 CAD 技术上。CAD 技术是将关于港口工程建筑项目所有信息共同集中在一个 DWG 文件中,DWG 文件数量可以达到上千个,而且每个文件相互独立,因而需要很多工作人员花费大量的时间去寻找相关资料,甚至还可能找错文件,增加工作的失误。而且在港口工程项目中有众多设计,各个设计之间的工作不能协同完成,从而导致不同设计在实施过程中产生空间的碰撞,即使花费很长的时间审图也无法完全避免,从而对施工进度产生影响。

其次,网络计划并不够精准,导致施工进度计划出现很多难以解决的问题,尤其是港口工程施工中的工程变更、自然因素以及其他因素的影响,需要对施工计划做出实时调整,但是因为网络计划缺乏弹性,优化时受到众多阻碍,很难及时完成优化,从而导致施工进度管理不能及时完成。

再次,在传统施工进度管理中,管理软件应用范围有限,以往 Project 等项目管理软件是在 CAD 图纸的基础上对项目进度进行管理,这些软件不能及时把施工过程中的空间和时间联系起来,因此无法达到良好的施工进度管理效果。

最后,在施工进度管理中,很多时候都需要借鉴各专业工程师的丰富经验,但是因为不同环节、不同专业的工程师众多,统一的规范化管理就显得困难重重,施工进度管理的成效也大幅度降低。使用传统的管理方式可能导致项目信息获取不完整,工程的可视化效果降低,进而导致对工程施工的实际影响因素不能得到有效分析,降低了工程的进展速度。

通过 BIM 技术可以建设一个三维数字化模型,该模型能充分容纳港口工程项目全过程生命周期所使用的建筑信息,而且能够进行共享、无障碍的传递,最重要的是该模型能够及时联系工程的实施进度,将时间、空间上的不同信息进行跟进和演变。因此,对设计单位、施工单位甚至是业主来说,在想要获取建筑信息时可以从该模型中快速、准确地提取出来,不但大大减少了提取时间,而且大幅度提升了准确性。设计单位能够通过 BIM 的建筑模型快速、准确地掌握建筑项目信息,业主和施工单位也可以通过该

模型更快地掌握工程的实际情况,迅速参与到项目中,从而保证多方面的主体参与者共同合作,保障港口工程项目顺利地实施和开展。因此,BIM 技术可以有效解决传统施工进度管理中信息提取困难、时间和空间上缺乏联系等问题,能够更好地发挥施工进度管理的作用。

三、BIM 技术在港口工程施工进度管理中的应用

1. 基于 BIM 技术的进度管理体系构建

施工进度管理体系由四个方面共同构成,分别是项目总进度计划纲要、总体进度计划、二级进度计划、每日进度计划。

项目总进度计划纲要是整个施工过程得到有效控制的指导性文件,包含了工程项目的大部分基本情况,其中包括编制说明、工程概况、作业环境和工期要求、里程碑等。而为其提供制定依据的除了项目资料、项目投资、工期要求、项目所处地理环境等项目的基本数据信息外,还包括参建单位、人员物料配置等信息。

总体进度计划由施工单位按照合同进行编制。首先需要合理、科学地对整个施工过程进行工作任务分解,其次以每个环节、每个部分的相关人员所需要的机械材料以及相关设备等信息作为分解依据,制定出操作性强的工期目标,并绘制出总进度图表。制定工期目标的前提是各个任务进度的计划节点都需要满足项目总进度计划纲要的有关规定。

二级进度计划由同级或者是上下级的施工单位之间根据工程的实际情况和进度,在工期目标的要求下自行编制。

每日进度计划是进一步对二级进度计划进行细化,以每日作为时间节点,在上级进度计划的基础上,对施工单位各个环节的进度进行编制。其主要目的是有效控制施工现场作业的每日进度,为 BIM 施工进度模拟提供有效的数据支撑,从而实现更加准确的施工模拟和预演,真正做到每日施工过程的有效控制。

2. 基于 BIM 的进度计划模拟

利用 BIM 技术实现对施工进度的计划模拟,主要从两个方面进行:一是基于任务层面的模拟,该层面的模拟体系即 4D 施工进度计划模拟技术,能够把三维实体模型和施工进度计划进行有效融合,从而实现进度模拟。这种模拟方式的主要特点是速度快,但是它并不能把施工中所用到的起重机、脚手架等相关设备和机械等有效地体现在模拟体系中,同时也缺乏对临时工序和场地资源的关注。

二是操作层面的计划模拟,该层面中 4D 施工进度计划模拟技术的运用可以有效弥补任务层面的不足,对施工工序有了进一步的模拟体系,从而更加方便项目管理员全面掌握各种资源交互利用的实际情况,保障工程项目施工进度的精细度以及各个环节的协调性。

3. 基于 BIM 的进度跟踪

基于 BIM 技术的施工进度跟踪有三个特点:动态分析、多维度表示和联合控制。通过应用 BIM 技术实施的 4D 工程进度检查系统,可以有效实现作业现场与场外指导场所之间对进度资料的高度共享,能够使进度信息平台进行最大化利用,实现传达路线最短化,大幅度提升施工效率。

同时,BIM 还可以进行港口项目的碰撞检查。用 Revit 软件创设建筑工程、工程结构、施工设备等专业模型,在建模完成后,可以通过碰撞检查发现模型中存在的问题,并对其进行升级完善,使其能够更好地完成工程中各专业的协调工作。而且,在工程项目建造之前,对港口项目进行碰撞检查,通过升级不同环节的碰撞检测,可以进一步巩固建设模型,还能不断优化其性能,减小施工设计变更的可能性,保障施工进度的稳定性。

四、结语

总之,在港口施工作业中,科学合理地利用 BIM 技术,对工程项目进行建模,可以在保证施工质量的前提下,有效缩短工期,提升港口的效益。

人工渔礁的选型与施工

广州南华工程管理有限公司　杨全武

人工渔礁因具有良好的聚鱼效果已经成为生态修复的重要手段。人工渔礁建设的关键在于选型，其在适应投放地生态条件的同时，发挥增加生物多样性的功能，从而改善生态条件。

根据海洋生物与海洋环境相互依存的原理，在特定海域投放人工渔礁，可以为海洋生物提供生活、繁衍的居所，以不同的结构类型达到流场效应、饵料效应和避敌效应，从而形成人工渔礁生态系统。

渔礁较大的礁体表面积适宜许多附着物的生长，提供了许多鱼类饵料生物，多孔的结构也为鱼类提供了栖息、孵化及活动空间，可吸引大群洄游性鱼类。其在改变海水流态的同时，也改变了海水的声学效应，能修复或重建已破坏的生态系统，逐步形成良性循环的海洋生态环境，解决环境污染问题，一定程度上改善整个海洋生态系统。

一、人工渔礁种类

人工渔礁的类型较多，按礁体材料可分为钢筋混凝土渔礁、石堆渔礁、钢渔礁、竹木渔礁和废弃物渔礁等。

目前，混凝土或钢筋混凝土人工渔礁使用最广。组成混凝土的凝胶材料品种多，渔礁的可塑性强，可制成不同的形状，如立方体形、金字塔形、管状、块状等。混凝土渔礁不但耐腐蚀，而且对鱼类的诱集性能也较好。

石堆渔礁在香港等地一直都有应用，它能够提供较大的表面积，适宜许多附着生物的生长。石碓礁体的表面积、阻水面积、所产生的上升流都比同等价格的混凝土礁体要大。石块对海洋生物珊瑚、藻类、附着性生物、底栖鱼类，特别是龙虾、鲍鱼有很大的亲和性，它们喜欢附着、栖息在石块礁体附近。在沉积淤泥的海底，投放石块后5年内即可长出珊瑚。

钢渔礁是在工厂制作好部件后，运输至码头，然后进行现场组装与投放。钢质材料适合制造投放于深海域的大个体渔礁，钢渔礁坚固，能够抵抗风浪，并且不会滑动。但是钢渔礁的成本高，需要解决好防锈蚀问题，在钢材价格高涨的背景下，普及推广较难。

竹木渔礁材料易得，加工容易，运输方便，但其抗风浪性差，加上易被腐蚀等因素，使用较少。

废弃物渔礁是用废旧轮胎、废旧汽车、废旧船体等堆放形成的人工渔礁，这种人工渔礁可以使废品得到重复利用，成本低。但由于有些废品含有油漆等，容易对环境产生污染，因此在对海洋环境要求相对较严地区不宜使用。

二、选址及选型

1. 投放区选址

区域内有地方性、岩礁性鱼类栖息或有洄游性鱼类通过的海区，有一定量的浮游植物、浮游动物和底栖生物。海底宽阔平坦，泥沙淤积少、底质坚硬、沙带泥或有贝壳的混合海底，地基承载力在 40 kPa 以上，人工渔礁礁体最终沉降控制在 500 mm 以内，泥沙来源较少、活动较小的区域，一般情况下礁体处泥沙年淤积平均强度应小于 30 mm。水深 5~10 m。近岸藻礁以 2~10 m 为宜，岩礁性海珍品增殖礁以 5~20 m 为宜，集渔礁以 6~30 m 为宜，必要时进行自然资源和生态环境适宜性分析。

2. 结构类型选择

渔礁单体是构成单位渔礁群的最基本的单元。渔礁单体形状多种多样，大小和材质也不同，其构造必须具备良好的流场效应、生物效应，有增殖资源、诱集鱼类。迄今为止，已开发出来的渔礁单体种类有数百种。渔礁单体需考虑其水动力性能、生物附着性能、聚集鱼类性能。需要综合考虑经济实惠、安全耐用、多空间与表面积、制造与投放方便等因素，同时需具有良好的透空性、充分透水性。

3. 结构尺寸选择

渔礁的外形尺寸取决于海况、水深、底质、资源状况、海上交通、礁体功能、鱼种等情况，通常采用的礁体高度为水深的 1/10～1/5。对于表层、中层鱼种，一般可取 1/10 水深作为渔礁的高度。渔礁的宽度可根据雷诺数 Re 来确定。

尺寸技术指标按照礁体表面积与礁体体积之比、礁体空方体积与礁体体积之比进行控制。

结构尺寸的选择必须考虑抗滑稳定性、抗倾稳定性，满足地基承载力及沉降要求。

4. 平面布置选择

依据礁区鱼类资源对象习性布局，同一渔礁群内繁育型、饵料型、保护型三种渔礁交叉布置，使其在功能和作用上形成互补。

另外，在朝向方面，一座人工渔礁与主要水流的定向关系会影响整体效果。一般而言，与海水主流方向呈垂直状态时为最好。

三、施工

(一) 预制施工要点

（1）因结构属于空心框格结构，混凝土分两次浇筑。使用溜槽送料，下料高度小于 2 m。
（2）混凝土振捣采用附着式振捣器，以保证混凝土的密实性。
（3）混凝土浇筑完成，拆除外模板后即进行养护，内模和支架待混凝土强度达到要求后拆除。
（4）加强混凝土养护工作，确保养护时间大于 14 d。
（5）做好预制构件标识，标注施工单位、施工部位、构件名称、浇筑日期等。

(二) 吊装与投放要点

（1）构件吊装前应对构件质量进行全面检查。
（2）结合工程周边出运条件，选择合理的运输及投放线路。
（3）标定船载 DGPS 精度，选择合理的起吊方式。
（4）加强吊装、投放过程专人监督，检查船机、吊索性能，确保施工安全。
（5）礁体投放时，由潜水员潜入礁区检查礁体是否沉降或倾斜，如沉降或倾斜过大，经现场监理同意，重新起吊就近投放。
（6）投放完成后，及时布设警戒浮标，以保障航行安全。

(三) 质量控制

（1）制定合理可行的施工方案。
（2）混凝土强度评定利用标准养护混凝土试块进行，另外制作与构件同条件的养护试块，以确定起吊时间。
（3）对于外观质量缺陷，及时安排人员进行修补。
（4）礁体投放完成后进行投放区扫测，绘制礁体位置、平面布局示意图。

(四) 安全环保

（1）严格按照国家和有关部门规定，加强施工现场人员与船机的施工安全管理，做好施工现场的防火、防电、防爆、防暑等安全措施,明确现场存在的危险因素和安全生产要求,杜绝重大安全事故发生。

(2)布设安全警示标志、标牌,进行安全教育及交底。

(3)严格落实特种作业人员管理,强化持证上岗。潜水员下水作业前要经过体检合格,专业人员要对潜水装备和装具进行检查,确认良好后方可作业,且必须明确潜水深度、工作内容和作业方法。成立水上安全救护小组,施工现场配备水上救生快艇。

(4)加强施工船舶管理,设专(兼)职安全管理人员,做好安全生产监督检查,落实安全责任到个人。及时维护和修理施工机械和船只,避免机油的跑冒滴漏,禁止随意倾倒废机油,应做好回收利用工作。产生的含油污水和生活污水统一由有资质的单位接收处理。

(5)制定紧急情况下的应急预案,包括突发事故的报告、事故自救、应急救援、医疗保障以及防止更大范围人员健康受到损害等;配备必要的人员健康应急物资和设备,将这些物资和设备存放在容易获得的场所;在陆域设休息室、卫生间。

(6)在运输、投放人工渔礁、珊瑚礁的过程中,应尽量减少对水体的扰动,避免泥沙的扩散和再悬浮。水下工程施工作业期间应同步进行监测,并利用监测结果反过来约束水下工程作业,尽量减少水下工程施工对临近水体的海洋动植物产生的影响。

双排圆木桩土围堰的构筑及稳定性验算分析

上海海科工程咨询有限公司　宋光猛
中交上海航道勘察设计研究院有限公司　陈庆爽　张　彦

平申线航道（上海段）整治工程位于上海市金山区朱泾镇与吕巷镇，该合同段航道里程 2.23 km，其中护岸工程为临水作业，由于主航道交通运输繁忙，且支流河及护岸保留段多，无法采用截流方式，需依托临时围堰制造干地施工环境。考虑到施工进度和经济合理性，采用双排圆木桩内填土围堰的方案。

一、围堰设计

1. 类型及选材

根据地基勘察情况和施工技术要求确定不同类型的围堰及施工方式。

根据通航安全评估报告的结论及相关专家意见，确定汛期围堰顶标高为 4.0 m，非汛期围堰顶标高为 3.3 m，经计算为保持围堰稳定性需桩长大于 6.0 m。

2. 布置范围

新建护岸临水侧均需布置临时围堰，在支流河口及护岸保留段等处设置接头，每隔 50 m 设置分割围堰。考虑到施工空间的需要，在从驳岸前沿线向水域侧推进 6 m 的位置设置围堰的近岸侧圆木桩。

二、施工顺序

主要包含测量放样、清障、打圆木桩、设置围囹、安装竹排和彩条布以及取土填筑，完工后还需拆除围堰。

三、稳定性验算

1. 计算参数

圆木桩材料参数详见表 1。

表 1　圆木桩计算参数一览表

项目名称	符号	单位	数值/计算结果	
桩弹性模量	E	MPa	1000.00	
桩允许剪切应力	$[\sigma]$	MPa	1.60	
桩允许拉应力	$[\tau]$	MPa	9.50	
桩直径	D	m	0.18	
桩的截面周长	$S=\pi\times d$	m	0.5655	
桩的截面面积	$A=\pi\times d^2/4$	m²	0.025 446 9	
桩截面惯性矩	$I=\pi\times d^4/64$	m⁴	0.000 051 5	
桩截面模量	$W=\pi\times d^3/32$	m³	0.000 572 6	
桩换算宽度	$B=0.5\times 3^{0.5}\times d$	m	0.155 884 5	
桩截面刚度	EI	kN·m³	24.9	51.5

2. 验算工况条件

(1) 工况条件一：围堰形成后，围堰临水侧处于防汛高水位 3.75 m，围堰的临岸侧抽水完成，处于无水状态，泥面标高已经开挖至+1.00 m 标高。

(2) 工况条件二：围堰形成后，围堰临水侧处于通航最高水位 3.20 m，同时按船舶通行时产生的船行波拨高(0.4~0.7 m)考虑，为 3.20 m+(0.4~0.70 m)=3.60~3.90 m，围堰的临岸侧抽水完成，处于无水状态，泥面标高已经开挖至+1.00 m 标高。

(3) 工况条件三：围堰形成后，围堰临水侧处于通航最低水位 2.00 m，围堰的临岸侧尚未进行抽水，处于通航最高水位 3.20 m 状态，泥面标高已经开挖至+1.00 m 标高。

工况二为临时围堰工程的最不利工况。

三、围堰的抗滑、抗倾稳定性验算

关于桩土效应有两种常见观点，一种是将桩体作为挤密桩，通过压实桩身周围土体提高土层的模量和承载力；另一种是将桩身和土基作为复合地基考虑，共同承担上部外力。本文以后者为依据进行复合地基的稳定性验算。

(1) 水压力 F_1 及其弯矩 $M_水$ 计算。

$$F_H = F_0 + \gamma \times H \tag{1}$$

式中：F_H 为液面以下 H 米处水压力；F_0 为液面水压力，取值为 0；γ 为水容重，取值为 10 kN/m³。

经计算，水面以下 $H=2.9$ m 水压力 F_H 为 29.00 kPa，于是纵向每延米围堰产生静水总压力 F_1 为：

$$F_1 = 0.5 \times (F_0 + F_H) \times H \times B_1 \tag{2}$$

式中：B_1 为单位宽度，取值为 1 m。

经计算，静水总压力 F_1 为 42.05 kN。

因此，纵向每延米围堰由水压力 F_1 产生的倾覆弯矩 $M_水$ 为：

$$M_水 = F_1 \times (1/3) \times H \tag{3}$$

经计算，由水压力产生的弯矩 $M_水$ 为 40.65 kN·m。

(2) 围堰内填土重量及其弯矩计算。

纵向每延米围堰内的填土重量 G 为：

$$G = \gamma_土 \times V \tag{4}$$

式中：$\gamma_土$ 为围堰内的填土容重，按平均容重取值为 18.00 kN/m³，V 为每延米内土体体积，计算后取值为 6.25 m³。

经计算，纵向每延米围堰内的填土重量 G 为 112.5 kN，则纵向每延米围堰由土重量 G 产生的抗倾覆弯矩 M_G 为：

$$M_G = G \times L/2 \tag{5}$$

式中：L 为填土深度，取值为 2.5 m。

经计算，填土产生的抗倾覆弯矩 M_G 为 140.625 kN·m。

(3) 单根圆木桩的剪切力。

$$P_1 = [\sigma] \times A \tag{6}$$

经计算，两根木桩剪切力 $P_2 = P_1$，为 40.72 kN。

(4) 围堰的抗滑稳定验算。

围堰的滑力由水压力产生，每延米为 $F_1 = 42.05$(kN)。当圆木桩采用 $d=0.18$ m 时，$F_{抗滑}=4 \times P_1 = 4 \times 40.72 = 162.88$(kN)，抗滑稳定安全系数 $\lambda = F_{抗滑}/F_1 = 162.88/42.05 = 3.873$。

根据相关规范，抗滑需要达到的稳定系数 $\lambda_{抗滑}$ 应不小于 1.30，根据上述计算可知，当圆木桩采用 $d=0.18$ m 时，$\lambda=3.873 \geqslant \lambda_{抗滑}=1.30$，所以围堰设计满足抗滑稳定要求。

(5) 围堰的抗倾稳定性验算。

围堰的倾覆力矩由水压力产生,每延米为 $M_水 = 40.65 \text{ kN} \cdot \text{m}$。根据上述计算可知,$\lambda = M_G/M_水 = 140.625/40.65 = 3.459$。

根据相关规范,抗倾覆稳定需要达到的稳定系数 $\lambda_{抗倾}$ 应不小于 1.10,根据上述计算可知,$\lambda = 3.459 > 1.10$,所以围堰设计满足抗倾覆稳定要求。

四、圆木桩入土深度验算

圆木桩的抵抗水压力力矩由圆木桩的抗拔承载力(N_1)和圆木桩的抗压承载力(N_2)共同组成。在同等土层条件和其他条件一致的情况下,其抗拔承载力(N_1)将小于抗压承载力(N_2),因此,产生的抵抗弯矩(M)将受 N_1 的制约,于是有

$$N_1 = \sum N_i = S \times \sum (f_{si} \times H_i) \tag{7}$$

式中,S 为圆木桩周长,N_i 为第 i 层抗拔承载力,f_{si} 为第 i 层土的桩侧阻力,H_i 为第 i 层土厚度。

代入相关数据后,经计算得 $N_1 = n \times d \times [10 \times (1.0 - 0.59) + 15 \times (0.59 - 0.09) + 15 \times (0.09 + 1.51) + 15 \times (2.50 - 1.51)] = 28.529 (\text{kN})$。

抵抗弯矩为:$M = N_1 \times L = 28.529 \times 2.5 = 71.322 (\text{kN} \cdot \text{m})$。

根据上述计算可知,当圆木桩采用 $d = 0.18 \text{ m}$,入土深度 $H = 3.50 \text{ m}$ 时,由圆木桩组成的抵抗力矩为 $M = 71.322 (\text{kN} \cdot \text{m}) \geqslant M_水 = 40.65 (\text{kN} \cdot \text{m})$,可以满足要求。

五、结语

综上所述,双排圆木桩土围堰在实际施工中具有工艺简单、造价较低和施工速度快等特性。充分考虑水位、土体及桩身性质等因素的综合作用,经工程实践与计算证明,双排圆木桩土围堰在实际施工过程中具备良好的承载力和稳定性,能满足涉水护岸施工的技术及安全要求。

京杭运河台儿庄复线船闸基岩固结灌浆施工技术

山东省交通工程监理咨询有限公司　孙培声　程绍鹏

台儿庄复线船闸位于山东省枣庄市台儿庄区南部、京杭运河韩庄运河段下游,上游距万年闸枢纽 16.7 km,下游距江苏省皂河船闸 71.5 km,为京杭运河济宁至徐州段三级航道(远期二级航道)的重要通航建筑工程。船闸等级为Ⅱ级,建设规模为通行 1 顶+2×2 000 t 级船队,船闸闸室有效尺度为 230 m×23 m×5 m(长×宽×槛上水深)。上闸首底板建基面标高 12 m,闸室建基面标高 12.5 m,下闸首底板建基面标高 11.2 m。

一、工程施工难点

1. 水文地质条件复杂

场地上覆地下水类型主要为潜水,赋存于填土及下部的粉质黏土、黏土和透镜体状砂类土中,潜水含水层透水性差,渗透系数较小,其中的素填土层及粉质黏土层为弱渗透性土层,而黏土层为相对隔水层。经对部分钻孔稳定水位的观测发现,在勘察期间该区地下水位在 24 m 左右,其含水层补给来源主要为大气降水和地表水流,丰水期接受运河水补给,枯水期则反补运河水。其排泄路径主要为黏性土层、基岩中的裂隙和透水性良好的砂砾层、混砂砾黏性土层,排泄方式主要为渗流。

此外,二线船闸开挖时曾发生基坑涌水,专门进行了地基基础固结灌浆处理。在拟建复线船闸上闸首向南约 200 m 为台儿庄自来水公司水源井,说明该区域还发育有基岩裂隙水;地质勘探部门专门在物探发现的断裂带上布孔,钻探时发现有 Z25 号钻孔的稳定水位高于场地其他钻孔的地下水位,据此分析基岩裂隙水应有承压性质,其主要补给来源应为远距离补给,排泄方式主要为沿基岩裂隙的渗透。

建基面持力层为黏土、粉质黏土,下卧层为微风化石灰岩,该岩层顶标高场区内分布东低西高,上闸首岩石顶标高基本在+8 m,下闸首普遍在+10 m,个别部位达到 11 m。从物探及抽水结果分析,该岩层存在岩溶、裂隙发育。

2. 工程物探

为了更准确地掌握场区内基岩裂隙岩溶的分布情况,并结合已有物探、岩土工程勘察及抽水试验资料分析富水情况,提出针对基坑开挖施工的应对方案。由山东正元地理信息工程有限责任公司对场区进行工程物探,采用的探测方法是高密度电法和浅层地震法。通过探测得出的结论是:

第一,通过此次物探工作,发现在测区内有三条断层构造通过。

第二,测区内西部地下岩石裂隙较发育,有五条岩石裂隙发育带,其中三条贯通测区南北。

第三,测区西部 F1 断层和 X3 裂隙发育带之间,岩石裂隙发育,同时该区段地下水丰富;由于 X3、X4、X5 的导水作用,X3 与 X5 裂隙发育带之间为富水区;F2 和 F3 断层之间,由于 F2、F3 的导水作用形成富水区。该区的地下水位在地表以下 8 m 左右。

第四,从整个测区看,奥陶系灰岩的埋深呈现东浅西深的趋势,东部埋深在 22 m 左右,西部埋深在 26 m 左右,东部岩石较完整,西部岩石表层(岩石顶界以下 30 m 范围内)裂隙发育,测区内岩溶(溶洞)不发育。

3. 基坑开挖施工承压水突涌验算

根据《岩土工程勘察规范》(GB 50021—2001),在基坑开挖施工中为防止由于深处承压水而引起的基底突涌隆起,需要验算基坑底不透水层厚度与承压水水头压力的平衡条件,平衡式为

$$H \gg (\gamma_m/\gamma) \cdot h \tag{1}$$

式中：H——基坑开挖后不透水层厚度(m)；γ——岩土的重度(kN/m³)，此工程取 19.5；γ_m——水的重度(kN/m³)，此工程取 10；h——承压水头高于含水层顶板的高度(m)，此工程承压含水层顶板平均在 8 m 处，则 h 取 16 m。

根据船闸基坑设计基底高程验算如下：

上闸首基坑开挖后不透水层厚度为：$H=11.85-8=3.85(\mathrm{m})$，而 $(\gamma_\mathrm{m}/\gamma)\cdot h=(10/19.5)\cdot 16=8.2(\mathrm{m})$，不满足要求，发生突涌；

下闸首基坑开挖后不透水层厚度为：$H=11.05-8=3.05(\mathrm{m})$，而 $(\gamma_\mathrm{m}/\gamma)\cdot h=(10/19.5)\cdot 16=8.2(\mathrm{m})$，不满足要求，发生突涌；

闸室基坑开挖后不透水层厚度为：$H=12.05-8=4.05(\mathrm{m})$，而 $(\gamma_\mathrm{m}/\gamma)\cdot h=(10/19.5)\cdot 16=8.2(\mathrm{m})$，不满足要求，发生突涌。

根据以上对场区内地质、水文条件的分析以及所进行的物探、抽水试验的结论和验算，为了保证基坑开挖安全必须采取措施以防止基坑突涌隆起。

二、基坑突涌隆起处理措施方案

经过多次召开专家研讨会，由设计部门提出了处理措施方案，主要是降低承压水含水层顶板高程，增加基坑开挖后不透水层厚度，并结合深井降水的方案防止基坑开挖的突涌隆起，对整个场区进行注浆封底。注浆技术方案及质量控制要点如下。

1. 注浆深度

根据公式 $H\gg(\gamma_\mathrm{m}/\gamma)\cdot h$，船闸基坑设计底高程计算如下：

经试算，上闸首注浆底高程至 −1.5 m，则不透水层厚度 $H=11.85-(-1.5)=13.35(\mathrm{m})$，承压水头 $h=24-(-1.5)=25.5(\mathrm{m})$，注浆后岩土的重度应按 19.5 kN/m³，$(\gamma_\mathrm{m}/\gamma)\cdot h=(10/19.5)\cdot 25.5=13.08\ \mathrm{m}<13.35\ \mathrm{m}$，满足要求；

经试算，下闸首注浆底高程至 −3.0 m，则不透水层厚度 $H=11.05-(-3.0)=14.05(\mathrm{m})$，承压水头 $h=24-(-3)=27(\mathrm{m})$，注浆后岩土的重度应按 19.5 kN/m³，$(\gamma_\mathrm{m}/\gamma)\cdot h=(10/19.5)\cdot 27=13.85\ \mathrm{m}<14.05\ \mathrm{m}$，满足要求；

经试算，闸室注浆底高程至 −1.5 m，则不透水层厚度 $H=12.05-(-1.5)=13.55(\mathrm{m})$，承压水头 $h=24-(-1.5)=25.5(\mathrm{m})$，注浆后岩土的重度应按 19.5 kN/m³，$(\gamma_\mathrm{m}/\gamma)\cdot h=(10/19.5)\cdot 25.5=13.08\ \mathrm{m}<13.55\ \mathrm{m}$，满足要求。

因此，设计上闸首及闸室区注浆深度至 −1.5 m 高程，下闸首注浆深度至 −3.0 m 高程。

2. 注浆孔布置

注浆孔从注浆范围边线上安排布置，排距 7.5 m，每排孔的间距为 7.5 m，呈梅花形布置（特别说明：注浆孔间距主要根据二线船闸经验布置）。

3. 注浆材料

基岩裂隙岩溶注浆实为充填注浆，注入的浆液沉淀、凝固由下往上逐渐形成固结体，此次注浆范围大，要求浆液扩散距离远，采用单液水泥浆，主要材料为水泥（P.O 32.5 普通硅酸盐水泥），水泥必须符合质量标准，不得使用受潮结块的水泥。

4. 注浆工艺

此次注浆投入 XY-100 型钻机 16 台，QW-80 型高压灌浆泵 16 台。第四系松散层采用螺旋钻具钻进，岩层采用合金或金刚石筒状钻具钻进，其施工流程如图 1 所示。

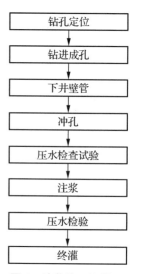

图 1 注浆施工流程

(1) 孔深。

孔深度以进入基岩≥10.0 m 为止。钻孔结构在第四系松散层和进入基岩 1 m 的孔段内,孔径为 ϕ90 mm,其余 ϕ75 mm 孔径到底,ϕ90 mm 孔段下套管。

(2) 冲孔。

下入套管后,下钻杆至距孔底 0.5 m 处,送清水冲孔,直至孔口返清水,且沉渣厚度小于 20 cm 为止。

(3) 止浆。

止浆采用胶止浆塞,其位置原来要求在 ϕ90 mm 孔段基岩面以上 1 m 处,且不高于基坑开挖的底标高,其作用在于受注基岩顶部封闭,保证浆液在注浆泵压力的作用下进入基岩裂隙和溶洞(孔)中,在后来的施工中经常出现止浆塞难以支撑安放,因而改在基岩面以下。

(4) 压水试验。

要求在灌浆前,对每个孔进行简易压水试验,以检验止浆塞的密封效果和注浆设备管路的密闭可靠性,同时测定该孔的透水率,以确定该孔基岩能否注浆及选择浆液的起始浓度等参数。压水试验成果以透水率 q 表示,单位为吕荣(Lu)。定义:压水压力为 1 MPa,每米试验长度每分钟注入水量 1 L 时,称为 1 Lu,若压水压力小于 1 MPa,按直线延伸方式换算。

(5) 注浆浓度。

首先根据压水试验结果来选定浆液的起始浓度,数据参考表 1。

表 1 浆液起始浓度数据

序号	钻孔吸水量(L/min)	浆液起始浓度(水灰比)	备注
1	≤40	2∶1	
2	40~80	1.5∶1	
3	80~120	1∶1	加速凝剂(水玻璃)
4	>120	0.8∶1	加速凝剂(水玻璃)

注浆时通过调整浆液浓度的方法达到控制浆液扩散距离和调节压力的目的。一般前期钻孔用浆较浓,后期钻孔用浆较稀,但对同一个钻孔而言,总是先稀后浓。整体注浆施工宜先内后外,即先注中部注浆孔,后注四周边缘孔,驱使浆液向外圈扩散,以增加周边的安全距离。局部安排宜采用逐步加密注浆方法,即先隔一排和隔一孔施工完成注浆后,再施工中间余下的注浆孔,使细小的裂隙溶洞得到较好的充填。

(6) 注浆压力。

注浆压力确定在 0.5~0.8 MPa,对于周边钻孔和注浆过程中不冒浆或地表没有明显抬动的,允许提高注浆压力;反之可适当降低压力,但最低压力不宜小于 0.3 MPa。

(7) 注浆量。

注浆量是指浆液的注入量和注浆泵的吸浆量,均是考核注浆质量的参数。目前大型的重要地基灌浆处理工程一般都要求施工单位配备由计算机控制的自动灌浆记录仪,它能够自动记录灌浆压力、注浆率(注浆量)、浆液浓度等技术参数。该工程只是采用简易的人工控制办法统计注浆量。

5. 观测与记录

(1) 在钻进过程中,随时观测记录钻孔冲洗液漏失量,及掉钻、掉块、漏水等井内情况的位置。岩芯按回次顺序编号装箱,终孔后岩芯进行拍照后处理。

(2) 在注浆过程中,现场技术人员要认真填写注浆的各种数据,随时记录邻孔水泥浆串通情况,做好成孔及注浆记录,每个注浆孔的钻孔施工要求全芯取样拍照。每个钻孔的孔位高程测定、终孔深度、注浆施工等均需由监理旁站签证。若有串通情况立即停止该孔注浆。

6. 注浆结束标准

在规定的压力下,当注入率不大于 0.4 L/min 时继续灌浆 60 min,或不大于 1 L/min 时继续灌浆 90 min,灌浆可以结束。

7. 施工过程中异常情况的处理措施

(1) 施工中断。中断后应立即采取措施排除故障,尽快恢复灌浆。恢复时一般从稀浆开始。如吸浆量与中断前接近,则尽快恢复到中断前的浓度,否则应逐级变浆。若恢复后的吸浆量减少很多,且短时间内即告结束,说明裂隙口因中断被堵,应起出栓塞进行扫孔和冲洗后再灌,如仍未改善,则应考虑在附近补孔。

(2) 串孔处理。采用群灌的方法处理。

(3) 冒浆处理。如在灌浆过程中发生地面冒浆,轻微者,可让其自行凝固堵住;严重者,应先施行堵漏措施,若无效,可越级变浓浆液,降低压力,以至采用中断间歇等进行处理。

(4) 吃浆量大的孔。采用间歇式灌浆,每次停注前压够足够的清水,以保留过浆通道,便于再次注浆的浆液向远处扩散,直至结束标准。

8. 注浆工程质量验收

固结灌浆质量检查宜采用测量岩体波速或静弹性模量的方法,也可以采用单点压水试验的方法,检查孔的数量不宜少于灌浆孔总量的5%。单孔质量合格标准:在闸基范围内,选取注浆薄弱部位打检查孔,孔深同注浆孔,以30 m水柱(0.3 MPa)进行压水试验,经过计算单位吸水率$W \leqslant 0.02$ L/min即为合格。

整个工程验收标准:孔位合格率应在80%以上,不合格孔位的透水率不超过设计规定值的50%,且不集中,则可认为灌浆质量合格。

三、工程基础固结灌浆效果

(1) 上闸首共完成注浆孔108个,总共消耗水泥243.75 t,其中单孔消耗水泥在5 t以上的有11孔,单孔消耗水泥最大量是40.8 t。压水试验检测情况是:共抽取14点钻孔进行了压水试验,有13孔符合设计要求的验收标准,占总检测孔的92%。

(2) 下闸首共完成注浆孔108个,总共消耗水泥419.41 t,其中单孔消耗水泥在5 t以上的有9孔,单孔消耗水泥最大量是95.4 t。压水试验检测情况是:共抽取14点钻孔进行了压水试验,有12孔符合设计要求的验收标准,占总检测孔的85.7%。

(3) 闸室共完成注浆孔260个,总共消耗水泥653.70 t,其中单孔消耗水泥在5 t以上的有22孔,单孔消耗水泥最大量是36.1 t。压水试验检测情况是:共抽取14点钻孔进行了压水试验,有14孔符合设计要求的验收标准,占总检测孔的100%。

依据以上检测数据以及后来基坑开挖的实际情况,得出的结论是,台儿庄复线船闸主体工程基础固结灌浆达到了原来的设计效果,并通过了山东省交通运输厅基本建设工程质量监督站验收。

四、结语

地基固结灌浆施工属于隐蔽工程,由于石灰岩地质情况的复杂性,一开始很难确定有关灌浆的技术参数,必须借鉴附近类似工程的经验或先进行注浆典型试验,取得经验数据后再逐步推广。

南通港吕四作业区码头陆域电缆排管施工技术

广州南华工程管理有限公司　陈晓维

南通港吕四作业区西港池 8#—9# 码头工程位于南通港通州湾港区吕四作业区，新建两个 10 万 t 级集装箱泊位，岸线长度 812 m，陆域总面积约 45.66 万 m^2，设计吞吐量 140 万 TEU/年。码头装卸采用集装箱装卸桥(岸桥)进行装卸船作业，水平运输采用自动驾驶集卡，自动化堆场装卸采用双悬臂型轨道吊。

一、设计方案

该工程设计有 1 个 110 kV 变电站及 3 个 10 kV 变电所，为码头提供生产用电及船用岸电。岸桥、轨道吊采用 10 kV 供电，岸电采用 6 kV、0.6 kV 供电，灯塔、给排水和暖通设备采用 380 V 供电。

码头陆域电缆敷设主要通过电缆排管及电缆井，引至各建筑物单体、各类电气设备或装置，形成电缆路由。电缆井之间电缆排管采用 CPVC 电力保护管，电缆井与建筑单体及设备之间采用镀锌钢管，外部采用混凝土包封。

10 kV 电缆穿内径为 150 mm 的管道敷设，1 kV 电缆穿内径为 100 mm 的管道敷设。不同电压等级的电缆按电压等级由高至低、电缆由下而上的顺序在电缆排管内敷设。

电缆排管与其他管道交叉时，需根据总图专业的综合管线图纸确定电缆排管埋设深度。电缆排管设单向排水坡，坡度 1‰，绿化带内顶部土壤覆盖厚度不得小于 0.5 m，其余各处埋深不得小于 0.7 m。

为满足防雷接地要求，在包封混凝土内沿电缆排管通长敷设 40 mm×4 mm 镀锌扁钢。自动化堆场电缆排管工程具有占地面积大、材料用量大、排列复杂等特点，在整个电缆排管施工中需经历基槽开挖、垫层浇筑、管道安装、混凝土包封、回填等过程，施工质量要求高，控制难度较大。

二、施工质量管理重点

1. 排管沟槽施工

电缆排管沟槽开挖应放线定位后进行，开挖到沟槽底部根据设计要求的坡度按 1∶1 放坡，为不扰动基底，采用机械+人工辅助挖土。由于该工程陆域由吹填砂经地基处理形成，地下水位较高，基槽开挖后若不及时进行下道工序施工，经地下水渗透浸泡，容易造成基底松软，难以达到压实度要求。此外，工程所在地易受降雨影响，陆域积水较多，易使沟槽边坡坍塌。该工程排管沟槽施工根据陆域施工总体进度，分段、分层流水进行。

纵二路电缆管道因需避让轨道梁，设计调整为下穿梁底，开挖深度较大。根据要求加打钢板桩，设置好支护结构，分级开挖。通过测量控制，确保每段排管基底标高符合设计要求。

2. 垫层及底板施工

碾压碎石垫层后铺设混凝土垫层，垫层表面平整，宽度超出管道排管，以便管道排管敷设及包封混凝土施工。该工程采用钢筋混凝土垫层，垫层的厚度、宽度需满足设计要求，浇筑混凝土时要进行振捣。垫层材料的种类和质量应满足设计要求。垫层铺设前，基层表面应干净、无积水。作为管道安装的基础，垫层施工应及时进行。

3. 电缆排管安装

(1) CPVC 排管安装。

由于该工程电缆回路数量多，电缆排管敷设密集，根据平面布置图，对照电缆清册中的电缆起点与终点,确定每段井与井之间电缆排管的规格、根数及排列,除设计确定敷设的电缆根数外,还要预留电缆排管。

电缆井之间的电缆排管根据设计图纸排列安装管枕,方向与电缆起止方向一致,管道排列整齐,中心间距符合设计要求。CPVC 电缆管不应有折扁和裂缝,切口应平整、光滑。电缆排管承插连接,承插的方向应与电缆穿放方向一致,管道之间采用管枕隔开,留出间隙使包封混凝土流入。每根管的两端管口应做好封堵,防止包封施工及后期电缆井内泥沙灌入管道内部,在电缆敷设前不能拆开,确保管道内清洁、通畅。

(2) 镀锌钢管安装。

由电缆沟、电缆井引至各建筑物单体、各类电气设备或装置的保护管采用镀锌焊接钢管。预埋管的位置需满足电缆敷设时转弯半径的要求。钢套管管口需做成喇叭口,防止电缆敷设时电缆外绝缘层破损。

4. 包封混凝土施工

(1) 模板支立。

第一,电缆排管安装完成后,在垫层混凝土上进行弹线,放出两侧模板边线。

第二,模板支立做到垂直,表面光洁,支立牢固,防止胀模,两侧施加斜撑。

第三,模板支立后,检查电缆排管保护层厚度。

(2) 包封混凝土施工。

第一,由于排管数量多,混凝土集料粒径应尽量小,和易性良好,确保混凝土灌入管道缝隙。

第二,振捣要密实,防止产生孔洞、蜂窝麻面。

第三,模板拆除后对包封混凝土及时进行洒水养护。

5. 回填

(1) 因电缆排管在道路区域内,电缆排管包封混凝土施工完成后,经过拆模、养护达到设计强度后及时回填。

(2) 回填采用原土回填,根据设计要求分层回填、分层压实,确保压实度,防止后期路面塌陷。该工程回填采用原土回填,回填时基槽内不能有积水。

(3) 回填碾压后应进行压实度测试并保证测试合格。

三、结语

该工程作为大型自动化码头工程,因采用高度自动化装卸工艺及生产运营管理需要,用电设备众多,电缆回路复杂。电缆排管作为电气工程中的基础部分,是实现电缆敷设、通电调试的前提。

电缆排管施工时需要熟悉电气专业、通信专业、给排水专业及道路堆场等各专业的图纸,确保排管的根数、规格、排列顺序、标高等与设计图纸相符,施工过程中要注意与轨道梁、通信管道、消防管道等的交叉避让。

水上施工的安全监理

天津中北港湾工程建设监理有限公司　陈　燕

随着海上施工的发展,水上作业、材料运输都离不开施工船舶,但施工船舶在海上施工存在不可预测的安全风险。因此,督促承包商使用合格、合规的施工船舶,确保船机、人员的安全是安全监理必须履行的一项重要职责。

施工船舶进场,安全监理工程师组织对进场施工的船舶进行全面检查。首先,检查施工船舶证书,船舶证书必须有原件,船舶证书包括船舶检验机构依法检验合格(有效)的船舶检验证书,经海事局依法登记的船舶登记国籍证书、海上船舶吨位证书、海上船舶适航证书以及船舶最低配员证书等,船舶证书要在有效期内。其次,对船舶配备的消防、救生、堵漏、通信、信号和航行等安全设备设施进行检查,各项安全设备设施必须有效。最后,对船员持证情况进行检查,船舶操作人员必须经海事部门的安全培训,并经海事部门考试合格,取得相应的适任证书或其他适任证书,方可担任船员职务。

一、施工船舶作业的安全监理

1. 施工船舶作业前(工程开工前)

安全监理工程师认真审核施工组织设计及施工方案中的施工安全技术措施,监督、检查施工单位对水上施工区域及船舶作业、航行的水上、水下及岸边障碍物等进行实地勘察,制定防护性安全技术措施。施工技术负责人向参加施工的船舶及施工人员进行安全技术措施交底,安全管理人员对新进场的施工船舶及施工人员进行安全教育,并做好记录备查。施工船舶及施工人员严格执行安全操作规程,杜绝违章指挥、违章操作、违反劳动纪律的现象,保证船舶航行、停泊和作业安全技术措施的落实。施工船舶在施工中要严格遵守《国际海上避碰规则》《中华人民共和国海上交通安全法》等有关规定及要求。船舶设备应处于良好状态,不得带病作业。根据施工区域的实际情况和季节变化,督促施工单位编制防台、防风、防火、防雾等应急预案,并定期安排应急预案演练。

2. 施工船舶作业过程中

安全监理工程师应定期、不定期对施工船舶进行安全检查。安全检查包括专项检查、经常性检查、季节性检查、节假日检查等。检查施工船舶是否持有海事部门、船检部门颁发的各类有效证件,船舶操作人员是否持有岗位相适应的适任证书;检查进入施工现场的水上施工人员是否穿救生衣、戴安全帽等安全劳保用品;严禁酒后上岗作业,严禁船员在船期间饮酒;检查施工船舶是否在明显处设置昼夜显示的信号及醒目标志;检查施工船舶作业期间,是否设置了必要的安全警戒标志和警戒船;检查施工单位对施工船舶是否配备有效的通信设备,并在指定的频道上收听,且主动与过往船舶联系沟通,将本船的施工、航行动向告知他船,确保船舶航行和安全。监督、检查施工船舶作业严格执行安全操作规程,严禁超载或偏载;监督、检查施工单位应配备符合海事部门要求的交通船,交通船按额定数量载人,严禁超员,船舶上必须按规定配备救生设备;施工船舶靠岸后,人员上下船时搭设符合要求的跳板。水上作业船舶遇有大风、大浪、大雾天气,超过船舶抗风浪等级,应督促施工单位停止作业。

二、水上复杂施工环境的安全监理

1. 船舶防大风寒潮等不良天气的安全监理

若海上船舶作业受大风寒潮、雾雪、雷暴雨等不良天气、不良海况的影响较大,应督促施工单位注意收听气象台、海事等权威部门发布的季风警报,掌握海上气象及天气变化;根据预报和船舶不同的抗风能力,督促施工单位制定详细的船舶避风计划,选定避风水域的锚地和适宜航线,注意与其他单位船舶及渔船的避风协调,避免事故发生。接到季风警报后,根据预报风力、船舶抗风等级、风期长短,检查船舶的甲板货物及甲板上一切可移动物的加固情况,检查一切有关的水密门、窗、孔盖等的紧闭情况,检查船机及救生设备、显示信号、通信畅通情况,督促施工单位与防风船舶保持联系,加强值班。季风警报解除后,根据气象台发布的大风风力预报和有关部门指令,结合船舶抗风等级,督促施工单位与避风船舶联系确定船舶返回施工区的时间。返航的船舶应提前向施工单位报告,按规定分批有序进入作业区,防止因无序蜂拥造成船舶间的意外事故。

2. 船舶防台期间的安全监理

台风对海上施工船舶的安全生产威胁极大。针对台风对施工作业的严重影响,为了确保人员、施工船舶、施工机械设备及施工作业的安全,要做到以防为主、防抗结合、及时早避、留有余地、保证安全生产。成立由建设单位、监理部、施工单位组成的防台领导小组,成立应急抢险队伍,制定防台防汛应急预案,根据现场实际情况及施工船舶特点,督促施工单位合理编制防台计划,确定施工船舶防台避风锚地。收到台风生成警报后,安全监理工程师要密切关注台风动态,启动应急预案,督促施工单位做好防台准备,并全面检查施工船舶,必须保证船舶设备处于良好状态,通信畅通。施工船舶到避台锚地调遣过程中,要求施工船舶严格遵循船舶航行有关规定,加强瞭望,确保避风船舶上人员安全及船舶安全。到达避风锚地,各种防风工作完毕后,施工单位应向安全监理工程师报告。安全监理工程师督促安全管理人员及调度值班人员24小时值班,保持高频、电话畅通,坚持收听,以便与船舶保持联系,随时了解船舶动态及防风安全情况。

3. 妨碍航物、防交叉干扰、防船舶碰撞的安全监理

施工船舶入场时,督促施工单位收集海事部门航行通知,掌握当地施工水域障碍物情况,制定航行计划及安全管理措施。按照航行计划的航线进行航行,在航行中不断测量航行航位,校正航线。航行浅滩水域时,一旦发现船底有振动异常现象,应立即停止前进,在探明水深情况后再决定进退方案,同时在航行中加强瞭望,注意回避,以免触及水下障碍物。

施工单位应在施工区域已建和在建的建筑物上设置夜间警示灯及警示标志,同时船上应配备堵漏器材。

施工船舶应严格按照施工组织设计及划定的施工区域进行施工,禁止施工船舶随意调换作业区域或穿越其他作业区,禁止施工船舶将锚缆抛出作业区。施工船舶作业时,应随时注意周围水域船舶的动态,避免与驶入区域的其他施工船舶发生锚缆碰撞或缠绕事故。

施工船舶在作业区应设警戒浮灯和警戒船守护,并在明显处设相应的信号,尤其在锚缆入水处设信号灯。

对于通过临时航道的大型施工船舶,应安排拖轮护航,保证大型施工船舶安全通过。对未按要求航行擅自进入安全作业区的施工船舶,施工单位应安排警戒船进行驱离。需要调整安全作业区的,提前向海事部门提出申请,经海事部门同意并下发航行通告,重新制定航行计划及安全管理措施。

船舶碰撞事故发生后,迅速按照原定的应急预案对船舶和人员进行救助,尽量减少船员和财产损失,如果碰撞沉没,报请有关部门打捞船舶,避免影响其他船舶施工安全及工程施工。

4. 施工船舶作业人员的安全监理

施工人员是施工生产的主体,也是安全生产的关键,在施工的各个不同阶段,施工人员的流动性频繁,且违章违规现象时有发生,因此施工人员新入场上岗前,应督促施工单位必须做好三级安全教育和培训。新调转工作的人员,由于作业环境和工作岗位发生了变化,为了使转岗的人员尽快适应新的环境必须进行岗位教育。

在进行施工人员安全教育时,要结合施工船舶作业特点、作业内容及安全生产特点。重点讲解本工程施工船舶作业特点、性质、作业方式、人员组成、安全活动情况和作业中对安全生产的要求,以及关于施工船舶安全生产的规章制度、劳动防护用品的穿戴和维护保养,生产作业中常见的事故原因和采取的避险措施以及文明施工、安全生产经验,还要讲解施工船舶的施工任务、消防、用电安全知识等。同时督促施工单位对作业人员进行安全与技术交底,分阶段、分部位、分工种进行安全交底,并告知安全操作规程和违章操作的危险。施工作业中,施工单位应定期、不定期进行安全培训教育,增强施工人员安全意识,避免人身伤害。

第六篇
房建技术

钢板桩支护基坑淤泥"底涌"处理技术

珠海洪湾中心渔港发展有限公司　段启超
广州南华工程管理有限公司　　　左　彪

珠海市某项目的"污水处理站"工程位于珠海大桥下游约 3.5 km 磨刀门水道西侧未进行软基处理的滩涂上,面层为已初步平整的人工杂填土,基坑面积约 311 m²,基坑尺寸 25.5 m×12.2 m,最大基坑挖深 5.7 m,基坑周长 75.46 m。

根据钻探结果,场地内埋藏的地层主要为人工填土层,石英质砂含少量黏土,夹杂建筑垃圾、混凝土块等;第四系海陆交互相沉积层,主要由淤泥、黏土、粗砂、残积砂质黏性土、燕山期花岗岩等分层组成。

建筑环境:污水处理站北侧 9.5 m 为已建成单层开关站,南侧 3 m 为一临时 10 kV 高压箱变,35 m 处为珠江,东、西侧为空旷场地。

一、基坑支护概述

(1) 基坑挖深约 5.7 m,采用"放坡开挖＋钢板桩支护"结合开挖方式,坡顶土面采用挖掘机开挖(卸载),下降 2 m,卸载平台宽度 6 m;支护桩为 12 m 长拉森Ⅳ型钢板桩。

(2) 基坑支护采用"拉森钢板桩＋钢管内撑"形式,加固支撑体系包括 HW 型钢围檩和热轧钢管内撑,内撑采用热轧钢管＋围檩支撑形式。

(3) 为满足基坑内淤泥稳定性以及施工安全要求,隔断基坑外(距离 35 m)潮水涨落对基坑内淤泥以及地下水的影响,在钢板桩内侧增加两排 D700 大直径水泥土搅拌桩,桩长 19.5 m,插入黏土层中。

(4) 施工顺序为场地平整→基坑内水泥土搅拌桩施工→钢板桩施工→基坑分层开挖、分层支护→基坑封底。

二、基坑施工阶段

(1) 因为基坑施工范围北端临近已建成开关站,南端接近 10 kV 高压箱变,为避免施工过程中对其地基稳定性造成影响,对场地土方卸载范围进行调整:东、西侧按 6 m 宽度,北、南侧分别为 4 m、1.5 m,从自然地面下降 1.5 m(标高－1.5 m);按污水处理站基础施工图放线,基坑外围进行钢板桩沉桩作业,桩顶标高与平整后地面相同,桩长 12 m,入土深度为－13.5 m,基坑钢板桩围护"封闭"完成。

(2) 按照设计要求,在钢板桩参考点设置水平、沉降位移等观测点,采用长臂挖掘机进行分层开挖,完成第一次开挖深度 2 m,在标高－2.5 m 处设置内支撑水平围檩型钢、钢管支护,对观测点进行位移观测,无明显变化,此时基坑底土面(杂填土)标高为－3.5 m,基坑外围土体稳定,坑内无渗水出现。

(3) 基坑内土方第二次分层开挖施工深度 1.5 m,到坑底标高土面－5 m,局部出现淤泥土面;对基坑外周边土体面进行观察,人工填土层土体开始出现裂缝,有往基坑(低洼处)滑动迹象,表现为对钢板桩支护施加主动压力,基坑长边钢板桩支护出现变形,往基坑内倾斜;对观测点进行测量,钢板桩上端产生水平位移,沉降位移未发生,立即停止施工,人、机撤出基坑。采取措施:对基坑外围周边土体进行卸载,再下挖 1.5 m,南、北侧土体不卸载,卸载完成后,对基坑内进行第二道型钢、钢管水平支护加固,标高－4.5 m。加固完成后,对观测点进行测量,无位移出现,基坑外围周边土体保持稳定状态,土体裂缝宽度不再增加。

(4) 对基坑内土方第三次分层开挖,遇到淤泥层,挖到－5.7 m 标高淤泥层,约在 6 h 内,基底淤泥反弹 30~40 cm,出现淤泥"底涌"现象,施工陷入停顿状态。对现场环境进行测量、观察,约在基坑底－5.2 m标高处,淤泥面保持稳定状态,往下开挖,钢板桩支护有往外围土体倾斜迹象,靠近钢板桩处土体出现隆起现象,基坑出现淤泥"底涌"、外围土体裂缝增加和原来裂缝加宽现象。停止淤泥开挖后,淤泥面层标高基本保持不变,基坑底－5.2 m 标高处泥面成为静态平衡临界面。

(5) 随着基坑淤泥"底涌"现象出现,基坑钢板桩支护外围土体裂缝加大,往基坑缓慢滑动。为保证施工人员、机械设备安全,立即停止淤泥开挖,采用长臂挖掘机转运碎石料对基坑内进行回填"反压",回填到－5.2 m 以上标高,基坑底淤泥"底涌"现象停止,基坑外围土体裂缝不再发生变化,安全隐患暂时消除。

三、基坑淤泥"底涌"分析及处理

(1) 基坑外 35 m 处为珠江,受潮水涨落影响。对实际水面进行测量,高潮水面标高约为－2.1 m,低潮水面标高约为－3.7 m,而基坑底标高为－5.2 m,形成 1.5~3.1 m 高差,存在动态侧向水压力,对基坑内淤泥施加附加压力,造成基坑内淤泥出现"底涌"现象,淤泥上升高度在 0.3~0.4 m 之间,基坑内淤泥面标高－5.2m 附近为一个静态平衡临界面。

(2) 对地质勘察报告中的钻孔位土层进行分析,淤泥层面标高为－15.3~－30.4 m 之间,钢板桩支护底标高为－13.5 m,水泥土搅拌桩底端标高为－21.5 m。淤泥层底面标高相差大,水泥土搅拌桩止水围护不能完全隔断基坑内外淤泥。由于钢板桩支护底端处于淤泥层中,嵌固深度受限、支护作用受限,仍可能产生一定的位移。随着基坑开挖深度的增加,尤其到了临界面,受力状态不断发生转化。基坑内不断卸载,一方面钢板桩外围土体对钢板桩产生侧向的土压力,钢板桩支撑系统足以抵御;另一方面,钢板桩外围土体向下产生竖向土压力,下层的淤泥层不断压缩,同时,受潮水涨落侧向水压力影响,淤泥层通过水泥搅拌桩的下部向基坑内产生少量的移动,出现钢板桩上部往土体方向倾斜迹象,基坑内淤泥出现"底涌"现象。

(3) 施工图设计要求基坑底标高为－5.7 m,受阻面标高为－5.2 m,需要继续下挖 0.5 m,为了满足设计要求,经设计、施工、监理、业主现场讨论分析,确定采取抛石换填挤淤施工工艺。

(4) 基坑抛石换填挤淤实施中,采用长臂挖掘机在基坑外对淤泥进行开挖,将基坑底划分为 16 分块,每分块约 $3.3×6.5=21.45(m^2)$,按从南往北的顺序进行淤泥开挖、块石回填。

(5) 经查阅资料并计算发现,需要块石 0.31 m 厚,重量 8.2 kN/m^2,附加动水压力 1.24 kN/m^2。淤泥静态平衡压力 $N=8 kN/m^2+1.24 kN/m^2=9.24(kN/m^2)$,为保证基坑开挖到－5.7 m 标高,坑底淤泥保持平衡,不发生"底涌"现象。

按活载考虑,取增大系数 1.4,$N_{max}=1.4×9.24 kN/m^2=12.94(kN/m^2)$,平衡该压力,需填入 0.49 m 厚块石,考虑到其他不可预估因素影响,取块石回填厚度 0.6 m。

(6) 根据潮汐表时间,在落潮时间段,安排长臂挖掘机分块(面积约 22 m^2)进行淤泥开挖;在落潮、平潮这段时间约 5 h 内完成该分块区域 24.2 m^3 淤泥开挖、13.2 m^3 块石回填工作。淤泥不再反弹,也无"底涌"现象出现。

四、效果探讨

(1) 在海边滩涂人工填土层区域进行深基坑施工,上层杂填土松散未完成自重固结,淤泥层深厚,钻孔位土样不能完全反映地下实际情况,水泥土搅拌桩钻孔施工长度有限,不能完全进入淤泥土层下卧层(硬土层)中,未有效隔断基坑外围淤泥,形成封闭土体;钢板桩支护起到挡土、阻水作用,对深厚淤泥的隔阻效果不明显,支护端下层的淤泥受动水压力的影响,可以从没有完全封闭的钢板桩支护以及水泥土搅拌桩下端传递压力到基坑内淤泥,出现"底涌"现象。

(2) 该工程处在珠江边,受潮水涨落影响,基坑底面低,与海平面存在动态水压力,也是基坑淤泥出现"底涌"的一个因素；潮水涨落有时间规律，对施工进度的影响是明显的，要根据潮位时间来安排工人、机械进行施工作业。

（3）由于淤泥透水性小，基坑内基本无地下水涌入。在施工期间基本无降雨，少量地表水从钢板桩锁口缝隙进入基坑内，对施工无影响；基坑淤泥开挖接近设计底标高，划分小块区域分块作业，开挖、回填要连续进行，否则坑底淤泥就会反弹，出现"底涌"现象。

（4）针对靠近海边的水池结构选型，在设计方案时，应充分分析地质勘察报告，必要时加密设点；在满足功能的情况下宜浅埋，做成扁平状，深度不宜超过淤泥静态临界平衡面。地下施工情况千变万化，稍有不慎，就可能有危险因素出现，且不利于质量、进度、造价的控制。同时，在施工开挖到基底面时，应事先进行触探和预判，根据实际情况及时调整和完善原有专项施工方案。

无支护深基坑开挖淤泥"底涌"处理措施

广州南华工程管理有限公司　杨玉珍
珠海洪湾中心渔港发展有限公司　吕毅鹏

珠海市某项目的"冷藏储冰楼"工程，地下一层（储水池），地上二层，钢筋混凝土框架结构，自然地面标高为-0.80 m，自然地面面层土质为已初步平整的人工填土层，下层为深厚淤泥层；基坑底面积约510 m^2，基坑尺寸30.30 m×16.6 m，基坑最大挖土深度4.0 m，基坑周长93.8 m。

一、基坑土方开挖

从自然地面标高-0.80 m计算，基坑板底标高为-4.80 m（板顶面标高-4.30 m），最大挖深为4.0 m，采用"放坡台阶开挖"方式，采用挖掘机进行开挖，基坑土方开挖前基础管桩已经沉桩完成。

基坑土方采用分层开挖，开挖前在相应位置设置观测控制点，进行沉降位移观测。杂填土层按厚度不大于1.5 m/层进行开挖，淤泥层按厚度0.3~0.5 m/层进行开挖。每完成一层土方开挖，按不同土质的坡比对边坡进行修整，上铺ϕ6@200×200钢筋网格片，摊铺C20细石混凝土一层，厚度5~7 cm，进行坡面防护。

基坑土方挖至标高约-2.8 m处（挖深2.0 m），局部挖到淤泥，对边坡进行修整，设置台阶，做好坡面混凝土防护保护层，无地下水涌入，仅雨水、地表水流入基坑内。进入淤泥层开挖，调整坡比，挖至标高-3.40 m以下（挖深为2.6 m），完全进入淤泥层。此时，基坑北侧防洪堤身开始出现肉眼可见细小裂缝，用水准仪对沉降控制点进行观测，同基准点进行比较，发现测量值出现了偏差，显示堤身下沉，但还处于安全施工可控范围内。

施工过程中，加强对基坑的沉降位移观测以及周围土体、防洪堤的裂缝观察；对基坑淤泥开挖，按厚度30 cm/层进行开挖，基坑淤泥分层开挖至标高-4.5 m（挖深为3.7 m）附近时，淤泥出现"底涌"现象，边开挖边隆起，隆起高度约20~30 cm。经多点测量，隆起面标高在-4.20 m数值附近，淤泥不再往上涌动。对基坑周围土体以及防洪堤身进行观察，发现原有裂缝加宽且有新裂缝出现，淤泥土层边坡出现裂缝且有往下滑动迹象，立即停止施工，人、机撤离基坑。

对处在基坑边沿、受土体滑动影响的预制管桩进行垂直度检测，偏差未超出标准；防洪堤身局部出现块石松动，有地基下陷现象，为避免危险扩大，立即对基坑回填土方进行"反压"，回填土方到标高-4.10 m后，在72 h内进行间歇观测，基坑周边土体以及防洪堤身位移数值无大的变化，处于稳定状态，安全隐患暂时消除。

二、淤泥"底涌"处理措施

建设、设计、勘察、监理以及施工单位到现场对淤泥"底涌"处理进行专题分析讨论：在无支护深基坑土方开挖施工过程中，随着开挖深度的不断增加，对下卧层淤泥的压力不断减轻，基坑周边无支护的土体及淤泥受淤泥反压力的减轻，自身土内应力的释放，以及受潮水涨落动水压力对底部淤泥的影响，周边土体和淤泥既向坑内产生水平侧移又继续向下产生挤压，这几方面作用力的叠加造成坑底淤泥迅速上升，出现"底涌"现象。

对淤泥"底涌"，第一次采取的处理措施：对基坑进行分块开挖，从基坑短边开始，由西往东（平行）进行，沟槽宽度为0.8~1.0 m（约为挖掘机挖斗宽度），挖至标高-4.80 m以下一定深度时，立即回填块石

（30～200 kg/块），利用块石重量来平衡淤泥上升的作用力。查阅相关资料可知，块石自重 26.4 kN/m³、淤泥自重 16 kN/m³，单位面积块石压强为 $0.3 \times 26.4 = 7.92 (kN/m^2)$，经计算回填 30 cm 厚块石，其重量大于同单位面积淤泥上浮附加力（按不利因素考虑，取系数 1.4，受动水压力等影响，淤泥隆起高度取大值 0.3 m）$1.4 \times 0.3 \ m \times 16 \ kN/m^2 = 6.72 (kN/m^2)$。从淤泥静止平衡位置标高 −4.20 m，往下挖到 −5.50 m 标高（挖深 1.3 m），采用抛石挤淤方法置换淤泥（考虑 10 cm 碎石垫层厚度，以及回填块石厚度取 0.6 m，回填到标高 −4.80 m）。先选定试验段进行分块试挖，由于在淤泥开挖过程中，坑底淤泥隆起速度较快，沟槽还没有挖到标高 −5.50 m，沟槽两侧淤泥便迅速流向低洼处，沟槽不能成形，同时出现涌水，基坑周边土体以及防洪堤身裂缝有加宽迹象。为避免边坡塌陷、防洪堤（可能波及市政管网）垮塌，立即停止抽水，进行开挖淤泥施工。

针对这种淤泥隆起、边坡土体裂缝宽度不断增加，以及防洪堤身断裂的现象，建设、设计、勘查、监理以及施工单位再次对淤泥"底涌"的处理措施进行分析讨论，为避免施工过程中出现管桩偏位或折断质量事故，以及防洪堤垮塌影响供水供电以及施工人员、机械的绝对安全，对原来确定的处理措施进行以下调整：

（1）要求基坑底淤泥中掺入（规格 10～200 kg/块）块石，30 cm 厚，整平到淤泥静止平衡面 −4.20 m 标高，块石上再铺 10 cm 厚碎石垫层，平整、拍实，确定基坑板底抬高 70 cm 到标高 −4.10 m 处。

（2）为保证储水池功能不受标高抬高影响，保证储水池容积不变，确定扩大储水池底板面积。

储水池板底往上提高 0.70 m（标高 −4.10 m），基坑施工顺利进行，周边土体以及防洪堤保持在安全稳定状态。因水池面积扩大，设计方对相应基础承台、基础梁等构件进行了补强处理，保证了结构安全、使用功能不变、施工人员和机械安全。

三、措施实施经验

（1）在近海边滩涂人工填土层区域进行无支护深基坑施工，上层杂填土松散未完成自重固结，淤泥层又深厚，因此建议基坑底标高不要低于最低潮水面，控制在接近淤泥表层最低潮水面标高数值附近。受各种因素的干扰，动水压力对基坑内淤泥的影响不能精确计算出来，在淤泥静止平衡面标高以下进行开挖，采取措施需要的工作时间又长于淤泥上升所要的时间，不能及时制止淤泥"底涌"出现。

（2）在满足使用功能和结构安全的前提下，针对无支护措施施工的深基坑，建议降低建筑物基础埋深，扩大基坑底板面积，宜做成扁平状。

（3）靠近海边无支护深基坑施工前，要充分分析岩土勘察报告，了解当地水文情况，掌握当地潮汐表，在接近基坑底标高时，要趁落潮、平潮时间段进行底板块石垫层抛投，而且对抽水时间也要进行控制，趁落潮时抽水。深基坑淤泥施工情况复杂多变，稍有不慎就有想不到的危险因素出现，对安全、质量、进度、成本的影响难以控制。

（4）从基坑施工开始到完成这段时间，应对基坑进行监测，主要是对基坑顶面、底面沉降以及周边参照物变形进行观测；接近淤泥面时设置观测点，每 30 min 测量一次，对观测数值进行比对，数值变异较大时停止淤泥开挖，查找原因。同时，专职安全员对基坑周边土体以及参照物进行变形观察；沉降和变形基本都是对应的关系，出现较大变化时，施工人员、机械要先撤离，并及时向建设方等相关单位反映，调整和完善原有的无支护深基坑施工专项方案，避免安全事故发生。

澳门口岸停车库工程机电安装监理要点

广州南华工程管理有限公司　陈晓维

港珠澳大桥澳门口岸位于珠澳口岸人工岛,是港珠澳大桥的配套工程之一。该工程包括两座停车库,均为地下一层,地上六层,设计为清水混凝土外饰面,地上为敞开式停车场,每座停车库可提供3 000余个私家车泊位。

该工程的机电安装工程按专业划分为动力、照明、给水、排水、消防、通风及空调、弱电、电梯等。同内地相比,除具有建筑机电安装工程的一般性外,还具有澳门特色。

一、使用材料、设备等级要求高

该工程使用的部分机电材料采用国内外知名品牌,虽然价格昂贵,但材料的等级及质量性能较高。例如,接地网络干线及避雷引下线均为镀锌扁钢,通信机房接地引下线采用单芯电缆;电线穿线管采用英标四级钢管,螺纹为英制螺纹;电缆绝缘及护套要求为YJY(交联聚乙烯绝缘聚乙烯护套电力电缆),耐火等级为A级,电缆导体标识颜色为深褐色、黑色及灰色,中性线为蓝色,地线为黄绿色;中水管道材质为PP-R,饮用水管道材质为铜管,且焊条为进口,确保水质中的重金属含量不超标;埋地排水管采用英标UPVC管,颜色要求为橙色,雨水落水UPVC管为白色;网络交换机、光缆等均要求国外知名品牌。监理需要熟悉设计图纸及说明,熟悉设计对材料、设备的相关要求。

二、严格材料进场验收

在设计说明中列出主要材料短名单,指定材料或设备的可选厂牌。材料报审须按照短名单中的厂牌报审,短名单中未列出但在设计说明内的,按设计说明的材料报审,只是在图纸中有的材料也须通过审批后才能进场使用。材料到场后,业主方、监理方、承包商共同核对进场材料的出厂合格证、检测报告,并比对材料报审批复意见,再进行外观检查、测量,认为合格后予以验收。配电柜、柴油发电机等设备需要先在产品生产后进行出厂测试,测试合格后允许出厂。所有设备及材料的采购、安装以及系统调试除满足设计要求外,应同时满足澳门当地设计标准和验收标准,以及设计选用的相关国际标准,同时应符合澳门当地的习惯做法,以保证系统的安全可靠运行。

三、安装施工阶段监理

该项目机电安装施工采用了BIM技术,承包商建立项目模型,通过输入管线材质、颜色、尺寸等信息,模拟安装施工,提前发现各专业管线交叉碰撞问题,再进行图纸优化设计。有些碰撞需要现场调整,例如地库层照明桥架与风管并行段,照明专业桥架先按管线综合图定位施工。风管施工时,施工队伍按风管边线安装支吊架,但安装后发现与照明桥架在横向空间碰撞。经分析,BIM模型中只是按风管自身尺寸考虑的空间,未考虑支吊架占据的空间,所以在施工过程也会出现碰撞问题。通过使用BIM技术,避免不了细节上的现场调整,但对整体施工而言,运用BIM技术提高了机电施工管理水平,可以取得良好的效果。

该工程工期十分紧张,在基础阶段,机电、防雷接地、埋地排水管即开始施工;在主体施工阶段,梁、柱、楼板内预埋线管、线盒,监理的验收工作配合施工,并有夜间验收;在土建、装修阶段,机电安装也进入高峰期,但结合该工程施工来看,无天花吊顶的敞开式停车库工程可以待粗装修结束后再穿线、安装设备,在确保工期的同时避免成品损坏。

在各专业避让调整的处理上,设计有规定各专业管线布置的优先顺序及间距的要求,监理应重点掌握各专业验收规范的要求,在施工验收时提出合理建议。例如在楼板钢筋绑扎时,预埋弱电间烟感探测器和单管荧光灯线管与线盒,在验收时发现烟感线盒与照明灯具线盒定位距离太小,不符合消防验收规定,但这属于图纸中的问题,监理对此要求施工单位保留照明灯具的接线盒而调整烟感线盒的位置,保证烟感探测器工作不受影响,在消防专业竣工图上更改该线盒位置。

四、工程验收

该工程未分部分项,隐蔽验收按专业使用 RIN 表格(现场检查验收申请表),表格包括 A、B、C、D 四个部分。A 部分为检查活动描述,包括施工部位、施工内容、日期、时间、控制点类型等内容,B 部分为承包商自检签字栏,C 部分为监理检查结果栏,D 部分为监理签字栏。验收资料相对简单。

安装过程验收包括典型施工验收,如照明灯具安装,对吊杆间距、桥架的距地高度、灯具安装间距及灯具的亮度进行检查、验收;如验收停车泊位探测器,需检查探测器与泊车边线的相对位置,检查排列情况,再通过停泊车辆来测试探测器的灵敏度等。

竣工验收要通过澳门消防局等机构,其中消防验收最为关键,需对现场消火栓、排烟风机、电动防火阀、防火卷帘联动系统和气体灭火系统等进行全面细致的检查与测试,确定各消防系统均符合澳门消防规章要求方能予以验收。

五、沟通与信息管理

澳门业主方的书面材料多使用繁体字,往来信息也较多使用电子邮件。机电安装较多使用国外标准,如风管制造及安装使用欧洲风管协会标准(即 HVAC 协会)《DW144》,要求监理人员具备一定的沟通能力、外语能力。

六、结语

澳门口岸停车库项目机电安装施工内容丰富,涉及材料、设备的种类繁多,标准多样化,管理模式特殊。通过该工程的监理工作,监理人员提高了专业知识水平,锻炼了管理及沟通协调能力,也认识到要不断学习,快速提高自身业务水平。

卫生间沉箱排水施工技术

广州南华工程管理有限公司 陈驰飞 董艳平

现今,随着我国建筑业总体建设水平的不断提高,排水工程成了建筑业中非常重要的组成部分。而为了满足大众人性化的居住需求,在房建设计、施工中可以灵活布置卫生间设施,已多采用沉箱式卫生间,可以根据自己的实际需要改动排水管道。沉箱式卫生间即下沉式卫生间,指在主体建造时将卫生间结构层局部或整体下沉离相应楼面一定高度(一般35~40 cm),以使卫生间的水平排水管道埋入其中,然后用轻质材料回填,结构面只需设一个洞口供排水管通过使用。

一、异层板下排水与沉箱排水

长期以来,我国卫生间排水设计方案均采用异层板下排水,即把卫生器具的排水管敷设在下层住户卫生间上部,具体做法是将卫生间内每个器具的排水支管垂直穿过楼板后敷设至下层住户卫生间上部,然后用水平支管将每个卫生器具的排水支管连接起来,使所有水排至污水立管。在此方式下,上层住户卫生间排水支管均在下层住户卫生间上部,漏水隐患全部留在了下层住户家里,而且侵占空间。

沉箱排水是将卫生洁具排水管道敷设在沉箱内,然后将水排至污水立管。待管道敷设完毕后,沉箱采用轻质材料回填至建筑标高。同时,沉箱回填层内暗敷设侧排地漏连接至污水透气管。在此方式下,卫生间排水管均在结构板上,与下层住户无关联。相比异层板下排水,沉箱不需要P弯或S弯,由一只共用的"多通道地漏"或"接入器"取代了异层排水方式中各个卫生器具设置的P弯或S弯,解决了由P弯与S弯产生而自身无法克服的弊端。

二、沉箱排水做法

(1)卫生间沉箱排水施工前,先对卫生间进行闭水试验,蓄水时长48 h,蓄水高度最少20 cm,满灌最佳。

(2)在闭水试验完成,检查无渗漏后,再对沉箱进行防水施工。在底层防水完成后,再次进行24~48 h的闭水试验,确保无渗漏为止。

防水材料一般分为刚性防水材料和柔性防水材料。刚性防水材料没有弹性,防水层在受到外力拉伸时易发生脆性开裂,而柔性防水材料自身有一定的伸缩延展性,能抵抗弹性范围内的基层开裂,能适应一定的热胀冷缩变性,所以造价相对于常规刚性防水材料较高。

防水施工前,将基层表面清理干净,做找平层,表面亚光,没有空鼓、开裂等现象。在管道根部及墙体阴角等特殊位置,需进行加强处理,可采用加强涂刷处理,将防水材料均匀涂刮在已涂好底胶的找平层上,涂抹厚度在0.6 mm左右,涂刮应先涂抹立面,后涂刮底面,不得有气泡、局部沉积等现象。待第一道涂料不粘手时,按照第一遍涂刮进行第二次施工,涂抹方向与第一道涂抹方向保持垂直。涂抹需分层进行,保证总涂抹厚度不小于1.5 mm。

(3)轻质材料回填。沉箱式卫生间采用陶粒回填的方式,陶粒具有质量轻、强度高、对楼板产生的压力小、自身沉降性小等特点,轻巧光滑,不会对下水管材造成损坏,并且造价比较低。

回填材料也有采用其他的,例如建筑垃圾、煤渣炉渣等。建筑垃圾简单粗暴,自重大,存在压坏沉箱、破坏防水层、损坏管道的危险,且维修难度大。因此,使用时应将废料尽可能敲碎细化,使用前先采用其他材料覆盖管道位置。其质地较硬,能起到一定的支撑作用,降低沉降发生的概率。煤渣炉渣成本低、自重大、腐蚀性大,会导致水管几年后陆续锈蚀,PVC管脆化,而且材料之间存在孔隙,不能压实,易导致沉降。所以,煤渣炉渣可采用砖砌支墩,绑扎钢筋网,再浇混凝土。

三、有效解决二次排水难题

同层排水在现代建筑中应用越来越广泛,成为未来建筑排水的趋势。目前,在土建施工、设备安装、装饰施工等施工环节中,降板式同层排水由于操作不当仍会出现沉箱回填层积水问题,从而使沉箱漏水。为解决沉箱积水问题,目前业内大多采用沉箱二次排水,除了采用防水措施,还进行沉箱积水疏通,以确保万无一失。

卫生间用水直接排到排污管内叫一次排水,卫生间沉箱积水排放叫二次排水。二次排水是为了预防卫生间内部的水管漏水和地板渗水到楼下而采取的排水措施。卫生间内部水管在长期使用的情况下,会渗漏到沉箱中,然后在沉箱中积聚,混凝土或者砌体结构在长期浸泡中或多或少还是会产生渗漏,随着渗水慢慢聚集,就变成漏水。只靠卫生间底面的地漏排水不能解决内部渗水的问题,才有了二次排水,目的在于将沉箱积水排干,使沉箱内部相对干燥。所以,在卫生间的沉箱添加二次排水设施非常有必要。在沉箱底部做成一个坡面,外加一个地漏,可以将沉箱内部积水顺利排出。加装二次排水时要注意把沉箱底部清理干净,确保排水口畅通。

四、卫生间沉箱的作用

(1) 解决住户卫生间内洁具与洗脸盆、淋浴房(缸)、坐便器、地漏等给排水管道的安装及维修问题,不影响下层住户。

(2) 满足住户卫生间内的平面设计要求,用户在装修卫生间前可以任意设计卫生间内卫生洁具的位置摆放,不受给排水管道的安装限制。

(3) 若是卫生间出现渗漏问题,返修时也不会影响下层住户。

(4) 在未做卫生间吊顶的情况下,相对来说更加美观。

五、结语

随着国民经济的快速发展,人们追求的不再是以前的那种通水通电、遮风挡雨的简易居家场所,每家每户对自身的居家环境也有着不一样的舒适要求。随着大家对住房要求的逐步提高,卫生间施工装饰过程中必须采取有效措施,优化细节,不断改进和提高施工工艺,让住户有更好的生活体验。

第七篇

试验检测

路基压实度检测方法及问题探讨

青岛交通工程监理咨询有限公司
温志强　徐丽娜　赵润先

本文主要阐述了工程实践中路基压实度检测方面存在的问题及检测方法,并提出相应的对策。

一、现场检测路基压实度的方法及适用范围

灌砂法:该法是利用颗粒均匀的砂置换试洞体积,是当前通用的方法,可用于测试各种土或路面材料的密度,缺点是测试速度较慢。

核子仪法:该法是利用放射性元素测量土或路面材料的密度和含水量。优点是测量速度快,适用于测量各种土或路面材料密度和含水量;缺点是放射性物质对人体有害。该法可作施工控制使用,但需与常规方法比较,以验证其可靠性。

环刀法:该法是测量现场密度的传统方法。国内习惯采用的环刀容积通常为 200 cm^3,环刀高度通常约 5 cm。用环刀法测得的密度是环刀内土样所在深度范围内的平均密度。环刀法适用面较窄,对于含有粒料的稳定土的材料及松散性材料无法使用。

在以上路基工程压实度的检测方法中,核子仪法只适用于施工现场的快速评定,不宜用于仲裁试验或评定验收;环刀法虽然是规范允许使用的,但有自身缺点;灌砂法则因其数值的准确性和结果的可代表性成为公路建设中应用最广泛的压实度检测方法。

二、路基压实度检测的主观问题及解决办法

1. 监理程序

为保证监理工程师的有效控制质量,使监理工作标准化、程序化,必须制定一套质量监理程序来指导工程的施工和监理,以规范承包商的施工活动。程序方面,施工单位作弊的手法大致有以下几种:

一是编造虚假报检路段。施工单位在报检单上填注的施工路段、层次是未施工部位,而施工单位引导监理工程师所检测的部位却是已检测合格的路段的前一层次。这样施工单位报检单上的虚拟路段和层次就可不经检测而直接进入下道工序。现场监理工程师应增强责任心,对所属路段报检情况认真核实,把住第一关。试验检测监理工程师应积极与现场监理工程师配合,以确定报检路段、层次相符。

二是故意漏检。施工单位为抢进度而将某些层次故意漏检,这是普遍存在的现象。现场监理工程师要认真负责,避免此类事情的出现。

2. 准备工作

认真检查承包商试验室人员、设备情况;按照合同要求,核实试验人员数量、资质,检查仪器设备数量、性能是否符合要求;检查灌砂法所需仪器主要设备(灌砂筒和烘箱);认真标定灌砂筒,主要是标定标准砂的密度和锥体砂重,这两个数值将作为以后的定值使用,如果标定有误,将对后面的工作产生直接的、连续的影响。

3. 施工单位弄虚作假

现场检测时施工单位弄虚作假的手段主要涉及五个方面:

一是试坑位置。一般路基中间部位压实度较高而两侧接近路缘处压实度较低,施工单位从自身利益出发,希望选择压实度高一点儿的点检测,此时监理工程师一定要坚持原则,自主选点。

二是试坑深度。按照《公路路基路面现场测试规程》要求，试坑深度应等于测定层厚度。一般情况下每压实层厚度为20 cm，所以试坑深度也应为20 cm。由于现场操作时挖坑往往由施工单位的民工完成，所以深度可能达不到要求。坑的深度不够将导致检测值偏大。

三是试坑形状。试坑形状应是空的圆柱体，但施工单位会将坑挖成锅底形状，尤其是在接近试坑底部位置，这将导致测得压实度值偏大。

四是灌砂时间。正确做法是观察边缘处标准砂不再流动后，还需等十几秒钟再停止灌砂。如果提前结束灌砂，灌入的标准砂质量偏低，导致测得的压实度值偏大。

五是含水量。在选取含水量时，应将试坑内取出的土迅速搅拌均匀，然后选取含水量。监理工程师应防止施工单位代劳选取较干燥部分或故意拖延时间选取，使测得含水量偏低，压实度值偏大。

三、路基压实度检测客观问题及解决办法

1. 灌砂筒、标定罐标定的准确与否对压实度的影响

未灌入前，贮砂筒中砂面高度、砂的总重对量砂密度的影响：《公路路基路面现场测试规程》是以砂面的高度来控制的。原因是不同砂面高度的砂下落速度不同，灌进标定罐内砂的密实程度也不同，这就直接影响了量砂的密度。现场测试时，贮砂筒中砂面高度应与标定量砂密度时砂面高度保持一致。标定罐深度对量砂密度的影响：试验显示，标定罐深度每减2.5 cm，砂密度大约降低3%，可见深度对砂密度影响较大。因此，标定罐深度应与试洞深度一致。

砂的级配组成对量砂密度的影响：不同颗粒粒径组成的砂，其级配不同，密度也明显不同，故建议量砂应尽量采用标准砂(0.25~0.50 mm)，且要保持砂的洁净干燥。

现场检测时控制试洞深度，对厚度较薄的测定层(15 cm以内)较为适应，对厚度大于15 cm的测定层要把测定层凿穿，不凿穿则难以反映该层的实际压实度。建议试洞深度以15 cm为宜，能较好地反映测定层的压实度。

2. 选点及检测频率

选点是否得当直接影响压实度检测结果。选点太少没代表性，很难反映实际情况；选点太多没有必要。检测频率也要满足规范要求，这样才能客观地反映实际情况。

3. 试验检测应注意的问题

(1) 量砂应规范，每次检测后应晾干，过筛去杂质，以保证量砂密度。
(2) 换砂时应重新标定量砂密度，确保试验准确性。
(3) 检测时，地面应处理平整，若凹凸不平应使用基板，以减少试验误差。
(4) 试坑应垂直，以免影响检测精度。
(5) 检测厚度应为整个碾压层厚，大于15 cm时，一般取15 cm。

四、结语

公路建设过程中，合格的路基压实度是施工质量管理最为重要的指标之一，压实度不达标是造成路面破损的主要原因。只有对路基结构层进行充分压实，才能保证路基强度、刚度及平整度，保证及延长路基、路面的使用寿命。

高抗裂强骨架水泥稳定碎石设计方法

山东东泰工程咨询有限公司　贾伟忠

本文结合山东省淄博市内大中修工程水泥稳定碎石基层的施工,按确定的高抗裂强骨架水泥稳定碎石配合比设计。该方法经过推广应用,取得良好的效果,极大地延缓了半刚性基层反射裂缝的出现,具有较大的经济效益和社会效益。

水泥稳定碎石应具有足够的强度与稳定性、较小的收缩(温缩及干缩)变形和较强的抗冲刷能力,并具有良好的施工和易性和抗离析性能。水泥稳定碎石设计就是根据这些要求,通过试验确定出各组成材料之间的质量比例、最大干密度和最佳含水量。水泥稳定碎石设计主要内容包括原材料选择、矿料级配、水泥剂量、最大干密度和最佳含水量等。

一、原材料技术要求

1. 水泥

水泥稳定碎石的加水拌和、运输、摊铺和碾压等各工序必须在水泥初凝时间内完成,为了保证水泥稳定碎石有足够时间完成整个施工作业,要求采用缓凝水泥,并规定水泥初凝时间不少于4 h,终凝时间在6 h以上。快硬、早强水泥中铝酸三钙矿物含量偏高,而铝酸三钙遇水水化反应快、水化热高、干缩性大,水泥稳定碎石使用快硬、早强水泥不仅不能保证在初凝时间内完成施工,而且容易造成严重温缩裂缝和干缩裂缝。

水泥受潮后,烧失量增加,水泥强度下降和黏结性降低。因此,应严格限制快硬水泥、早强水泥以及受潮变质水泥的使用。采用散装水泥时,水泥出炉后必须停放7 d以上,且安定性检验合格后才能使用。为了降低水化反应速率,严防温差开裂,散装水泥运至工地的入罐温度不得高于50 ℃,若高于此温度且必须使用时,必须采取降温措施。冬季施工,低温使得水泥水化反应过慢,凝结时间过长,规定水泥进入拌缸温度不得低于10 ℃,保证水泥尽快达到抗冻临界强度。

2. 集料

为保证生产的碎石具有良好的粒形、减少针片状含量,粗集料生产过程中二次破碎禁止采用颚式破碎机;细集料采用采石场破碎石料时通过4.75 mm的筛下部分;细集料应洁净、干燥、无风化、无杂质;粗集料和细集料技术要求应满足《公路路面基层施工技术细则》的规定。

二、设计指标

水泥稳定碎石设计时,主要考虑水泥稳定碎石混合料的施工和易性、力学强度和抗裂性能。

1. 施工和易性

水泥稳定碎石施工和易性(抗离析性能和易压实性能)主要与矿料级配有关。研究成果与工程实践表明:混合料中19 mm、4.75 mm和0.075 mm通过量对基层力学性能、抗裂性能和抗冲刷性能影响显著。19 mm通过量决定了骨架嵌挤状况和施工抗离析性能,过少难以形成骨架结构,过多容易离析。4.75 mm通过量决定了混合料密实程度并影响骨架结构,过少难以对粗集料骨架空隙充分填充而形成骨架空隙结构,过多则容易撑开粗集料骨架而形成悬浮密实结构。0.075 mm通过量影响压实基层毛细孔和施工性能,过少则粗集料表面水泥砂浆不足而导致水泥浆—集料界面存在薄弱面影响强度和抗裂性能,同时因为粗集料表面砂浆少、吸附力小而容易导致施工离析,过多则也会增加收缩裂缝和压实基层表面镜面现象。本文提出的高抗裂强骨架密实级配见表1。

2. 力学强度

水泥稳定碎石设计强度采用7 d劈裂强度和7 d无侧限抗压强度,且需符合表2的要求。

3. 抗裂性能

水泥稳定碎石抗裂性能很大程度上取决于原材料、矿料级配和水泥剂量。在相同矿料级配条件下,原材料性能差则达到设计强度要求时水泥剂量就大,材料抗裂性能就差。在总结工程实践和科研成果的基础上提出水泥稳定碎石高抗裂强骨架密实级配,确保水泥稳定碎石基层具有足够的抗裂性能。

表1 高抗裂强骨架密实级配(单位:%)

筛孔(mm)	下列筛孔(mm)质量通过百分比(%)						
	31.5	19.0	9.5	4.75	2.36	0.6	0.075
质量通过百分比(%)	90～100	77～83	43～51	27～30	18～21	9～13	2～5

表2 水泥稳定碎石强度设计标准(单位:MPa)

结构层	公路等级	极重、特重交通		重交通		中、轻交通	
		抗压(MPa)	劈裂(MPa)	抗压(MPa)	劈裂(MPa)	抗压(MPa)	劈裂(MPa)
基层	高速公路和一级公路	≥6.0	≥0.50	≥5.0	≥0.45	≥4.0	≥0.38
	其他等级公路	≥5.0	≥0.45	≥4.0	≥0.38	≥3.0	≥0.27
底基层	高速公路和一级公路	≥4.0	≥0.38	≥3.5	≥0.33	≥3.0	≥0.27
	其他等级公路	≥3.5	≥0.33	≥3.0	≥0.27	≥2.0	≥0.22

三、设计步骤

(1)根据工地实际使用集料的筛分结果确定各规格集料组成比例,合成集料级配必须符合表1的规定。

(2)按下列四种水泥剂量配制同一种矿料级配、不同水泥剂量的混合料。底基层用2.5%、3.0%、3.5%、4.0%;基层用3.5%、4.0%、4.5%、5.0%。

(3)按《公路工程无机结合料稳定材料试验规程》确定各水泥剂量混合料最佳含水量和最大干密度,并成型不同水泥剂量水泥稳定碎石 $\phi 150$ mm$\times h 150$ mm圆柱体试件,每组试件不小于6个。

(4)试件放入温度20℃±2℃,相对湿度在95%以上养护室内养生6 d,取出后浸于20 ℃±2 ℃恒温水槽中,并使水面高出试件顶约2.5 cm。将浸水24 h的试件取出,用软布吸去试件表面的水分,量高称重后,立即进行无侧限抗压强度和劈裂强度试验。

(5)根据表2的强度标准要求选择合适水泥剂量。若达不到表2的强度标准和最大水泥剂量要求,则重新调整配合比或更换原材料进行设计。

(6)按上述确定的配合比人工拌和制备水泥稳定碎石混合料,采用室内模拟试验进行验证。

为了考虑不同地域、班组、设备等原因所导致的施工行为的不确定性,充分反映施工现场的多元信息对水泥稳定碎石级配的影响,研发一套水泥稳定碎石现场模拟试验体系,主要实施过程如下。

① 拌和。

采集材料前,将树木、草皮和杂土清除干净,筛除材料中的超尺寸颗粒,根据试模尺寸及最大干密度计算所需要的干燥材料的质量,进行人工拌和,拌和要充分均匀。

② 摊铺。

拌和完成后,根据试验数据及当地施工经验确定的松铺厚度使用人工一次性摊铺,避免二次填料以免形成薄层贴补现象,装料时宜中间比四周稍厚。

③ 碾压。

按照施工方案及多年施工经验确定的碾压遍数进行试模碾压。碾压时混合料的表面应始终保持湿润,水分蒸发过快时宜及时补洒少量的水,严禁大量洒水。

④ 养生。

覆盖养生毯,每天对试件进行洒水养生,使试件一直保持湿润状态。养生 7 d 拆模后切割成圆柱体试件进行抗压强度试验和劈裂强度试验,亦可纵向切割,通过剖面观察级配设计情况,综合判断并调整水泥稳定碎石配合比设计。

四、施工配合比确定

试验室在配合比设计时,可严格控制集料清洁度、混合料级配、拌和含水量、拌和均匀性及压实度等,而拌和站集料清洁度、矿料级配控制、搅拌方式以及现场摊铺碾压等存在较大变异性。因此,试验室配合比应通过稳定土拌和站实际拌和检验和不小于 200 m 试验段的验证,结合实际施工水平,并根据摊铺、压实以及 7 d 的现场芯样情况确定矿料级配和标准密度。

视拌和设备水泥剂量控制精度,结合施工中原材料变化和施工变异性等因素,工地实际采用水泥剂量可增加 0~0.5%。为确保水泥稳定碎石抗裂性能,工地实际采用水泥剂量不得超过 0.5%。

含水量过大,既会影响混合料可能达到的密度和强度,又会明显增大混合料的干缩性和基层表面提浆,使结构层容易产生干缩裂缝,影响层间结合;含水量过小,也会影响混合料可能达到的密度和强度。同时,混合料级配对施工性能、力学性能和抗裂性能影响显著。因此,每天开盘前,必须检测原材料级配和天然含水量,检验矿料级配准确性和稳定性。视施工季节、气温和运距等变化,确定拌和含水量。为了弥补碾压过程中水分的损失,拌和含水量不超过最佳值+0.5%,以确保碾压时含水量接近最佳含水量,且波动最小。

隧道衬砌地质雷达检测技术研究

江苏苏科建设项目管理有限公司　王井才

地质雷达检测技术广泛应用于公路隧道衬砌检测阶段，但受到操作技术以及地质环境的影响，会出现检测不准确、检测效果下降等问题，给公路工程项目的开展造成一定的影响。

一、地质雷达检测隧道衬砌空洞的原理

地质雷达对公路隧道的检测工作主要应用主频为 400~600 Hz 波段的电磁波，通过宽频带短脉冲的方式运行，在衬砌表面安装天线发射器将信号直接传输到隧道结构的内部，发射到目标体结构表面直接反射回来，通过雷达接收器获取信号，及时了解现场的实际情况，为公路隧道设计方案的确定和施工提供基础信息。隧道衬砌施工通常应用复合式衬砌的作业方式，包含二衬、初支、二衬和初支之间的防水结构组成。衬砌空洞的位置会给信号的传输造成很大的影响，界面的特点发生变化，两组信号时程相差很大，并且信号之间的差异性明显，给项目的施工带来不利的影响。除了上述特点之外，还要根据隧道衬砌截面以及反射信号的平整性、信号上下的特点、衬砌厚度特性等方面进行综合分析与判断，了解形成空洞问题的原因，并结合实际情况选择合适的应对措施。根据目前的施工要求，隧道的衬砌施工出现的空洞问题通常包含二衬空洞、二衬与初支之间存在空洞以及初支与围岩之间存在空洞等，不同空洞形式产生的问题不同，对项目的影响也有所差异，要根据实际情况采取必要应对措施，消除空洞影响。

二、数据采集及处理流程

1. 天线频率确定

（1）在地质雷达技术的应用环节中，天线频率的选择主要是按照现场的衬砌厚度综合确定，具体选择时需要保证探测的深度达到 1.5 倍检测需求，同时在天线频率确定时还需要考虑到可能增大采样频率造成的影响。在确定天线频率时，考虑到探测目标的大小，在进行频率选择时需要满足最大探测度的要求。

（2）雷达天线频率越低，仪器的体积就越大，操作与组装越困难。因此，在频率选择时需要按照探测场地的要求合理地设置天线的覆盖范围，做好频率的控制。

（3）在隧道衬砌探测时，若探测的深度和分辨率要求比较高，可以利用高频天线分辨相应的方式来确定探测频率。

2. 混凝土密实性检测

应用地质雷达检测技术，首先按照现场的情况，采取人工打标定位的方式进行操作，在现场检测时需要每间隔 5 m 进行一次标记，在天线中心通过标记位置进行定位点确定。检测前应对喷射混凝土或二次衬砌的相对介电常数或电磁波速做现场标定，且每座隧道应不少于 1 处，每处实测不少于 3 次，取平均值。隧道长度大于 3 km 或材料及含水变化较大时，应增加标定处数。常用的介电常数标定方法有：（1）钻孔实测；（2）在已知厚度部位或材料与隧道相同的其他预制件上测量；（3）在洞内、洞口或洞内横洞位置使用双天线直达波法测量。然后根据现场情况对混凝土实体厚度进行测定，对相关的检测内容进行测定，获取测定值。

3. 数据分析解释

（1）检测确定衬砌背后的密实度、空洞情况。在密实度检测环节，应用雷达检测法进行检测，直接获

取的反射信号的强度比较弱,甚至还会出现反射界面没有信号的现象。如果衬砌界面的反射信号强度较高,容易出现信号分散、形成不连续弧形反射的情况。而在空洞的情况下,衬砌界面所产生的反射信号强度较高,还会有非常明显的三振相的情况存在,下部结构容易出现比较强的反射界面信号,并且这两组信号之间的时程差很大。

(2)衬砌结构内部所存在的钢筋、钢架是主要结构,根据要求进行分部以及数量检测确定。钢筋在雷达检测信号中以连续性双曲线信号存在,而钢架部位则主要是出现月牙形强反射信号的情况。

(3)衬砌厚度的确定。根据雷达检测数据信息,代入公式计算衬砌厚度,数据精度较高。在数据获取完成后,还需要对数据进行核对,对一些比较重要的数据还要做好相关的解释。在应用雷达检测技术时,雷达电磁波会受到钢筋网的导电体影响,导致检测效果满足不了实际需求。因此,测定二衬厚度的过程中,可以按照"钻孔法+地质雷达法"进行测定,具体的操作方式为:根据钻孔测量获取的结构,对二衬混凝土段落的厚度进行统计,而后根据雷达检测数据测定混凝土厚度。

4. 后期数据处理

在前期的检测工作全部完成之后,需要及时进行数据处理,这个环节需要消除随机误差以及规律性干扰的问题,让雷达数据分析判断能力得到根本性提升,以便及时确定缺陷部位以及规模。就目前现状而言,后期数据处理的方法有以下几种:

(1)采取距离归一化的方式,减少因天线速度不均匀引起的定位误差问题。

(2)在数据处理环节,通过增益控制的方式对深部信号进行处理,能够减少杂波的干扰,对提升数据处理效果有积极作用。

(3)采取背景消除的方式,减少随机噪声,同时提升雷达的图像信噪比。

5. 特点总结

首先,从地质雷达的实际情况分析,公路隧道项目衬砌结构检测环节操作比较简单,数据精度也很高。只有较高质量的地质雷达检测数据,才能为项目的正常运行提供基础条件,实现工程质量的优化和改进。其次,落实地质雷达在公路隧道衬砌质量检测的综合性分析,了解可能存在的问题,做好全面管理和控制,达到设计标准要求。最后,了解电磁波的衰减情况,利用有效的应对措施保证地质雷达数据处理满足要求,及时掌握准确数据信息,提高数据的应用效果。

三、地质雷达图像分析与解释

1. 密实区域

通过实践可知,在衬砌以及混凝土填充区域中,由于混凝土介电常数之间的差异值不高,在受到信号影响之后,截面反射的效果不明确,可忽略不计。介电常数差异范围大时,反射信号能够与同轴相接近,存在明显的分层情况。这主要说明了该区域的浇筑效果比较好。此外,在雷达分布区域选择一处位置作为随机测试点,对其进行钻芯验证,结果表明其具备稳定性,密度、强度系数好。

2. 不密实区域

在不同区域进行测试时,电磁波会在混凝土结构出现异常的地方进行反射,在本研究中信号反射出来的情况为同轴中断,存在断错现象。为此,针对雷达检测出现异常的区域,采取钻芯的方式进行验证。实践表明:该衬砌混凝土的胶结效果不好,有多处位置存在离析情况。

3. 伪异常区域

在本次研究中,通过对现场进行深入查看后发现,异常区域的位置主要是处于衬砌两板的对接位置。因此,为了判断检测的效果,决定采取钻芯的方法进行现场验证,通过混凝土钻芯发现,该位置的混凝土结构相对密实,但是在部分区域出现了问题。通过对比分析发现,该异常问题主要是混凝土强度不足导致的,故要求现场检测人员做好现场的检测记录,减少误判情况出现。

基于 VBA 的桥梁静载试验数据处理方法

黑龙江省公路工程监理咨询有限公司
何晓东　于海涛

桥梁荷载试验是对桥梁进行结构性检测的有效手段，可明确桥梁损伤位置、分析桥梁运营状态以及检查桥梁建设的工程质量。近年来，随着我国基建事业的快速发展，公路、铁路跨河跨线桥梁以及城市高架桥梁在各大城市建设进程中的安全问题成为不可忽视的关键。面对旧桥承载力不足、抗倾覆能力薄弱，新桥施工质量欠缺等因素造成桥梁倒塌事故频繁发生的现状，利用桥梁荷载试验验证新旧桥梁安全性的方法被工程界普遍接受。然而，出于安全和工期的要求，无论是旧桥承载能力检测还是新桥竣工验收，桥梁荷载试验的工作需求均是短时间、高效率、快结果，一方面是考虑在事故发生前就能对旧桥的薄弱位置进行加固，另一方面是新桥荷载试验检测结果直接影响桥梁通车时间。鉴于此类状况，对一线工作者来讲，荷载试验在短期内快速高效地完成已经逐渐成为业内行业者的基本素养。

笔者以实际工程项目为依托，在进行多种桥型及不同类型荷载工况的应变和挠度数据包括弹性值、残余值、相对残余变位、校验系数、相关性图像、实测与计算值对比图像的计算与绘制中，基于 VBA 语言建立了数据处理表格和自动绘制数据对比图像的程序，提高了数据处理速度，节省了报告编写时间，省去了冗余的重复性工作。

一、概况与方法

1. 概况

黑龙江省某市二环路高架体系桥梁竣工验收荷载试验工程据《公路桥梁荷载试验规程》(JTG/T J21—01—2015)要求，需进行检测的梁型包含简支空心板梁、简支小箱梁、简支转连续小箱梁、现浇式连续箱梁、简支钢混组合梁、连续钢箱梁，共计 35 座桥梁。其中简支梁涉及最大正弯矩截面，连续梁桥则涉及最大正弯矩和最大负弯矩截面的应变和挠度测量。面对众多的测试截面、测试工况、分体式测试主梁在数量上的叠加，数据处理过程和报告编写进度无疑会被客观推迟，但是面对紧迫的通车要求，在出具用于评估通车条件的权威、可靠、安全的荷载报告时，检测人员一方面要做到准确把握现场实测数据，另一方面则在外业试验结束后迅速完成荷载报告的编写工作，编写报告过程中数据准确处理与表达则是重中之重。

2. 编制方法与过程

以上述工程为依托，静载试验测试包括连续梁边跨试验截面、中跨试验截面、墩顶截面的应变和挠度测量，简支梁跨中截面的应变和挠度测量，各测试点位包含实测数据和理论数据。报告编写过程中需要在已有数据的基础上绘制主梁横截面上的测点曲线图和实测数据与理论数据的相关曲线图并计算曲线相关性。据统计，挠度、应变、沿梁高度应变变化、相关性等曲线图形在分工况的条件下，曲线图及数据表格总数不少于 500 份。这些表格和曲线图的编制、调整、粘贴无疑拖延了内业人员的报告完成时间。面对以上问题，笔者利用 VBA 编写了可快速生成荷载报告所需数据表格和曲线图像的 micro 程序文件。

该方法基于 Excel 的开发工具 VBA 的 "micro" 功能，通过录制绘制曲线图这一重复性工作，使内业处理人员高效绘图。表格功能区如图 1 所示。

分析基础信息										
工况名称	最大正弯矩			加载等级	3	截面主梁数量	3	沿梁高应变数量	3	
应变测点数量	6	测点编号	1	2	3	4	5	6		
		主梁位置编号	1	1	2	2	3	3		
挠度测点数量	3	测点编号	1	2	3					
		主梁位置编号	1	2	3					
偏载时分析的测点编号	应变	1	3	5						
	挠度	1	2	3						
中载时分析的测点编号	应变	1	3	5						
	挠度	1	2	3						

创建

锁定

解锁

结构加载信息										
主梁位置编号	车道荷载产生的弯矩		各级车辆荷载产生弯矩				分级效率			
	中载	偏载	一级偏载	二级偏载	三级偏载	中载	一级偏载	二级偏载	三级偏载	中载
1										
2										
3										

键入实测值与计算值											
测点位置编号		MIDAS计算值				现场实测值					
		一级偏载	二级偏载	三级偏载	中载	一级偏载	二级偏载	三级偏载	偏载卸载	中载	中载卸载
应变测量	1										
	2										
	3										
	4										
	5										
	6										
挠度测量	1										
	2										
	3										

图 1　数据处理表格功能区

通过使用“解锁”按键对功能区实现可编辑操作，按照现场试验的应变和挠度测点数量选择报告中偏载和中载将要分析的点位；点击“创建”按键即可生成对应的应变和挠度数据填写位置，填入事先利用 MIDAS 计算的“MIDAS 计算值”和现场分级加载后得到的“实测值”，利用桥梁荷载试验规范里规定的数据处理公式初步自动处理数据，如图 2 所示。

应变校验系数						挠度校验系数					
加载方式	测点号	弹性值	计算值	校验系数	是否大于1.0	加载方式	测点号	弹性值	计算值	校验系数	是否大于1.0
偏载	1	29	47	0.62	否	偏载	1	-1	-2	0.5	否
	3	30	41	0.73	否		2	-1.6	-2.5	0.64	否
	5	36	54	0.67	否		3	-2.2	-3	0.73	否
中载	1	28	50	0.56	否	中载	1	-1.3	-2.4	0.54	否
	3	27	41	0.66	否		2	-1.4	-2.5	0.56	否
	5	29	51	0.57	否		3	-1.2	-2.5	0.48	否

相对残余应变						相对残余变形					
加载方式	测点号	总应变	残余应变	相对残余值	是否小于20%	加载方式	测点号	总变形	残余变形	相对残余值	是否小于20%
偏载	1	31	2	6.45	是	偏载	1	-1.2	-0.2	16.67	是
	3	31	1	3.23	是		2	-1.8	-0.2	11.11	是
	5	35	-1	-2.86	是		3	-2.3	-0.1	4.35	是
中载	1	28	0	0	是	中载	1	-1.3	0	0	是
	3	28	1	3.57	是		2	-1.3	0.1	-1.54	是
	5	31	2	6.45	是		3	-1.4	-0.2	2.86	是

总应变测试结果表							μ ε			
测点号	外侧偏载分级加载								中载	
	1级		2级		3级		4级			
	实测值	计算值	实测值	计算值	实测值	计算值	实测值	计算值	实测值	计算值
1	8	10	16	24	26	33	31	47	28	50
2	6	11	15	22	23	33	29	44	25	46
3	8	12	12	20	25	32	31	41	28	41
4	7	12	12	24	23	36	29	48	24	46
5	10	12	17	27	27	40	35	54	31	51

总挠度测试结果表							mm			
测点号	外侧偏载分级加载								中载	
	1级		2级		3级		4级			
	实测值	计算值	实测值	计算值	实测值	计算值	实测值	计算值	实测值	计算值
1	/	-0.4	/	-1	/	-1.4	-1.2	-2	-1.3	-2.4
2	-0.5	-0.6	-1	-1.3	-1.4	-1.9	-1.8	-2.5	-1.3	-2.5
3	-0.7	-0.9	-1	-1.5	-1.8	-2.3	-2.3	-3	-1.4	-2.5

图 2　数据处理表格计算区

以上数据的处理均是在理论和实测数据填写完毕后自动生成，并被“micro”录制生成的“空白”曲线图形自动获取，以生成荷载报告所需的曲线图像。

通过以上的几个步骤操作即可获得荷载报告所需的曲线图形和数据表格，我们只需把图形和表格复制并粘贴到荷载报告的相应位置即可。

二、技术现状与实际应用

1. 技术成熟度

该程序表格解决了桥梁静载试验项目内业处理过程中数据图表编写绘制慢的问题，有效地提高了人工内业处理速度，创造了友好的人机交互界面、较为简洁明了的操作流程、美观统一的图表样式。除没有完全实现“输入数据便出报告”的功能外，相对于荷载试验报告的普遍处置方式，此程序已大大优化了桥梁荷载试验内业人员的工作过程。

2. 适用性

该方法可以通过调整观测位置来适应整体式主梁和分体式主梁，既适用于公路简支梁桥，又适用于城市连续桥梁的数据处理,并可生成计算报告图表。

该方法创造性地把人工统计调整方式转换为以计算机(VBA)为主的人机交互统计调整形式,高速地统计数据、获取数据、生成图表的过程大大节约了工作时间,提高了工作效率。在工期紧张的情况下并不需要耗费大量的人力物力(一人一报告的工作方式),可以转换为一人整理数据、一人粘贴图表的形式编写报告,10个人完成的任务节约为2人完成。经对比,原计划安排4个人3天完成的工作任务,在该程序(方法)的帮助下仅用2人2天即完成了荷载报告的编写工作,不仅提高了效率,还统一了报告的格式,更快、更美观。该方法把统计类工具用于完成重复性的工作,并且可以人为设定图表的外观样式及批量生产,对提高工作效率和节约用人成本有显著作用。

3. 安全性

程序表格原则上不存在安全性的顾虑,所需的计算机内存用量较小,通过笔者多番调试,在保证计算公式和数据调用位置完全正确时,不会再出现因数据调用错误而造成报告图像绘制错误和程序崩溃的情况。

三、结语

本文针对实际荷载试验检测工程中遇到的数据体量庞大、处理时间冗长、通车时间紧迫的问题,基于VBA语言创建了可有效减少重复性工作的图表绘制程序,充分节省了时间,提高了内业人员的工作效率。与传统的报告编写方式对比,应用该程序不但可以提高个人的工作效率,而且内业小组所需人数可缩减到两人,无论是对工程进度本身还是对企业用人成本而言都有积极意义。